普通高等教育系列教材

网络金融

第2版

蔡皎洁　编著

机械工业出版社

本书是《网络金融》的第 2 版，在前作基础上进行了重新编排、修改和补充。全书共 7 章：网络金融新时代、电子货币、电子支付系统、传统金融机构的互联网创新、互联网金融、智慧金融与金融科技、网络金融安全与监管。本书案例丰富，知识点全，将大量前沿的网络金融领域知识纳入到了教材内容体系中；书中设计了多个思考题，用于引发学生对所学重点知识和内容的思考、探讨；书中还包含大量上机操作实验题，可以培养学生的动手能力，提升学生对所学理论知识的认知水平。

本书适合电子商务、市场营销以及金融工程等相关专业教师和本科、硕士、MBA 学生使用。

本书配有授课电子课件，需要的教师可登录 www.cmpedu.com 免费注册，审核通过后下载，或联系编辑索取（微信：15910938545；电话：010-88379739）。

图书在版编目（CIP）数据

网络金融 / 蔡皎洁编著. —2 版. —北京：机械工业出版社，2021.2
（2025.1 重印）
普通高等教育系列教材
ISBN 978-7-111-67328-6

Ⅰ. ①网… Ⅱ. ①蔡… Ⅲ. ①金融网络-高等学校-教材
Ⅳ. ①F830.49

中国版本图书馆 CIP 数据核字（2021）第 003010 号

机械工业出版社（北京市百万庄大街 22 号　邮政编码 100037）
策划编辑：王　斌　　责任编辑：王　斌
责任校对：张艳霞　　责任印制：李　昂

北京捷迅佳彩印刷有限公司印刷

2025 年 1 月第 2 版・第 5 次印刷
184mm×260mm・15.5 印张・378 千字
标准书号：ISBN 978-7-111-67328-6
定价：59.00 元

电话服务
客服电话：010-88361066
010-88379833
010-68326294

网络服务
机　工　官　网：www.cmpbook.com
机　工　官　博：weibo.com/cmp1952
金　书　网：www.golden-book.com
机工教育服务网：www.cmpedu.com

前　　言

随着互联网、大数据、云计算、人工智能、区块链等信息技术在金融领域的深入应用，金融运营环境呈现出复杂化、多元化和生态化的特点。传统金融机构和互联网金融企业的融合不断加深，逐步推进金融科技发展。网络金融时代，更需要以前沿、创新的眼光，多元化交叉学科的知识储备，来迎接未知的挑战。本书正是基于这样的行业发展背景，在前一版的基础上，力图系统全面地阐述网络金融发展的脉络和发展态势，构建面向金融复合型人才的知识培养体系。

本书分为 7 章，内容包括网络金融新时代、电子货币、电子支付系统、传统金融机构的互联网创新、互联网金融、智慧金融与金融科技、网络金融安全与监管。

其中，第 1 章总体概述了网络金融的概念和知识体系；第 2 章和第 3 章介绍了网络金融的基础业务；第 4 章和第 5 章按照参与机构性质的不同与互联网思维影响历程的不同，对传统金融机构的互联网创新和互联网金融进行了系统阐述；第 6 章智慧金融与金融科技，是网络金融发展的高级阶段，这一章重点阐述了金融科技的发展及其对智慧金融产生的影响；第 7 章主要介绍了网络金融风险与防范、我国网络金融监管政策等内容。

本书在第 1 版的基础上结合网络金融领域研究的新进展进行重新编排、修改和补充。重点补充完善了网络金融、互联网金融、金融科技概念之间的关系；系统介绍了数字货币、聚合支付、传统金融机构互联网创新历程、互联网金融生态圈、智慧金融与金融科技、互联网金融监管政策等内容；重点修改了互联网金融监管政策下的第三方电子支付、P2P 网贷等内容；重新编写了智慧金融与金融科技的相关内容。并辅以大量新案例进行知识扩充。

本书有三大特色：一是注重内容的系统性和全面性，既包括网络金融概述、电子货币、电子支付系统基础性内容，又包含传统金融机构互联网创新、互联网金融、智慧金融与金融科技等应用性内容，还包括网络金融监管政策与安全防范等政策性内容；二是注重内容的新颖性和权威性，结合我国网络金融环境的发展趋势，广泛收集和汇总相关领域专家、研究机构和企事业单位的研究成果，并将这些研究成果纳入到本书的知识体系中；三是注重理论与实践的结合，一方面引入大量的知识要点、案例和实例进行理论知识的相关论证，另一方面通过思考题、上机操作、小组作业等内容形式，启发读者思考和讨论，进而深入理解和拓展相关知识内容。

感谢湖北工程学院郭道猛（副教授）对《网络金融》第 1 版教材所做出的贡献，感谢湖北工程学院经济与管理学院的资助和支持，感谢机械工业出版社的编辑们为本书的修订工作付出的辛苦劳动。本书在编写过程中参考了业内多名专家的研究成果，咨询机构的调研成果，在此一并表示感谢。

本书是湖北省科技厅软科学项目（2019ADC148）；湖北省教育厅规划办：省社科基金前期资助项目（19ZD057）部分研究成果。

本书配备了免费的教学 PPT、教学大纲、授课计划、教学视频和课后练习等教学资源，读者可联系出版社获取，或直接与作者取得联系获取（E-mail：81155173@qq.com）。

由于作者水平及时间有限，加上网络金融行业发展迅速，相关概念、应用模式及监管政策等内容在不断更新，书中难免有漏洞和不足之处，敬请专家和读者批评指正。

编者

目　　录

前言
第1章　网络金融新时代 1
1.1　网络金融概述 2
1.1.1　网络金融的概念 2
1.1.2　网络金融的特征 4
1.1.3　网络金融创新 6
1.1.4　网络金融的影响 9
1.2　网络金融的产生背景 11
1.2.1　信息技术的高速发展 11
1.2.2　电子商务的内核驱动 12
1.2.3　数字普惠金融的社会渴求 13
1.2.4　智慧金融的广泛普及 14
1.3　国内外网络金融的发展历程及趋势 14
1.3.1　国外网络金融的发展历程 14
1.3.2　我国网络金融的发展历程 17
1.3.3　我国网络金融发展条件分析 18
1.3.4　我国网络金融的发展趋势 19
思考题 23
上机操作 23
小组作业 23
第2章　电子货币 24
2.1　电子货币的概述 24
2.1.1　电子货币的定义 25
2.1.2　电子货币的职能 27
2.1.3　电子货币的特征 28
2.1.4　电子货币的分类 29
2.2　几种主要的电子货币 30
2.2.1　信用卡与智能卡 30
2.2.2　电子现金与电子钱包 34
2.2.3　电子支票 37
2.3　数字货币 40
2.3.1　数字货币的概念 40
2.3.2　数字货币的分类及典型的数字货币 40

2.3.3 数字货币的特点及作用 …… 47
2.3.4 数字货币的发展前景 …… 48
2.4 电子货币对传统金融货币理论的影响 …… 49
2.4.1 对中央银行职能的影响 …… 49
2.4.2 对货币供给理论的影响 …… 51
2.4.3 对货币需求理论的影响 …… 54
2.4.4 对货币政策的影响 …… 56
思考题 …… 61
上机操作 …… 61
小组讨论 …… 61
第 3 章 电子支付系统 …… 62
3.1 电子支付系统概述 …… 62
3.1.1 电子支付系统的产生背景 …… 62
3.1.2 电子支付系统概念与特征 …… 63
3.1.3 电子支付系统的分类 …… 63
3.1.4 电子支付系统构成及运作流程 …… 66
3.1.5 电子支付系统网络平台及专业网络 …… 68
3.2 第三方电子支付 …… 70
3.2.1 第三方电子支付定义与特点 …… 70
3.2.2 网联与第三方电子支付流程 …… 71
3.2.3 第三方电子支付分类 …… 73
3.2.4 第三方电子支付发展现状及趋势 …… 76
3.3 聚合支付 …… 82
3.3.1 聚合支付定义与特点 …… 82
3.3.2 聚合支付分类 …… 82
3.3.3 聚合支付产业链布局及完善方案 …… 83
3.3.4 聚合支付的风险与发展趋势 …… 86
3.4 移动支付 …… 89
3.4.1 移动支付的定义与特点 …… 89
3.4.2 移动支付的模式分类及技术原理 …… 89
3.4.3 移动支付产业链的构成及商业模式 …… 91
3.4.4 移动支付的发展趋势 …… 93
3.5 电子支付产品实例 …… 94
3.5.1 银行系电子支付产品 …… 94
3.5.2 银联电子支付产品 …… 95
3.5.3 运营商系电子支付产品 …… 96
3.5.4 保险系电子支付产品 …… 97
3.5.5 传统零售系电子支付产品 …… 97
3.5.6 传统制造系电子支付产品 …… 99

3.5.7 手机生产商系电子支付产品 …… 99
3.5.8 网络技术公司系电子支付产品 …… 100
3.5.9 网络巨头系电子支付产品 …… 101
思考题 …… 102
上机操作 …… 102
小组作业 …… 102
第4章 传统金融机构的互联网创新 …… 103
4.1 传统金融机构的互联网创新概述 …… 104
4.1.1 传统金融机构互联网创新的概念 …… 104
4.1.2 传统金融机构的互联网创新历程 …… 104
4.1.3 传统金融机构互联网创新的动因 …… 106
4.1.4 传统金融互联网创新的形式 …… 107
4.1.5 传统金融机构的互联网创新策略 …… 108
4.2 商业银行的互联网创新 …… 109
4.2.1 商业银行互联网创新的概念 …… 109
4.2.2 商业银行的互联网创新应用 …… 112
4.2.3 国内外商业银行互联网创新比较 …… 118
4.2.4 我国商业银行互联网创新方向 …… 120
4.3 传统保险企业的互联网创新 …… 122
4.3.1 传统保险企业互联网创新的概念 …… 122
4.3.2 传统保险企业互联网创新的形式 …… 122
4.3.3 我国传统保险企业互联网创新现状 …… 125
4.3.4 我国传统保险企业互联网创新发展趋势 …… 126
4.4 传统证券机构的互联网创新 …… 127
4.4.1 传统证券机构互联网创新的概念 …… 127
4.4.2 传统证券机构互联网创新的模式 …… 128
4.4.3 传统证券机构互联网创新的内容 …… 129
4.4.4 我国传统证券机构互联网创新发展趋势 …… 130
思考题 …… 132
上机操作 …… 132
小组作业 …… 132
第5章 互联网金融 …… 133
5.1 互联网金融概述 …… 134
5.1.1 互联网金融的概念 …… 134
5.1.2 互联网金融的特征 …… 134
5.1.3 互联网金融的经济学理论基础 …… 135
5.2 互联网金融模式 …… 136
5.2.1 P2P 网贷 …… 137
5.2.2 互联网众筹 …… 139

5.2.3 大数据金融……147
5.2.4 互联网金融机构……152
5.2.5 互联网金融第三方中介平台……159
5.3 互联网金融生态圈……160
5.3.1 互联网金融生态圈的概念与特征……160
5.3.2 构成互联网金融生态圈的关键要素……161
5.3.3 互联网金融生态圈的构建……163
思考题……166
上机操作……166
小组作业……166
第 6 章 智慧金融与金融科技……167
6.1 智慧金融概述……167
6.1.1 智慧金融的概念与特征……168
6.1.2 智慧金融的工作流程及优势……170
6.1.3 智慧金融的业务形态……172
6.1.4 智慧金融系统的构建……174
6.2 金融科技助力智慧金融……179
6.2.1 金融科技的内涵与外延……179
6.2.2 金融科技的发展历程、模式及趋势……181
6.2.3 金融科技快速发展的动因……183
6.2.4 金融科技的核心技术……184
6.3 智慧金融应用实例……194
6.3.1 苏宁与太平洋保险合作打造智慧金融生态圈……194
6.3.2 北京银行智慧金融因客而智……195
6.3.3 华为以“AI+Data”成就智慧金融……195
6.3.4 “BATJ”的智慧金融……196
6.4 智慧金融的发展现状及趋势……197
6.4.1 国内外智慧金融的发展现状……197
6.4.2 我国智慧金融的发展趋势与监管……198
思考题……199
上机操作……200
小组作业……200
第 7 章 网络金融安全与监管……201
7.1 网络金融风险与防范……201
7.1.1 网络金融风险的分类……201
7.1.2 互联网消费金融风险……204
7.1.3 网络金融风险管理……205
7.1.4 网络金融风险防范技术……208
7.2 金融科技核心技术风险及防范……213

7.2.1 大数据风险与防范……213
7.2.2 云计算风险与防范……216
7.2.3 人工智能风险与防范……217
7.2.4 区块链风险与防范……220
7.3 网络金融监管原则与政策……221
7.3.1 网络金融监管原则……221
7.3.2 网络金融监管政策……224
问答题……230
上机操作……230
小组作业……230
参考文献……231

第1章　网络金融新时代

本章要点：

1. 掌握网络金融的概念、特征、创新与影响；
2. 了解网络金融的产生背景；
3. 了解国内外网络金融的发展历程及趋势。

导入案例：

认知互联网金融

自工业革命爆发以来，新技术对经济金融体系的影响日益扩大，技术创新逐渐成为经济金融发展的最根本的动力之一。20 世纪 80 年代以来，随着网络技术的快速发展，互联网在降低金融服务交易成本、增进金融服务可得性方面的优势逐渐显现。随之，金融机构开始利用互联网技术改造传统服务，互联网技术与金融的融合发展趋势初现端倪。

早期阶段的融合被称为电子金融化阶段，如各种电子数据处理系统、金融信息管理系统和决策支持系统的产生。随着电子支付等金融实务的不断创新与演化，网络金融和电子金融的概念应运而生，二者是传统的金融机构或传统的金融服务向互联网的延伸，主要功能是在互联网平台上降低金融服务的交易成本，增进金融服务的可得性。

进入 21 世纪，互联网不再甘于仅仅作为传统金融机构降低运营成本的工具，而是逐渐将其“开放、平等、协作、分享”的精神向传统金融业态渗透，一方面互联网使用群体的扩张催生了人们对金融服务的大量新需求，另一方面云计算、社交网络、移动支付等新技术取得了突破性进展，大数据成为创造新服务和新价值的源泉，互联网和移动通信网络的融合进程也在加速。这些 IT 技术的新变革从供给侧引领金融服务模式的变迁，并开始对既有的传统金融模式产生巨大冲击。在需求与供给两端力量的推动下，近些年，以互联网技术为支撑平台的各类非传统金融机构和金融业态大量涌现。

2012 年以来，持续升温的互联网金融热浪引起了我国金融界、学术界和决策层的广泛关注，互联网金融作为一种学术概念开始频繁出现在各种中文文献中。2014 年该词被写入国务院政府工作报告，标志着互联网金融概念正式得到官方认可。2015 年，中国人民银行等十部委联合下发了《关于促进互联网金融健康发展的指导意见》，意味着政府对于互联网金融潜在价值的认可。尽管有关互联网金融的研究如火如荼，但学术界对其概念的界定仍然值得商榷，互联网金融到底倾向于“金融”还是“互联网”仍存在争议，甚至有人指出：中国所谓“互联网金融”业务，只是传统金融在监管之外的一种生存形态，表达了互联网企业进入金融行业的一种强烈诉求，互联网只是一种工具，金融本质并没有改变，并没有产生可以称为“互联网金融”的新金融。从实务层面看，国内的互联网金融业态往往良莠不齐。然而，大数据金融、众筹、移动支付等互联网金融模式，确实对满足小微企业、创业者、消费者、

“三农”等传统金融覆盖范围之外的金融需求产生了积极作用。可见，用互联网技术作为支撑力量来发展各种各样的金融活动，代表了金融发展的新方向。

随着国家互联网金融监管的发展和完善，互联网金融将步入金融科技的正轨，利用大数据、移动互联网、社交网络、物联网、云计算、语义分析等多种 IT 技术建立金融发展支撑平台，打造金融与技术既融合又独立的金融生态圈，在不违背国家金融法制的前提下，不断推动金融创新与发展。

思考：

互联网金融产生的背景是什么？什么是互联网金融？互联网金融与传统金融之间的关系是什么？

1.1 网络金融概述

1.1.1 网络金融的概念

目前，网络金融还没有一个规范的定义，随着信息技术的发展，其定义的内涵和外延都在发生改变。2000 年，时任国家开发银行投资业务局局长狄卫平、时任西安创新互联网企业孵化器财务总监梁洪泽认为，网络金融是在国际互联网（Internet）上实现的金融活动，包括网络金融机构、网络金融交易、网络金融市场和网络金融监管等方面。2011 年，时任中国人民银行高级工程师吴晓光等认为网络金融是网络技术和金融的相互结合，是以网络等新技术手段为基础的一种金融创新形式。

经笔者总结认为，从广义和狭义的角度来划分网络金融的定义是比较合理的。从广义上来说，网络金融泛指金融活动应用网络技术后所涉及的所有服务和领域，如与其运作模式相匹配的网络金融机构、网络金融市场以及相关的法律、监管等外部环境，如图 1-1 所示。

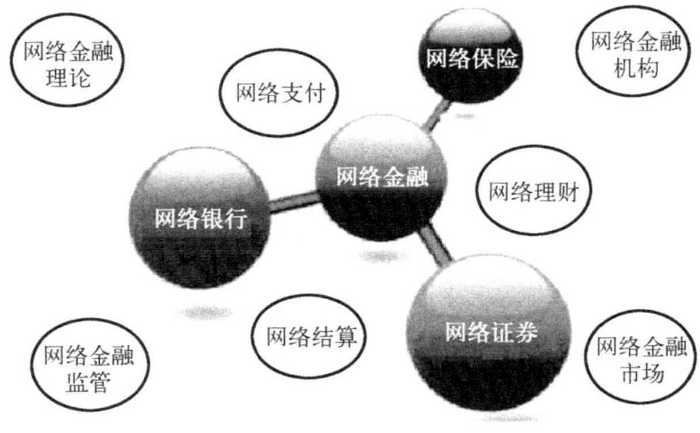

图 1-1　广义上的网络金融构成要素

从狭义的角度来讲，网络金融是指通过互联网及其他电子媒介提供的金融服务活动。提供金融服务活动的主体可分为两类：一类是金融类企业借助网络发展的各类创新型业务（如传统金融机构的网上银行业务、网上保险业务、网上证券业务等）；另一类是非金融类企业借助网络平台，经营的各种网络金融活动（如电子货币、支付结算、融资、理财、保险等）。从前者来看，传统金融机构借助于网络，加速了金融产品创新，在降低金融交易成本的同时，提高了金融服务效率；就后者而言，这些非金融机构通过从事金融业服务活动，在加强了金融的普惠程度和提高金融服务便利性的同时，一定程度上模糊了金融机构和非金融机构之间的界限，对现有金融体系带来冲击。总之，网络金融的出现，开创了金融业创新发展的新局面。

1．网络金融与互联网金融

伴随着互联网公司对金融业务的积极涉足和传统金融行业对互联网的日益重视，“互联网金融”的概念自 2013 年以来在我国一直被热炒。互联网企业，特别是移动互联网企业以其特有的营销方式，强势介入人们的日常金融活动，而催生出一个模糊的“互联网金融”概念。互联网金融，有时也被称为“网络金融”，是互联网精神与传统金融行业相结合的新兴领域。但我国多数学者，如北京信息科技大学戴东红（2014）从经营的主体和参与形式上，把网络金融概念区分为互联网金融和金融互联网两个概念体系，并进行对比分析。2014 年，时任中国人民大学金融与证券研究所所长吴晓求对业内关于“互联网金融”和“金融互联网”的界定做出修正，为避免之前因单纯根据不同主体进行区分而造成的，对互联网与金融深度融合而产生出不同于以往任何一类新模式的可能性的忽视，吴晓求从理念、标准、商业模式、运行机构、风险定义和风险管控等诸多方面进行考虑，认为“当传统金融（这里更多是指商业银行）吸纳、运用包括互联网技术在内的现代信息技术，去创新某些金融工具、构建新的网络系统的时候，原有的运行结构和商业模式并没有发生相应变化”的金融与互联网相结合的模式应当归属于金融互联网范畴；而只有“基于‘基因变革’的力量，对现存金融体系会在理念、标准、商业模式、运行结构、风险定义和风险管控等诸多方面提出全面挑战的模式”才归属于互联网金融的范畴。

本书认为，随着互联网等高科技信息技术不同的历史发展时期，对网络金融概念所包含的信息内容应有不同的认知。早期，由互联网、传统金融机构内联网和外联网共同构成的网络机制，将传统金融机构的线下业务搬到线上，目的是提高金融服务效率，互联网的主要作用是为传统金融机构和其服务对象搭建信息沟通渠道，如早期的网上银行业务的个人业务和公司业务等，并没有改变金融运作的流程和模式；中期，随着电子商务的快速发展和第三方支付机构的介入，包括阿里巴巴集团在内的诸多互联网企业跨界做金融，催生出“互联网金融”概念，从而网络金融概念中产生出一个新的分支，互联网与金融的关系进一步加深，即将“开放、平等、共享”的互联网基因融入金融产品与服务创新中，此时网络金融的特征更多表现于“去中介化”“普惠性”等方面，在借贷、理财等金融服务领域，不断弱化传统金融机构的中介作用；后期，随着传统金融机构与互联网企业在“互联网金融”业务领域竞争与合作博弈的加剧，网络金融监管政策不断趋紧，大数据、云计算、物联网、人工智能等高科技在金融创新领域的深入应用，我国的网络金融逐渐形成了较为稳定的生态圈，即由不同参与主体所构建的网络金融业务链交叉联系所形成的网络组织结构。网络金融的内涵将更多地表现出金融科技应用与创新。

2．网络金融与金融科技

网络金融是互联网技术发展到一定程度后产生的新型金融业务模式，而金融科技是网络金融真正实现“互联网平台化”“智能化”“风险控制完善化”等目标的技术与金融高度契合的金融创新产物。因此，金融科技是网络金融发展到高级阶段的另一分支概念。随着大数据、云计算、物联网、人工智能、区块链等的创新技术在金融领域的深入应用，金融行业的核心竞争力将从客户流量至上转向技术为王，单一传统金融主体可提供的服务将被众多的金融科技企业所分解，实现单一业务类型的差异化和灵活化，从而构建完整的金融生态链。例如，流量、数据平台通过金融业务实现流量、数据资源变现；场景平台通过金融业务实现主营业务的提升；资金型平台则通过金融业务实现资金效率的最大化。

1.1.2 网络金融的特征

网络金融与传统金融最显著的区别在于其技术基础的不同，计算机网络给金融业带来的不仅是技术的改变和发展，更是运行方式和行业理念的变化。因此网络金融同时具备网络技术和网络经济双重特征。

网络金融的网络技术特征主要包括如下几方面。

（1）信息化和虚拟化

从本质上讲，网络金融市场既是一个信息市场又是一个虚拟市场。在这个市场中，生产和流通的都是信息，例如：货币是财富的信息；资产的价格是资产价值的信息；金融机构所提供的中介服务、金融咨询顾问服务等也是信息。网络技术的引进不但强化了金融业的信息特征，而且虚拟化了金融的实务运作，例如：经营地点虚拟化，金融机构可以只有虚拟化的地址即网址及其所代表的虚拟化空间；经营业务虚拟化，金融产品和金融服务表现为数字符号化及超链接；经营过程虚拟化，网络金融业务的全过程全部采用电子数据化的运作方式，由银行账户管理系统、电子货币、信用卡系统和网上服务系统等组成的数字网络处理所有的业务。

（2）高效率和高风险

与传统金融相比，网络技术的应用使得金融信息和业务处理的方式更加先进，系统化和自动化程度大大提高，突破了时间和空间的限制，而且能为顾客提供更为丰富多样、自主灵活、方便快捷的金融服务，具有更高的运作效率。但同时网络技术的应用又加大了金融系统的风险，欺诈和金融犯罪活动将变得更加隐蔽，非法入侵金融机构系统、攻击金融数据库、黑客攻击盗取他人钱财等行为加剧了网络金融风险。

（3）互动性和一体化

网络金融的发展使得金融机构与客户的联系从柜台式接触转换为通过网上的交互式联络，这种交流方式不仅缩短了市场信息的获取和反馈时间，而且有助于金融业实现以市场和客户为导向的发展战略，有助于金融创新的不断深入发展。另外，网络金融的出现极大地推动了金融混业经营的发展，表现为：在金融网络化的过程中，客观上存在着系统管理客户所有财务金融信息的需求，即客户的银行账户、证券账户、资金资产管理和保险管理等有融合统一管理的趋势；网络技术的发展使得金融机构能够快速有效地处理和传送海量信息，从而使得金融企业产品创新能力大大加强，能够向客户提供更多量体裁衣的金融服务，金融机构同质化显现日益明显；网络技术降低了金融市场的运行成本，金融市场透明度和非中介化程度提高，这都使金融业竞争日益激烈，百货公司式的全能银行、多元化的金融服务成为大势所趋。

网络金融的网络经济特征如下。

（1）外部性

在发达的市场经济条件下，交易是买卖双方根据各自独立的决策缔结的一种契约，这种契约只对缔约双方有约束，并不涉及其他市场主体。但是在许多场合，市场交易却影响到缔约双方以外的“外部”，这就是所谓的“外部性”或“外溢效应”。

网络金融外部性产生的根本原因在于互联网自身的系统性、互联网内部信息的交互性。首先，不论新增加多少个网点，它们都将成为互联网的一部分，与原网络结成一体，因此整个网络都会因网络节点的增多而受益；其次，在互联网系统中，信息并不是单向流动的，网络内任何两个节点之间都能信息交互；另外，网络金融外部性的特征既与网络金融服务的规模直接相关，又与互联网内部金融信息流的速度有关。网络金融服务规模越大，网络金融的外部性就越明显；互联网内部金融信息流的速度越快，网络金融的外部性就越强。

网络金融的外部性表现为网络金融服务中的网络效应。例如：消费者能否很快地接受网上支付方式，很大程度上取决于该支付方式能否在足够大的商业领域内得到商品服务提供商的认可；而商家是否愿意接受这种新型支付方式，又取决于使用网上支付方式的消费者群体是否足够大，这种相互促进或限制的关系形成了网络支付系统中的网络效应。

网络金融的外部性还表现为对客户需求的互补性。例如，某个小区没有自动柜员机（ATM），那么在这个小区出售智能卡一般就会亏本。同样，只有用户手中持有智能卡时，才会使用自动柜员机。在这种情况下，对 ATM 服务的需求，依赖于区域内智能卡的拥有数量，而对智能卡的需求又依赖于市场上能够方便地获得 ATM 服务的数量。因此，客户对网络金融服务的需求与客户对网络金融工具的需求构成互补。

（2）规模经济性

信息网络在发展过程中存在着扩张效应，该效应被称为梅特卡夫法则（Metcalf Law）。根据该法则，网络的价值至少等于网络节点数的平方，这说明网络效益随着网络用户的增加而呈指数增长。网络金融外部效应的表现之一，就是某个消费者接受网络金融服务的效应，依赖于接受网络金融服务的其他消费者的数量，因此，当网络金融服务规模增大时，其服务系统的价值必然相应增加。

传统经济理论把规模经济界定为“在既定的技术条件下，生产某单位单一的或复合产品的成本，如果在某一区间生产的平均成本递减，那么这里便存在有规模经济。”而在以信息和知识为依托的网络经济中，实物资源稀缺性的约束力已经不复存在，在网络经济中该传统经济理论遭遇到严峻的挑战。网络经济是一种边际收益递增的经济，相应地在网络金融服务中规模经济主要表现为规模收益递增。因此，网络金融的规模经济可以界定为当网络金融服务的规模扩张时，某项特殊的金融服务，例如存款、贷款或全部业务的单位成本下降，收益增加。

网络金融服务的规模经济效应即边际收益递增规律，可以从网络经济边际成本递减、网络信息价值的累积增值以及网络信息在规模足够大时会自动生成信息三个方面进行论证。首先，网络金融服务的边际成本随着金融服务规模的扩大而呈递减趋势。其中，网络金融服务成本主要由网络金融服务信息系统的建设费用 C_1、信息传递成本及系统维护费用 C_2、信息收集处理和制作成本 C_3 三部分构成。由于网络金融的信息系统可长期使用，并且 C_1 和 C_2 与客户数量无关，因此前两部分的边际成本为零，平均成本都呈明显递减趋势；只有 C_3 与客户数量正相关，但由于网络金融服务的“共享性”，所以其边际成本和平均成本也呈下降趋势。其次，网络信息价值在累积增加。网络金融信息可以通过累积和处理进行变换，使其内容发生质的变化，以适应特定的市场需要，从而价值倍增。最后，网络信息在使用规模足够大的情况下，信息的来源就会自发生成，例如，网络金融服务的规模越大，金融机构所能获得的客户信息也就越多。

（3）范围经济性

范围经济性是指因企业生产两种或两种以上的产品（不是只生产一种产品）而引起的单位成本下降。网络金融的范围经济性是指金融机构通过投入要素的协同创新多种金融产品和服务，达到成本节约的协同效应。网络技术使金融机构可以综合使用其投入的资源、资本和劳动，以一个相对较低的成本（低于金融产品与服务分别产生的成本）提供一系列金融产品与服务。网络经济时代下金融业务发展的趋势是产生金融大融合的局面，创建金融超市已经成为国际金融集团发展的首要目标之一。例如：日本的三和银行与六家金融机构联手推出了一站式金融（Finance One），即网络金融超市，不仅向客户发行具有银行、保险和其他服务功能于一身的多用途信用卡，而且还考虑联合提供投资信托评估服务。通过全能的网络金融服务，避免了因不同金融机构对同一客户的认知不同，而达不到“资源共享”造成的重复劳动，从而达到节省成本的目的。因此，网络金融可以使客户更能充分地利用网络信息从而实现范围经济。

1.1.3 网络金融创新

网络金融创新既包括传统金融机构，如银行在互联网领域所做的创新，也包括互联网企业，如电子商务巨头在金融领域做出的创新和尝试。

1．基于传统金融机构的网络金融创新

针对传统金融机构如银行而言，其创新可分为资产业务创新、中间业务创新、金融服务创新、组织结构创新、金融制度创新以及其他形式创新。

（1）资产业务创新

资产业务创新是指商业银行运用自由资本和负债以获取收益的业务创新活动。它主要包括贷款业务创新和投资业务创新。我国商业银行的资产主要包括各种贷款、贴现与投资、库存现金及中央银行存款等。由于贷款在资产业务中占的比重相当高，所以我国商业银行的资产业务创新主要是指信贷业务的创新，包括个人业务和公司业务两个方面。目前商业银行的贷款业务新产品主要集中在个人业务方面。各商业银行积极引进市场营销观念，不断加强个人金融产品的创新，推出各具特色的产品，以品牌效应吸引存款，争取客户。

商业银行推出的个人存款业务创新产品包括：存本取息定期储蓄、个人支票活期储蓄、通知储蓄、教育储蓄、定活两便储蓄、活期约定自动转定期储蓄等多项，其中定活两便储蓄和支票活期储蓄在经济较发达地区发展较快。公司存款业务创新产品主要是通知存款和协定存款。目前存款业务的创新产品主要集中在个人业务方面。个人贷款创新产品几乎涉及了居民的全部热点需求，包括个人消费型贷款和个人生产型贷款。个人消费型贷款品种包括：住房抵押贷款、旅游贷款、助学贷款、汽车贷款、耐用消费品贷款、装修贷款、定期存单质押贷款等多种，目前主要集中在个人住房抵押贷款业务。贷款方式有抵押、担保、信用等。此外，还通过与大商家合作，由大商家代发耐用消费品贷款、住房抵押贷款和旅游贷款等，为消费者提供了完善、周到、便利的融资服务。广东发展银行在国内率先推出了个人投资创业贷款项目，表明个人信贷业务已从消费领域步入生产领域，有着更为广阔的发展空间。企业贷款创新产品包括：票据贴现、项目融资、FORFEIT 融资、保理业务等，目前主要集中在票据贴现上。

近年来，我国个人贷款业务创新呈现出以下特点：首先，业务品种日益增多。随着人们生活水平的提高和银行间市场竞争的加剧，出现了越来越多的新业务品种，如个人汽车贷款、个人助业贷款、个人住房装修贷款、个人消费额度贷款、大件耐用消费品贷款及旅游贷款等。其次，个人贷款业务的创新主要体现在房屋贷款上。由于我国住房需求旺盛，所以各商业银行更加侧重于该业务的创新，如农业银行的个人自助循环贷款、个人住房“气球贷”，建设银行的“房易安”房屋交易资金托管业务、等额递增还款服务以及民生银行的移动按揭贷款等；个人贷款业务收入增幅明显。公司资产业务创新具有以下特点：业务种类增长较快，涉及国内业务、国际业务以及票据业务等多个方面；票据贴现业务发展势头强劲；各商业银行纷纷推出有关票据贴现的新业务。

（2）中间业务创新

我国商业银行中间业务包括汇兑、结算、代理、租赁业务以及咨询服务业务等。中间业务创新是指商业银行在资产业务和负债业务的基础上，利用其资金、信息、人才和技术等优势，在不占用或极少占用自身资金的基础上，以中间人的身份为客户提供各种金融服务而进行的创新活动。新开办的中间业务种类繁多，归纳起来主要有代理证券、基金、保险、代理收付款、电子商务、交费易、银证通、咨询、保管箱、企业银行、个人理财、代开存贷款证明等。

我国商业银行中间业务创新的重点是：一是继续巩固和推广现有的中间业务项目，例如银行承兑汇票和信用证等业务；二是逐步开放担保类业务，例如担保见证业务、保函业务、备用信用证业务、贷款风险担保业务等；三是不断扩大租赁、代理、委托、投资理财、信息咨询等低风险或零风险中介业务的市场份额，积极介入国有大中型企业破产、兼并、重组和公司化改造及上市融资工作，开辟新的利润增长点，不断提高竞争能力，为社会提供规范、优质、安全的金融服务。

（3）金融服务创新

金融服务创新是指将“开放、平等、共享”等互联网思维融入传统金融业务中，以提高服务个人与小微企业金融需求的能力，开拓数字普惠金融业务。表现如下：一是提供多种虚拟化、智慧化金融产品与服务。例如，网上银行业务实现了在线账户查询、实时转账、生活缴费、电子支付、银行汇兑、投资理财、企业之间收付款等业务，还同步实现了移动 APP 业务；另外，银行 O2O 移动支付、在线营业大厅、无人化银行等智慧银行服务在不断扩展应用范围。二是应用大数据技术挖掘客户需求，提升个性化服务能力。例如诸多商业银行开设了网上商城，使用银行系支付工具等服务活动实现获客及客户关系管理，以获取客户数据，实现客户消费力细分，精准推荐相关金融产品和服务。三是数字普惠金融业务的开发。这主要表现在对个人及小微企业信贷业务的开发上，加大了对三农及小微企业金融服务力度，并通过信息技术优化服务通道，提高服务效率。例如中国农业银行就开设了三农服务、小微企业服务模块，其他商业银行也加大了数字普惠金融产品开发力度。

（4）组织机构创新

利用网络技术，传统金融业可以改善内部管理，建立更合理科学的组织机构，重组传统的业务流程，提高服务效率，降低经营成本。另外，传统金融业可借助网络开展金融业务之外的其他相关业务，例如发布银行信息宣传材料及公共业务信息，收集分析最新金融信息，并传递给网络金融用户，为用户提供个性化的信息服务等。

（5）金融制度创新

商业银行的激烈竞争引发各国金融业务出现金融自由化和国际化的趋势。一方面，西方各国在放松外汇管制的同时，纷纷开放国内资本市场，允许国外银行在本国自由建立分行，放宽国外银行的业务经营范围，放松对本国证券市场的控制，允许国外银行等金融机构持有本国证券投资机构的股份，从而自由进入证券交易市场，取消国外居民在本国金融市场筹集资金的限制。这些措施使得本国银行必须面对国际金融业的竞争。另一方面，金融创新导致了新金融机构的出现和金融混业经营趋势的加强，各主要发达国家的金融机构开始突破原有的专业化业务的分工，综合经营多种金融业务。银行和非银行金融机构业务领域或资产组合的限制放松，使得银行和非银行金融机构可涉足更广泛的业务领域，实现相互之间的业务融合，减少对传统金融业务领域的依赖，导致商业银行和其他非金融机构的区别缩小，银行业面临的竞争加剧。

（6）其他金融服务创新

其他金融服务创新是指在银行经营主营业务时为客户提供的优质便利服务，包括资金汇划清算，实现资金汇划后实时到账，或汇划后两小时到账，以及资金的同城、全省、全国的通存通兑等。例如，工商银行与几家大型企业集团签订了省内、国内网络结算协议；中国银行、深圳发展银行推出了存款免填单业务；交通银行开办了情侣联名账户等。

2．基于互联网企业的网络金融创新

近年来，某些互联网企业巨头在其平台上逐渐形成了完整的产业生态圈，由此衍生出越来越多的电商金融方式，例如，第三方电子支付、小额信贷、信用卡支付、融资担保、网络证券和网络保险等各种电商金融业务形式。基于互联网企业的网络金融创新根植于互联网思维，将信息技术融入金融产品和服务的设计中，其在创新的参与要素上和创新形式上不同于基于传统金融机构的创新。

（1）基于互联网企业的网络金融创新要素

① 大数据。大数据是整个基于互联网企业的网络金融创新的基础。一方面互联网企业自身拥有大量的客户群，形成有关各种客户大数据的先天优势，基于有效的数据分析，在支付、理财、借贷等诸多网络金融产品和服务方面表现出强大的竞争力。另一方面，这些大数据形成一道天然屏障，只有充分收集、整理及分析客户数据，全面了解客户，才能保障网络金融产品与服务的安全。

② 电商平台。电商平台是网络金融创新生态圈中重要的一部分，它既是积累客户群重要的载体，又是网络金融工具得以充分运用的重要平台。

③ 资金需求方。资金需求方包括电商平台上对资金有需求的各相关方，包括电商金融业务的买卖双方、B2C 电商的产品供应方、网上商户等。不同于传统金融机构中的大型企业作为资金需求方，基于互联网企业的网络金融资金需求方多为个人用户和小微企业，如面向个人借贷的“蚂蚁借呗”，面向小微企业借贷的“蚂蚁金服”。

④ 资金供给方。相比于传统金融业资金供给方较为单一的情况，基于互联网企业的网络金融资金供给方可来自于两个途径：一是互联网企业为资金需求方向银行等传统金融机构

做出外部担保；二是互联网企业内部提供资金或是通过自身所拥有银行牌照进行融资来做出内部担保。

（2）基于互联网企业的网络金融业务创新

① 加强个人与小微企业用户金融产品研发。互联网企业提供的金融产品和服务多是基于长尾用户需求的多样化，在数字货币、移动支付、投资理财、借贷等方面呈现出精细化、个性化、定制化等特征。

② 加强金融产品与服务应用的场景挖掘。基于庞大的客户群及相关大数据，充分挖掘客户的日常需求，布设更多的应用场景，培养客户的黏性，提高金融产品与服务的利用率。如支付宝平台围绕客户生活的方方面面，设计了生活缴费、医疗健康、车主服务等品类繁多的网络金融应用场景。

③ 加强移动 APP 软件的开发与应用。随时随地解决客户的金融需求，并通过收集分析客户的使用数据，智能化地推荐相关金融产品和服务，提升网络金融产品和服务的开发能力。

1.1.4　网络金融的影响

以互联网信息技术为主要支撑工具的网络金融，其影响范围不仅涉及金融机构的组织管理体制、运行机制、结构形态、权力架构、人际关系、员工心态等方面，还引发了整个金融格局的变迁。

1．网络金融对金融业务参与者的影响

（1）金融业务参与者日趋多元化

互联网的开放性和虚拟性大大降低了各种金融服务产品及整个金融产业的进入壁垒，这使得一些非金融机构凭借其在技术和资金上的优势从事金融业务。例如，一些科技公司成为连接传统金融机构与互联网平台的信息渠道，由腾讯牵头的微众银行，在小微企业借贷业务方面，依托海量客户数据分析，除利用自有资金发放贷款外，还与合作银行共同出资，联合向客户发放贷款，同时微众银行向合作的银行提供客户资源，二者就贷款利息进行分成。另外，在投资理财方面，微众银行成为传统金融机构在互联网平台投放金融产品与服务的经销商。

（2）金融生态圈不断进化和完善

网络金融生态圈是网络金融发展更高级的阶段，是由互联网金融引发演化形成的。具有“开放、平等、分享、协作”精神的互联网金融，从一开始便引发了金融业的震荡和变革，加速了金融脱媒，促使了金融市场走向平民化，对传统金融业发出巨大挑战。互联网金融的野蛮生长，暴露了资金安全、监管漏洞、冲击传统金融业务生存性等一系列问题，在国家金融监管政策不断完善和互联网金融体系不断改革双重博弈的过程中，逐渐形成发展较为平稳的“网络金融生态圈”。即在互联网金融基础上形成的一个网络，通过一个核心平台，把各个部分彼此连接，形成能动态更新和进化的集群。如以银行为主体的金融生态圈，就整合了银行、证券、保险三大金融行业。另外还有以互联网企业为中心的金融生态圈，如阿里系、腾讯系金融生态圈等。

2．网络金融对金融市场的影响

（1）金融市场日趋无国界化

金融服务网络化的过程就是金融服务的市场范围不断扩大的过程，随着数字化、网络化的发展，金融市场将日趋成为全球性的无国界的市场。在全球化的背景下，网络可以轻易地在不同语言之间进行转换，为网络金融拓展跨国业务提供了便利条件。

（2）促进金融市场的发展

随着网络金融的快速发展，金融交易将越来越透明，金融市场上交易成本的降低和交易品种的不断丰富将是一种必然趋势，这将吸引更多的金融交易从传统金融机构转向金融市场，从而促进金融市场的繁荣。随着计算机处理能力的提高，开放性的网络会提高交易撮合率，而且通过网络使得信息的传输能力提高并加快信息的交换率，从而在技术上提高市场运行的效率；网络金融的产生使得证券投资者、保险公司的投保人及银行的客户可在全球任何一个地方、任何时候只要接入互联网就可以完成有关的金融交易；网络技术的广泛运用将大幅度降低金融市场运行的成本。

（3）促进个性化金融市场的产生

随着信息技术的发展，在网络金融条件下，通过构建客户数据库，分析客户数据，获取客户兴趣偏好，由此可为客户量身定制金融产品和服务，提高客户忠诚度。例如美国花旗银行，为客户量身定制个性化理财产品，其主页显示内容也随着不同客户的登录而显示不同的页面内容，做到“千人千面”，提高服务效率。

3．网络金融对中央银行制度的影响

网络金融对中央银行制度的冲击，主要体现在电子货币的产生对中央银行货币政策的影响。中央银行电子货币的发行会对中央银行存款准备金等基础货币产生影响，如果中央银行不要求电子货币交纳法定存款准备金，中央银行的存款准备金率就会下降，进而影响到货币乘数的扩大，在基础货币量不变的情况下，电子货币的发行将使得货币供应总量增大，加大中央银行对货币发行可测、可控的难度。

4．网络金融对金融监管体系的影响

（1）金融监管模式发生改变

现行的“分业经营、分业监管”制度将被“全能经营、统一监管”制度所替代。互联网的开放性和虚拟性大大降低了各种金融服务产品和整个金融产业的进入壁垒。各种金融机构提供的服务日渐趋同，金融业务综合化发展趋势的不断加强，金融产品的延伸、金融服务的信息化和多元化以及各种新金融产品销售渠道的建立，意味着传统体制下严格的专业分工将受到强烈的冲击，混业经营已成为金融业必然的发展趋势。因此，金融监管制度也将相应地发生改变，由原来的不同监管机构分别监管银行、证券、投资及保险机构的“分业监管型”模式逐步发展为“全能监管型”模式。

（2）传统金融监管法律法规有效性减弱

随着金融业务网络化、虚拟化的发展，金融监管的法律法规和监管手段越来越落后于网络金融业务的创新与发展。例如，在网络银行业务中，各方当事人均通过互联网进行交易活动，其间，无论是网络本身的差错还是人为因素，都有可能引起交易纠纷甚至法律诉讼，那么，有权对此进行仲裁的权威机构是谁？网络银行系统一旦被人恶意破坏，又有谁有权将其绳之以法，所依据的法规又是什么？可见，网络金融业务会带来一系列法律监管问题。

（3）技术型监管力度加大

通过计算机与网络，可以在瞬间将巨额资金进行跨地域传输，大量资金的突发性转移无疑加剧了金融市场的波动，而网络的快速传播特征，会使这种波动迅速蔓延，造成整个金融体系的不稳定。网络金融资金的大规模快速流动还将导致中央银行难以准确了解金融机构资产的实际情况，造成信息不对称，使风险集中产生，风险形式更加多样化。显然，传统的金融稽核手段尚没有完全适合网络金融的监管方法。因此，需要加强网络追踪、审计、数据挖掘技术在金融监管中的实施力度，才能确保网络金融交易的安全。

（4）金融监管的国界模糊化

网络金融的跨国界性和相对较低的转移成本，不仅使得各国政府有效抑制商业银行的国际避税行为越来越困难，也使得各国中央银行对金融市场的单一监管的有效性大为削弱。在网络金融的发展潮流势不可挡的情况下，加强网络金融监管的国际合作已经刻不容缓，建立起一套既符合国际惯例又适应本国国情的金融监管体系，是各国中央银行监管共同面临的新课题。

1.2 网络金融的产生背景

1.2.1 信息技术的高速发展

近年来，随着移动互联网、人工智能、大数据、物联网、云计算等信息技术的高速发展，不断推动着网络金融的发展，在支付、借贷、理财等金融领域产生着重要的作用。主要的互联网信息技术及其对金融行业的影响如下。

1．移动互联网的影响

移动互联网是以移动网络作为接入网络的互联网及服务，包括移动终端、移动网络和应用服务三大要素。随着 4G、5G 技术的开发和应用，人工智能技术与智能手机的深度融合，催生了智能手机新的业务场景，带来了电子商务应用领域新的增长点，带动着移动互联网金融业务不断蓬勃发展。

基于移动互联网的移动支付作为一种高效、快捷的支付手段，突破了地域、空间和时间的局限，使得交易效率大幅提升，为消费者和商家提供了极大的便利，极大推动 O2O 市场的加速形成；各大银行、互联网企业等均在积极布局移动理财市场，使用户通过手机实现财务管理功能，市场上各种移动理财 APP 层出不穷，加载了理财产品、基金资讯、黄金交易、理财计算器等多种金融服务；随着小额信贷、电商金融、第三方电子支付、众筹、金融机构线上平台等新型互联网金融模式的迅速发展，用户可以随时随地通过智能手机完成投资、贷款、融资、理财等所有的金融交易，帮助用户大幅度提高存款资金利用率，提高资金周转率；互联网银行将线上和线下业务整合，通过 APP 提供服务，专注于提升用户体验，着力开发能够满足用户个性化需求的金融创新产品与服务，是移动互联网技术在金融领域深入应用的典范。

2．人工智能与大数据的影响

人工智能内涵十分广泛，除了计算机科学之外，还涉及信息论、控制论、自动化、仿生学、生物学、心理学、数理逻辑、语言学、医学和哲学等多门学科，研究的内容包括知识表示、自动推理和搜索方法、机器学习和知识获取、知识处理系统、自然语言理解、计算机视觉、智能机器人、自动程序设计等方面，目标是使机器能够胜任一些通常需要人类智能才能完成的复杂工作。目前，基于大数据的深度学习和机器学习是人工智能应用的主要技术。

金融行业长时间的运作积累了海量的数据，包括各类金融交易信息、客户信息等。在传统情况下，这些数据占据了大量存储资源却无法被有效利用，而如今，通过人工智能的深度学习系统，可以对用户信息、行为动态、甚至用户情绪等进行分析，然后从性别、年龄、喜好等不同维度制作精准的用户画像，进而形成个性化、智能化的投资方案。另外在智能客服、风险管理等方面，人工智能的应用也大幅度降低了人力成本并提升了金融风控及业务处理能力。例如，蚂蚁金服背靠阿里多年来在电商业务上对用户消费数据的挖掘整合，已达成“信用分”这一消费金融的体系标准。蚂蚁金服推出的许多服务都是通过大数据对用户进行信用画像，最终落实到消费金融和数字普惠金融上。随着数据量和计算能力的不断提升，未来人工智能也不会只停留在精准识别层面，而是从海量数据中提取价值规律，并有效地预测和洞察未来。

3．物联网与云计算的影响

物联网即“万物相连的互联网”，是指运用各种装置和技术实时采集需要监控、连接、互动的物体信息及过程，采集的信息既包括自身信息和运行信息，也包括声、光、热、电、位置等环境信息，这些信息通过各类网络接入互联网；同时，物联网反向将连接至互联网的设备（如计算机、手机等）延伸至所有物联网上连接的物品。这使得物联网一方面可提升对物品的智能化感知、识别和管理，另一方面也将深刻地改变人与物、物与物乃至人与人之间的关系和联系。总之，物联网的目标是实现“四个任何”，即任何人在任何时间和任何地点都有能力与任何物理设备进行通信。云计算是实现物联网的核心技术，云计算使物联网中数以兆计的各类物品的实时动态管理、智能分析变得可能。物联网与云计算的结合可以实现资源共享（包括计算资源、网络资源、存储资源、平台资源等）、业务快速部署、人物交互等新业务扩张、信息价值深度挖掘。

物联网技术将万事万物通过不同网络连接起来，最终实现人、物、网的智能结合，这一特征与金融行业相遇，将产生极大的“化学效应”，一方面提升金融感知现实世界的能力，另一方面大大推动物品实体属性与价值属性的融合。从促进金融服务实体经济的角度来看，物联网金融将有效拓展各金融机构掌握和了解实体运行的情况能力，以进行精准金融服务，更好地服务实体经济。如在供应链金融情景下，通过物联网技术实现供应链作业场景化自主协同，实现透明、真实、可信的业务流和数据流；物联网也将成为商业银行授信的依据之一，为商业银行更好地服务中小微企业提供支撑；在保险领域，物联网技术将推动保险机构实施精准展业，以区别定价等方式将保险覆盖到更广泛的人群；物联网技术的定位功能和检测功能，对保险和租赁等领域产生深刻的影响，有助于拓宽实体企业的融资渠道。

1.2.2 电子商务的内核驱动

电子商务的最终目的是要实现网上物流、信息流、资金流三者的统一，其首要解决的便是资金流畅通这一问题。因此电子商务与金融产业的融合是互相促进发展的客观要求，又是必然结果。金融业采取信息技术将传统商业模式转换为电子商务模式，电子商务平台基于内在需求促使其不断向金融业迈进。

1．技术融合

电子商务平台扮演了信用中介的角色，这正是传统商业银行的重要职能。为了规避因信息不对称所引发的逆向选择和道德风险问题，在监管机构、电子商务平台、买家、卖家等多方复杂博弈的情况下，由电子商务平台提供的第三方电子支付服务应运而生。第三方电子支付工具成为提供支付服务的关键，完善的信息流集中在第三方电子支付工具中，第三方电子支付集中完成电子结算，传统商业银行仅得到零散及不连续的信息流，成为第三方电子支付结算的通道。平台服务的卖家和买家开始在第三方电子支付平台开户，所有商务交易的信息开始迁移至电子商务平台，包括企业的财务信息、营销信息、物流信息以及个人的消费信息等。至此，电子商务平台在支付结算的基础上，延伸出信贷、理财、保险等全面的金融服务和功能。

2．产品融合

电子商务平台企业与传统商业银行合作，传统商业银行的产品设计、风险管理能力、专业技术能力、专业知识、人才等资源和能力开始向电子商务平台企业转移，因此电子商务平台企业可以向平台买家和卖家提供更多的金融服务，从而提高自身的竞争力。同时，传统商业银行也可以获取更多的客户金融需求。例如，中国工商银行与阿里巴巴集团合作，推出“易融通”信用贷款产品，中国建设银行与电子商务企业合作推出的“e 保通”，都取得了成功。

3．市场融合

电子商务平台企业进入金融领域，与传统金融机构产生竞争关系。电子商务平台企业凭借其掌握的全面而真实的用户信息以及互联网技术优势，将向数字普惠金融、智慧金融以及自助金融发展，最终将全面布局金融领域，完成市场融合。例如，阿里巴巴已经完成了基金、贷款、银行、保险的全面布局，2010 年成立阿里小贷公司，2013 年 10 月控股天弘基金，2013 年 11 月成立网络保险公司——众安保险，2014 年获批试点成立民营银行。

1.2.3 数字普惠金融的社会渴求

普惠金融也称包容性金融，其核心是有效、全方位地为社会所有阶层和群体提供金融服务，尤其是那些被传统金融忽视的农村地区、城乡贫困群体、中小企业等。普惠金融为弱势群体提供了一种与其他客户平等享受金融服务的权利，能够有效地帮助贫困群体脱贫，普惠金融体系是构建和谐社会的重要推动力。目前，普惠金融已经演变成一个复杂的金融生态系统，不仅包括不同类型的金融产品，也包括金融消费者、金融服务提供者等不同的参与主体，既包括提供基本金融服务的机构，也包括为这些机构提供各种服务，以降低金融服务成本，提升金融效率的第三方科技服务机构。

近几年来，互联网技术在金融领域的应用为普惠金融插上了翅膀。依托于移动互联网、云计算和大数据等信息技术，数字普惠金融降低了金融服务的门槛和成本，提高了金融服务效率和体验，拓展了金融创新之路。数字普惠金融的发展，让更多普通用户和中小微经济体享受到普惠金融式服务。发展数字普惠金融的价值如下。

① 数字普惠金融有助于提升服务的可获得性。数字普惠金融通过计算机、智能手机等终端进行操作，不受时间、地点、气候等客观因素影响，使金融“血液”持续流向更深、更广的经济“末梢神经”。

② 数字普惠金融有助于提升成本的可负担性。数字技术在普惠金融领域的创新应用，可以减少信息不对称性，提高金融交易效率，降低金融服务交易成本，使得小微企业、农民等服务对象能够获取价格合理、安全便捷的金融服务。

③ 数字普惠金融有助于提升供需的可匹配性。通过大数据、人工智能等信息技术，可以更好地实现普惠金融供需两端的精准化和个性化匹配，使产品与客群、风险与收益、风险与能力更加匹配。

因此，作为金融创新的一个重要领域，数字普惠金融是普惠金融的最佳实现形式。除了最初开展扶贫行动的公益性小额信贷机构之外，农信社系统、小额贷款公司、城市商业银行、部分国有银行、股份制银行和互联网金融机构等，都成为普惠金融体系的一员。

1.2.4 智慧金融的广泛普及

众所周知，金融就是资金的融通，那么所谓智慧金融，就是资金更智能、更高效、更安全的流通。具体而言，智慧金融就是依托于互联网技术，运用大数据、人工智能、云计算等金融科技手段，使金融行业在业务流程、业务开拓和客户服务等方面得到全面的智慧提升，实现金融产品、风控、获客、服务的智慧化。它贯穿在完整的金融价值链里，从投资端、借款端、获客、风控一直到贷后管理。金融科技是手段，智慧金融才是目的。

我国智慧金融的发展大概经历四个阶段：第一个阶段是 2000 年到 2010 年左右，国内如火如荼地构建金融基础设施，实现电子化、信息化；第二个阶段是金融科技化的阶段，源于云计算和大数据的兴起；第三个阶段是金融机构自己构建 AI 平台，应用深度学习等 AI 技术整合各个业务环节，跨企业的数据生态开始建立，跨企业的业务场景合作越来越多；第四个阶段是比较理想的阶段，每个金融机构都形成自己的金融“超脑”，贯穿各个业务的场景，而且不断进行智慧化演进，每个 C 端的用户都拥有一个 AI 金融顾问。目前，大部分的金融机构处于第二个阶段向第三个阶段不断发展的过程中。

智慧金融的核心是大数据及人工智能，目前手机银行、智能投顾、小额信贷等金融应用，都在往这两个方面发力，并且结合的应用场景不断增多，使消费金融更加贴近百姓生活，服务更加精准化。

1.3 国内外网络金融的发展历程及趋势

1.3.1 国外网络金融的发展历程

纵观国外金融行业与互联网行业相对发达的国家和地区，其网络金融的兴起最先是从网络与银行的融合开始的。1971 年，美国全国证券交易协会为了规范混乱的场外交易和为中小企业提供融资平台，创立全国证券业协会行情自动化传报系统 NASDAQ。1995 年 10 月，美国三家银行 Area Bank、Wachovia、Hunting Bancshares，与 Secureware 和 Five Space 两家计算机公司联合成立了美国安全第一网络银行 SFNB（Security First Network Bank），该网络银行是得到美国联邦银行管理机构批准成立的一家无任何分支机构、在互联网上提供大范围和多种银行金融服务的网络银行，它的成立预示网络金融迈入迅速发展阶段。其凭借业务处理速度快、服务质量高、范围广等特点在初期发展很快，但并未形成规模优势，并且之后随着电子商务低谷的到来，难以抵御冲击，因巨额亏损于 1998 年被加拿大皇家银行金融集团收购。2000 年，为了建立全球最大的网络金融服务体系，西班牙 Uno-E 公司与爱尔兰网络银行“第一集团”跨洋重组并正式签约，组建了第一家业务范围覆盖全球的互联网金融服务企业 Uno First Group。大通、富国和第一联合银行也合作组成策略联盟 Exchange，联手开拓网上银行业务。由于网上银行成本低、服务快捷，发达国家 85%的银行已开始网络金融服务业务，花旗、汇丰、樱花等全球大型银行集团都有自己的网络金融部门。大量用户在处理银行日常交易时选择网上渠道，而不再选择柜台交易。

20 世纪 90 年代以来，世界发达国家和地区的网络银行逐步走向成熟，网络金融发展领域不断扩展到保险、个人理财、企业理财、证券交易甚至整个金融信息服务等多个领域相结合，形成全方位、多元化的网络金融服务。与此同时，电子货币和网络支付开始受到青睐。美国网络券商 E-Trade 于 1992 年创立，得益于低费率、易操作的界面、完善的营销体系、全方位的业务拓展及丰富的网络信息咨询内容，E-Trade 成为佣金费率最低、点击率最高的券商之一，领先其竞争对手嘉信两倍以上。在网络保险领域捷足先登的依然是美国，1999 年，美国出现第一家所有业务活动均通过互联网进行的公司 eCoverage。当然，英国也是世界上公认的网络保险最为发达的国家之一，2000 年，英国建立“屏幕交易”网站，提供 7 家本地保险商的汽车和旅游保险产品，用户数量以年均 7%的速度递增。

上述金融与互联网的结合主要表现在金融借助互联网传播渠道进行金融产品与服务信息整合、发布、业务流程网络化等操作，但并没有将互联网思想进一步融合到金融产品与服务创新中。随着网络金融的深入发展，其模式也在不断创新，第三方电子支付、网络借贷、众筹融资等平台也不断应运而生。由于欧盟国家电子商务的起步发展较早，第三方电子支付发展的较为成熟，eBay 旗下支付公司 Paypal 于 1999 年极具开创性地将在线支付和金融业务整合起来，创建了将账户余额投资于货币市场基金的模式，Paypal 用户只需将基金账户激活，账户余额每月就可以获得股息，收益率每天浮动。从 2002 年开始，美国利率大幅下降，Paypal 就一直主动放弃大部分管理费用的收取来维持货币基金的收益率和吸引力，而在 2005 年到 2007 年利率上行期间，货币基金的年收益率超过 4%，其规模出现连续翻倍。不过，2008 年以后美国实行零利率政策，Paypal 货币基金的收益优势丧失，规模也随之缩水。由此可见，该产品的生命力受制于利率大环境。目前，Paypal 已经成为美国最大的移动支付服务商，在美国的市场占有率远超 Amazon Pay、Visa Checkout 及 Google Pay 等对手。2019 年，PayPal 已完成对国付宝信息科技有限公司 70%的股权收购，成为第一家进入中国市场的外资支付机构。

第一家 P2P 网络贷款平台是于 2005 年在英国成立的 Zopa，截至 2012 年 6 月底，Zopa 累积撮合成交 1.85 亿英镑，信用良好的借款人通过 Zopa 可以筹集到低于银行成本 20%的资金，而借出方则可以获得比储蓄账户更高的回报。继 Zopa 之后，P2P 在线融资模式风靡英国。2010 年创立的 Funding Circle 为小企业提供 1～3 年期的授信服务，它将企业的融资项目打包在网上承销，邀请投资者认购，投资者选择认购份额和借款利率，公司负责在两周内募集齐资金。2006 年，美国的 P2P 网络贷款领跑者 Lending Club 已经达成 20 亿美元的贷款。2013 年 6 月，Lending Club 已经达成 20 亿美元的贷款。Lending Club 的利润主要来自对借款人收取的手续费和对投资人收取的管理手续费，截至 2013 年 6 月，Lending Club 已经获得 6 轮融资，估值达 15.5 亿美元。欧美发达国家中除了起步较早的 Zopa、Lending Club 之外，还有美国的 Prosper 和 Kiva，其中 Prosper 属于单纯中介型，即在借贷过程中只提供平台不参与交易。而美国的 Kiva 则属于不以盈利为目的的非盈利公益型网贷 P2P 平台。

众筹（Crowdfunding）这个十年前初现雏形的网络融资模式兴起相对较晚，但近年来全球“众筹”融资模式的发展极为迅猛并在欧美国家迎来了黄金上升期。据美国机构公布的一项调查资料显示，2012 年，全球众筹平台筹资金额高达 28 亿美元，其中，美国“众筹”融资占全球“众筹”融资的大部分份额，广为人知的 Kickstarter 就诞生于美国，是目前全球最大的“众筹”融资平台。自从 2009 年成立到现在，Kickstarter 获得了巨大成功，截至 2013 年 6 月末，Kickstarter 一共为 44762 个项目融资 6.01 亿美元，项目涵盖 13 个类别。2012 年 4 月，美国通过 JOBS 法案（Jumpstart Our Business Startups Act，创业企业融资法案），允许小企业通过众筹融资获得股权投资。

2005 年 2 月推出上线的 BeatThatQuote.com 作为国外一个成功的金融门户网站，总部设在伦敦，这是一个提供金融价格服务的 B2C 网站，是国外互联网金融创新的突出代表。英国互联网银行牌照发放时间集中在 2015～2018 年。与传统银行巨头相比，互联网银行的服务更聚焦在核心银行功能，即存款和贷款，注重为个人用户和企业用户提供性价比更高的服务。美国互联网银行多数集中在 20 世纪 90 年代中后期成立，除了传统银行成立的互联网银行，规模较大的 Ally Bank 和 Discover Bank 都获得了商业银行牌照，其他规模较小的互联网银行获得了储蓄牌照。而无论拿到哪种牌照，这些互联网银行在经营范围上基本是一致的，多数都在资金端提供储蓄、定期存单和个人退休金账户，在资产端提供抵押、无抵押贷款服务，部分银行提供信用卡服务。

2008 年末，三位信息领域资深科学家（卡内基梅隆大学的 R. E. Bryant、加利福尼亚大学伯克利分校的 R. H. Katz、华盛顿大学的 E. D. Lazowska）联合业界组织计算社区联盟（Computing Community Consortium）发表了非常有影响力的白皮书《大数据计算：商务科学和社会领域的革命性突破》，使得研究者和业界高管意识到大数据真正重要的是其新用途和带来的新见解，而非数据本身。随后，包括 EMC、IBM、惠普、微软在内的全球知名企业纷纷通过收购大数据相关厂商来实现技术整合，实施其大数据战略；2011 年 5 月，EMC 公司在主题为“云计算相遇大数据”的 EMC World 2011 大会中阐述了云计算和大数据的理念和技术趋势。同年 10 月，Gartner 将大数据列入 2012 年十大战略新兴技术。2012 年 4 月，英国、美国、德国、芬兰和澳大利亚研究者联合推出世界大数据周活动，旨在促使政府制定战略性的大数据措施。2012 年 7 月，日本推出新 ICT 战略研究计划，其中重点关注大数据应用。亚马逊在 2012 年推出基于亚马逊平台的供应链融资项目 Amazon Lending，由亚马逊旗下资本服务公司（Amazon Capital Service）处理贷款业务。Paypal 也于 2013 年 4 月发布消息，称在英国测试推出针对 eBay 等平台商家的融资服务。在线商家融资服务的创业公司 Kabbage，数据不仅来自于交易平台，还包括 Facebook 上的客户互动数据、地理信息分享数据、物流数据，或者是通过 eBay、Amazon、Esty 转化的数据。

国外早期的互联网虚拟货币最为著名的当属林登实验室在其网络社区“第二人生”中推出的林登币（Linden Dollar），林登币和美元之间可进行双向兑换，并存在浮动汇率，以避免“第二人生”内部的通货膨胀，并且林登实验室在 2005 年 10 月推出“林登币”与美元兑换的交易平台“林登指数”。第二类虚拟货币借助互联网技术、电子商务的推动，已经延伸到传统货币体系和实体经济领域。2009 年，比特币（Bitcoin）的问世打破了互联网虚拟货币只能在某个特定网络社区使用的局限，并已经成为目前全球最著名的虚拟货币。目前，除了比特币之外，国外较为知名的互联网虚拟货币还包括莱特币（Litecoin）、Freicoin、瑞波币（Ripple）、Amazon coins、易币（BizX）等。

1.3.2 我国网络金融的发展历程

20 世纪 80 年代，我国银行业开始全面使用计算机，金融电子化时代来临。20 世纪 90 年代初，我国金融专用网络体系建设获得了较大发展。1993 年，我国政府宣布将金卡等一系列“金”字工程作为重要的国民经济信息化工程后，我国金融电子化建设进程加快，并取得了巨大的成就。我国建成了金融卫星通信网络和国家金融数据通信网等金融骨干网络。基于这些主干网，中国人民银行和各个商业银行先后建立起国家现代化支付系统和网络联机系统。国内大部分城市中，本地清算系统、储蓄通存通兑系统、对公业务系统、银行卡自动处理系统等也先后投入运行。一个集国家宏观金融管理和监控、金融机构内部经营管理和对外提供金融服务等功能于一体的网络金融体系已经初步形成。20 世纪 90 年代中期以来，随着网络信息技术的发展和普及，我国正逐步进入网络金融时代。工、农、中、建四大商业银行都建立了较完善的通信网络系统。2000 年，由中国人民银行牵头，组织国内 12 家商业银行联合共建中国金融认证中心，正式开始对外提供发证服务。1997 年 11 月，“中国保险信息网”开始运行，成为中国网络保险发展的里程碑。1997 年 3 月，“中国华融信托投资公司”湛江营业部推出多媒体公众信息网网上交易系统，揭开了我国网络证券的帷幕。网上银行、网上保险、网上证券、网上理财等网络金融业务渗透到了社会经济的各个方面。

互联网公司阿里巴巴抓住银行业未建立起信用支付体系的机会，创建“支付宝”平台，极大满足了用户的第三方电子支付的需求。而后，投资于货币市场基金的“余额宝”也迅速成了互联网金融的典型代表。随着互联网企业和金融机构联手推出各种网络理财产品，互联网的普惠性和传播能力客观上加快了金融行业与互联网结合的脚步。

经过十几年的发展，我国互联网行业出现了以百度、腾讯、阿里巴巴等为典型代表的大型互联网企业。这些企业具有国际化的视野，并掌握着大量的用户资源和数据资源，如阿里小贷可通过商家在阿里巴巴平台上的交易记录评判借款人的信用等级。我国金融业长期以来收益丰厚，但资源往往向大机构倾斜。随着经济转型，服务小微、三农成为新目标，互联网企业正好发挥用户资源的优势开展小额信贷等互联网金融业务，这些宝贵的用户和数据资源也是互联网企业与传统金融业直接竞争的条件。2016 年以来，金融科技迅速发展，传统金融机构开始积极探索金融科技转型之路，基于移动互联的手机银行、基于大数据的精准营销、基于智能运营的服务优化等被广泛应用，推动银行服务向低成本、高效率和卓越客户体验等方向发展。互联网巨头百度、阿里、腾讯、京东等，凭借其自有生态圈的打造，利用金融服务有效融入客户生活场景中，迅速占领零售金融市场；面对竞争压力，领先的传统金融机构开始着手构建生态，将其服务切入客户场景中。另外，金融科技促使金融生态链迅速发展，使传统金融机构与互联网企业高度融合、相互促进。完整的金融生态链包括支付、借贷、资产管理、信用积分（征信）等，众多银行开始通过对外投资和战略合作，与金融科技企业合作共赢。金融科技企业为银行扩展了包括技术和数据多方面的能力，推动产品和服务的创新，并具备团队的灵活性，这将有助于银行更好地满足客户需求。

我国网络金融的发展大致经历了传统金融机构信息化、传统金融机构网络化、互联网企业跨界金融、传统金融机构与互联网企业的竞争、金融科技环境下传统金融机构与互联网企业相互融合发展 5 大历史阶段。其中，网络金融在为金融业发展注入活力的同时，也对我国金融管理带来了挑战，在快速发展中也暴露出一些问题和风险隐患。2016 年 4 月开始，国务院部署开展了互联网金融风险专项治理工作。2017年，央行专门成立了非银行支付机构网络支付清算平台的运营机构，即网联。2018年6月，网联下发《关于非银行支付机构网络支付清算平台渠道接入工作相关事宜》，督促第三方支付机构尽快接入网联渠道。2019年11月，互联网金融整治办和网贷整治办共同发布了《关于网络借贷信息中介机构转型为小额贷款公司试点的指导意见》，督促小额信贷平台实现有序转型。随着大数据、云计算、物联网、人工智能、区块链等金融科技技术的不断发展，在我国互联网金融监管体系不断完善的过程中，传统金融机构与互联网企业在金融领域合作不断加深，主要体现在风控和征信领域，互联网企业以科技为主导辅助传统金融机构更好地进行金融产品和服务创新，在数字普惠金融领域不断挖掘和开发应用价值。未来，我国网络金融生态将不断趋于完善和稳定。

1.3.3 我国网络金融发展条件分析

网络金融起源于英国，发展于美国，爆发于中国。从目前的发展现状来看，我国网络金融的火热程度已经远远超过欧美发达国家，许多专家、学者对网络金融在我国的发展秉持积极乐观的态度。当然，也有一些业内人士怀疑国内的这股热潮只不过是“虚热”，过了新鲜时期之后，市场将会迅速降温。以下将国内外情况进行对比分析，进而对我国发展网络金融的有利条件和不利因素进行归纳总结。

1. 我国发展网络金融的有利条件

（1）互联网用户规模巨大

根据最新的数据调查显示，目前中国网民的数量已经远超美国，成为网民数量第一大国。网络金融的发展一方面来自网络对便利性的需求，另一方面又促发了互联网金融的快速崛起，基于庞大的网民规模，我国的互联网企业普遍拥有强大的客户群，进而为进军金融行业以及进行现代市场营销提供广泛的客户基础。

（2）社交平台优势明显

与单纯的网站相比，社交平台用户具备浏览时间长、用户黏性高的特点，平台优势明显。尽管目前利用互联网从事复杂的金融业务还有局限，但从事诸如车险、意外险、券商传统经纪等相对简单的金融业务，很容易利用更高的客户黏性和更大的平台抢占较大的市场份额，例如我国各大保险公司借助微信平台开设公众号，设置基本信息交流和业务办理。

（3）移动互联网快速发展

随着5G时代的到来，移动终端设备将有更大的发展空间，移动终端设备不仅具备计算机终端的功能，而且其在智能化的应用、金融场景开发、客户黏性及获客能力上都有更为出色的表现。

（4）传统金融行业存在一些结构性问题，金融业改革压力凸显

美国或者欧洲等金融服务发达的国家和地区，经过长期发展，经历了从混业经营到分业经营再到综合性更强的混业经营体制的转变，目前已形成比较完善的金融体制。不仅出现了很多创新金融产品以及金融衍生品，其网络个人金融服务也十分多元化、立体化、人性化。可以说，以美国为代表的西方发达国家的金融发展已经相当充分，传统金融机构对企业和个人的金融需求挖掘也相当到位，服务对象几乎覆盖了所有人群，普通国内民众的金融需求都基本可以通过现有的金融服务得到满足，因而网络金融并没有太多机会。

我国的金融业采用严格的分业经营体制。整体来看，我国大部分传统的金融网站经营业

务种类单一、经营风险集中、客户范围受限。此外，我国目前的金融行业还存在一些结构性问题：一方面，目前依然存在很大的潜在市场未被现有金融服务体系所覆盖，其中包括小微企业主、个体工商户的融资需求等；另一方面，在投资端，我国目前稳健型、固定收益类的投资工具非常少，尤其是适用于中小投资者的有效投资渠道少之又少。加上金融运营和交易成本高、资产和负债期限匹配难度大、流动性管理等传统金融机构难以解决的问题，都给网络金融在我国的产生和快速发展预留了空间。

纵观全球，混业经营的金融业经营模式已经是大势所趋，目前对处在金融过渡阶段的我国金融业而言，金融机构通过金融控股公司的形式实现混业经营具有协同效应、风险分散和业务多元化的特点，是最合适的选择。从长远来看，无论是传统金融机构还是互联网企业等其他非金融机构，发展网络金融可丰富我国金融市场，成为多层次金融市场的有效组成部分，开拓市场的金融荒地，为小微企业和个体工商户提供快速融资渠道；而且利用其数据透明、快速便捷的优点，将大大降低运营和交易成本，同时提升效率，将原来由金融机构提供的流动性转为由客户自身提供，进而降低系统性的流动风险。总之，发展网络金融是满足我国金融改革诉求的一个有效途径。

2．我国发展网络金融的不利因素

（1）信息化程度平均水平偏低、信息孤岛依然存在、征信体系不健全

我国信息化发展存在地域差异，偏远地区、农村地区的信息化、网络化以及民众对互联网的接受程度并不均衡甚至较低，这对网络金融的普遍推进产生了较大影响；我国政府部门各自为政的现象依然严重，信息不够透明，信用信息交换比较困难；在我国，网络融资平台虽然正逐步纳入央行征信系统，但各公司之间仍不存在信用信息共享机制，平台在进行交易撮合时完全依赖各公司自身的审核技术和策略，独立采集借款人提供的身份证明、财产证明、缴费记录、熟人评价等信息，评价审核借款人的信用。从某种程度上来说，欧美国家相对较高的信息化程度、更为完善的社会征信体系以及部门信息共享机制使其在减少信息不对称、对客户进行精准的风险定价及金融市场活动效率等方面表现出强大的优势。

（2）金融分业监管体制

我国金融行业目前分业经营、分业监管的现状是一把双刃剑，很好地诠释了机遇和挑战并存的道理。分业监管的现状为我国发展网络金融等新型金融模式提供了空间，但也制造了矛盾。国外采用混业经营体制已久，金融监管体制日趋成熟，而我国则处于发展期，正从传统的分业经营逐步过渡到混业经营，监管体制能否跟上发展还是疑问。

（3）国民网络金融教育还有待加深

一方面我国民众受教育程度并不均衡，对互联网等信息技术的接受能力、对网络消费类金融的操作及理解能力并不一致，导致网络金融在我国的发展存在较大的区域差异；另一方面我国民众对网络金融等新型金融模式的理解有误，也有不法分子打着“互联网金融”的旗号从事非法集资、恶意诈骗。因此，在我国贯彻实施网络金融的教育，将是关系到社会民生的重要任务。

1.3.4 我国网络金融的发展趋势

1．传统金融机构网络金融业务发展趋势

随着我国于 2015 年启动对互联网金融的治理，监管趋严将是“新常态”，传统金融行业

为了适应新形势发展，应回归金融行业服务本质，不断进行金融创新，并坚持以下原则：一是以客户需求为中心，构建“客户+场景”服务；二是树立互联网思维，依靠金融科技实现复杂的问题简单化，简单的问题标准化，标准的问题极致化；三是坚持合规稳健的原则，这是监管的要求，也是能不能走得远、走得好的基本保证。

（1）传统金融机构应转变发展模式

传统的政策利差对传统金融机构，特别是商业银行来说是一种模式保护，商业银行只需要通过规模的扩张就能实现效益的快速增长。在经济新常态、监管趋严、金融市场化等背景下，商业银行经营利差大幅收窄，规模扩张已难以为继，必须适应形势的变化，由规模扩张的粗放型发展模式向内涵提升的集约型模式转变，优化要素配置。模式调整的重点在以下方面。

① 轻资本发展。资本是传统金融机构最宝贵的资源，由于严格的监管约束，传统金融机构必须转变高资本消耗的业务扩张模式，积极拓展“轻资本”业务。经营目标不能仅关注账面盈利，更重要的是关注风险资本调整后的净利润。以商业银行为例，需要建立以RAROC（风险资本调整回报率）为目标的绩效评价体系，积极发展投行、理财等中间业务，通过资产转让及证券化等途径，加大风险控制，积极构建银行、基金、信托等多方合作模式，共担风险。

② 低成本运营。随着交易电子化程度的提高，传统线下网点在交易金额和业务量占比大幅下降，而这些线下网点占用大量非生息资产，且运营成本高。因此，传统线下网点收缩和转型迫在眉睫，未来线下网点要向智能化、体验化、社区化转型，走轻资产道路。同时，在技术支撑增强的背景下，客户服务流程应进一步简化，客户营销模式由原来的漫天撒网式的业务费用投入，转向依靠精准营销和线上渠道的获客，降低获客成本。此外，也要积极抢抓低成本资金来源，重点是做好居民的结算型服务，提升客户的忠诚度，增强客户黏性，获取更多客户沉淀的低成本资金。

③ 资金应用集约化。当前，由于缺乏优质金融资产，银行资金在金融体系内空转，实体经济的有效资金需求得不到满足，形成大量金融风险，主要原因是有效客户发现能力不足。商业银行应积极跟进政策导向，提升服务能力，通过产品服务的创新、新技术的应用，有效对接实体经济领域的资金需求方，避免资金在体系外空转。此外，要建立完善的价格传导机制，完善商业银行内外部定价模型，增强价格机制的引导作用。

（2）传统金融机构应大力发展金融科技

当前，技术在金融领域的应用日新月异，大数据分析已得到广泛应用，物联网、人工智能、区块链、深度学习等信息技术也已投入使用，智能投顾、移动支付、在线客服等依托金融科技的产品服务不断扩展，可以说，现代金融就是“科技金融”。传统金融机构应积极向互联网化、数据化、智能化转型，力争实现弯道超车。

① 加快业务线上化。线上化已经成为业务的基本要求、基本配置。线上化不是简单地将线下业务进行照搬，而是要以客户为中心，推进产品服务的迭代更新。业务及管理的线上化可有效提升管理能力，提高业务效率，降低业务成本，改善客户体验，做到足不出户随时随地办理金融业务。传统金融机构要抓住历史机遇，从制度机制、产品、人才等多方面创造条件，推进线上化进程，构建线上的资金、渠道、风控、平台、技术、数据和智力平台，打造场景、营销、产品、服务、风控和定价功能为一体的线上业务体系，优化客户服务流程，

改善客户体验，增强金融的易得性。

② 提升大数据的应用能力。金融科技的核心是数据，各项科技的应用主要围绕数据加工分析处理能力展开，数据成为未来银行的重要资产，数据加工处理能力成为传统金融机构的核心竞争力。要推进大数据处理能力由结构化数据延伸到非结构化数据，由简单的数据挖掘扩展到深度学习、神经网络计算等能力，提高服务的智能化水平。在大数据获取上，传统金融机构单靠自身力量获取客户信息较为困难，必须树立共享思维，广泛建立信息渠道，与外部数据公司、互联网企业、政府机构等建立合作关系，积极打通数据获取渠道。

③ 丰富金融科技服务场景。传统金融机构要推进建立“场景+渠道+平台”的线上生态体系，找到用户金融需求的痛点，形成解决方案，实现迅速推广。

（3）传统金融机构要加大产品创新

传统金融机构的客户需求是多层次的，包括营利性需求、交易性需求、效率性需求和围绕生产经营活动的增值性需求，要以客户为中心，围绕客户需求进行深入洞见，立足于传统需求，跟进技术发展，适应金融需求的变化趋势，不断丰富“客户+场景”的服务体系。以银行业为例，根据客户主体，主要围绕投资银行、交易银行、消费金融、普惠金融四个方面，大力推进金融产品和业务模式的创新，探索转型发展新路径。

大力发展投资银行。投行业务的目标客户是公司机构类客户，创新方向是围绕客户的全生命周期，依托专业能力和信息资源，为客户提供咨询顾问、融智类和撮合类等全方位综合化的金融服务。

以客户定位为导向，实施精准营销。针对大中型客户，采用“投行+商行”服务模式，满足其资产负债管理和运营资金需求；针对中小企业客户，采用“商行+投行”服务模式，由传统信贷产品满足其经营资金需要，以股权投资满足其成长性需求，通过分享企业成长和行业增长收益，提高投资收益率。

探索以外部投贷联动为切入点的股权投资。做强上市公司泛市值管理服务，通过参与定增、并购重组、可转换债投资等方式，满足客户市值管理需要；通过并购资产的体外培育，优化上市公司资产负债结构，获取资产估值提升的超额收益。实施中小企业股权直投，以“选择权贷款”、上市公司+PE、产业并购基金等方式整合机构资源，积累和储备优质中小企业客户类资产。

逐步打造投行专业化竞争能力。通过投行业务专业的客户覆盖能力和产品设计能力，主动创造价值，满足客户需求，以行业专业化加深对客户的了解和价值创造，不断提高投行业务的运作水平和市场竞争力。

充分发挥银行资金、客户、网络优势。在业务政策、组织形式、风控模式、平台搭建、人员和资金配套等方面做出调整，形成推动业务发展的持续动力，实现转型目标。

大力发展交易银行。在全球范围内，作为企业金融业务中的重要组成部分，交易银行的特点在于低风险、低资本占用和收益稳定。结合交易银行的特点，银行可以搭建以供应链金融为核心的交易银行体系，通过帮助客户整合经营交易环节、互联互通交易生态圈、为客户提供一站式服务，进一步增加低成本资金来源、拓宽中间业务收入、增强客户服务黏性，同时有效提高风险控制能力。

通过供应链切入企业交易行为，为客户提供全产业链金融服务。围绕企业日常交易需求和交易模式，通过嵌入行业生态圈提供场景化的交易服务，深入“产业+金融”的增值服务领域。通过现金管理与 ERP 的融合、交易结算的场景融入，为企业提供综合金融服务，提升客户体验。

关注企业本身和上下游整条供应链。基于各种交易资源及交易数据，沿着企业实体的交易行为，为其提供包括资产、负债、中间业务等各类金融产品和服务，改善企业交易生态，实现银企之间的良性互动。

发挥供应链金融高效率的业务模式。充分挖掘其在获客渠道、综合贡献、风险分担等方面的价值，通过供应链金融业务拉动负债增长，通过票据结算降低资本占用，通过互联网技术，降低业务成本。

大力发展消费金融。近年来，随着城镇化的推进，居民收入的增长，消费水平逐步提高，教育消费、旅游消费等新兴领域方兴未艾。当前，居民的总体杠杆率仍然处于较低水平，消费金融需求的能力仍很高，市场巨大。2018 年，我国消费金融市场规模约为 8.45 万亿元，预计 2020 年底可达到 12 万亿元。消费金融是在传统个人信贷业务上的进一步发展，但具有单笔授信额度小、审批速度快、无须抵押担保、服务方式灵活、贷款期限短等独特优势。随着商业银行纷纷向个人业务转型，消费金融成为银行的必争之地。

大力发展数字普惠金融。数字普惠金融有望摆脱成本高、受众少、能力弱的制约，银行服务易得性增强，推动客户群体大众化、风险管理数据化、交易成本低廉化，因此数字普惠金融已成为商业银行的新蓝海。构建数字普惠金融服务体系，深耕金融薄弱领域，大力推进市民银行品牌建设，积极完善“线上+线下”的社区金融服务体系，完善数字普惠金融产品体系。建立可持续的数字普惠金融发展模式。商业银行可以把支付结算为切入点，通过整合支付平台，建立全渠道的支付体系，实现支付从柜台走到移动端，带动更多的客户享受金融服务。通过发展负债业务，积极提升客户黏性，争取更多的低成本沉淀资金，为资产业务发展及实现盈利创造条件。

2．互联网企业网络金融业务发展趋势

科技巨头们通过支付平台进入金融市场，并利用其大数据和庞大的用户群扩展到大多数金融业务领域。此类非金融机构的网络金融发展趋势如下。

（1）平台合规化

合法合规是互联网企业跨界金融发展的基础，正规的平台不仅有助于行业整体的发展，减少系统性风险，更是有助于企业塑造自有品牌、吸引投资资金、获得大批忠实用户。随着严格监管时代的到来，各类重磅监管文件密集出台，尤其是银监会在 2017 年 2 月和 8 月分别下发的《网络借贷资金存管业务指引》及《网络借贷信息中介机构业务活动信息披露指引》，标志着网贷行业银行存管、备案、信息披露三大主要合规政策悉数落地。互联网金融企业平台的核心竞争力已不再是单纯的“高利率”，而是平台的合规化程度，这将成为平台吸引投资者、增强用户黏性的重要方式。

（2）发展人工智能

与传统金融机构相比，互联网企业在科技技术开发和掌握用户数据上占有绝对优势，因此要充分利用金融科技的力量发展人工智能，构建人工智能应用于金融领域的产业链，在互联网金融领域创建核心竞争力。追求金融最本质、最核心的特质就是跨时间、跨空间的价值交换，技术对金融的影响也在这两个方面，对金融业务过程和模式进行升级改造。网络金融平台同质化问题较为严重，并不能满足用户日益增长的个性化金融需求和对优质金融服务的追求。因此，优秀的平台已经开始将人工智能、云计算、生物识别这些技术运用到网络金融领域，以实现更智能化的金融服务，从而提升金融服务的质量。这也是平台实现差异化战略的重要途径。

（3）多向融合发展

当前，“开放”已逐渐成为网络金融平台业务布局的关键词，这与互联网所代表的开放精神和共享精神一脉相承。如果说企业所具有的科技能力决定了其在当下互联网金融行业领域中的位置，那么网络金融企业所拥有的视野与格局，则在一定程度上决定了其未来的行业位置。所谓的视野与格局，则是网络金融企业与业内同行、第三方以及传统金融机构合作的意愿与能力。在这个“大竞合时代”，能够最后胜出的，一定是秉持开放思维，积极拥抱监管、合作机构的平台。

（4）回归服务实体经济

当前，网络金融企业也正在通过技术创新手段，为实体经济供能，成为我国经济发展的创新动能。金融最根本的功能是资金融通，而金融交易最大的困难是信息不对称。以中小微企业融资为例，一边是中小微企业无法拿到合理利率的金融支持，另一边是我国的金融体系非常庞大，市场资金也比较充裕。由于信息不对称等原因，中小微等企业得不到金融的精准支持。而网络金融的出现，恰好能够有效打破这种信息不对称问题。通过充分利用互联网开放属性，能够将资金需求方和资金供给方的需求实现透明化、精准对接。让资金流向最需要的人群，从而精准助力实体经济，引导资金脱虚向实。

总之，未来我国网络金融的发展将向智慧金融、数字普惠金融的创新与发展发力，多种网络金融模式将呈现合规秩序化的发展趋势，并以金融科技为主导，逐步形成由多种主体引导的网络金融生态圈，这些主体包括互联网企业、传统金融机构、传统非金融机构等。另外，我国网络金融监管体系、法制体系以及个人信用评价体系将不断完善，在这些驱动力的推动下，我国网络金融生态将会既生机勃勃，又井然有序。

思考题

1. 网络金融产生的背景和意义是什么？网络金融都带来了哪些金融创新？
2. 如何理解网络金融的概念？网络金融、互联网金融、金融科技之间的关系是什么？
3. 举例分析网络金融的网络经济特性。
4. 我国网络金融发展的模式和类型都有哪些？
5. 分析我国网络金融的发展现状及发展趋势。

上机操作

利用互联网调查了解我国从事网络金融业务的机构、业务内容和范围，对网络金融概念进行深入理解。

小组作业

PPT 展示网络金融的知识体系。

第2章 电子货币

本章要点：

1. 理解电子货币的概念及分类；
2. 掌握电子货币的职能及特征；
3. 了解几种主要的电子货币；
4. 理解数字货币的概念及发展；
5. 了解电子货币对传统金融货币理论的影响。

导入案例：

海南大宗货币兑换电子预约第一单，开创国内金融交易新模式

海南大宗商品交易中心是由海南省农垦集团控股，海南省政府、海南省金融办批准设立的大型金融机构，同时也是中国南方大部分省份大宗商品，如槟榔、橡胶、白银等的集散、交易及物流中心，具有重要经济地位。

"随着人民币逐步国际化，国家对货币兑换市场逐渐转向开放状态。货币兑换电子预约业务，在货币结算上以人民币作为结算货币，而在国际市场上通用的是美元。"海南大宗商品交易中心运营中心领导指出，"对投资者而言，这项业务既省去了人民币兑换美元的步骤，提高了出入境的效率，避免了非美元投资的二次汇率风险。同时也将促进国内货币兑换平台走向阳光化、市场化，规范市场良性发展。"

在得到海南省省长的首肯以及海南省金融办的批示后，海南大宗商品交易中心推出了货币兑换电子预约系统，为国内外投资者、货币兑换需求者、进出口金融机构等各需求方提供了完美的"互联网+"环境下，因应"一带一路"倡议发展的货币兑换互联网金融解决方案。在交易操作上，海南大宗商品交易中心货币兑换电子预约系统依托海南农垦集团、海航集团、神农大丰、新湖集团等企业的支持，以及建设银行、招商银行、兴业银行、华夏银行等合作银行的支持，兑换币种覆盖欧元、英镑、日元、加拿大元、澳大利亚元、瑞士法郎，极大地为国内投资者、本外币持有者和使用者，提供了货币兑换便利，用户足不出户便能进行货币兑换。海南大宗商品交易中心货币兑换电子预约系统为货币兑换者开辟了一条崭新的途径。这种新型的金融交易模式开创了互联网金融的新格局，在传统金融与互联网技术相融合的情况下，互联网金融与产业融合的生态构建焕发出新的生命力。

思考：

电子货币的价值？未来，电子货币流通是否能够完全取代纸币的流通？

2.1 电子货币的概述

与纸币相比，电子货币具有降低货币流通费用、加速货币周转和商品流通的作用，电子货币从对纸币的部分取代走向完全取代是一个必然的历史过程。以下内容将介绍电子货币的定义、电子货币的产生与发展、电子货币的职能与特征以及电子货币的分类等内容。

2.1.1 电子货币的定义

1．主流的电子货币定义

关于电子货币的定义，目前尚无统一的定论。目前，较为流行的有“货币价值说”“储值产品说”“数据信息说”“电子支付说”。

（1）货币价值说

电子货币是由银行发行的、以计算机技术和通信技术为手段、以电子数据为形式、按照法定货币单位来反映商品价值并具有支付功能的信用货币。货币价值说的代表是由欧洲议会与欧盟理事会于 2002 年发布的《电子货币指令》中给出的定义：电子货币是指体现发行者权利的货币性价值，存储于电子装置上，基于不少于货币性价值的数额的资金而发行，被发行商之外的其他企业所接受。

（2）储值产品说

电子货币是一种存储价值或预付产品，使用者通过预先购买的方式，将其资金存储在电子设备中，使用者一旦消费，电子设备中的价值就会减少。这些产品是指预付卡（如电子钱包）和用 Internet 等计算机网络预付的软件产品（如数字现金）。这些产品不同于允许顾客使用电子通信手段存取货币，或者其他的传统支付服务（如 Internet 上的信用卡支付）。储值产品说的代表是欧洲支付系统工作小组在《预付价值卡》报告中的定义：电子货币是一种新型支付工具，被称为多用途卡或电子钱包，它是包含着真实购买力的塑料卡片，为了获得该卡片，消费者必须预先支付其价值。

（3）数据信息说

电子货币是一种电子信息数据形式，建立在公共密钥加密技术基础之上，使用者以一定的资金从发行者处兑换并获得代表相同金额的数据，并以可读写的电子信息方式存储起来，当使用者消费时，该电子数据将通过某些电子化媒介直接转移给支付对象。在该定义中，电子货币包含两种形式：可辨别的和匿名的电子货币。其中，可辨别的电子货币能够知晓电子货币使用者的身份；匿名的电子货币的使用者身份不能被发行银行追踪，并且匿名的电子货币可以在不偏离交易路径的情况下被消费或被传输。数字信息说的代表是我国学者赵家敏于 1999 年提出的定义：用一定金额或存款从发行者处兑换并获得代表相同金额的数据，通过使用某些电子化方法将该数据直接转移给支付对象，从而能清偿债务，该数据本身可称为电子货币。

（4）电子支付说

电子货币是一种用来进行小额支付的电子支付工具。电子支付说的代表是十国集团支付结算系统委员会给出的定义，电子货币是一种电子支付产品，用来泛指那些用于零售支付的新的或正在设计的电子支付产品，包括卡机制（所谓电子钱包或多用途储值卡）和计算机网络机制的产品（特别是通过 Internet 提供非标准支付服务的各种建设方案）。

2．从货币的起源认识电子货币

人们也将电子货币理解为数字货币或虚拟货币，虽然三者均称为货币，但实质却有很大区别。以下内容从货币的起源及职能来说明这三者的区别。

（1）货币的起源及职能

在不同的历史阶段，货币形态是不一样的，从贝壳等实物货币到金银等贵金属材料制成的金属货币，主要完成了货币形态标准化的演进，金属货币再到纸币的演进，则提升了货币的存储便利性。而标准化、便利性的实现目标是在优化货币的两个核心职能：价值尺度和流通手段（交易媒介）。

价值尺度，即把其他一切商品的价值用一定数量的货币表现出来，标明某个商品需要多少单位的货币来兑换，而货币形态的标准化也就是这个“单位”形成的过程，一两银子、10 文钱、10 元人民币、10 英镑等。流通手段，则是指商品交易中用货币来充当交易媒介，付出货币换取各种各样商品的过程。在实体货币年代，存储的便利性是影响货币流通的重要因素。尽管在不同经济学派中，对货币的本质定义不尽相同，但对于货币的价值尺度和流通手段的核心职能定义是高度一致的。

在货币演进历史中，政府强制规定纸钞以及其他非稀有金属（如铜、镍等材质）的硬币为法定货币之前，大多数流通的货币也具有一定的内在价值，例如，金币、银两等，此种货币称为商品货币。而法定货币不代表实质商品或货物，发行者没有将货币兑换为实物的义务，法定货币是依靠国家权力强制流通的，法定货币的持有者相信货币能维持购买力从而使法定货币得以行使货币职能，并且仅在一定的行政区域内有效行使。

（2）电子货币、虚拟货币和数字货币

① 电子货币。根据巴塞尔银行监管委员会的定义，广义的电子货币是指通过硬件设备或者计算机网络完成支付的储存价值或预先支付机制，也就是依靠电子设备及网络实现储存和支付功能的货币，虚拟货币和数字货币也包含在电子货币的范畴中。而我们现在经常提及的电子货币实质上是狭义的电子货币，也就是国家银行系统支持的法定货币的电子化形式，它与我们所拥有的现钞以及银行存款具有同样法律效力。我们的信用卡、储蓄卡以及第三方支付账户余额上的数据就是我们所拥有的电子货币，人们通过转移一部分自己账户内的电子货币到对方的账户来完成交易。可以说，电子货币具有完整的价值尺度和流通手段职能，可以衡量任何商品的价值，可以购买任何商品。

② 虚拟货币。虚拟货币是网络游戏、互联网社区发展的产物，典型的代表就是游戏币。另外，在不同的社区网站内，用于购买本网站服务的专属货币也被称为虚拟货币，例如腾讯公司的 Q 币，可以用来购买 QQ 秀等服务。虚拟货币可以简单地理解为是一些虚拟世界中流通的货币。这些虚拟货币往往可以通过完成虚拟世界的任务，或者用现实的法币购买获得。虚拟货币在现实经济生活中，基本不具备任何价值尺度和流通手段的货币职能。游戏玩家之间产生的游戏币和其他商品的兑换行为事实上仍是以法定货币作为价值尺度的物品交换。

③ 数字货币。数字货币的概念会复杂一些。加密数字货币是数字货币的一种。早在 20 世纪 80 年代，就有人研究加密数字货币，称之为电子现金系统。该电子现金体系有两大特点：匿名性，即用现金买商品时不需要向商家交代“我是谁？”这个问题；效率高，电子现金交易双方点对点直接交易，不需要通过向第三方发出申请，效率非常高。电子现金系统的工作环境是互联网，实现基础是密码学及分布式计算等技术。2008 年，化名中本聪的学者发表了一篇比特币电子现金支付系统的论文，真正从技术和运行规则设计层面，让加密数字货币的应用成为现实。近年来流行的比特币、莱特币、以太币等都是基于类似的技术和运行规

则。加密数字货币的核心特点是：能够实现类似现金的匿名的点对点支付，其产生的意义在于：第一，加密数字货币通过互联网实现了全球范围内点对点支付，极大提高了货币在全球范围内的流通效率；第二，加密数字货币的发行和运行完全依靠计算机程序自动实现，且总量恒定，其信用支撑脱离现有的央行的中心化机制。加密数字货币的兴起一定程度上与当前各国货币无锚滥发，一些人对主权货币失去信心有关。

另一种数字货币则是基于现有银行货币体系的法定数字货币，即现在法定电子货币的升级形态。其核心特点在于：货币发行和运行的可编程性，能够有效追踪货币在交易过程中的流通轨迹。法定数字货币的推行有可能带来更高的交易效率和更低的交易成本，并且通过准确把握货币流向以优化货币政策的制定和执行。

从以上分析中，本书将电子货币的概念分为广义和狭义两种：广义上，电子货币指通过硬件设备或者计算机网络完成支付的储存价值或预先支付机制，也就是依靠电子设备和网络实现储存和支付功能的货币，包含虚拟货币和数字货币；狭义上，相对于纸币而言，电子货币本身表现出明显的货币特征，以金融信用为基础，具有较高的法偿性，如以银行卡等物理介质或以储蓄账户如网络银行账户为存在形式的电子货币。为了更好地界定电子货币的职能，本书以狭义的电子货币内涵为基础进行介绍。

2.1.2 电子货币的职能

马克思在《资本论》第一卷首篇中提出“货币是充当一般等价物的商品”，充当货币的基本要素是：在交易和支付中的普遍接受性；充当一般等价物。在商品经济社会里，通常将货币的职能概括为：价值尺度、流通手段、支付手段和价值储藏手段四种。人类社会发展到现在，货币形态经历了商品货币、信用货币、转账货币和电子货币四个阶段。

（1）价值尺度

电子货币是以电子脉冲代替纸张进行资金传输和储存的货币，依现行的货币单位计算的货币价值。因此，电子货币与商品货币、信用货币一样，价值尺度依然存在于电子货币之中。电子货币建立在纸币或存款账户基础上，作为更抽象的数字化货币发挥着价值尺度的职能。马克思曾经对货币的流通职能作过精辟的论述：“货币在它的价值尺度功能上，本来也只做观念或想象的货币。”所以电子货币具有可以计量商品价值的价格标准的功能，用以实现价值尺度职能。

（2）流通手段

执行流通手段职能是指货币在商品交换中充当交易媒介。

信用货币（如纸币）拥有法律赋予的外在价值，同时不存在商品所具有的使用价值，是纯粹的价值表现的形式，比商品货币更适合于充当交换媒介，当然纸币的良好运行是以其所含价值的稳定性为前提的。电子货币在充当交易媒介上，由于信息技术的支持显得更有优势，也具有不同的特点。

① 金属货币本身是具有价值的商品，而纸币和电子货币是本身没有价值的货币符号。

② 金属货币和信用货币在发挥流通手段职能时，使买卖双方钱货两讫，实现从商品到货币的实物让渡或再从货币到商品的实物让渡，而电子货币是无形的，完成的交换表现为买卖双方银行账款上存款余额数字的增减变化。

③ 金属货币和信用货币在发挥流通手段职能时，有交换行为的买卖双方即可完成，而

电子货币发挥流通手段职能时必须依靠银行等中介机构的参与才能完成。

④ 电子货币在发挥流通手段职能时不受时空、地域和支付方式的限制；具有较高的便捷性和一定的匿名性。

（3）支付手段

货币是价值的载体，货币的转移意味着价值的转移，这种转移就是支付过程。货币充当支付手段是货币成为交易媒介的必要条件。电子货币比商品货币、纸币更具有支付中介优势，电子货币作为支付手段能够将消费者信用、商业信用和银行信用三者有效地结合起来。当消费者购买商品时，因存款不足，由银行履行付款责任，同时消费者和银行形成信贷关系。电子货币发挥支付职能的实质就是通过信用进行交易，形成可以相互抵销的债权债务关系，在最终结算时大部分债权债务关系冲销掉，大大加快了交易的速度，提高了运作效率，同时也减少了货币的需求量。

（4）价值贮藏手段

价值贮藏手段是指货币所拥有的价值在时间和空间上具有稳定性。货币所含价值稳定性，即货币交换能力的稳定性，是货币之所以成为货币的一个重要前提，是自然选择的结果。作为价值载体的货币，其运动就是价值的运动，其贮藏就是价值的贮藏。纸币的稳定性比商品货币相对差一些，纸币的价值及其发行是人为决定的，在极端情况下，纸币变成了纸，完全失去了价值。金属货币同时具有实物要素和货币要素，它作为价值贮藏手段具有悠久历史，但大量金属货币如黄金的储存需要支付费用，且收益很低。电子货币的储存是以数字化形式存在的，所有者依赖密码掌握其支配权。金属货币和纸币的储存可以独立完成，但电子货币的储存是所有者无法独立完成的，必须依赖中介结构。

2.1.3 电子货币的特征

与传统货币相比，电子货币有以下几个主要特征。

（1）货币形态虚拟化，发行主体多元化

在电子货币环境下，客户通过销售终端、计算机、互联网等电子化的方式访问存储在计算机设备或者“塑料卡片”中的电子货币账户，使用账户中的货币价值购买实际的产品和服务，货币形态完全虚拟化。互联网技术、移动通信技术的发展，极大地降低了电子货币的发行成本、使用成本、维护成本，发行主体日益多元化，监管宽容度也较高。例如，欧盟《电子货币机构设立运营和审慎监管的 2009/110/EC 指令》中列举的机构不仅包括信用机构（如银行）、电子货币机构、邮政转账机构，而且还包括不作为货币管理当局身份时的中央银行。在实际中，通信运营商、互联网企业等都积极参与电子货币的发行。

（2）既独立于传统货币体系，又以传统货币为基础

传统货币是一国的法定货币，具有无限法偿性。如《中华人民共和国中国人民银行法》中就明确规定：“中华人民共和国的法定货币是人民币。以人民币支付中华人民共和国境内的一切公共的和私人的债务，任何单位和个人不得拒收”。电子货币并不具有这样的属性，其之所以能够使用，原因在于其发行是以发行方收到一定数量的传统货币为前提，并且能够转化成一定数量的传统货币，同时与传统货币之间具有相对稳定的比价关系。电子货币与传统货币之间的这种关系是电子货币能够得到公众以及货币管理当局认可的重要基础，是电子货币区别于具有交换价值的一般性商品或者虚拟商品的重要特征。

（3）基于内生货币供给理论，弱化了中央银行的控制

内生货币供给理论的主要观点包括：中央银行货币供给具有被动性，货币数量是由经济过程内生决定的，即便是基础货币，中央银行也无法完全控制；金融创新对货币供给的影响是与内生货币供给相一致的，金融创新的发展进一步缩小了银行与非银行金融机构之间的差异，从而弱化了中央银行的货币控制能力；要重点关注货币流通速度的变化，在货币内生供给条件下，货币流通速度是个重要参数，变化很大。电子货币供给具有强烈的竞争性，通过市场方式发行，货币发行量是由经济体系内部各经济共同体共同决定的，是一种天然的“世界货币”，具有强烈的内生性，弱化了央行的货币控制职能。

（4）电子货币产生新的安全风险

电子货币的出现导致另一类风险，即高科技金融犯罪的发生概率增加。纸币条件下，即便造假技术很高，人们也能较容易地将伪币识别。但是，电子货币是用二进制的数字表示的，其真假根本无法辨别，这有可能引发很多的金融诈骗、洗钱等犯罪活动，而且对这些活动的跟踪监视很困难。因此，如何防止这类金融风险，即安全性问题，是电子货币能否快速发展的关键。

2.1.4 电子货币的分类

按照不同的角度，可以将电子货币划分为以下几类。

（1）按存储介质不同分类

人们在开发电子货币时遵循的设计理念不同形成的产品也不同，最初想法是将电子货币设计成一种替代流通现金的电子兑换产品，于是产生了卡片型电子货币；而设想用来取代现实中存款的网络货币就形成了网络型电子货币。

卡片型电子货币是目前电子货币的主要形式，主要包括智能卡、电话卡、礼品卡等，以各种物理卡片作为载体。持有者在使用这种电子货币时必须携带特定的卡介质，通过银行的POS系统、自助设备进行在线或离线交易。

网络型电子货币完全依赖于系统软件的识别和数字信息的网络传递，通常不需要特殊的物理介质。只要能够与相关的网络系统连通，电子货币的持有者就可以通过特定的数字指令随时随地完成资金的交付，实现虚拟经济与实体经济的有效融合。

（2）按使用用途不同分类

电子货币可以分为单用途电子货币和多用途电子货币。

单用途电子货币指由特定发行者发行，只用于购买指定产品或服务，或只被单一的商家所接受，具有使用局限性。例如单用途预付卡，其典型代表为各类电话卡、超市购物卡、俱乐部会员卡。

多用途电子货币由于发行者和商家签订协议范围的扩大，被多家商户共同接受，可用于购买多种产品或服务，甚至可作为储存、支取货币的支付手段，例如以银联卡为代表的各类银行卡。

（3）按使用条件不同分类

电子货币可按认证、匿名、在线、离线等不同使用条件组合成在线认证、在线匿名、离线认证和离线匿名四种类型。

通常电子货币持有者的资料被保存在发行机构的数据库中，如果在其使用该电子货

币时，发行机构需要对其身份进行确认，这样以电子货币进行的交易是可被追踪的。这种认证如果需要连接网络实现，即为在线认证型电子货币；若其认证通过离线交易也能够完成，就是离线认证型电子货币，例如通过专用的 IC 卡支付机完成两张卡之间的资金转移。

电子货币的持有者在使用电子货币时采用匿名方式，其交易也有在线交易和离线交易的区别，但两种交易都难以被追踪，因其关注的主要是货币本身，而不是用户的身份。匿名支付在小额支付中具有快捷的优势，也有相当的市场。

（4）按与银行账户关系不同分类

按照电子货币与银行账户关系的不同，分为现金型电子货币和账户型电子货币。

现金型电子货币不依赖于银行的存款账户而存在，具有电子货币的独立载体，使用者可以直接持有、控制和支配该电子货币的载体，交易双方可直接完成货币的流通和支付行为，而不需要委托第三方代理其支付活动。

账户型电子货币依赖于银行的存款账户而存在，以特定的银行账户为载体，货币价值只能在账户之间实现转移，不能脱离银行账户而独立存在。交易双方只能在银行的协助下进行转账结算，完成货币的流通和支付行为。

（5）按发行主体不同分类

按照电子货币的发行主体不同，可以将电子货币分为金融型电子货币和商业型电子货币。

金融型电子货币由银行等金融机构作为发行主体，发行主体的信用是保证货币财产价值以及其发行的货币能够被社会所接受的程度。金融型电子货币代表的是金融信用，是有法律和现实保障的，这些法律和制度保证了银行等金融机构，能够在正常条件下保护客户的经济财产权利。

商业型电子货币是指由普通的商业主体作为发行主体，普通商业主体作为社会法律关系中的普通主体，没有银行等金融机构那么严格的规范制度。商业型电子货币更多地体现为商业信用，当客户经济财产受到损失时，不能像金融型电子货币那样得到保护，没有法律和现实的保障。

2.2 几种主要的电子货币

根据上述电子货币的分类，本节将重点介绍几种主要的电子货币，详细介绍其概念、特征及运作流程等内容。

2.2.1 信用卡与智能卡

信用卡与智能卡都是基于卡的电子货币，智能卡代表电子货币所依赖的载体，目前，大多数信用卡的介质是智能卡。

1. 信用卡

信用卡是电子支付中最常用的工具，也是一种使用最广泛的银行卡。信用卡于 1915 年起源于美国，是银行或其他金融机构发给消费者的，用以在约定的单位购买商品或支付劳务、定期结算清偿的信用工具。信用卡与其他银行卡的一个重要差别是：信用卡不仅是一种支付工具，同时也是一种信用工具。信用卡具有购物消费、信用借款、转账结算、汇兑储蓄等多项功能，可在商场、饭店等许多场合使用。发卡银行根据客户的信用等级，给持卡人发放信用额度，持卡人无须先在发卡机构存款即可按此信用额度来透支消费，使用方便快捷。信用卡图例如图 2-1 所示。

图 2-1　信用卡图例

信用卡可采用刷卡记账、POS 结账、ATM 提取现金等多种支付方式，其基本支付流程为：持卡人消费时，出示信用卡及提供密码口令；商家得到购物申请后，与发卡行联系，请求发卡行进行支付认可；发卡行在确认持卡人的身份后，给商家返回确认信息以实现下一步交易；商家向持卡人提供商品或服务，持卡人在购签单上签字；商家向发卡行提交购签单；发卡行向商家付款，这样就完成了一次交易。

与普通现金相比，信用卡具有以下优点。

① 信用卡在全世界广泛发行，为顾客提供自动兑换货币功能。

② 安全性高，不仅提供了数据加密功能，而且为消费者提供了在一定时间内退货并拒绝支付费用的功能，因为这些费用不是直接从用户账户中支取的。

③ 具备电子支付和信贷功能，可通过手机、电话、计算机等多种终端实现电子支付，并赋予客户一定信用额度的透支。

在信用卡支付中存在的最大问题就是安全问题。利用信用卡实现电子商务的安全交易模式主要有两种：一种是基于 SSL 协议的简单加密支付模式，另一种是基于 SET 协议的支付模式。

（1）基于 SSL 协议的简单加密支付模式

安全套接层（Secure Sockets Layer，SSL）协议由 Netscape 公司于 1995 年设计开发，主要对信用卡和个人信息提供加密。基于 SSL 协议的简单加密支付模式是较常用的一种信用卡支付模式，客户在线购物时只需提供一个信用卡号即可完成支付，非常方便。这种方式需要一系列的加密、授权、认证及相关信息传送，交易成本高，不适合电子商务中的小额交易；并且基于该模式的支付流程中，前提是假设商家的身份是可信的，只验证客户的身份，客户所提供的信用卡号码信息虽然经过了 SSL 技术的加密，但商家或第三方付费处理系统是能够识别的，存在客户的信用卡信息暴露给商家的缺陷。

（2）基于 SET 协议的支付模式

正是由于 SSL 技术的缺陷，1996 年由国际两大信用卡组织 Visa 与 MasterCard 联合开发了一种开放性标准，即安全电子交易（Secure Electronic Transaction，SET）协议。该协议满足了网上交易的私密性、完整性、认证性、发送不可否认性以及确认交易的不可抵赖性等安全需求，实现了银行、商家、客户及支付网关等的多边认证，并且克服了 SSL 协议将客户信用卡信息暴露给商家的缺陷。该协议比较适合 B2C 的电子商务交易模式，由于其安全性高等特点使其成为事实上的行业标准。

基于该协议的电子商务支付流程是：客户在银行开设信用卡账户，获得信用卡；客户在商家的 Web 主页上查看商品目录选择所需商品；客户填写订单并通过网络传递给商家，同时附上付款指令；订单和付款指令要有客户的数字签名并加密，使商家无法看到客户的账户信息；商家收到订单后，信息通过支付网关到收单银行（或商家银行），再到发卡银行确认；确认后，批准交易，并向商家返回确认信息；商家发送订单确认信息给客户，并发货给客户；然后，商家请求银行支付货款，银行将货款由客户的账户转移到商家的账户。其具体流通如图 2-2 所示。

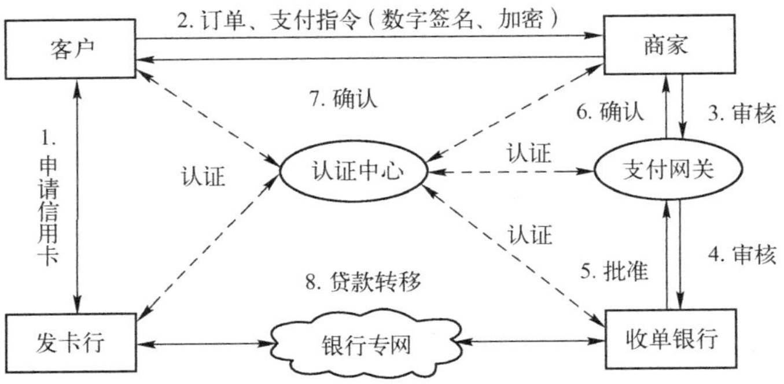

图 2-2　基于 SET 协议的信用卡电子商务支付流程图

其中，支付网关是公用网（Internet）和银行专用网之间的接口，支付信息必须通过支付网关才能进入银行系统，进而完成支付的授权和获取。支付网关直接关系着支付结算的安全及银行自身的安全，同时关系着电子商务支付结算的安全和金融系统的风险，银行专用网是银行内部及不同银行之间进行通信的网络；认证机构则负责为参与电子商务活动的各方（包括客户、商家与支付网关）发放电子证书，以确认各方的身份，保证电子商务支付的安全性。

2. 智能卡

20 世纪 70 年代中期，法国 Roland Moreno 公司率先开发了 IC 存储卡。1997 年，摩托罗拉公司和 Bull HN 公司研制出了真正意义上的智能卡，即在塑料卡上安装嵌入式微型控制器芯片的 IC 卡。目前智能卡已得到普遍应用，金融 IC 卡大多是智能卡。智能卡（Smart Card）是指嵌入了微处理器及大容量存储器的集成电路芯片的塑料卡，在芯片里存储了密钥、密码、用户的基本信息、金融信息和交易记录等有限的个人信息，存储量要比普通磁卡大 100 倍，并可以实施加密来确保安全。其图例如图 2-3 所示。

图 2-3　智能卡图例

智能卡的结构分为三个部分。

① 智能卡的程序编制器。程序编制器在智能卡开发过程中使用，它从智能卡布局的层

次描述了卡的初始化和个人化创建所有需求的数据。

② 智能卡操作系统，包括智能卡操作系统和智能卡应用程序接口的附属部分，具有极高的可移植性，它可以集成到芯片卡阅读器设备或个人计算机及客户机或服务器系统上。

③ 智能卡应用程序接口，是应用程序到智能卡的接口，可以对不同智能卡进行管理，并且还向应用程序提供了一个智能卡类型的独立接口。用户个人信息可存储在 EEPROM（电可擦除的只读存储器）中，卡操作系统（Card Operating System，COS）担负着芯片的安全、通信、文件数据管理、执行交易命令流程和异常状态下“自爆”（卡内软件上的内容将立即自动消失）的任务。

智能卡的工作过程是：在适当的机器上启动用户的浏览器；通过安装在 PC 上的读卡机，用户的智能卡登录到为用户服务的银行 Web 站点上，智能卡会自动告知银行该持卡用户的账号、密码和其他一切加密信息；完成这两步操作后，用户就能够从银行账号下载现金存入智能卡。

3. 信用卡实例

First Virtual 是 Internet 上使用最早的信用卡支付系统之一，其主要特点是没有用到加密技术，所以不存在出口限制，但商家或客户在使用系统之前，必须注册，要求商家必须有银行账号，客户必须有信用卡。然而，与信用卡接受单位所做的其他规定相比，对商家没有其他的要求限制，这就使得该系统对于只有有限营业额的商家极具吸引力。

基于该系统的电子商务支付的应用流程为：首先，客户浏览 FV InfoHaus（FV Web 服务器）或者 FV 商家正在售货的其他 Web 服务器，选择商品后，输入 FV 账目识别符；其次，商家收到该识别符后，通过询问 FV 服务器检查识别符是否有效，如果没有不良记录，商家则通过 E-mail 给客户发送交易信息，包括客户的识别符；最后，FV 服务器向客户发送 E-mail 询问客户对收到的交易信息是否满意，有三个选项：Yes（表示客户将进行支付）；No（表示客户没有收到货物或对货物不满意而拒绝支付）；Fraud（表示客户没有订购这些货物。此时，应对其视为欺诈而进行检查）。FV 购物过程以 90 天为一个账期，收取交易额的一定比例作为佣金。其具体流程如图 2-4 所示。

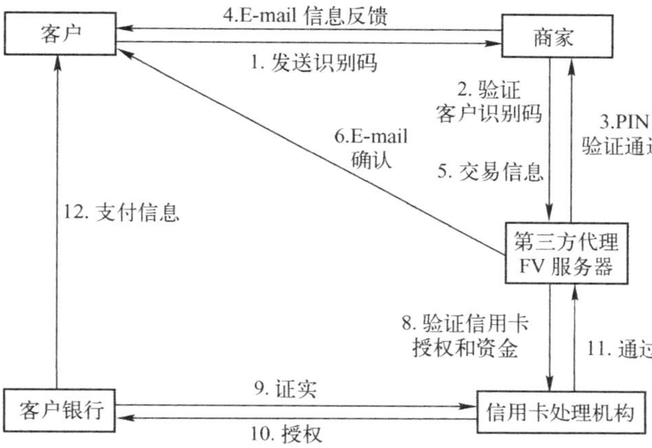

图 2-4　基于 First Virtual 系统的信用卡支付流程

CyberCash 系统构建的目的是在互联网上为商家和金融部门提供一个信用卡支付系统，若要想使用 CyberCash 服务，就必须下载相应的软件，以建立于 CyberCash 服务器的联系。使用 Cybercash 系统的信用卡支付流程是：客户访问商家的网站并挑选货物；商家服务器向客户发送有关商品选购的表单；客户填写表单并按下 PAY 按钮，生成订单信息及加密后的支付信息；商家服务器向 CyberCash 服务器发送加密的付款信息；CyberCash 服务器为商家的开户行或指定的信用卡处理机构建立一份标准的信用卡授权申请；商家的开户行或指定的信用卡处理机构向发卡机构发送一份授权申请，发卡机构以“许可或拒绝”向 CyberCash 服务器给出答复；CyberCash 将以上答复发送给商家服务器；商家服务器再把以上答复通知客户，并告知客户交易已经完成，发卡机构及商家的开户银行为其客户办理资金划转。其具体流程如图 2-5 所示。

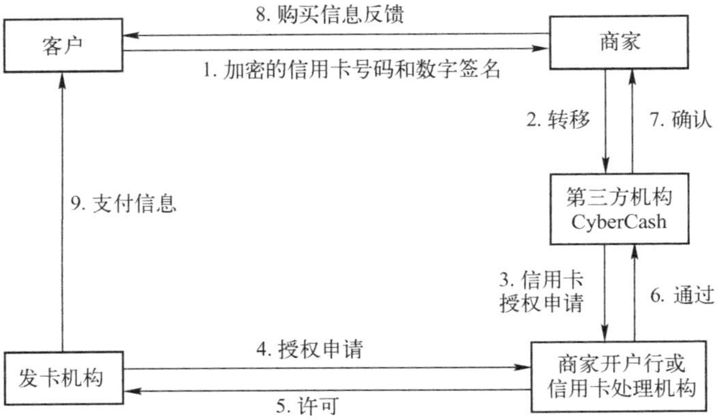

图 2-5　使用 CyberCash 系统的信用卡支付流程

4. 智能卡实例

Mondex 卡是 1996 年由英国西敏寺银行（National Westminster）开发出来的，它是一种与信用卡近似的智能卡，同时也是世界上最早的电子钱包系统。它有自己的微处理器和稳定的存储器，除可到传统银行通过计算机下载金额到卡上，还可以通过 ATM、电话、手机等直接从银行（包括网上银行）下载，并通过便携式读取终端机将金额在两卡之间转移。

Mondex 卡采用了先进的加密技术，可以有效地保存币值及交易信息并防止伪造，可确保买卖双方和银行的安全，该加密技术还可以通过下载新的加密算法而进行周期性的升级，且 Mondex 卡受到个人密码（PIN）的保护，只有卡的主人可以访问卡上的数据。Mondex 卡的出现使智能卡的运作更像真正的现金，使用起来非常方便，只要把 Mondex 卡插入终端，3～5 秒钟之后，卡和收据条便从设备付出，一笔交易即完成。Mondex 卡如图 2-6 所示。

图 2-6　Mondex 卡图例

2.2.2　电子现金与电子钱包

从钞票到银行卡，从金融 IC 卡到“手机钱包”，消费支付的方式正在变得越来越简单。

电子现金和电子钱包就是基于加密体系上新型货币应用。

1. 电子现金

电子商务的发展离不开电子化的交易手段，而 Internet 却缺乏标准化的安全机制，难以保证在电子化交易中交易双方的身份认证、交易数据的保密性、匿名性、不可否认性以及交易的公平性。为了解决这些问题，计算机专家和密码学专家们利用密码技术，在 Internet 标准协议基础之上进行深入的探讨和研究，提出了许多电子现金方案。电子现金（E-Cash）又称为电子货币（E-money/coin）、数字现金（Digital cash/money），是一种以数据形式流通的货币，是表示货币的加密序列数，是以电子化数字形式存在的现金货币，可以表示现实中各种金额的币值。本节所述的电子现金是基于信用体系基础上的狭义的电子货币或数字现金，随着密码学的进展，产生了一种点对点的电子现金，它脱离传统货币信用体系，常被称为“加密数字货币”，如比特币。有关电子现金的发展史，详见知识要点 2-1。

一个理想的电子现金系统有如下特性。

① 独立性：电子现金的安全性不依赖于任何物理介质，电子现金能通过计算机网络传输。

② 匿名性：现金的使用不泄露合法用户的身份，在必要时（如用户被怀疑敲诈、勒索等）可借助可信第三方撤销匿名性。

③ 不可伪造性：除了银行合法发行电子现金外，任何人都不能伪造电子现金。

④ 不可重复花费性：电子现金只能使用一次，重复花费将会以很大的概率被发现。

⑤ 可分性：电子现金可以分成更小数额的几份现金，但总金额保持不变。

⑥ 可传递性：用户可以任意地将电子现金转借给别人。

⑦ 不可连接性：用户不同的电子现金不能被连接起来。

⑧ 离线支付：用户在支付电子现金时，商店不需要和银行进行联机验证。

目前世界上已投入使用的电子现金系统有 Netcash 电子现金架构，欧盟 ESPRIT 计划研制的 CAFE（Conditional Access for Europe）系统，D. Chaum 建立的 E-Cash 系统及 CyberCash 等。客户要使用电子现金系统，就必须在电子现金发行银行开立一个账户。在需要时，客户用现金、存款或转账申请兑换电子现金。然后，客户使用电子现金终端软件从银行账户取出一定数量（小额，根据发行银行限定）的电子现金存在硬盘、电子钱包或智能卡上。客户从接受电子现金支付的商家订货，使用电子现金支付所购商品的费用。接受电子现金商家和客户银行之前进行清算，客户银行将客户购买商品的钱支付给商家。其支付流程如图 2-7 所示。

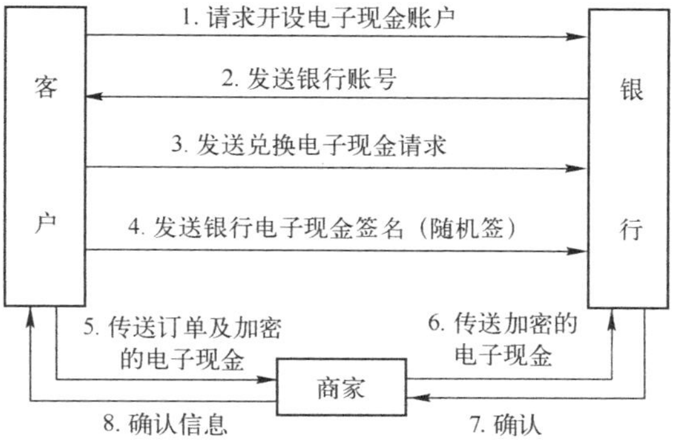

图 2-7　电子现金的支付流程

2．电子钱包

电子钱包（Electronic Wallet）是一个加密存放电子现金的特定软件，加密密钥根据钱包的 ID、用户的身份信息和用户的密码按照一定的规则构成。其标准由权威机构（如中国人民银行或 CA 中心）根据电子钱包的功能需求、电子现金存放和使用的要求制定。电子钱包通常用于电子商务中的小额支付，有在线和离线两种形式，在线形式的电子钱包是一种纯粹的软件，主要用于网上消费、账户管理，这类电子钱包通常与银行账户或银行卡账户连接在一起；离线形式的电子钱包是一种小额支付的智能储值卡，持卡人预先在卡中存入一定金额的电子现金，交易时直接从储值账户中扣除交易金额。

电子钱包的功能和实际钱包一样，但在安全性、便捷性等方面更具优势。

① 更高的便捷性。电子钱包中的钱款以数字形式被存储，使用时准确无误地被减除。既减少了携带零钱的不便，又使交易因无须找零而加快了速度。另外，电子钱包这种集支付、消费、转账、储蓄、结算、记录和存储于一身的优势给客户带来了极大的方便，实现“一卡走天下”。

② 更高的安全性。电子钱包内置密码和数字证书，即使客户电子终端设备丢失或被盗，电子钱包中的信息仍然能够得到保护。

③ 更低的交易成本和管理费用。电子钱包的应用可有效减少持有现金的成本，降低了庞大的现金流通费用，节省了各分支机构用于现金管理上的人力、物力和时间。

④ 使发行者获利的范围扩大。发行者通过吸收社会闲散资金来减少资金的滞留和沉淀，在不发行新货币的情况下，充分运用这部分资金，从更广范围的投资中盈利。

⑤ 有利于银行法定准备金的管理。库存现金的增减会引起法定准备金的变化，但当电子现金变化时，仅仅是以一种负债（电子现金账户上的负债）的增减代替另一种负债（存折上负债）的增减，并没有引起库存现金的变化，稳定了法定准备金的整体运作。

电子钱包用户通常需要在银行里设有账户。在使用电子钱包时，用户先安装相应的应用软件，在该软件系统中设有电子货币和电子钱包的功能管理模块，称为电子钱包管理器，用户可以用它来改变口令或选择保密方式，查看自己银行账号上电子货币往来收付的账目、清单和其他数据。该系统中还提供了一个电子交易记录器，顾客通过查询记录器，可以了解自己的购物记录。电子商务活动中的电子钱包软件通常都是免费提供的。用户可以直接使用与自己银行账号相连接的电子商务系统服务器上的电子钱包软件，也可以通过各种保密方式利用因特网上的电子钱包软件。Visa Cash 和 Mondex 是两个主要的电子钱包服务系统，其他电子钱包服务系统还有 MasterCard Cash、EuroPay 的 Clip 和比利时 Proton 等。在我国，电子钱包可分为三类：一类是由行业卡演变而成的行业电子钱包（或准电子钱包），如由公交系统与银行联合开办的、多元多用的卡式电子钱包；一类是由银行发行的通用电子钱包，如校园一卡通；另一类是基于软件的移动支付电子钱包，如微信、支付宝等。

3．电子钱包实例

软件形态的虚拟电子钱包，是客户用来进行安全电子交易和储存交易记录的软件，往往与电子现金卡、银行卡和 IC 卡结合使用，可以保护用户的银行账户。根据电子钱包软件的存储位置，可以将虚拟电子钱包分为服务器端电子钱包和客户端电子钱包。随着信息社会和信息技术的高速发展，电子钱包作为微支付的重要应用平台，正在逐渐展现出其得天独厚的优势，也吸引越来越多相关行业的关注。微支付是电子钱包的一项重要应用，它在支付安全、处理速度和执行流程效率多个方面具有较高的要求。

通用的微支付模型图 2-8 所示，其中虚线表示离线方式。微支付模型中一般涉及 C、B 和V三方。C是使用微电子货币购买商品的主体客户；V是用户提供商品并接收支付的商户；B是作为可信第三方存在的代理，用于为C和V维护账号、通过证书或其他方式认证C和V的身份、进行货币销售和清算，并解决可能引起的争端，它可以是一些中介机构，也可以是银行等。

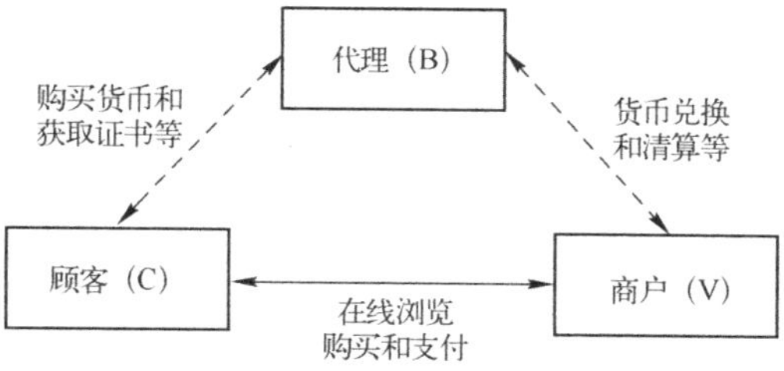

图 2-8　通用的微支付模型

在进行支付之前，客户C一般通过离线方式获取电子货币或交易中使用的数字证书，在一般情况下，C和B之间可以通过微支付或其他方式建立联系，以在B处建立账号。C通过在线方式同商户V进行联系，浏览商品和进行支付。V一般可以在本地验证电子货币的真伪，但一般不能判断C是否在重复消费（除非对特定V的货币）。每隔一定的时间，如一天或一周等，V会把C支付的微电子钱币提交给B进行兑现，B可以对电子货币进行验证，以防止V的欺骗或C的重复消费，这个步骤一般通过离线方式完成。

微支付的运作主要由三种模式构成，分别是商业银行模式、移动运营商模式、第三方支付模式，这三种模式各有优缺点。目前第三方支付模式在微支付领域中发展得最为成熟，阿里巴巴的支付宝和腾讯的财付通都是国内微支付交易领域中的杰出者，它们已经展开了深入地微支付交易服务。

2.2.3　电子支票

电子支票是客户向收款人签发的、无条件的数字化支付指令，它可以通过因特网或无线接入设备来完成传统支票的所有功能。电子支票中包含有与纸支票完全相同的支付信息，如收款方名称、付款方账户、金额和日期。同时电子支票包含有数字证书和数字签名，它们连同加密解密技术一起，被用来防止对银行和银行客户的欺诈，提高电子支票的安全性，以保证信息的真实性、保密性、完整性和不可否认性。另外一些附件如付款清单也可以一起“捆绑”传送。

电子支票的运作流程如图 2-9 所示，电子支票的运作包括购买、支付和清算三个过程。付款人首先必须在提供电子支票服务的银行注册，开具电子支票。注册时可能需要输入信用卡和银行账户信息以支持开设支票。电子支票应具有银行的数字签名。付款人在支付时用自己的私有密钥在电子支票上进行数字签名，使用收款人的公钥加密电子支票，用 E-mail 或其他方式向收款人支付；只有收款人可以收到用收款人公钥加密的电子支票；收款人用付款人的公钥确认付款人的数字签名并向银行进一步确认电子支票。收款人定期将电子支票存到银行，银行对支票进行清算并允许支票转账。

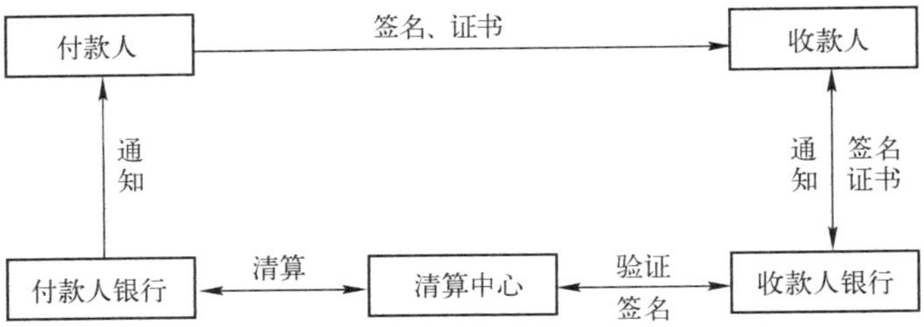

图 2-9　电子支票运作流程图

电子支票将整个处理过程自动化，帮助银行疏解银行处理支票的压力，节省大量的人力和开支，极大地降低了处理成本；可以在任何时间、地点通过专用进行传递，打破了地域的限制，最大限度地提高支票的收集速度，从而为顾客提供了更方便快捷的服务和减少了其在途资金；通过应用数字证书、数字签名以及加密解密技术，提供了比使用印章和手写签名更加安全可靠的防欺诈手段。电子支票在这三个方面的巨大进步，无疑会使其成为支票发展史上的一次革命。

知识要点 2-1：电子现金发展史——比特币的“先驱们”

我们现在用的支付宝等支付手段，其实都是 20 世纪电子现金研究成果的进一步演化，近些年出现的比特币，也是其中一个方向的尝试。

在比特币出现之前，世界上至少有上百种数字货币的尝试，但很可惜，它们都失败了。但是了解这些失败者探索的经验，我们或许能对比特币带来的成就有一个更深的认识。毕竟，比特币不是凭空出现的，它是在一系列前人“量”的积累的基础上，通过一些跨界创新带来的“质”的突破。

传统金融体系的核心是现金和信用体系，基于这两大体系，对电子现金有两个方向的尝试。

1. 信用体系

信用体系电子现金的典型应用就是信用卡，由于信用卡信息不方便泄露，因此就需要一个信用中介，即双方信任的第三方，只需要将信用卡信息提交给第三方，而不需要给每个商家，从一定程度上保护了个人隐私。如美国的 Paypal、我国的支付宝等。

最早成立的中介支付公司是第一虚拟公司（First Virtual）。它的支付体系和现在的 Paypal、支付宝体系类似：用户注册并提交信用卡信息，当用户进行网络购物的时候，商家把用户支付的信息传递给第一虚拟公司，第一虚拟公司发送信息和用户确认之后批准支付。支付宝支付也是这样的形式：淘宝下单，商家把支付请求发到支付宝，用户手机界面跳转到支付宝，然后输入密码确认交易。但是在第一虚拟公司那个时代，浏览器才刚刚开始支持 HTTPS 等加密协议，所有沟通都通过电子邮件，可以想象，你选好商品，然后商家给中介发邮件，中介再发邮件找你，你再确认，……，显然很烦琐。

后来在 20 世纪 90 年代中期，出现了 SET 协议。基于 SET 协议，用户不需要提供信用卡信息给商家，也不需要在第三方中介注册账户，用户在购物时浏览器会自动把信息加密再发送给商家，加密的信息仅有中介能够解密，只有中介对比商家的信息和加密的信息并确认无误后，中介才会批准支付。Paypal、支付宝、微信支付等都是采用中介架构的信用体系。

2．现金体系

信用体系方便了线上支付，但是也同样有不可避免的缺陷。首先，使用信用体系会导致难以匿名。你必须向某一方提供信息，不论对方是中介还是商家；其次，信用体系必须要由第三方来获得交易批准，这让体系变得很复杂；最后，信用体系或许会出现债务风险。而现金体系，虽然不具有上述信用体系的三个缺陷，但要使用电子现金，首先要面对双重支付的问题。例如，某银行发行一批电子现金，签上数字签名，每一份都对应着银行的储蓄（如果是金本位每一份对应银行金库里的一份黄金）。这样电子现金就有了可靠的背书，就会流通起来。但是当用户收到一定金额的货币数据的时候，他可以复制这些数据并传输给他人，如果没办法辨别，一份电子现金会被多次使用，这就是双重支付。

如何避免双重支付？就是在每份现金上印上独特的序列号。银行设置一台服务器，用户可以在获得电子现金的时候向银行问一下，这笔电子现金有没有被兑换掉？如果没有，用户就可以放心地收下它，服务器也做好相应的记录。但这样做带来的问题是，序列号和用户信息会一同记录下来，这意味着银行能够追踪用户消费行为，匿名性就不存在了。

为了解决匿名问题，不少专家做了深入研究，其中最突出的是大卫·乔姆（David Chaum），他提出了“盲签”技术。例如，我给你一笔电子现金，你把它的序列号记录下来并且不让我看到，然后我再签名，并且不需要知道它的序列号，这样就把序列号和用户信息分割开来，一定程度上能够做到匿名。为了把自己的想法商业化，乔姆在 1989 年创立了数字现金公司（Digicash），这是第一家致力于解决线上支付问题的公司。数字现金的使用逻辑是，当用户需要交易的时候，单击一条由资金接收方发回的链接，跳转到数字现金网页，同时开通一条反向链接连回到用户自己的计算机。如果链接成功，数字现金软件会在计算机上运行，然后用户批准交易和付款。其中利用了“盲签”技术，用户确保了自己的匿名。

除了双重支付问题，使用电子现金还有另一个重要的问题：如何保证自己手里的电子现金真的值钱？最简单的方法，就是让发行方手里有东西做担保，例如同等价值的黄金。曾经的 E-Gold 和 Digigold 就是根据黄金的价格发行电子货币的。但是这样带来的后果是，电子现金的价值随着锚定物的价值波动，从而带来很大的不稳定性。那么就有人开始思考，黄金、钻石等物品曾经能够作为货币使用，是因为其具有稀缺性。能不能让电子现金也同样具有稀缺性呢？20 世纪 90 年代早期，就有密码学家通过解决数学计算来赋予电子现金价值，即电子现金只有花费一定时间解决一个数学计算问题之后才能生成，从而赋予电子现金稀缺性。在 1997 年提出的哈希现金（Hashcash）体系中采用了这样的设计，其特征如下。

① 设计内容取决于一些特定要素，如时间、发行人等。

② 设计的问题难以迅速解答出来，但是可以轻松检查是否正确。

③ 设计的问题相互独立，这样保证每一次发行难度都是一样的。

④ 随着硬件性能的提升，这个问题的设计难度能够调整，以适应新时代的要求。

这也是后来比特币挖矿机制的起源。

另外，如何记录交易数据？

比特币的另一大关键技术就是区块链技术，就是一个数据库账本技术，能够安全记录所有交易信息。最早类似的技术是用在数字文件记录中的。用户在发送文件的时候，服务器会用当前时间和指向之前文件链接的指针作为签名来签署这个文件，如果前面文件的数据被更改，相应指针也会失效，这样每份文件都能确保上一份文件内容的完整性，合起来就能保证整个文件系统不被更改，并保存了文件的先后顺序。

后来另一篇论文提供了一个更有效率的方案，通过把一定条件的文件打包成块，然后在一条链上连接起来，每个块里文件通过树状结构相互链接，每个块的头部都能够指向前一个块并且有时间戳，保证整个链条的完整。后来这个结构启发了比特币数据储存结构的设计。

2.3 数字货币

2.3.1 数字货币的概念

目前，国际上尚没有对数字货币做出统一的定义，而且许多学者将数字货币、虚拟货币、加密数字货币等概念混为一谈。例如，有学者认为：数字货币具有与物理货币相似的货币职能，但可以瞬时交易和无国界转移，并认为虚拟货币和加密货币都属于数字货币。这种观点强调了数字货币的互联网特性和瞬时交易、跨国界转移的特点。另外，有学者认为数字货币是虚拟货币的一种，将数字货币定义为一种基于节点网络和数字加密算法的虚拟货币，其核心特征是没有发行主体、总量固定、交易过程需要网络各节点的确认。这种观点强调数字货币的去中心化、网络化和使用加密技术的特性，并认为虚拟货币的范畴要大于数字货币。还有学者认为数字货币与虚拟货币互不包含，从是否属于法定货币的角度对数字货币和虚拟货币做了区分，将数字货币定义为“法定电子现金”，即由货币当局发行、存储于电子设备、具有现金特性的价值载体。数字货币的重要使命之一是部分替代现金，降低现金印制、发行、清分、销毁的成本。

国内权威机构，例如中国互联网金融协会，认为数字货币应有且仅有一种存在形式，即“央行数字货币”，也称为数字法币。在现行货币制度下，央行数字货币本质上只是电子货币的替代，目的是使电子货币的发行成本更低、效率更高。央行数字货币仍然要依赖于现行的银行制度，这是由中央银行的性质、地位和利益决定的。

本书认为，广义上讲，数字货币既包含数字法币，又包含虚拟数字货币，即依靠密码技术创建、发行和流通的一种基于节点网络和数字加密算法的货币，可以实现货币交易的即时或准时到账。狭义上讲，数字货币仅指数字法币，即一种价值的数据表现形式，在某种情况下可被当作货币的替代品。

2.3.2 数字货币的分类及典型的数字货币

1. 数字货币的分类

数字货币可分为法定数字货币（数字法币）和非法定数字货币（虚拟数字货币）。法定数字货币是基于中央银行信用，由中央银行发行，具有主权性和法偿性的数字货币。非法定数字货币不由央行发行，但能在一些地区对网络经济中的部分或全部商品及服务交易进行支付结算。两者的区别如表 2-1 所示。

表 2-1　法定数字货币和非法定数字货币的区别

	法定数字货币	非法定数字货币
发行机构	中央银行	去中心化，无统一发行机构
发行量	灵活	固定
发行量决定因素	货币政策目标	计算机程序
是否有中央调节机制	有	无
是否为央行负债	是	不是
是否为交易媒介	是	小范围是
是否为价值尺度	是	不是
是否为贮藏手段	是，有通胀风险	是，有价格波动和信用风险
是否为本位币	是	否

2．虚拟数字货币——比特币

（1）比特币的来源

比特币不依靠特定货币机构发行，它依据特定算法通过大量的计算产生，比特币使用整个 P2P 网络中众多节点构成的分布式数据库来确认并记录所有的交易行为，P2P 的去中心化特性与算法本身可以确保无法通过大量制造比特币来人为操控币值。比特币是由具有关联性的 64 位数字组成一个网络域名地址的虚拟电子货币。比特币的 Logo 如图 2-10 所示。

图 2-10　比特币的 Logo

2008 年 11 月 1 日，一位日本籍密码爱好者中本聪（Satoshi Nakamoto），在集结全球密码爱好者的论坛上，向世人第一次阐述比特币的概念，这是比特币传奇的开始。比特币是由一组较为复杂的程序计算出来的，生成比特币的程序同时也设定了比特币的发行数量，它的最高限额是 2100 万个。若当期进行比特币交易的人过多时，系统会自动加大产生比特币的难度，若当进行比特币交易的人数不足设定值时，就降低计算难度，加大比特币的产生数量。流通中的比特币受到预先设定好的计算公式的调节，直到 2140 年会达到比特币总量的峰值，然后这个数值将恒定不再变化。也正是由于这个原因，使得部分人认为比特币具备和黄金一样的价值，区别仅在于世界各国对它的认可。比特币的计量单位要区别于其他货币，它的最小单位值以其创立者的名字命名为聪（Satoshi），一个比特币等于一亿个聪。

获得比特币的方式有三种：一种是通过交易，即从已有比特币卖家手中购得；另一种是通过公开的计算公式自己发掘出比特币，这种行为便称为“挖矿”。挖矿人即是“矿工”，比特币的获取数量不但受到程序的自动调配，也受到用来“开采”比特币机器、系统性能的影响。若矿机性能强大，那么会在等量的时间内获得更多的比特币，减少“开采”时间；第三种是自己创造一个新的比特币区块，50 个比特币构成一个区块。

（2）比特币技术原理

比特币的发行完全基于密码学原理和 P2P（点对点）网络。具体如下。

① 椭圆曲线算法（Elliptic Curve Cryptography，ECC）。这是一种非对称加密算法，对

比世界上运用最广泛的 RSA 非对称加密算法，椭圆曲线算法能用更短的密钥达到与 RSA 相同的安全强度（160 位的 ECC 密钥即具有与 1024 位 RSA 密钥相当的安全性），该算法存储空间和通信带宽的占用远小于 RSA 算法，在网络信息技术中得到越来越广泛的应用。比特币协议中采用的 ECDSA 加密算法，就是椭圆曲线算法的一个变种。

② 哈希算法。比特币协议中使用的主要哈希算法为 SHA-256，其计算出的哈希值是一个 256 位的二进制数，范围在 0 到 2^{256}，这个范围是极其巨大的，以目前的破解技术和计算能力来看，SHA-256 是一种安全的算法。哈希算法具有文件校验功能，即在传送文件的同时，也传送其哈希值，传送完毕后用同样的哈希算法计算文件哈希值并与传送值进行比较，如果一致则说明文件完整无误。这一功能常应用于 P2P 网络的文件传输以及系统文件完整性校验中；身份认证功能，又被称为“挑战——认证模式”，当信息在传输通道中可能被第三方获取，但无法被修改的时候，这是一种简便安全的身份认证方式；数字签名功能，除了可以认证发送来源以及信息完整性，数字签名还使发送方无法否认发送的内容。哈希算法的另一个应用是 Hashcash，这是一种工作量证明（Proof-of-Work，PoW）方法。在比特币协议中，基于哈希算法的数字签名技术在交易过程中起到了基石作用，而挖矿（Mining）活动则应用了 Hashcash 的原理。

③ P2P 网络。我们上网时最常使用的是服务器/客户端（Server/Client）架构，这种架构的优点在于结构简单，部署快捷，但整个体系的存在都依赖于中心服务器，中心服务器被攻击或关闭，则整个架构就失效了。P2P 网络则与之相反，依赖分布式的用户节点（Node）交换信息，中间服务器的存在不再是必要条件，节点即作为客户端从网络中读取数据，也作为服务器向外提供资源。P2P 网络中的所有节点都直接或间接地互相连接，一个节点发布的信息经过层层转发，最终可以扩散到所有的节点。P2P 网络保证了比特币系统中的分布式记账功能，防止账户信息篡改和丢失，比特币系统的每个节点，都完整保存着记录比特币创建以来的所有区块链中的交易记录。

（3）比特币系统的运行

① 账户地址。在比特币系统中也存在账户与密码，这是比特币客户端随机生成的一对密钥，公钥被作为比特币账户地址（Address），而私钥则扮演着密码的角色。目前比特币客户端可以生成的地址总数为 2^{128} 个，如果以全球 70 亿人计算，每人可分配到 4.86×10^{28} 个地址，这显然是十分宽裕的。因此使用比特币时大可同时使用很多不同的地址而不用担心与其他人发生碰撞。

② 交易过程。比特币系统包括三层：底层技术——区块链，即去中心化、分布式记录的公开透明的交易记录总账，其交易数据全网节点共享；中层链接——协议，即基于区块链的资金转账系统；上层应用——比特币。其交易过程就是中间链接层的运行过程，链接层本质上是一种数据结构，该数据结构是包含交易信息的区块从后向前有序连接起来的。由区块构成比特币交易网络的节点，每个节点都由 Header（区块头，作用是连接到前一区块“父区块”，并为区块链提供完整性）和 Body（区块体，作用是包含并验证了区块链创建的过程中比特币交易记录）组成的。利用多种加密算法，例如利用 SHA-256 等数字签名算法保证交易信息的安全性。比特币交易过程的逻辑构建如图 2-11 所示。

比特币交易的基本单位是未使用的交易输出（UTXO）。UTXO 是可以被网络识别成货币单位的一定量的比特币，可以是任意值，但不可分割。在实际交易环节中，通常出现的情况是 UTXO 大于所需支付的金额值，那么该 UTXO 在交易中将会被整体消耗，同时产生零头。比如 A 拥有一个 10 比特币的 UTXO，他需要向 B 支付 2 比特币，那么交易中，交易输入为该 10 比特币，会被整体消耗，同时产生两个输出：2 比特币支付给 B，以及 8 比特币的零头返回给 A 的钱包。这就是比特币交易的“找零”机制，如果不采用这种方式，而是每次遍历所有交易记录计算地址余额，一方面加重了计算负担，另一方面由于 P2P 网络各个节点并非完全同步，余额的变化无法同时传达到全网，为欺诈性交易创造了条件，降低了交易安全性。比特币“找零”交易机制，如图 2-12 所示。

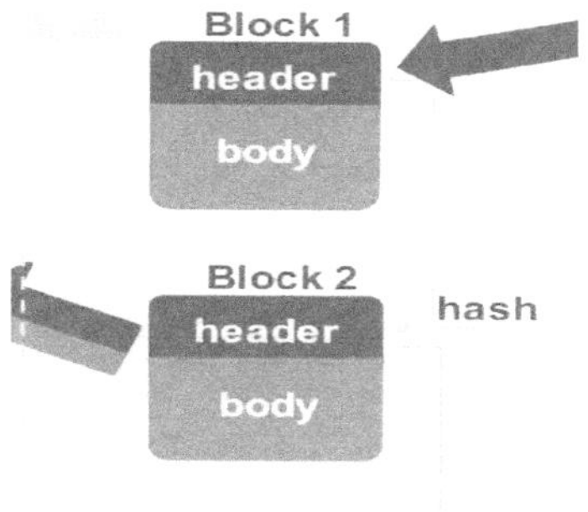

图 2-11　比特币交易过程逻辑构建图

图 2-12　比特币交易的“找零”机制图

③ 区块与区块链。这涉及比特币交易记录在 P2P 网络中的存储形式。区块链是一种分布式共享数据库（数据分布式储存和记录），利用去中心化和去信任方式集体维护一本数据账簿的可靠性的技术方案。该方案要让参与系统中的任意多个节点，存储通过一串使用密码学方法相关联产生的数据块（即区块），每个数据块中都包含了一定时间内的系统全部信息交流的数据，并生成数据“密码”用于验证其信息的有效性和链接下一个数据库块。在 P2P 网络中，由于不存在中心服务器，网络中各节点收发信息的时间存在先后，为了解决这个问题，比特币系统采取了更加离散化的处理方式，将一段时间内通过验证的交易单打包起来，形成一个区块（Block)。区块的产生较交易单的产生更加离散，为了保证交易记录的全网统一，采取时间戳（TimeStamp）机制解决这个问题，即每个区块中除了包含该时段的交易单外，还需要记录本区块的 ID（区块内容的哈希值）以及上一个区块的 ID。这样按照先后顺序排列的 ID 序列很难被篡改，但很容易被验证。P2P 网络中区块（节点）以及区块链（节点关联），如图 2-13 所示。

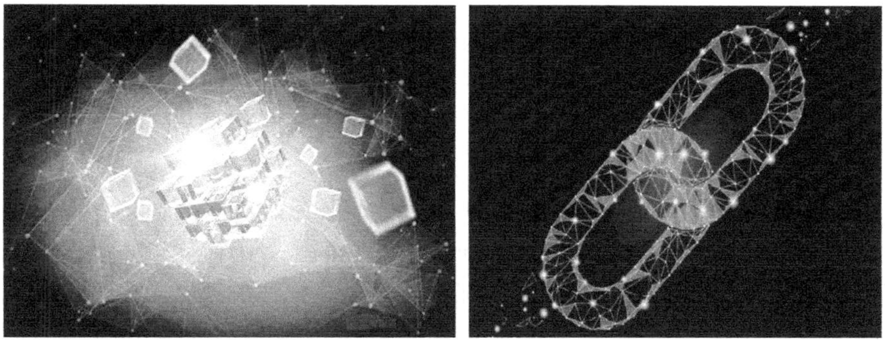

图 2-13　P2P 网络中的区块及区块链形式图

每一个区块都包含从父区块传来的散列数，区块与区块连接到一起形成了“链”。如前所述，通过时间戳机制，将上一个区块的 ID 记录包含在本区块中，就建立了一个有唯一先后顺序的区块链（Block Chain）。形成这样的链条不依赖于各个节点的系统时间，只与区块生成的实际次序有关。新生成的区块在获得全网公认后，就被储存在所有网络节点中，成为全网统一的交易记录链的一部分。由于哈希算法的解题难度大，链条一旦形成，想篡改区块内容或颠倒区块次序，就需要重新计算被改动区块之后的所有区块内容——由于区块链存储在 P2P 网络的每一个节点中，这样的修改显然是不可行的。基于时间戳散列机制的区块链如图 2-14 所示。

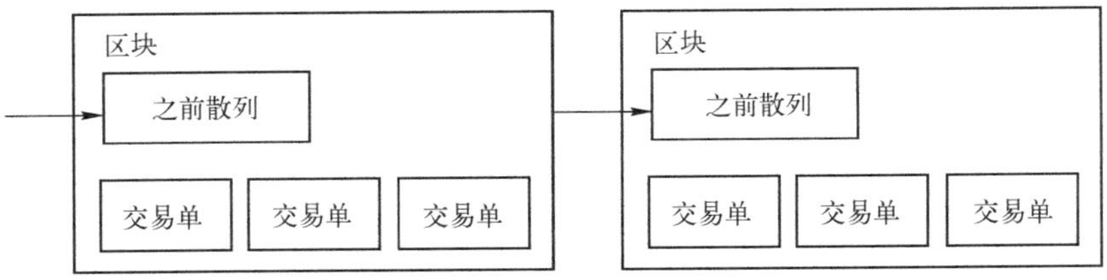

图 2-14　基于时间戳散列机制的区块链示意图

④ 挖矿竞赛。在比特币系统中，所有节点都是平等的，可以通过竞争来获取区块的创建权并获得相应奖励。这一竞争机制，就是前面提到的工作量证明方法（Proof-of-Work，PoW）。挖矿就是生成新区块并将区块添加到区块链的过程，为了生成新区块，矿工必须寻找满足特定要求的哈希值（Hash）。挖矿过程如下：以本地区块链中最后一个区块的内容为输入，计算其哈希值；接收其他节点发布或转发的交易单，进行筛选与检测，剔除掉已经被包含在区块链中的旧交易单、余额不足的或是有其他错误的交易单；随机选取一个数字，将这个数字与前面得到的哈希值、合法的交易单内容一起作为输入，得到一个新的哈希值；检测该新的哈希值是否小于当前的难度阈值，如果是，则挖矿成功，生成一个新的区块并向全网广播；如果哈希值不符合条件（大于阀值），则从第二步重新开始；如果在挖矿的过程中，收到了其他节点传来的新合法区块（合法表示符合格式要求，且其中的交易单都是新的），则将这个区块加到本地区块链的末尾，从第一步开始重新挖矿。发现正确哈希值并创建新区块的旷工将获得比特币奖励。

区块的传播有先有后，而不同的 P2P 节点也有可能在挖矿过程中基于同一个前置区块生成不同的新区块，这时如何避免区块链发生大的分叉？这里起作用的仍是一种“竞赛”制度。在以某个区块为基础进行挖矿活动的计算能力越强大，这个区块就越会赢得竞争，成为最长分支，因此这种机制也可以称为“算力投票”。那些竞争中失败的区块分支，其中的交易单会被检查，没有被包含在当前最长区块中的交易，会作为数据包进入挖矿过程中，成为新区块的内容。

（4）比特币生态系统

① 比特币钱包。比特币的账户地址与密码实质上是非对称加密算法中的一对公钥与私钥，公钥经过一些转换就成为 27～34 位的地址。用户的钱包中往往包括多个地址以及相应的私钥，如何安全有效地进行管理，是比特币使用中最基础的问题。最基础的比特币客户端程序 Bitcoin-Qt（由比特币基金会开发，因此往往被称为“官方客户端”）就提供了钱包管理

的功能，可以在需要时自动生成地址和私钥。使用 Bitcoin-Qt 时，需要先下载所有的区块链数据到本地（目前大小已接近 30GB），包含比特币诞生起到现在的所有数据，这对大部分普通用户而言其实意义不大，因此催生了轻量级本地应用与各种网络、移动钱包。最流行的轻量级客户端是 MultiBit，也是比特币官网 bitcoin.org 上推荐的应用。最流行的在线钱包服务提供商是 blockchain.info，它同时也是目前最重要的比特币信息数据服务提供者。Bitcoin Wallet 是比特币官方主页推荐的移动钱包，它又关联至任何其他在线服务。

② 交易所。位于日本东京的 Mt.Gox 曾是世界上最大的比特币交易所，它成立于 2010 年 7 月 17 日，当时每个比持币的价格还不到 5 美分。在很长一段时间里，Mt.Gox 是比特币市场的风向标。然而，从 2013 年下半年起，伴随着比特币的一路上涨，Mt.Gox 却因合作伙伴的起诉、监管部门的调查逐渐陷入了混乱之中。2014 年 2 月，Mt.Gox 宣称由于技术漏洞被黑客盗走了 85 万个比特币，申请破产保护。在 Mt.Gox 倒闭之前，位于斯洛文尼亚的 Bitstamp 是它最主要的竞争对手。Bitstamp 成立于 2011 年 8 月，作为挑战者，它提供较为低廉的交易手续费，提现手续也更为方便。在 Mt.Gox 倒闭后，Bitstamp 成为中国以外地区最重要的交易所。随着比特币在中国受到越来越广泛的关注，出现了主要服务于国内用户的交易所，中国首家比特币交易所 BTC China（比特币中国）成立于 2011 年 6 月，2013 年部分交易日的交易量曾排名世界第一。由于在收费与免费的策略上摇摆不定，提现也不太稳定，BTC China 的地位逐渐被后起之秀 OKcoin 和火币网所取代。

③ 支付服务。目前采取比特币支付存在很大障碍，一是因为比特币交易需要等待至少六个区块的生成才能够获得确认，这意味着每笔交易平均需要花费一个小时才能完成，显然在某些场合是不好的支付体验；另外因为比特币的价格波动幅度大，很多商家不愿意承担其风险。因此，比特币支付服务提供商的存在非常有必要。Bitpay 成立于 2011 年 5 月，是最早的比特币支付服务提供商，其目标是成为比特币界的 Paypal。如果在线商家要接受一笔付款，而消费者希望比特币支付，此时商家只需要在自己网站上添加 Bitpay 的比特币支付按钮。消费者通过此按钮向 Bitpay 支付比特币（数额由比特币当前价格计算得出），Bitpay 随后向商家账户中打入兑换后的法币。而在线下，交易则可以通过手机客户端扫描二维码的方式进行。目前 Bitpay 已经为超过两万个商家提供服务。Coinbase 成立于 2012 年 6 月，Coinbase 的服务主要包括三个方面：用户钱包、比特币交易以及商户工具。Coinbase 的美国用户可以直接通过银行账户买卖比特币，并且 Coinbase 还推出了比特币的链外支付服务，交易可以直接在 Coinbase 的系统内部即时完成。再加上向商户提供类似 Bitpay 的支付工具，Coinbase 为用户提供了完整的服务链条，这构成了它独特的竞争优势。

④ 挖矿产业。挖矿活动是比特币网络运行的关键，参与挖矿计算的机器越多，比特币网络就越不容易受到攻击。自比特币诞生以来，挖矿产业经历了 5 个发展阶段：CPU（Central Processing Unit，中央处理器）时代、GPU（Graphic Processing Unit，图形处理器）时代、FPGA（现场可编程门阵列）与 GPU 共存时代、ASIC（Application Specific Integrated Circuit，专用集成电路）时代、大规模集群挖矿时代，由于全网算力的飙升，单个矿工越来越难以获得稳定的挖矿收益，矿工们开始组成矿池，按各自的贡献度分配比特币收益，比特币挖矿已经完全进入集群化时代。

⑤ 灰色产业。许多灰色产业利用比特币的匿名性开展交易，这是比特币受到争议的一个方面。

⑥ 比特币投资。狭义的比特币投资指看好比特币的升值前景，希望通过交易比特币来获取利润的行为。广义的投资，则泛指对比特币网络及相关企业的投资。购买矿机进行挖矿获取比特币报酬也是一种典型的投资行为，但这需要对全网计算能力的提升速度进行准确的评估。另外，还有比特币金融投资。

3．数字法币

（1）石油币

2018 年 2 月 20 日，南美洲的委内瑞拉，正式开始预售该国发行的石油币，这是人类历史上的第一个由国家发行的法定数字货币。

石油币的基本要素如下：

① 发行方：委内瑞拉政府。

② 发行数量：1 亿个。

③ 发行时间：2018 年 2 月 20 日至 3 月 31 日。

④ 发行价格：60 美元/个。

⑤ 发行基础：50 亿桶石油。

⑥ 发行过程：2 月 20 日至 3 月 19 日，定向预售 3840 万个；3 月 20 日起，公开发行 4400 万个；另外 1760 万个，将由委内瑞拉政府设立的数字加密货币管理机构持有。4 月 1 日起，石油币将在委内瑞拉国内和国际上的加密数字货币交易所上市进行二级市场交易。

⑦ 发行收入安排：15%投入科技研发，15%投入加密数字货币生态环境建设，15%投入与石油币相关项目，其余 55%将进入国家主权基金。

⑧ 发行技术形式：以太坊 ERC20 代币。

石油币不能直接兑换原油，但委内瑞拉政府承诺接受石油币作为个人或机构向政府缴纳以委本币玻利瓦尔计算的应付税费和公共服务的支付方式。石油币与玻利瓦尔的汇率，将由官方授权的虚拟货币交易所每日公布。

石油币在委内瑞拉国内将拥有 2000 万用户。此外，委内瑞拉政府还将在国际上大力推广石油币的使用。石油币吸引了来自卡塔尔、土耳其和其他中东国家的投资，也包括来自欧盟和美国的投资。

（2）Facebook 的加密稳定币 Libra

2019 年 6 月 18 日，Facebook 旗下全球数字加密货币 Libra 官方网站正式上线，Libra 稳定币白皮书公布。在传统金融领域，跨境转账汇款存在转账周期长，手续费高昂的问题。Libra 稳定币具备价值稳定、交易快速、可扩容和安全等兼具区块链金融和传统金融特点的优势，可以有效改善上述问题。

Libra 是一种稳定币（稳定币是一种加密货币的分类），可以将其理解为一种锁定价值的积分系统，一个 Libra 币的积分等于 1 美元，这个价格是稳定不变的。根据 Libra 白皮书，人们只能通过法定货币 1∶1 地购买 Libra，法币会转为储备金。储备金的规模决定 Libra 的实际价值，或有波动，但是很小。

Libra 的主要功能是支付，在跨境支付和转账中有着广泛的应用前景。因为数字加密货币并不像传统数字货币一样受到政策和区域的影响，理论上只要有互联网接入，就可以通过区块链进行转账。这就让 Facebook Libra 具备了全球货币的特性。无论是跨国转账，还是跨境支付，都能轻松实现。

Libra 由 Libra Association（Libra 协会）管理发行，想要加入 Libra 区块链的机构和公司需要向 Facebook 缴纳 1000 万美元的会员费用。目前 Libra 协会已有 29 家合作机构，不仅有 Uber、eBay、PayPal 等互联网公司，还有 Mastercard、VISA、Andreessen Horowitz、USV 等老牌金融机构，此外，Vodafone 等移动通讯运营商也加入其中，构成了 Libra 项目生态圈。

总之，Libra 的使命是建立一套简单的、无国界的货币和为数十亿人服务的金融基础设施。也预示着全球经济大国之间的博弈即将以数字加密货币的形式开展。

（3）我国的央行数字货币 DCEP

DCEP 是我国央行的一个数字货币项目，全名称为 Digital Currency Electronic Payment，也就是数字货币和电子支付工具。DCEP 的设计开始于 2014 年，远远早于 Libra 币提出的 2019 年，DCEP 是我国央行在数字货币领域多年研究的结果。DCEP 与 Facebook 推出 Libra 币，在安全性、架构、理念等方面十分相似，不同的是，DCEP 在保有 Libra 优点的同时，在以下几个方面具有绝对的优势。

① DCEP 与人民币可以 1∶1 自由兑换。

② DCEP 采用商业银行和中央银行的双层制度，适应国际上各主权国家现有的货币体系，即采用“央行—商业银行/商业机构—公众”的运营模式。中国人民银行先把数字货币兑换给商业银行或商业机构，再由商业银行或商业机构兑换给公众。也就是说，中国人民银行不会直接对公众发行 DCEP，避免风险过于集中。

③ DCEP 是主权货币，是纸质人民货币的替代，可以确保现有货币理论体系依然发挥作用；DCEP 在我国被定义为 M_0（现金），是现金一定程度上的代替，它可以像现金那样自由流通、不计息及无限法偿性。

④ DCEP 可以不依赖于网络进行点对点的交易。DCEP 不预设技术路线，就区块链技术当前的性能水平来说，暂时还达不到我国央行的要求，因此，DCEP 并不一定就是采用区块链技术，也可以采取在现有的电子支付基础上演变出来的新技术。

与现金相比，DCEP 省去了发行、印刷、回笼和贮藏等环节，由于 DCEP 受我国央行直接管控，所有账户对央行都是公开的，因此，不存在被伪造、匿名不可控、洗钱等风险。但 DCEP 在时间、交易金额及费用上都有限制，不能完全代替实物现金。

2.3.3 数字货币的特点及作用

无论是法定数字货币还是非法定数字货币，都具有数字货币共同的特点。

1．数字货币的特点

① 交易速度快，成本低。数字货币交易采取点对点网络，无须第三方清算机构，因此在小额支付和跨境支付中具有成本优势和时间优势，可通过任一设备在任一时间、任一地点进行交易。

② 交易更加安全、防伪、透明。数字货币采取加密算法，其自动认证机制使它很难被伪造，所有交易在网络上公开，可溯源，能有效防止非法活动。

③ 更高的金融包容性。数字货币网络不需要与银行账户绑定，从而有助于让边远地区的居民享受到现代金融服务。

2．发行法定数字货币的作用

① 有利于保证国家金融安全。国家发行的法定数字货币有国家信用支撑，是国家主权货币的一种新形态，可进行数据追踪和公证，能有效避免伪钞制作以及票据诈骗问题。法定数字货币具有更强的黑客攻击防御能力和反制裁能力，即使局部节点暂时失效，其记录在全网各个节点的交易数据也不会丢失。法定货币较强的防攻击能力和可跨界使用等优势使其可以有效保证国家金融安全。

② 有利于降低货币管理成本。目前，我国纸币的管理成本包括设计、印制、发行、更换、押运、销毁以及银行自动取款机、柜台现金服务、企业及商户的现金管理成本，每年需上千亿元人民币。而 100 元、50 元、20 元和 10 元的人民币使用寿命仅仅为 36 个月、18 个月、18 个月和 21 个月，而硬币则为 20 年。如果采用数字货币，央行只要一次性投入构建央行数字货币的运行平台和管理平台，央行数字货币的发行成本会逐步递减，甚至可以接近于零。由于央行数字货币利用非对称的数字加密技术，理论上不存在破损、伪造和遗失等情况，所以流通成本也趋近于零，这将大大降低货币管理成本，减少货币流通障碍。

③ 有利于加强货币监管。在传统货币体系下，货币政策实施具有一定的时滞，而数字货币体系的数据维度丰富，数据更加完整准确，宏观经济数据可以得到更加及时的统计，可提高货币指标的准确性，不仅有利于提升货币流通速度的可测量度，还有利于更好地计算货币总量、分析货币结构，中央银行可根据各类及时、完整和全面数据制定有关货币政策，实现对货币总量、流向和流速等的精准调控。

④ 有利于加快金融市场信息传导。法定数字货币的交易去向及用途可以被所有参与者及时知晓，有助于金融市场交易信息快速传递，提升金融产品交易效率，控制交易风险。同时，法定数字货币采用统一的系统标准，交易方便，其先进的数字技术决定了数据支持的完备与快捷，国家能迅速了解全国财政、货币、产业政策执行情况和经济的即时运行态势，及时评估现行政策执行效果，并对相关政策快速迭代优化。同时，数字货币将促使金融机构小型化、数字化、自动化，人们可以自行办理各类金融业务。

⑤ 有利于保持交易信息完整透明，监测各种非法交易。数字货币在技术上记录了货币整个生命周期的关键信息，包含数字货币产生的原因、支付理由、支付发起人和受益人，过去支付的历史信息等，这些关键信息被记录在数字货币中，并且不易被篡改，方便随时查询和验证，解决了信息不对称问题。数字货币流转信息的完整透明，弥补现有法定货币无记名性的缺点，方便监控资金用途，实现特定政策目的，确保货币流向特定领域，例如，扶持医疗、教育、农业、小微企业、扶贫的专项资金，也有利于监测各种经济犯罪活动，追踪各种非法交易，减少资金被贪污、挪用，打击洗钱、逃漏税、逃避资本管制等行为。

⑥ 为在国际货币体系占据更加重要地位提供了弯道超车的历史机遇。当前的国际货币体系是由美元主导的，2008 年金融危机后，构建全球安全稳定的金融市场越来越成为国际货币体系建设的共识。国际货币基金组织也一直在探索推动国际货币体系改革，超主权货币逐渐成为国际货币体系的改革方向。发行法定数字货币，是提升我国货币在国际货币体系中的地位的重大机遇，能增强我国货币在国际交易清算中的话语权。

2.3.4 数字货币的发展前景

2019 年 6 月，Facebook 推出的 Libra 天秤币有可能成为全球范围内的超主权货币，从而对传统交易结算货币造成巨大影响。对于我国而言，Libra 的出现，有可能会对人民币造成冲击——由于人民币未纳入 Libra 的一篮子货币中，会降低各国央行对人民币的储备需求，从而阻碍人民币的国际化进程。为应对这种威胁，我国央行适时提出了央行数字货币（DCEP），并加快了央行数字货币的研发及应用的进程。2020 年 4 月底，中央人民银行宣布央行数字货币先行在深圳、苏州、雄安新区、成都及未来的冬奥场景进行内部封闭试点测试。央行数字货币的发展历程如表 2-2 所示。

表 2-2　我国央行数字货币发展历程时间-事件表

时　间	相关事件
2014 年	成立数字货币研究小组，探讨所需的监管框架或国家数字货币
2015 年	发布中国人民银行发行数字货币的系列研究报告，央行发行数字货币的原型方案完成两轮修订
2016 年 1 月	央行召开数字货币研讨会，进一步明确央行发行数字货币的战略目标，做好关键技术攻关，研究数字货币的多场景应用
2016 年 7 月	央行启动基于区块链和数字货币的数字票据交易平台原型研发工作，决定使用数字票据交易平台作为法定数字货币的试点应用场景，并借助数字票据交易平台验证区块链技术
2016 年 9 月	央行票据交易平台筹备组通数字货币研究所筹备组，牵头成立了数字票据交易平台筹备组，启动了数字票据交易平台的封闭开发工作
2016 年 12 月	央行完成了对区块链的首个试验。几家主要的商业银行参与了此次试验
2017 年 2 月	央行推出的数字票据交易平台开始进行测试，这个平台用区块链技术搭建，并运行法定数字货币
2017 年 3 月	央行科技工作会议强调构建以数字货币探索为龙头的央行创新平台
2017 年 5 月	央行数字货币研究所正式挂牌，研究方向包括数字货币、金融科技等
2017 年 11 月	时任央行数字货币研究所所长姚前出席第二届“数字金融的中国时代”会议表示，法定数字货币是数字经济发展的基石
2018 年 1 月	结合区块链技术前沿和票据业务实际情况，对前期数字票据交易平台原型系统进行全方位改造和完善
2018 年 3 月	央行召开 2018 年全国货币金银工作电视电话会议，会议提出“稳步推进央行数字货币研发”
2018 年 9 月	数字货币研究所在深圳成立“深圳金融科技有限公司”，并参与贸易金融区块链等项目的开发
2019 年 2 月	央行召开 2019 年全国货币金银工作会议，提出“稳步、深入”推进央行数字货币研发。
2019 年 6 月	央行召开 2019 年下半年工作电视会议，指出下半年要加快推进我国法定数字货币（DCEP）研发，跟踪研究国内外虚拟货币发展
2019 年 8 月	央行支付结算司副司长穆长春在第三届中国金融四十人论坛上表示，央行数字货币的研究已经进行五年，已经准备好推出
2020 年 4 月	数字人民币研发工作正在稳妥推进，先行在深圳、苏州、雄安新区、成都及未来的东奥场景进行内部封闭试点测试，以不断优化和完善功能

（资料来源：中国人民银行 前瞻产业研究院）

除我国外，全球各国央行也纷纷宣布将会推出基于国家信用、中心化的数字货币。目前，加拿大、巴西、挪威、英国等各国都在研究各自的央行数字货币，而巴哈马、瑞典、俄罗斯等国则均在研讨其央行数字货币发行的可能性。

2.4 电子货币对传统金融货币理论的影响

2.4.1 对中央银行职能的影响

中央银行是金融体系发展到一定阶段，作为市场约束和调节者存在的一种特殊的金融机构。中央银行为商业银行提供信贷支持和监管，并对国家经济进行宏观调控，同时也是具备发行货币权利的国家银行。电子货币的发行会对国家整个社会和经济产生一系列影响，其中最大的影响就是中央银行货币发行的垄断权受到巨大冲击。

（1）电子货币的发展加剧了货币发行的竞争性，进一步削弱了中央银行的发行职能

电子货币的快速发展，反映了社会经济对电子货币的需求。关于货币的发行，货币的发行成本是一个重要的因素。电子货币有效地降低了交易费用，提升了经济效益，争夺电子货币的发行权也就更加激烈。电子货币发行主体并非一定是中央银行，金融机构甚至是非金融机构都可以成为发行电子货币的主体。因为货币发行的稳定性和信用性等特殊要求，所以对发行主体的选择也就非常慎重；一旦发行主体倒闭，或有负面消息传出，影响巨大。

（2）电子货币的发展对中央银行的铸币税收入产生冲击

铸币税是指中央银行发行货币后，在基础货币的创造过程中，资产负债的利息差减去费用所得到的收益。中央银行被电子货币的发行主体削弱了货币发行的竞争力，铸币收入将会有减少的趋势。中央银行实施各项职能的资金渠道很大程度上依赖着铸币税收，这也是中央银行保持政策独立性的经济保障。国际清算银行货币部曾在报告中就电子货币对中央银行铸币税的影响进行了研究，研究报告（BIS 1996）指出，在一定的假设情况下，电子货币的使用将导致20美元以下的小面额纸币被全部替代。

从数据上分析，以中央银行发行的三年期国债利率为标准，我国中央银行的铸币税收入占 GDP 的比重大约为 0.25%，而铸币税收来源于现金的比例大约为 68.1%。如果电子货币代替全部现金进行交易，那么会对铸币税收产生较大冲击。

（3）电子货币的发展对中央银行的金融监管提出了更高的要求

中央银行理应顺应经济潮流来调整自身的政策手段适应电子货币的发展。应将金融机构与非金融机构有效地联系起来，发挥国家信用优势，保障电子货币在经济体中的正常运转。另外，根据本国电子货币的发展情况，完善电子货币的发行、流通、支付、兑换等各个环节的相关法律法规，降低潜在风险。

① 为电子货币建立规范的法律环境。美国并没有对电子货币进行专门的立法，但是美国采用对现有法律法规进行略微修改的方式建立相应的管理规范，例如美国各州的《货币汇兑商法》《货币服务示范法》，在其基础上进行修改以适用于电子货币。2000 年 9 月，欧盟就已经对电子货币的发展和协调构建了一个监管平台，并出台了两个指令，即《关于电子货币机构业务开办、经营与审慎监管的 2000/46/EC 指令》和《修改<关于信用机构业务开办与经营的 2000/12/EC 指令》。这两项指令对电子货币发行机构的开办、经营，以及监管都进行了规范，主要包括最低资本的要求、投资活动的限制以及业务风险的管理。日本金融厅于 2015 年 12 月公布了《关于支付结算业务高度化的工作小组的报告书》，对电子货币的立法有相关建议；2016 年 3 月提交《资金结算法》和其他相关法律修正案，2017 年 4 月正式实施，对虚拟货币进行适当监督和激励，明确虚拟货币及其交易平台的法律地位。在我国，2005 年《电子支付指引（第一号）》旨在规范从银行结算账户发起的电子支付业务，不包括非银行机构发行电子货币或不经由银行账户的电子货币支付；2010 年 6 月，中国人民银行对外发布了《非金融机构支付服务管理办法》(中国人民银行令[2010]第 2 号)，其中对属于电子货币范畴的网络第三方支付和预付费卡都进行了详细规定；2013 年 12 月发布了《关于防范比特币风险的通知》，明确不得使用比特币为服务定价；2019 年 2 月，央行在福建厦门召开 2019 年全国货币金银工作会议，要求进一步提升市场化和社会化水平，提高货币金银系

统内外管理，创新监管理念和手段，全面加强服务实体经济和防范化解金融风险的能力。

② 中央银行应制定电子货币存款准备金率的制度。中央银行通过法定准备金政策来保障货币政策工具的顺利实施，同时也部分保障银行的流动性。电子货币，部分替代了现金和活期存款，减少了货币需求，使货币结构发生了改变。在经济高速发展和通货膨胀的情况下，经济交易频繁，规模逐步扩大，物价也逐渐上升，经济环境要求货币需求的绝对量增大；而电子货币的出现不仅加速了货币的流通速度，也弱化了货币的需求，从而降低了狭义货币的数量，对货币需求量产生影响。现在，我国货币政策的中介目标仍然是货币供给量，电子货币的出现有可能降低货币政策的有效性，所以中央银行应当有效控制电子货币的数量，应将电子货币视同银行存款，提取相应的电子货币存款准备金。这样，中央银行对经济活动的监管才更加到位，也能有效地管理电子货币。

③ 为电子货币提供存款保险等其他保障。在进入网络金融时代以后，电子货币同其他货币一样，也会面临流动性、安全性等问题。网络银行也会突然发生挤兑风险，而且网络信息流通的速度更为惊人，所以一旦网络银行出现任何问题，如何处理电子货币用户的损失就成为一个相当严肃的问题，对电子货币提供存款保险也就是合理之举。目前，许多发达国家已经将电子货币列入国家存款保险系统之中。而我国尚未建立任何存款保险制度。随着电子货币的发展，在严格监管下，建立合理的保证措施也是十分必要的。

④ 建立科学的电子货币监控、认证系统。中央银行应对电子货币的监控和认证建立一个合理科学的系统，监控流通中电子货币的去向，有效防止洗钱等危害社会安全等现象的发生，有效保证电子数据信息传递的安全性。电子货币只有在高效、健全的监控环境下，才能快速发展。

2.4.2 对货币供给理论的影响

货币供给量是一个存量概念，是指一个国家在一定时点上的货币存量的总额。电子货币的产生对货币供给产生了重大影响，该影响可从短期和长期两个角度进行分析。短期是指以电子货币部分取代纸币，纸币仍然是主要的流通媒介的时期；长期是指电子货币取代大部分纸币而成为主要的流通媒介的时期。从短期到长期的过程是电子货币由部分取代纸币到全部取代纸币的过程。短期阶段，电子货币将对中央银行的货币乘数和基础货币产生量的影响，长期阶段，电子货币一方面会消除一国货币层次的划分，另一方面会动摇货币乘数成立的前提，对其产生质的影响，并最终影响货币供给。

1. 短期分析——电子货币取代部分纸币

在现有的银行体系下，货币供给量主要是由两个因素决定：基础货币量和货币乘数。如果用 M 表示货币总量，B 表示基础货币量，m 表示货币乘数，则一国总的货币供给量可用公式表示为：

$$M=mB \quad \text{（公式 2-1）}$$

从金融角度讲，发行电子货币的目的是为了替代现金以节省交易成本。因此，电子货币将直接影响到中央银行发行基础货币的数量，并通过货币乘数对货币供应量产生巨大影响。

（1）电子货币对货币乘数的影响

基础货币是货币供给的源泉，货币供给量可以数倍于基础货币，我们称这个倍数为货币乘数。根据货币供给量的公式，货币乘数可以表示为：

$$m=\frac{M}{B}=\frac{1+k+c}{r_d+r_c t+e+k} \qquad \text{（公式 2-2）}$$

其中，r_d 为活期存款法定准备金率，r_t 为定期存款法定准备金率，e 为超额准备金率，t 为定期存款与活期存款比率，k 为现金与活期存款比率。这里 k 称为现金漏损率或者通货比率，这个比率的大小取决于私人部门（包括个人与公司）的行为；t 由社会公众决定，r_d 和 r_t 由中央银行决定，e 由商业银行决定。由此可见，货币乘数是由中央银行、商业银行和社会公众共同决定的。

首先是 r 的变化。各国中央银行最初采取法定存款准备金的目的是维持商业银行的流动性。电子货币的产生与发展使商业银行流动性约束降低。商业银行对外支付更多地表现为同行业间的清算与划拨，这一问题产生的流动性约束大都通过同业拆借形式解决，因此随着电子货币的发展 r 会呈减少趋势。

其次是 e 的变化。e 主要取决于商业银行的经营决策行为。超额准备金的持有会降低商业银行的贷款规模，减少利息收入。电子货币的发展使社会公众的现金使用量减少，信用货币使用量增加，提现率降低。这样，商业银行可以减少超额准备金的持有量，因而 e 会呈减少趋势。

最后是 k 和 t 的变化。k 的变动主要取决于社会公众的资产选择行为。现金是一种流动性很高的金融资产，人们持有现金的主要目的在于满足自己进行日常交易的流动性需要。随着电子货币的迅速发展，使用越来越方便。而电子货币与普通现金相比，除流动性强外，还具有普通现金所不具备的信用功能，这会使人们不断增加电子货币的持有量而减少现金的持有量，导致 k 不断下降。t 也主要取决于社会公众的资产选择行为，主要受定期存款利率的影响。电子货币中贷记卡等信用货币的使用，会减少人们对活期存款的需求。为了获得更多的利息收益，人们将更多地选择定期存款，使 t 呈上升趋势。

总之，电子货币的发展将使 k 呈不断下降趋势，t 呈上升趋势，r 呈下降趋势，e 呈下降趋势。由于这些因素的相互作用，短期内货币乘数将不断变大。

（2）电子货币对基础货币的影响

基础货币又称为高能货币，是中央银行实行法定准备金制度以控制存款扩张和货币创造的一个特殊货币层次。它包括准备金（法定准备金 RR 与超额准备金 ER）和通货。用公式表示为：

$$H=R+C=RR+ER+C \qquad \text{（公式 2-3）}$$

随着电子货币的不断完善和成熟，当电子货币作为新的现金货币形式加入到基础货币行列时，则可能使得基础货币虚拟化。电子货币的发展减少了流通中的现金，以及在银行准备金额不变的情况下，基础货币将呈下降趋势。

① 通货。电子货币的使用必然使流通中的通货数量减少。电子货币作为一种数字符号，能借助于网络满足人们交易和投机的货币需求。中央银行产生以来，通货的发行是由中央银行（或货币当局）垄断的。在网络经济环境下，电子货币的发展打破了这种垄断。例如，当今几乎所有的电子货币都是由商业银行、其他金融机构或大企业发行的。电子货币产品主要被设计用来替代流通中的通货，因而中央银行发行的用于流通的通货仅构成整个货币供给的一部分。因此，电子货币的使用必然减少人们对流通中通货的需求量。

② 法定存款准备金。对于央行发行的货币，各国对金融机构的存款准备金都有明确规定。对于电子货币余额是否要求一定比例的法定准备金，目前存在较大争议。大多数国家对电子货币余额无准备金要求，但也有一些国家，如日本，则要求发行者缴纳相当于其发行的电子货币余额的50%的准备金。但总的来看，电子货币有减少法定准备金的趋势。

③ 超额准备金。银行为应付流动性而自愿持有的头寸为超额准备金。网络技术的运用大大降低了银行进行资产转换的成本，银行可充分利用电子货币的高流动性，满足特殊情况下出现的流动性不足问题。可以肯定，当超额准备金的存款利率不变或降低的情况下，银行的超额准备金将降低；反之，则根据由此所带来的机会成本与资金运用的收益进行比较抉择。

2．长期分析——电子货币完全取代纸币

（1）电子货币将消除传统货币层次

在传统经济学的货币银行理论中，货币层次划分如下：将流通中的现金作为最窄口径上的货币，用 M_0 来表示；把流通中的现金、在银行可以转账的支票存款以及转账信用卡上的存款加起来，就可以得到比 M_0 口径更宽的货币概念，即用 M_1 来表示；进一步在 M_1 基础上将储蓄存款、小额定期存款、隔夜回购协议、隔夜欧洲美元、货币市场存款账户、货币市场共同基金机构所持的股份等包括进来，就得到一个更为宽泛的货币概念 M_2，在 M_2 口径上的货币概念既反映了现实的购买力，又反映了潜在的购买力；在 M_2 的基础上将大额定期存款、长期回购协议、定期欧洲美元和货币市场共同基金机构所持的股份等包括进来，就构成一个更加宽泛的货币概念 M_3；在 M_3 基础上将储蓄债券、短期政府债券、银行承兑汇票、商业票据等其他短期流动资产再包括进来，就构成一个更加宽泛的货币概念 M_4。由此我们可以看出，货币供给层次的划分是建立在不向形式货币资产之间存在明显的且较为稳定的界限基础上的。也就是说，由于各种不同形式货币具有不同的流动性，它们之间就有很大的差别。但是，电子货币的出现逐渐模糊了各种形式货币之间的界限。对于电子货币，客户可以利用金融网络，通过电子指令，瞬间实现各种不同形式货币之间的转换。这就使得不同形式货币之间的流动性差别逐渐缩小。另外，对于那些账户金额支付利息的电子货币来说，当消费者用它们进行消费时，已很难分辨出它是现金还是储蓄存款（而现金与储蓄存款分属于不同的货币层次)。通过上述分析可以看出，电子货币的出现，使得货币供给层次的划分变得十分困难，而这对货币政策制定以及金融市场的分析都是十分不利的。

（2）电子货币将动摇货币乘数产生的前提

在传统的金融框架下，中央银行通过控制基础货币量来控制总的货币量，但其具备的前提是，货币乘数必须足够稳定的，是收敛的，或者货币乘数 m 是可以通过别的变量来加以预测的。但网络经济时代，如果电子货币完全取代纸币，那么尽管中央银行仍然具有对商业银行发行电子货币资格的最终认定权，但是中央银行通过控制基础货币量 B 来控制总的货币量 M 的宏观经济调控模式，即 $M=mB$ 能够成立的前提已被动摇了——货币乘数将由网络金融市场内生性决定，虽然货币乘数 m 仍然可以通过对电子金融信息的分析来加以预测，但其稳定性已经大大降低了，即货币乘数在网络金融市场的动态调整过程中不再趋向于收敛，而是趋向于发散。由于电子货币再创造的速度极快从而使货币乘数趋向于极大，甚至无穷大。货币乘数实际上是由货币流通速度来决定的，此时，电子货币流通量将主要由金融市场内生的流通速度而不是由中央银行的初始货币供应量等外生性因素所决定。因此，电子货币全部取代纸币将会动摇货币乘数产生的前提，从而使得货币供给量发生变化。

2.4.3 对货币需求理论的影响

电子货币对货币需求的影响也可以从短期和长期两个方面加以分析，短期是指电子货币部分取代现金和银行存款，纸币仍是货币流通的主体；长期是指电子货币取代大部分纸币而成为主要的流通媒介。

1．短期分析——运用传统货币需求理论的分析

电子货币对货币需求的短期影响可以通过费雪交易方程和鲍莫尔•托宾模型加以分析。

在费雪交易方程中，$MV=PY$，其中 M 代表货币需求，V 代表货币的流通速度，P 代表价格水平，Y 代表总产出（总支出 PY 也称为名义总收入或名义 GDP）。费雪认为，货币需求同实际收入成正比，同时还认为货币流通速度是个常数。但他也指出货币流通速度是由经济中影响个人交易方式的制度因素决定的。电子货币出现后，大大减少了人们用于提现和存款的时间，银行间可以直接转账，这使得货币流通速度增大，因此在名义收入（即 GDP）不变的情况下，货币需求减少。

根据凯恩斯货币需求的流动性偏好理论，人们对货币的需求出于三个动机，即：交易动机、预防动机和投机动机。威廉•鲍莫尔和詹姆斯•托宾发展了凯恩斯的货币需求理论，提出了极有代表性的“基于交易动机的货币需求模型”，即鲍莫尔•托宾模型。在此模型里，没有利息收入的货币之所以被消费者持有，是因为消费者能用以支付完成各种交易。该模型假定某个消费者在一定时期内有 Y 元收入以固定利率 i 存放银行，为了支付的需要，从 Y 元存款中支取 C 元现金持有。假定在将存款变换为现金的过程中，该消费者往返于银行的费用是 F 元。该模型的计算公式为：

$$C=\sqrt{\frac{2FY}{i}} \qquad \text{（公式 2-4）}$$

通过该公式得出了使收益最大化的最佳现金需求余额。它的含义是：其一，现金的交易需求与利率之间负向相关，利率越低现金需求余额越增加。其二，现金的交易需求与收入正向相关，收入越多现金需求余额越增加。其三，现金的交易需求与银行往返费用正向相关，费用越高现金需求余额越增加，同样，费用降低则现金需求余额减少。

将该公式应用于电子货币普及使用之后的货币需求可作以下解释：电子结算技术的出现，使得人们往返于银行的费用降低，随着电子结算技术的普及，必然带来现金需求余额减少的结果。事实上与传统的银行服务相比，使用电子结算技术之后，人们不必花费大量时间跑银行取现金，致使交易成本降低。例如，使用家中的电子终端通过互联网与银行联网，可以直接访问自己的存款账户，并增加所持有的银行卡中保存的货币余额，该银行卡即可用于电子支付，节约了特意往返于银行取现金的时间和精力。即使是使用 ATM（自动柜员机）取一次现金的时间也仅需数十秒，因此不必在钱包中保存大量现金。这一切使得数据处理成本和安全成本同时降低。由于交易成本大大降低，于是人们会选择增加存款和变换现金的次数，以减少无利息收入的现金持有量。

鲍莫尔•托宾模型反映了现金与存款的关系。将此模型扩展为研究广义货币（现金和存款）与收益性资产（债券和股票）的关系，可以得出完全一样的结论。这样，由于信息技术的进步，将收益性资产变换为广义货币的成本降低，同样可以起到减少广义货币需求的作用。总而言之，对基于交易动机的货币需求模型的分析，充分说明普及电子货币和电子结算技术可达到降低货币需求余额的效果。所以，当电子货币的发行数量和使用规模达到一定程度时，足以影响一个国家整体的货币需求。

2．长期分析——电子货币对传统货币需求理论的假设提出了挑战

凯恩斯认为，人们的货币需求行为是由三种动机决定的：即交易动机、预防动机和投机动机。由交易动机和预防动机决定的货币需求取决于收入水平，而出于投机性动机的货币需求，则是人们为了储存价值或财富。凯恩斯将用于储存财富的资产分为两类：即货币和债券。由于利率的变化会影响债券的价格水平，因此，对于投机性货币需求，投资者通过对利率的预期，在货币和债券之间选择能带来最大收益的资产。凯恩斯的货币需求公式表示为:

$$M = M_1 + M_2 = L_2(Y) + L_2(r) \quad \text{（公式 2-5）}$$

公式中，M_1 指由交易动机和预防动机决定的货币需求，是收入 Y 的函数；M_2 指投机性货币需求，是利率 r 的函数。

在弗里德曼的货币需求理论中没有具体分析人们持币的原因，而是将货币作为一种资产进行分析。在他的解释中有四种资产变量——货币、债券、股票和人力财富，而这四种资产的总和是人们持有的财富总额，用恒久性收入 Y 表示。弗里德曼用资产需求理论来分析恒久性收入对货币需求的影响，得出的货币需求函数为:

$$\frac{M_d}{P} = f(Y_p, r_b - r_m, r_e - r_m, \pi_e - r_m) \quad \text{（公式 2-6）}$$

从以上的分析可以看出，传统的货币需求理论都假设货币在不同用途之间存在确定的界限，是完全独立的。在凯恩斯理论中，划定的界线为持有货币的不同动机。弗里德曼的理论中，则表现为不同的财富结构和各种资产的预期收益和机会成本的组合。网络银行的发展使得这种界限的划定变得非常困难。电子信息技术的发展使得各种不同用途的货币之间的转换非常容易，当人们需要货币进行各种交易时，借助于发达的金融创新工具，即可满足流动性的需求。因此，电子货币的发展使各种不同用途的货币之间的转换成本非常低，处于不同动机的各种货币需求之间的界限也就越来越模糊，非常快的转换速度已经很难分清到底属于哪一种货币需求，到底是受收入的影响还是受利率的影响。而且电子货币的发展也使得货币的需求结构发生变化，用于交易和预防的货币需求减少，投机性货币需求增多。在弗里德曼的货币需求理论中，货币、债券和股票的预期回报率之间存在明显差异，而电子货币出现后，货币的流动性大大增强，各种资产的预期回报率之间的差异也不断缩小。可以预见，随着网络银行的进一步发展和电子货币的普及，对货币需求的影响会日益增大。因此，人们在网络经济时代利用电子货币进行的交易行为，在未来的货币需求函数中必须认真加以考虑。

凯恩斯和弗里德曼的货币需求理论都是遵循剑桥学派的分析方法发展起来的，两者都摒弃了货币流通速度固定不变的观点。凯恩斯认为货币流通速度是不断发生变化的，因此，应根据人们的流动性偏好和利率来确定货币需求。而弗里德曼则认为尽管货币流通速度不是常数，但可以预测。不管两人持怎样的观点，必须承认网络银行和电子货币的发展对货币的流通速度产生了重要影响。根据货币数量论，电子货币的替代作用使得利用现金进行交易的次数减少，因而对传统货币的需求减少。一方面流通中通货的减少加快了货币的流通速度；另一方面电子货币在信用创造方面的作用，又使得对货币的需求处于不稳定状态，导致利率波动。根据凯恩斯的货币需求理论，货币需求与利率直接相关，利率的波动反过来又导致货币需求的不稳定。无论认为货币流通速度的稳定与否，现代化的网络支付体系和电子货币的出现都加快了货币的流通速度和加剧了利率的波动。因此，增大了货币需求量的计量难度。

2.4.4 对货币政策的影响

1．货币政策概述

货币政策的范围有广义和狭义的区别。从广义上说，货币政策包括政府、中央银行和其他有关部门所有有关货币方面的规定和所采取的影响货币数量的一切措施。但通常所说的货币政策，多指狭义的货币政策，是指一国的中央银行为实现一定的宏观经济目标而采取的各种控制和调节货币供应量的方针和政策的总和。货币政策包括的主要内容有货币政策目标（包括中介目标和最终目标）、货币政策工具以及货币政策的传导机制。

货币政策目标指的是中央银行实施货币政策所预定的在一段较长的时期内要对宏观经济产生的明确效果。货币政策目标分为最终目标和中介目标两个不同层次，它们共同构成了中央银行货币政策的目标体系。各国对货币政策目标的表述有一定的差异，通常认为货币政策的最终目标有四个：稳定物价、充分就业、经济增长和国际收支平衡。货币政策的中介目标是指中央银行运用货币政策工具实施调节，在尚未实现最终目标之前所能达到的具有传导作用的中间目标变量。

货币政策工具是一国或地区货币当局为达到其货币政策目标而采取的手段。包括一般性货币政策工具、选择性政策工具、直接信用控制工具和间接信用指导等。其中，一般性政策工具是中央银行调控经济的常规手段，包括法定准备金、再贴现和公开市场业务。选择性政策工具则在修正或强化货币政策的过程中可以在某些特殊领域中产生作用，主要包括消费者信用控制、证券市场信用控制、优惠利率等。直接信用控制是中央银行以行政命令或其他形式，从总量和结构两个方面，直接对金融机构的信用活动进行控制，其手段包括信用配额、利率最高限等。间接信用指导经常采用的方式有道义劝告、窗口指导等。

货币政策传导机制是指中央银行在确定货币政策最终目标后，从操作政策工具到实现最终目标之间，所经过的各个中间环节之间的有机联系和因果关系的总和。由于对经济货币间关系的认识不同，不同时期不同流派的经济学家形成了不同的货币政策传导理论。其中比较重要的是凯恩斯的货币传导理论和货币学派的传导理论。凯恩斯的传导理论用符号表示：$M \rightarrow r \rightarrow I \rightarrow E \rightarrow Y$，即货币量 M 的增减会影响利率 r，利率的变化通过资本边际效率影响投资 I 以乘数方式增减，投资的增减则影响总支出 E 和总收入 Y。在凯恩斯的传导过程中，主要环节是利率，货币供应量的调整首先影响利率，然后才是投资以及总支出的变化。货币学派则认为，利率在货币传导中不起重要作用，更强调货币供应量的直接效果。其传导机制为：$M \rightarrow E \rightarrow I \rightarrow Y$，货币供应量可以直接影响支出。

2．电子货币与货币政策独立性

货币政策的独立性包括两个方面：政策制定的独立性和政策实施的独立性。货币政策制定的独立性是指中央银行能否根据宏观经济状况的需要独立不受干预地制定适宜的货币政策。货币政策实施的独立性是指中央银行能否不受干扰地执行已经制定的货币政策。

（1）货币政策制定的独立性

货币政策制定独立性的保障很大程度上取决于中央银行是否拥有独立的收入，其中铸币税收入是其收入的一个重要来源。对于中央银行来说，铸币税收入是维持其独立性的重要保证。因为如果没有铸币税作为其经营费用的收入，中央银行将不得不寻找其他的收入来源。尽管中央银行可以有多种收入来源（例如中央银行可以对其提供的服务收费），但一些中央银行的经费可能会变得越来越直接依赖于由政府提供，这对中央银行的独立性可能会有影响。

历史上，“铸币税”（Seignorage）指造币当局用来弥补造币成本或赢取利益的股本和税款。在纸币条件下，对于什么是铸币税，以及如何计算铸币税问题上存在一些分歧。有学者认为，铸币税就是政府（或通过中央银行）因发行货币而获得的收入，主张通过计算基础货币增量的方法来计算铸币税收入。而在国际清算银行的报告中则认为，铸币税收入来源于货币发行者所创造的一种零利率或者利率低于市场利率的负债，主张采用计量社会公众及银行所持有的中央银行债权的“机会成本”的方式来估算中央银行铸币税收入。

电子货币的发行和流通，将在一定程度上取代现金，导致流通中现金量的减少。在国际清算银行的一份研究报告中指出：这种新型支付工具的采用最可能受到影响的是小面额的现金。进一步，在目前发行使用电子货币的大多数国家，并没有对电子货币的发行征收与商业银行活期存款相同的准备金，因此，在电子货币取代活期存款的过程中，将会导致商业银行在中央银行准备金的减少。显然，这样一种新的支付工具将在相当程度上影响流通中的现金及中央银行准备金，因此，也就会对中央银行的铸币税收入产生一定程度的影响。虽然在已有的研究中有人对中央银行是否应该获得铸币税收入提出了质疑，但是客观存在的现实是，在中央银行铸币税收入大幅度下降并导致其收入利润大量减少的情况下，中央银行将不得不在资金方面更多地依赖政府，中央银行的独立性将受到极大的影响。

从目前来看，电子货币的发展还处于初级阶段，因此对中央银行铸币税收入的影响仍然是有限的。问题在于是否所有的政府和中央银行会愿意接受其铸币税收入逐步流失这一现实，这一问题逐步引起了各国政府和中央银行的关注。

（2）货币政策实施的独立性

电子货币的跨国使用要比传统纸币方便，消费者既可以使用由本国机构发行的电子货币进行国外产品的购买支付，也可以接受国外电子货币发行机构以外币或本币发行的电子货币直接用于消费。随着网络技术的发展，上述情况很难被限制。许多国家的电子货币都是在国外已有的先进技术和软件基础上开发的。对这些技术与软件的标准、规范和应用情况的了解，将是未来中央银行的一项不可或缺的任务。电子商务交易平台和电子金融市场的开放性、全天候和无疆界限制，使网络经济自然带有全球化的色彩。一国的货币政策，已很难隔开其他国家经济与政策的影响。

3. 电子货币与货币政策目标

货币政策的目标是指中央银行采取的调节货币和信用的措施所要达到的目标，可以简单地分为两个层次：最终目标和中介目标。

最终目标是指货币政策在一段较长的时期所要达到的目标。一般来说，货币政策所追求的最终目标主要有四个：稳定物价、充分就业、经济增长和国际收支平衡。在这四个目标中，除了经济增长和充分就业之间具有较多的一致性外，其他目标之间都存在着一定的摩擦。因此，在选择最终目标上，必须根据不同时期的经济发展状况和所面临的问题而有所侧重。

在电子货币时代，由于电子货币本质上是一种无形的信用货币，而发行主体的多元化又会使货币供应量在一定程度上超出中央银行的调控范围，容易造成货币供给过多从而引起物价上涨，诱发通货膨胀。因此，中央银行应以稳定物价为首要目标，并兼顾经济增长和充分就业，这是由电子货币所具有的特性决定的。

（1）电子货币对中介目标选择的影响

由于货币当局不能直接控制和实现一国的最终经济目标，它必须选择适当的中介指标，并借助政策工具，通过对中介指标的调节和影响最终实现政策目标。因此，中介指标起着一个承上启下的作用。一方面，它必须能够对货币政策工具的运用做出迅速的反应；另一方面，它的变动必须在很大程度上能够预示最终目标的未来变动趋势。适当地选取中介指标，对实现货币政策最终目标十分重要。

传统的货币政策中介目标大体上可以分为两类：一是以 M_1、M_2 为代表的总量性目标；二是以利率为代表的价格信号性目标。任何一类都要求具有较好的可测性、可控性和与最终目标之间的相关性。网络金融和电子货币的发展，正在使第一类中介目标的合理性和科学性日益下降。在可测性方面，如前所述，货币数量的计量与测算，正受到电子货币的分散发行、各种层次货币之间迅捷转换、金融资产之间的替代性加大、货币流通速度加快等方面的影响。在可控性方面，来自货币供给方面的变化，加上货币流通速度的不稳定和货币乘数的影响，使货币量的可控性面临着挑战。一般认为，只有在货币流通速度和货币乘数基本稳定或有规律的变化（可预测的）的情况下，才能确定一个与最终目标相一致的货币总量类中介目标，也才能加以控制。如果无法预测货币流通速度，即使中央银行掌握了足够的货币发行控制能力，也会导致货币政策最终目标出现较大的偏差。同样，货币乘数的不稳定，也有可能加大货币政策的偏离，并加大中央银行货币操作的难度。相反，由于价格信号是市场运行的结果，网络金融和电子货币增强了市场的效率和竞争水平，提高了价格信号的质量。价格信号类中介目标，将会成为未来货币政策中介目标的主流选择。

（2）电子货币对利率的影响

利率是凯恩斯主义所推崇的中介指标。凯恩斯主义者认为，货币政策是通过利率发挥作用的，因而主张将利率作为货币政策的中介指标。其理由是，货币供应量的变化首先会引起利率的变动。利率的变化会通过资本边际效益的影响使投资以乘数方式发生变化，而投资的增减会进而影响社会总支出和总收入水平，从而对经济增长和就业状况产生作用。凯恩斯主义者还认为，中央银行可以借助货币政策工具，通过控制金融领域信贷成本和信用可供量的增减来改变短期利率，进而影响长期利率。而且利率的变动也能明确显示中央银行货币政策取向。因此，利率适合于作为货币政策的中介指标。

对于电子货币对利率的影响，不同学者之间的看法分歧很大。有的学者认为，利率作为中介指标，从理论上说，所受的影响可能不会很大，只是利率的形成机制更加复杂。有的学者认为，电子货币的替代会使对货币的需求减少，而电子货币的信用创造作用又会使货币需求处于不稳定状态，从而导致利率波动，并反过来使货币需求不稳，从而降低了利率的传导作用，使得货币政策的调控目标形同虚设。此外，还有一种更极端的观点认为，中央银行可以控制短期利率，是因为其垄断了基础货币的发行，而电子货币的发行会使公众对基础货币的需求消失，从而使中央银行失去调控利息率的支点，因此，电子货币技术将使中央银行无力控制市场利率。

第一种观点被大多数专家认同，认为电子货币对央行通货的替代会使利率的形成机制更加复杂，也会使中央银行调控利率的力度受到一定影响，但并不至于使货币政策的调控目标形同虚设。第二种观点的理论基础是基于凯恩斯的流动性偏好利率理论，这种理论将利率纯粹视为一种货币现象，因而完全忽略了储蓄、投资等实际因素，因此已经遭到了许多批评。第三种观点则由于对基础货币的存在与否做出了片面的分析而得出了错误的结论。

从可贷资金理论来看，电子货币对央行通货的替代，增加了银行体系的储备金供给，从而增加了商业银行的可贷资金数量。在对可贷资金数量的需求不变的情况下，可贷资金数量的增加降低了市场利率。商业银行倾向于持续扩张信用，直至达到其成本和收益相等的均衡点。在新的均衡利率下，市场对资金的供求相等。当由于某种原因（如信用危机）导致对电子货币的需求减少时，人们愿意更多地持有央行通货，从而降低了银行体系的准备金水平，使得商业银行的信用扩张能力大为缩减，利率水平就会提高。利率的变化反映了市场资金的供求变化情况。而且，中央银行仍然可以通过调控基础货币的供给来调节利率。

当然，电子货币的发行和使用，降低了商业银行对中央银行的资金依赖程度，削弱了中央银行对货币供应量的调控力度，而且中央银行资产负债规模的降低，也使其调控利率的力度和能力下降。但是，利率作为资金供求均衡时的价格并不会因货币形式的变化而改变。因此，中央银行通过调节利率，可以调节各个市场主体的利益得失，进而影响市场主体的投资决策，最终还是能够调节市场资金的供求水平。

在最为极端的情况下，即使货币和银行都消失了，在没有货币和银行的世界里，市场还是会形成一个联系资金需求者和供应者的电子货币长期利率。这样，中央银行仍可能通过高于市场利率水平的利率借入电子货币来提高利率水平，同样也可以通过低于市场利率水平的贷出电子货币来降低利率。因此，央行仍然可以调控利率。

总之，电子货币以及金融创新的出现，使得中央银行调控利率的能力减弱，利率政策对实际投资效应减弱，因此以利率政策为核心的货币政策的有效性减弱。

4．电子货币与货币政策工具

一般来说，货币政策工具主要包括法定准备金、公开市场操作和贴现率，受网络银行和电子货币的影响，三种政策工具的作用在网络金融中出现了不同的变化。

（1）电子货币与法定准备金

法定准备金是商业银行等存款性机构按照法定存款准备金率缴存中央银行的存款准备，中央银行通过提高或降低法定存款准备金率可以改变商业银行等存款机构的准备金数量和货币扩张乘数，从而直接调整商业银行等存款机构的信用创造能力和货币供应量。

法定准备金既是中央银行对商业银行的法定要求，也是基础货币的一个重要组成部分。建立在现有银行体系之上的准备金制度，在网络银行和电子货币出现后，产生了新问题。问题之一：是否要对商业银行发行的电子货币余额（像商业银行存款一样）提取准备金，问题之二：对于那些原来根本不涉及准备金问题的非银行机构，它们发行的电子货币余额是否要求一定比例的法定准备金，目前还处于争议阶段。赞同方认为：电子货币余额类似于活期储蓄，对其放弃准备金要求，就会形成不公平竞争，使不发行或少发行电子货币的银行处于竞争劣势，同时也不利于中央银行的监管。反对方认为：对所有的电子货币余额设定法定准备金在技术上不可行，在理论上也缺乏依据。中央银行既无能力也无精力去调查监督各种电子货币的差异余额以及是否达到了准备金要求，同时还有可能给市场带来混乱。目前，大多数国家没有对电子货币余额实施准备金要求，但也有一些国家，如日本，要求发行者缴纳相当于其发行的电子货币余额 50%的准备金，这一问题还有待于进一步讨论。

电子货币对法定准备金的影响主要表现为以下两个方面。

① 电子货币的使用使法定准备金减少，降低了法定准备金的作用力度和影响范围。法定存款准备金是中央银行控制商业银行存款创造、调节货币量的重要手段。由于网络银行中涉及存款准备金问题的资产负债业务的比重不断下降，各国为鼓励创新而不断降低存款准备金率和其他形式的货币税，银行趋向于利用电子货币及其衍生品回避法定准备金要求等因素的影响使存款准备金作为货币政策工具的作用力度、影响范围都将大大下降。

② 电子货币的使用将直接冲击法定准备金的作用。电子货币的产生与发展使商业银行流动性约束降低。商业银行更多地对外支付表现为同业间的清算与划拨，而这一问题产生的流动性约束大都通过同业拆借形式解决，商业银行对中央银行法定存款准备金的依赖性减弱，也使中央银行法定存款准备金变动，以影响商业银行流动性，进而影响货币供应的机制产生动摇。大大降低了法定存款准备金率的作用。

（2）电子货币与公开市场操作

首先，电子货币作为一种新形式的通货，其发行一般为普通信用机构，并逐渐成为交易的一种重要支付工具。中央银行发行的通货逐步被替代，使流通中的中央银行通货减少，并将使其资产负债规模大为缩减。大多数国家中央银行的主要资产是通货。电子货币对通货的大规模取代势必使中央银行的资产负债规模大为缩减。有关研究指出（Moody，1996），一旦电子货币在小额交易中被完全接受，则纸币流通值的减少将占纸币流通总值的比率约为18%，至于硬币流通值的减少占硬币流通总值的比率高达 88%。如果电子货币完全取代了通货，以美国、德国、法国和意大利为例，其央行资产将分别缩减 87%、70%、40%和 28%。经济越发达，缩减程度越严重，中央银行资产负债大量缩减可能使中央银行因缺乏足够的资产负债而不能适时地进行大规模的货币吞吐操作，减弱公开市场操作的时效性和灵活性。特别是在大量“电子热钱”涌入或外汇市场急剧变动的情况下，中央银行可能无法进行“对冲”操作，使本国汇率和利率受到较大的影响。

其次，公开市场操作的作用在网络经济中会变得更加复杂，难以预测。网络银行加快了金融市场一体化的进程和信息的传播速度，使投资者面对的投资领域更广，投资机会更多，市场上的微小变化都有可能形成逐级增强的投资结构变化，这有利于中央银行货币总量和资产价格的调节。反过来，网络银行具有更多的资产分散手段可以发行电子货币，又增强了它们吸收市场波动的能力，从而使中央银行调节资产价格的意图完全失败。在这种情况下中央银行要想影响利率就必须投入大量的资产，公开市场操作演变成中央银行与其他金融机构之间资产博弈的游戏。

（3）电子货币与贴现率

贴现率作为货币政策工具的内在机理，通过调整货币资金的价格影响银行体系的货币供给。降低贴现率会减少商业银行从中央银行的借款成本，增加贴现贷款的数量，使商业银行的超额准备金增加，货币供应扩大；反之，若提高贴现率，情况则相反。当网络银行和电子货币结合在一起，中央银行通过贴现率影响货币资金价格的能力、货币资金价格的调整、货币供给的能力都受到了挑战。在利率自由化的国家里，网络银行低廉的运营费用导致了在利率方面更残酷的竞争，市场的长期均衡利率将会不断下降，维持在一个较低的水平上，中央银行对货币资金价格的作用空间会相当有限。这种有限的调节能力，在货币供给的多元化市场中还会受到其他发行主体的影响。同时，网络银行自行发行电子货币时能够在一定程度上按照其自身的意愿调节头寸，发行电子货币所产生的发行收益或损失会使商业银行在其流动性不存在问题的情况下扩大或缩小信用供给。

思考题

1．通过日常应用和资料查询，给出电子货币的定义及分类。
2．电子货币、虚拟货币以及数字货币在货币职能上有何区分？
3．论述比特币的产生与发展，是否可以替代传统货币流通？
4．中央银行发行法定数字货币中的作用？法定数字货币是否具有“去中心化”的特质？
5．电子货币的发行对传统金融货币供给与需求理论的影响。

上机操作

安装 Bitcoin 官方客户端（ http://www.bitcoin.org/），注册矿池，熟悉比特币挖矿流程。

小组讨论

通过制作 PPT，讨论与数字货币相关的热点话题，以加深对其货币职能、经济影响、区块链开发、ICO 乱象等诸多问题的认知和探讨。

第 3 章　电子支付系统

本章要点：

1. 掌握电子支付系统概念、功能、特征及分类等概述性内容；

2. 掌握“断直联”政策导向下的第三方支付的改革及发展，了解不同机构开展的第三方支付平台的功能特色、应用场景以及发展趋势；

3. 掌握聚合支付的功能、分类及产业链，了解其产生的价值及发展趋势；

4. 掌握移动支付的分类及应用技术，了解移动支付进化史、不同机构的移动支付平台的功能特色、应用场景及发展趋势，掌握其支付产业生态圈的构建战略。

导入案例：

区块链+5G，改变移动支付手段

区块链与 5G 技术相结合，会对人们生活产生重大影响，其中影响最深的将是移动支付领域。区块链的去中心化、分布式数据存储特点，决定了区块链技术对于通信的稳定、高效和灵活性有较高的依赖，5G 技术为区块链技术和产业发展提供了一定的通信基础设施保障。当前区块链技术在数字金融、物联网、智能制造、供应链管理、数字资产交易等领域得到应用，5G 技术发展一方面可以帮助提升已有的应用体验；另一方面也有可能催生出超越当前想象的应用场景，发生产业融合的“化学变化”。

以微信、支付宝为代表的第三方移动支付开始不断加码刷脸支付技术。以人脸作为消费者的数字身份，消费者将拥有更加丰富多元的支付选择，同时，商家也能够节约人力成本，大幅提升收银效率，减少高峰期排队付款的情况，为消费者创造更加优良的购物体验。不难预见，在 5G 高速率、低延迟特性的支撑下，以生物特征为统一数字身份的新型移动支付将加速普及，并通过会员系统的数据打通并推动世界由数字化转向智能化。同时，新技术发展也将为移动支付的安全性，无论是资金的安全性还是用户信息的安全性，提供更多的保障。

基于区块链具有的记录不可篡改、不可伪造等特点，可以确保数据的完整性、真实性和一致性，让数字世界和物理世界一样真实可信。区块链支付可以让用户使用更为方便的数字货币购买商品，降低交易成本；同时在智能合约方面，区块链解决了买卖双方互不信任的问题，通过智能合约，人与人之间可以建立彼此认可的共识。另外，通过去中心化和加密所有下载和上传信息，区块链技术给用户隐私保护提供很好的帮助，端到端的加密技术确保了只有发件人和收件人才能读取他们之间的信息。

思考：你所使用的移动支付平台有哪些？使用过程中最大的问题是什么？你希望通过哪些金融科技手段来解决问题？

3.1　电子支付系统概述

3.1.1　电子支付系统的产生背景

进入 21 世纪，我国进入互联网经济时代，互联网的迅速发展带动了电子商务的深入普及，并对支付服务提出了新的、更高层次的需求。电子支付系统是实现电子商务信息流、资金流、物流一体化整合和协同工作的关键环节，支付服务成为电子商务一个重要组成部分。电子支付成为电子商务运作流程实现的核心环节，如果没有电子支付，整个电子商务过程将无法完成。

随着金融全球化的快速推进，跨国贸易中对大额资金转移的安全性、快捷性、方便性与实现全天候无障碍电子资金清算流程的需求度日益增加，对我国电子支付系统工程的建设提出了更高要求，尤其是与国际电子支付系统的对接工程。

3.1.2 电子支付系统概念与特征

电子支付是电子商务实现的基础，它是指消费者、商家和金融机构之间使用安全电子手段交换商品和服务，即把支付信息，通过专用网络安全传送到银行或相应的处理机构，来实现资金的转移。电子支付的业务类型按照电子支付指令发起方式分为网上支付、电话支付、移动支付、销售点终端交易、自动柜员机交易和其他电子支付。目前网上支付和移动支付逐渐成为电子支付的主流模式。

电子商务中的支付系统是融合购物流程、支付工具、安全技术、认证体系、信用体系以及金融体系为一体的综合系统。其主要特征有：

① 以网络技术为基础进行资金的储存、支付和流通；

② 储蓄、信贷、现金结算和非现金结算等多种功能为一体；

③ 可广泛应用于生产、交换、分配和消费领域；

④ 使用简便、安全、迅速、可靠；

⑤ 电子支付通常要经过银行专用网络。

3.1.3 电子支付系统的分类

电子支付系统可按以下几种方式进行分类。

1．按照参与电子商务的实体性质分类

按照参与电子商务的实体性质，可将电子商务分为 B2B、B2C、C2C、G2B 等类型，对应地，可把电子支付系统分为以下两大类。

（1）B2C 型电子支付系统

这类电子支付系统主要运用于企业与个人、个人与个人的网上交易中，例如微信、支付宝等第三方电子支付方式在 B2C 电子商务领域得到了广泛的应用。这些电子支付系统的特点是适用于小额网上交易，应用起来非常方便灵活，实施简单并且风险小。

（2）B2B 型电子支付系统

这类电子支付系统主要运用于企业与企业、企业与政府部门之间进行的网上交易，其特点是更加安全可靠、快速，并且适合于大额资金转账。例如电子支票网上支付、电子汇兑系统和企业网络银行等。这些支持远距离、大额资金清算的电子支付系统大多运行在专用的通信网络平台上，但这并不妨碍它们为企业间、企业与政府部门之间的网上交易与服务提供支付结算支持。专用金融通信网络平台本身就是电子商务业务网络平台的一部分。

2．按照在线支付金额的规模分类

按照电子商务中电子支付交易金额的大小来分类，可将电子支付系统分为以下三类。

（1）微支付系统

微支付（Micro Payment）为腾讯旗下财付通的产品，微支付被嵌入微信中，用户绑定银行卡后可用于日常生活中在微信平台的支付。微支付针对的是那些金额非常小的电子商务交易，在这种情况下，如果每次使用信用卡进行支付，其支付资金额也许还未超过每次的运作成本，所以类似零钱应用的微支付就有了很大的需求空间。

（2）消费者级支付系统

这是满足个人消费者和企业消费者在经济交往中一般性支付需要的支付服务系统，也称小额零售支付系统。小额支付处理的金额虽小，但支付发生的业务量很大（占总支付业务量的 80%～90%）。这类支付系统必须具备极强的现金流处理能力，才能支持经济社会中发生的大量交易。因此，这类在线支付工具发展得最为成熟和普及，常用的有信用卡、网银支付、第三方电子支付等。

（3）商业级支付系统

这是指满足大型企业之间的电子商务业务支付需要的支付服务系统，也称为中大额资金转账系统。虽然在中大额资金转账系统中所发生的资金清算次数远远不如消费者级支付系统，但其支付结算的金额规模占整个社会支付总额的 80%以上，因此是一个国家在线支付系统的主动脉，例如金融 EDI、电子支票、中国国家现代化支付系统等。

3．按电子支付的商务模式分类

按照电子商务买卖双方的应用系统和各自结算（开户）银行的网络连接方式不同，可将电子支付系统分为以下三种模式。

（1）网银支付网关型

该电子支付系统的运作模式是把买方（企业或个人）应用系统和卖方（企业或个人）应用系统与银行的系统连接起来，通过电子支付系统可以直接把资金从买方银行账户中转账到卖方银行账户中。这种支付模式的核心在于商业银行网银支付网关，支付网关位于 Internet 和银行业务处理系统之间，对 Internet 上不安全的信息进行过滤，从而对银行业务系统起到隔离和保护的作用。支付网关是连接买方、卖方和银行的桥梁，它参与了整个网上交易过程。离开了支付网关，网银支付网关型电子支付也就无法实现。

网银支付网关型在线支付采用二次结算模式来保证买方资金的安全。银行提供信用担保，保证买方的资金安全，同时也保证卖方能够快速、安全地收回货款。在订单完成后进行支付时，卖方的电子商务平台将跳转到银行网银支付网关系统，为买方提供支付信息的输入和发送平台，整个支付过程完全依赖于银行的网银系统处理，网上支付的便捷性不能得到有效发挥，并且这种模式在电子支付过程中不能有效监督和制约买卖双方的行为，因而对买卖双方的信用要求较高。

（2）统一支付网关型

统一支付网关是指由一家专门从事电子商务在线支付的金融性服务股份有限公司实现，这类公司类似于商业银行，由中央银行为其提供清算行号和跨行转账的在线支付服务，主要完成转发和记录买方、卖方、物流公司和银行之间的交易信息。该模式的出现是因为目前大部分的电子支付模式都存在接口标准、安全认证流程各自为政，支付交易流程未统一，以及难以实现跨行支付等诸多局限性，导致越来越多的企业倾向于开发统一支付网关模式的支付平台。目前，中国银联公司提供此类服务，因此该模式也称为“银联模式”。

统一支付网关模式和网银支付网关模式最大的区别在于：网银支付网关设立在各个银行系统之中，每个银行都有自己的网银支付网关；而统一支付网关设立在各个银行系统之外，信息从 Internet 传到统一支付网关，再由统一支付网关传送到各个银行。该电子支付模式的主要优点是统一了买方、卖方、物流公司等企业应用系统的标准接口，统一了商业银行系统与中国国家现代化支付系统的接口，统一了客户端应用系统与央行现代支付系统的接口，从而实现了信息流、资金流和物流的协同工作，打破了买卖双方必须在同一银行开户才能实现在线支付的局限性，通过统一支付网关，可以顺利实现跨行间的电子支付。

（3）第三方平台型

第三方电子支付是目前最活跃的一种在线支付模式，它是一种处于网上消费者和商家之间公正的中间人，其主要目的就是通过一定手段对交易双方的信用提供担保从而化解网上交易风险的不确定性，增加网上交易成交的可能性。引入的第三方平台可以采用广泛合作的方式与众多银行建立收支接口，从而解决烦琐的银行卡支付问题。第三方电子支付平台，实际上就是买卖双方在交易过程中的为资金提供安全保证和技术支持的“中间平台”，是在央行监管下保障交易双方利益的独立机构。

第三方电子支付平台整合了电子商务中的资金流（银行）、信息流（交易订单）和物流（物流公司），使三者有机地联系到一起，可以安全地实现从消费者、金融机构到商家的货币支付、现金流转、查询统计等流程，为商家开展电子商务服务和其他增值服务提供了一个完善的电子商务诚信环境。

（4）聚合支付型

聚合支付也称为第四方电子支付，是第三方电子支付平台服务的拓展。第三方电子支付介于银行和商户之间，而聚合支付是介于第三方电子支付和商户之间。依托银行、第三方电子支付或清算组织的支付通道和清算能力，为客户提供接口、集成、对接、订单处理、数据统计等的支付服务机构。聚合支付不进行资金清算，因此无须支付牌照，通过聚合各种第三方电子支付平台、合作银行、合作电信运营商及其他服务商接口等多种支付工具进行综合支付服务。

聚合支付通过一个 SDK（Software Development Kit，软件工具开发包），融合所有支付场景、支付方式、支付通道，直接连接商户和支付通道，降低支付通道接入的技术门槛，节约成本，方便快捷地实现接入。

4．按照移动支付的技术分类

对比基于有线网的支付，基于无线网的移动支付更加普遍。常见的移动支付技术应用如下。

（1）NFC 移动支付

NFC（Near Field Communication，近场通信）是在无线射频识别技术（Radio Frequency Identification，RFID）和互联（Interconnection）技术的基础上融合演变而来的一项新技术，是一种近距离无线通信技术标准，可以在移动设备、消费类电子产品、PC 和智能控件工具间进行近距离无线通信。NFC 提供了一种简单、触控式的解决方案，让消费者简单直观地交换信息、访问内容和服务。它是由全球消费电子巨头索尼公司和飞利浦公司，联合诺基亚公司共同制定的无线技术标准。NFC 移动支付作为一种新兴的支付手段，它跨越电信、金融、第三方电子支付服务、移动互联网几大行业，是一项具有打造产业链能力的全新业务。

近年来，NFC 移动支付的发展并不顺畅，与二维码支付的竞争一直处于劣势，由于 NFC 支付需要在手机内嵌套芯片，因此由银行主导的 NFC 支付逐渐转向了手机供应商主导的模式。以华为手机为例，其 2018 年就宣布已有 20 余款手机型号支持 Huawei Pay 支付，关联银行超过了 73 家，此外有 2000 多万台 POS 终端设备支持该 NFC 支付。小米钱包推出的 Mi Pay 也支持中国银行、中国工商银行、招商银行、邮政储蓄银行等全国 70 多家银行，实现了对主流银行的全覆盖。NFC 支付过程中并不像扫码支付一样需要“解锁手机-打开APP-点开扫码/二维码”多步骤支付，可直接支付，更为方便。

（2）二维码支付

二维码支付是一种基于账户体系搭建起来的新一代无线支付方案。在该支付方案下，商家可把账号、商品价格等交易信息汇编成一个二维码图形，用户通过手机客户端扫拍二维码，便可实现与商家账户的支付结算。随着互联网技术在市场应用方面的拓展以及智能手机的普及，移动支付将是市场发展的必然趋势。作为 O2O 交易场景中的关键环节，扫码支付有“主扫”“被扫”两种形式，“主扫”是由商户主动去扫拍消费者的条码，由商户来输入支付金额，一般会配有扫码枪等硬件设备；“被扫”是由消费者扫商户的二维码，支付金额由消费者手动输入。“主扫”产品更加快捷，但需要购买机具，需要一定成本，常用于大型超市、连锁店等；“被扫”产品开通成本低，但在收银效率上较低。

在微信、支付宝等第三方电子支付机构取得二维码支付推广的巨大成功后，商业银行以及其他第三方电子支付机构也相继推出了各自的扫码支付产品，各平台间展开激烈的市场空间争夺战。

（3）生物识别与信用支付

生物识别技术是通过计算机将光学、声学、生物传感器和生物统计学等科技手段密切结合，利用人体固有的生理特征和行为特征来进行个人身份鉴定的一种技术。目前，我们日常生活中常见的有以指纹、人脸、虹膜等生理特征为基础的生理特征识别技术，以及基于声纹、步态等的行为特征识别技术。如今生物识别技术发展迅速，得到广泛运用。在 2018 年（第四届）中国智慧城市国际博览会现场，深圳地铁与腾讯、广电运通共同发布了拥有生物识别、无感支付等功能的“生物识别+信用支付”地铁售检票系统解决方案。该方案具备单对象人脸模式、人证合一模式和人脸加指静脉三种识别认证模式，可以满足地铁乘客出行的不同业务场景。

3.1.4 电子支付系统构成及运作流程

1．电子支付系统的构成

完成一项电子支付过程需要客户、商家、客户的开户行、商家的开户行、支付网关、金融专用网、认证中心七个部分的参与，其主要包括以下内容。

① 客户是指与某商家有交易关系并存在未清偿的债权债务关系的一方（一般是债务）。客户用自己拥有的支付工具（如信用卡、电子钱包等）发起支付，是电子支付系统运作的起点。

② 商家是指拥有债权的商品交易的另一方。商家可以根据客户发起的支付指令向金融体系请求货币给付。商家一般准备了专门的服务器来处理这一过程，包括认证以及不同支付工具的处理。

③ 客户的开户行是指客户在其中拥有账户的银行，客户所拥有的支付工具就是由开户行提供的。客户开户行在提供支付工具的时候，也同时提供了一种银行信用，即保证支付工具的兑现。

④ 商家的开户行是指商家在其中开设账户的银行，其账户是整个支付过程中资金流入的地方。商家将客户的支付指令提交给其开户行后，就由开户行进行支付授权的请求以及行与行之间的清算工作。

⑤ 支付网关是完成银行网络和 Internet 之间的通信、协议转换，以及进行数据加密与解密、保护银行内部网络安全的一组服务器。它是互联网公用网络平台和银行内部的金融专用网络平台之间的安全接口，电子支付的信息必须通过支付网关进行处理后才能进入银行内部的支付结算系统。

⑥ 金融专用网是银行内部和各银行之间交流信息的封闭的专用网络，通常具有较高的稳定性和安全性。例如，我国的金融专用网络有中国国家现代化支付系统（CNAPS）、央行电子联行系统、商业银行电子汇兑系统、银行卡授权系统等。

⑦ CA 认证中心是指交易各方都信任的公正的第三方中介机构，它主要负责为参与电子商务活动的各方发放并维护数字证书，以确认各方的真实身份，保证电子商务整个过程的安全稳定进行。

电子商务过程中所应用的电子支付系统的基本构成如图 3-1 所示。

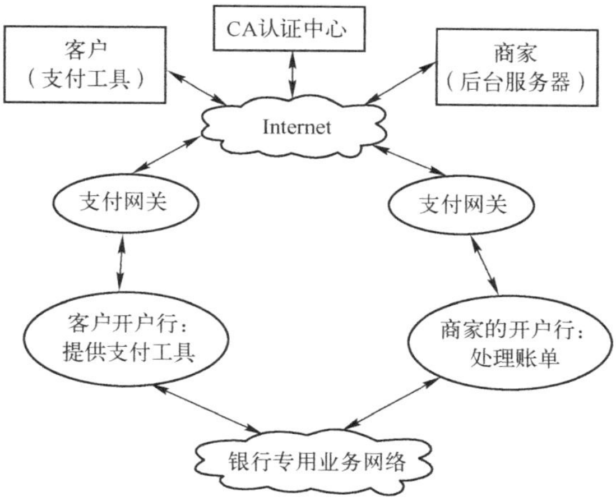

图 3-1　电子支付系统的基本构成图

2．电子支付系统的基本运作流程

基于互联网平台的电子支付流程和传统的纸质货币支付流程是类似的。在电子商务平台接收到顾客订单后，其基本的电子支付流程内容如下。

① 客户建立与互联网的连接，进行商品的浏览、选择和订购，填写网络订单，选择应用的在线支付工具，并且得到银行的授权使用，如信用卡、电子钱包、电子现金或电子支票等。

② 对相关的订单信息，如支付信息，进行加密，在网上提交订单。

③ 商家服务器对客户的订购信息进行检查、确认，并把相关的、经过加密的客户支付

信息转发给支付网关，直至银行专用网络的银行后台专业服务器确认，以期从银行等电子货币发行机构得到支付资金的授权。

④ 银行验证确认后，通过建立起来的、经由支付网关的加密通信渠道，给商家服务器返回确认及支付信息，为进一步保证安全，给客户返回支付授权请求（也可不返回授权请求）。

⑤ 银行得到客户传来的进一步授权支付信息后，把资金从客户账户划拨到商家银行账户上，借助金融专用网进行结算，并分别给商家、客户发送支付成功的信息。

⑥ 商家服务器收到银行发来的支付成功信息后，给客户发送网上支付成功信息和发货通知。至此，电子支付流程结束，商家和客户可以分别登录到自己的电子支付系统查询余额，以进一步核对信息。整个支付流程如图 3-2 所示。

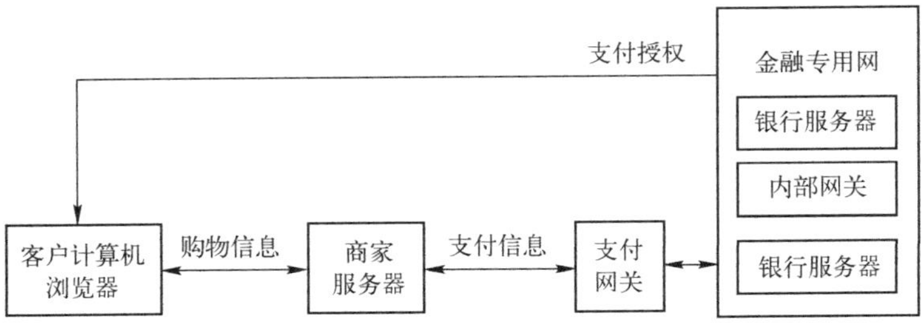

图 3-2　基本的电子支付流程

上述电子支付流程是最基本也是电子商务环境下应用最为普遍的模式，但并不代表所有电子支付方式的应用流程都是统一的，在实际应用中，不同电子支付方式的应用流程由于技术、资金数量、管理机制上的不同而会有所差异。上述电子支付流程实现的是资金的立即支付，适用于数目众多的小额电子商务业务。对于较大金额的资金支付，目前比较普遍的支付方式是采用独立于电子交易环节的金融 EDI 或银行专用 EFT 系统。

3.1.5　电子支付系统网络平台及专业网络

1. 电子支付系统的网络平台

（1）电子支付系统的优秀平台——EDI 系统

EDI 系统实现了商业用户间标准格式文件（如订单、发票等）的通信和交换。在 EDI 系统中，交易信息根据国际标准协议格式化，并通过网络对这些数据进行交换和自动处理，从而有机地将商业交易过程的各个环节（包括海关、运输、银行、商检和税务等部门）连接起来，实现了包括电子支付在内的全部业务自动化，在 EDI 系统上进行电子支付具有很大的优越性。图 3-3 显示了基于 EDI 系统实现的电子数据交换业务流程。

另外，EDI 系统具有一整套成熟安全的技术体系，基于 X.400 和 X.500 系列协议，能够有效地防止信息的丢失、泄密、篡改、假冒、接收的抵赖和拒绝服务等。EDI 消息处理机制在 MHS（88 版）基础上进一步丰富了消息安全服务，突出强调了报文的安全要素。

（2）电子支付系统的大众平台——互联网

在传统通信网和专用网络上开展电子支付业务，由于终端和网络本身的技术难以适应业务量的急剧上涨等因素，使用户量很难扩大，并使用户、商家和银行承受了昂贵的通信费用，寻求一种物美价廉的大众化平台成为当务之急，飞速发展的互联网就顺其自然地成为焦点。与此同时，与电子支付相关的技术、标准和实际应用系统不断涌现，在互联网上开展电子支付已成为现代化支付系统的发展趋势。

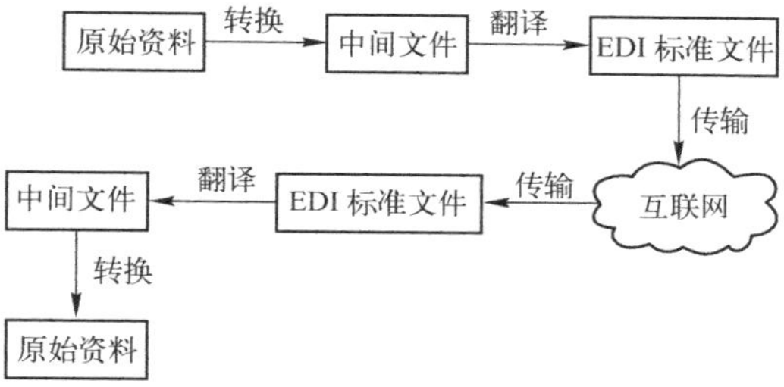

图 3-3 基于 EDI 系统的电子数据交换流程图

2. 电子支付系统的专业网络

（1）SWIFT 环球金融电信协会网络

SWIFT 环球金融通信系统是环球金融通信协会（Society for Worldwide Interbank Financial Telecommunication）为实现国际银行间金融业务处理自动化而开发的。它是一个国际银行同业间非营利性的国际合作组织，依据全世界各成员银行金融机构相互之间的共同利益，按照工作关系将其所有成员组织起来，按比利时的法律制度登记注册，总部设在比利时的布鲁塞尔，并在美国、荷兰分别设有国际作业中心。中国是 SWIFT 会员国，中国银行、中国工商银行、中国农业银行、中国建设银行、中国交通银行等均加入了 SWIFT 组织，开通了 SWIFT 网络系统。SWIFT 组织于 2007 年 11 月在上海成立代表处，重点开发中国内地证券市场。截至目前，中国内地已有 227 家金融机构加入了环球银行金融电信协会，其中，国内外银行和资产管理公司各占一半左右。

SWIFT 系统采用基于开放系统互联 ISO 体系结构的分层规程体系结构，使 SWIFT 用户接口服务表现出通信速度快、可靠性强、服务水平高等优点。系统可为各成员银行提供客户汇兑、银行汇兑、借贷通知、借贷报告、外汇兑换和金融市场认可、收款、贷款汇单、银行债券交易、结算报单和支付等高效率金融业务和日常事务处理服务。

具体来说，SWIFT 系统的优点如下。

① SWIFT 可连接全世界五大洲近 4000 家银行，可以方便地建立客户与世界各地办事机构的联系。SWIFT 的服务项目全天 24 小时都可以提供服务，且不管其地理位置如何。

② 由于 SWIFT 系统可以成为银行董事会和海外办事机构之间可靠的通信系统，从而使全球性的金库和保险管理系统得到了发展。此外，经过 SWIFT 所收到的客户财务报表和支付报表，可以作为银行现金管理资料的基础，以增强对客户的服务。

③ 标准化的格式能够进行自动化通信处理，避免了各地区银行间语言及翻译问题。

④ 理论上、技术上和程序上的保密性，保障了 SWIFT 网络的安全，避免了外来的干扰。

⑤ SWIFT 的成本较低，安全性和可靠性较高。

⑥ SWIFT 具有较强的检测、检索能力。

（2）中国国家金融网

1995 年中国国家金融网（CNFN）开始建立，其是在中国人民银行的卫星通信网和全国电子联行系统基础上的，连接中央银行及各商业银行、非金融机构的全国性计算机网络系统。该网络由国家处理中心、省市处理中心、县级处理中心 3 级层次节点构成，分为国家级主干网络和以城市为中心的区域网络两个层级，以卫星通信网络和邮电部门的公用数据网互相补充、互相备份。国家级网是一级处理节点（国家处理中心）与二级处理节点（省市处理中心）之间的广域网络，由中国人民银行卫星通信网和邮电部门 X.25 公用数据网共同构成。实现"天"与"地"的相互备份。

区域级网（中国国家金融网区域级网）是二级处理节点（省市处理中心）与三级处理节点（县级处理中心）之间的广域网络，在邮电部门提供的 X.25 公用数据传输网的基础上组建金融虚拟专用网。使整个金融网对内能覆盖所有的分行并应用于所有的业务，对外能联通 SWIFT，使中国国家金融网融入 SWIFT，实现与世界金融体系的接轨。

CNFN 所支持的金融应用系统可实现同城清算、大额支付、银行卡授权、批量电子支付和金融管理等功能，并向金融系统各部门提供端到端文件、报文件传输服务等。

3.2 第三方电子支付

3.2.1 第三方电子支付定义与特点

1．第三方电子支付的定义

2017 年 1 月 13 日，中国人民银行发布了一项支付领域的新规定——《中国人民银行办公厅关于实施支付机构客户备付金集中存管有关事项的通知》，明确了第三方电子支付机构在交易过程中产生的客户备付金，今后将统一交存至指定账户，由央行监管，支付机构不得挪用、占用客户备付金。2018 年 3 月，非银行支付机构网络支付清算平台（简称：网联）下发 42 号文督促第三方电子支付机构接入网联渠道，明确 2018 年 6 月 30 日前所有第三方电子支付机构与银行的直连都将被切断，之后银行不会再单独直接为第三方电子支付机构提供代扣通道。

因此，原有第三方电子支付的定义：即通过通信、计算机和信息安全技术，在商家和银行之间建立连接，从而实现消费者、金融机构以及商家之间货币支付、现金流转、资金清算、查询统计的一个平台。经过国家金融监管政策的颁布，发生了重大改变，即第三方电子支付是指：独立于商户和银行并且具备一定实力和信誉保障的独立机构，为商户和消费者提供交易支付平台的网络支付模式。

在第三方电子支付模式中，买方选购商品后，使用第三方电子支付平台提供的账户进行货款支付（支付给第三方），并由第三方电子支付平台通知卖家货款到账、要求发货；买方收到货物，检验货物，并且进行确认后，再通知第三方电子支付平台付款；第三方电子支付平台再将款项转至卖家账户。确保了交易双方的安全性，形成了资金流转和安全管理的有效通道。

2．第三方电子支付的特点

① 方便，快捷。作为一种综合性的支付中介，第三方电子支付为客户提供了更为方便、快捷的服务。第三方电子支付平台可以将多家银行的金融支付服务汇集在同一个操作界面进行交易管理，使得付款方和收款方可以很方便地完成在线交易过程。

② 成本较低。由于有了第三方电子支付平台，交易双方再也不需要去银行各自开设账户，所有交易只需要通过第三方电子支付平台就可以实现，这样可以降低交易双方的支付成本，同时也可以有效提升网络运营商的利润。

③ 信用保证。由于管理规范，第三方电子支付平台不会向个人或者一些非法网站提供支付服务，只会向合法的企业提供支付服务，使消费者增加了网上支付的信心，也在很大程度上避免了交易欺诈行为的发生。另外，第三方电子支付平台并不影响商品交易过程，因此可以更好地维护交易双方利益。

3.2.2 网联与第三方电子支付流程

2017 年 8 月 4 日，央行支付结算司向有关金融机构下发了《中国人民银行支付结算司关于将非银行支付机构网络支付业务由直连模式迁移至网联平台处理的通知》。通知称，自 2018 年 6 月 30 日起，支付机构受理的涉及银行账户的网络支付业务全部通过网联平台处理。同时，各银行和支付机构应于 2017 年 10 月 15 日前完成接入网联平台和业务迁移相关准备工作。《通知》是全国金融工作会议提出了对互联网金融“加强监管”后的一项具体举措，核心就是央行加强对第三方电子支付机构资金流向等的监管。

1. 网联职能与特征

网联、银联和证通均属央行清算平台。中国银联是为银行业金融机构银行卡业务提供支付清算的联合组织。2002 年 3 月 26 日，中国银联合并了全国银行卡信息交换中心和 18 家城市（区域）银行卡网络服务分中心，承担银行卡联合发展组织的职能。中国银联主要为银行、商户和持卡人提供跨行信息交换、数据清算、风险防范等基础服务，同时还负责交易系统的建设和运营、制定和推广进入交易系统的标准和规范、形成行业的自律机制等工作。中国银联成功推动了我国银行卡业务的发展，在全球创建了我国银行卡的自主品牌。

证通公司被称为“证券版银联”，是为以证券业机构为主的各类金融机构和互联网企业提供综合理财和支付的一体化平台。2015 年 1 月 8 日，证通公司成立，旨在集结证券行业的资源，恢复证券行业支付基础功能。证通公司通过打通不同券商之间客户资金的支付渠道的方式，让客户资金在行业内部流动，满足客户投资理财、资产配置等多样化的理财需求。

网联平台被称为“网络版银联”，是为非银行金融机构提供资金清算服务的平台。2017 年 3 月 31 日，网联平台启动试运营，通过连接第三方电子支付机构和银行，提供独立、专业的资金清算服务；7 月 28 日，45 家股东单位签署《网联清算有限公司设立协议书》。网联平台支持第三方电子支付机构通过一个接口接入平台办理业务，改变第三方电子支付机构与银行多头连接开展业务的情况，纠正第三方电子支付机构跨行业中的违规事项。

网联、银联和证通三者职能和特点的共性为：网联平台和中国银联、证通公司的共性在于解决各自服务对象领域的资金清算，通过制定行业统一标准、减少机构间重复对接的成本，从而推动行业规范发展。

区别主要体现在以下两个方面。服务对象不同。银联的服务对象主要是商业银行，证通的服务对象主要是证券公司、私募机构，而网联的服务对象主要是非银行支付机构；功能定位有差异。银联的定位是通过银联跨行交易清算系统（CUPS）实现商业银行系统间的互联互通和跨行交易支付结算；证通的定位是面向以证券业机构为主的各类金融机构和互联网企业，提供支付结算、征信认证、财富管理、综合金融、IT 等金融综合服务解决方案，其中支付结算功能是实现理财支付、消费支付和转账功能；而网联的定位是独立、专业的清算中介机构，相比银联和证通，并无支付功能。

2．网联监管前后的第三方电子支付清算流程对比分析

（1）直连模式下第三方电子支付清算流程

在网联平台出现之前，我国第三方电子支付机构主要采用直连银行模式，即第三方电子支付机构直接和银行系统进行连接。随着支付业务的发展，非银行支付机构在实际操作中承担了清算职能，与商户、资金托管银行共同构成新的三方模式，完成整个支付过程。

在直连模式下，近年来非银行支付机构交易规模翻倍增长。据中国人民银行支付结算司历年《支付体系运行总体情况》统计数据显示，我国非银行支付机构交易笔数由 2013 年的 153 亿笔快速增加到 2016 年的 1639 亿笔，交易规模由 2013 年的 9 万亿元增加到 2016 年的 99 万亿元，交易笔数和交易规模的年复合增长率均约为 120%。

但是，第三方电子支付机构直连银行的模式存在资金监管方面的漏洞。在直连模式下，支付机构可以在多家银行开立账户，这样资金在同一家支付机构内部流转，支付机构只需在内部轧差之后，调整不同银行账户的金额，就完成所有支付交易的流程。在这个过程中，支付交易的具体信息只会留存在支付机构内部，而监管机构只能够看到支付机构在各家银行账户上的资金变动，无法有效监管支付过程中的违法违规现象，容易产生金融风险。其资金清算流程如图 3-4 所示。

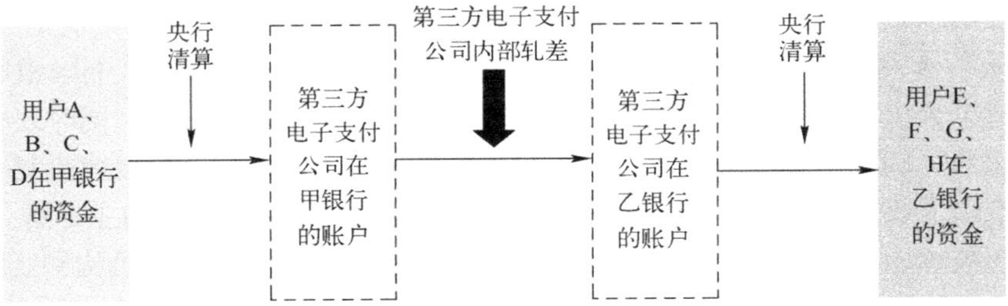

图 3-4　直连模式下第三方电子支付清算流程图

（资料来源：中万宏源研究）

（2）网联模式下的第三方电子支付清算流程

网联平台，被称为“网络版银联”，是为非银行金融机构提供资金清算服务的平台。2017 年 3 月 31 日，网联平台启动试运营，通过连接第三方电子支付机构和银行，提供独立、专业的资金清算服务；2017 年 7 月 28 日，45 家股东单位签署《网联清算有限公司设立协议书》。网联平台支持第三方电子支付机构通过一个接口接入平台办理业务，改变第三方电子支付机构与银行多头连接开展业务的情况，纠正第三方电子支付机构跨行业中的违规事项。网联的定位是独立、专业的清算中介机构，并无支付功能。

网联平台能防范第三方电子支付机构直连银行模式带来的风险，有望提高第三方电子支付业务的安全性。网联平台在第三方电子支付业务中承担独立、集中的清算职能，改变了第三方电子支付机构内部轧差后在不同银行账户间直接调整差额的模式，即改变了第三方电子支付机构在不同银行开立账户并自主完成跨行清算的情况。更重要的是，网联平台是央行牵头成立的中介平台，有助于监管机构了解第三方电子支付资金流向等详细信息，及时地进行监管。网联模式下，第三方电子支付机构资金清算流程如图 3-5 所示。

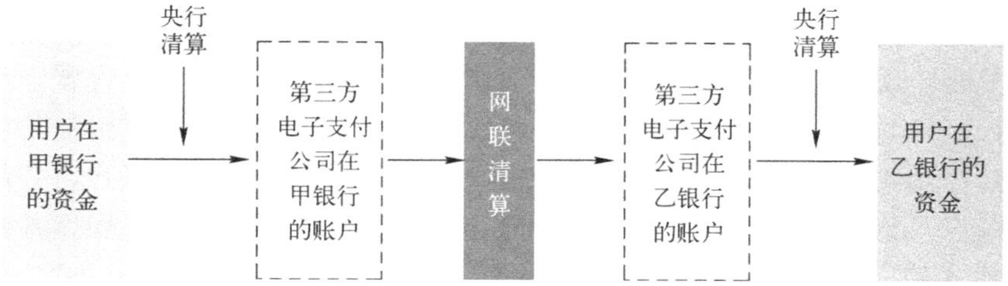

图 3-5　网联模式下第三方电子支付清算流程图

（资料来源：中万宏源研究）

3.2.3　第三方电子支付分类

目前第三方电子支付的分类方式主要有四种：一是央行《非金融机构支付服务管理办法》（以下称为《办法》）中对第三方电子支付的分类；二是根据提供第三方电子支付服务的主体性质进行分类；三是根据支付服务的不同业务属性进行分类；四是根据所服务的对象进行分类。

1．基于《办法》的分类

第三方电子支付机构作为收款方及付款方之间的支付桥梁，主要通过搭建支付平台，为收付款双方提供资金划转、以及技术、安全保障服务。根据《办法》的分类，第三方电子支付业务包括网络支付、预付卡发行及受理、银行卡收单。

（1）网络支付

所谓网络支付，是指依托公共网络或专用网络在收付款人之间转移货币资金的行为，包括货币汇兑、互联网支付、移动电话支付、固定电话支付、数字电视支付等。根据网络支付服务业务流程的不同，又可分为“支付网关模式”和“虚拟账户模式”，其中虚拟账户模式还可以细分为“信用中介型虚拟账户模式”和“直付型虚拟账户模式”。

网联监管后，要求第三方电子支付机构切断与银行直连，接入网联，下述网络支付模式中的清算流程会发生改变，但每种网络支付模式创新的核心内容不变。内容如下。

1）支付网关模式。

支付网关模式又称为网关支付，是电子商务中使用最多的一种互联网支付服务模式。该模式的主要特点是在网上商户和银行网关之间增加一个第三方电子支付网关，由第三方电子支付网关负责集成不同银行的网银接口，并为网上商户提供统一的支付接口和服务。

2）虚拟账户模式。

虚拟账户型支付模式是指第三方电子支付机构不仅为商户提供银行支付网关的集成服务，还为客户提供了一个虚拟账户，该虚拟账户可与客户的银行账户进行绑定或者对接，客户可以从银行账户等资金源向虚拟账户中充入资金，或从虚拟账户向银行账户注入资金。该模式加快了资金流转速度，减少了使用银行支付的成本。虚拟账户模式又可细分为“信用中介型账户模式”和“直付型账户模式”两类。

在信用中介型账户模式中，虚拟账户不仅是一个资金流转的载体，而且还起到信用中介的作用。即当交易发生时，先由第三方电子支付机构暂替买方保存货款，待买家收到交易商品并确认无误后，再委托第三方电子支付机构将货款支付给卖家。支付宝提供的虚拟账户支付服务就是一种典型的信用中介型支付模式。

在直付型账户模式中，虚拟账户只负责资金的暂时存放和转移，不承担信用中介等其他功能。如果要实现直付型账户支付模式，买卖双方首先在支付平台上设置虚拟账号，并进行各自银行账户与虚拟账户的关联。在交易过程中，支付平台根据支付信息将资金从买家银行账户转移到买家虚拟账户，再从买家虚拟账户转移到卖家虚拟账户，并最终划付给卖家的银行账户，整个交易过程对买卖双方而言，都通过虚拟账户进行操作并实现。提供直付型账户模式的第三方电子支付机构也很多，国外知名的公司有 PayPal，国内则有快钱、盛付通。

（2）预付卡

预付卡，是以先付费后消费为支付模式、以盈利为目的而发行的、可购买商品或服务的有预付价值的卡，包括磁条卡、芯片卡等卡片形式。预付卡不与持卡人的银行账户直接关联。

目前市场上流通的预付卡主要可分成两大类：一类是单用途预付卡，企业通过购买、委托等方式制作并发售预付卡，该卡只能在发卡机构内消费使用，主要由电信、商场、餐饮、健身、美容美发等领域的企业发行并受理；另一类是多用途预付卡，主要由第三方电子支付机构发行，该机构与众多商家签订协议，布放受理 POS 终端机，消费者可以凭该卡到众多的联盟商户刷卡进行跨行业消费。

（3）银行卡收单

银行卡收单业务是指收单机构通过银行卡受理终端为银行卡特约商户代收货币资金的行为。其中，受理终端是指通过银行卡信息读入装置生成银行卡交易指令要素的各类支付终端，包括销售点（POS）终端、转账 POS、电话 POS、多用途金融 IC 卡支付终端、非接触式接受银行卡信息终端、有线电视刷卡终端、自助终端等类型。收单机构，是指与特约商户签订银行卡受理协议并向该商户承诺付款以及承担核心业务主体责任的银行业金融机构和非金融机构。这里的银行卡收单特指当第三方电子支付机构作为收单机构，通过受理终端为签约商户代收货币资金的支付结算服务。

2．按第三方电子支付机构主体分类

按照第三方电子支付机构主体的分类如下。

（1）按照支付机构本身是否具有独立性分类

① 独立的第三方电子支付机构：本身没有电子商务交易平台也不参与商品销售环节，只专注于支付服务，如快钱、通联支付、汇付天下等。

② 非独立的第三方电子支付机构：支付机构与某个电子商务平台属于集团联盟或者战略联盟关系，主要为该电子商务平台提供支付服务。如支付宝、财付通等分别依托于淘宝网、腾讯网。

（2）按注册资本性质分类

① 国有控股第三方电子支付机构。指国有资本占控制权的第三方电子支付机构，典型代表是银联商务。

② 国有参股第三方电子支付机构。指在企业股权结构中有国有资本，但国有资本不占控制权，典型代表是通联支付。

③ 民营第三方电子支付机构。指全部资本由境内投资者投资的企业，典型代表是支付宝、快钱等。

④ 外商独资第三方电子支付机构。在中国境内设立的全部资本由外国投资者投资的企业，典型代表是贝宝（Paypal 中国）。

⑤ 中外合资第三方电子支付机构。指外国投资者和中国境内投资者共同出资的企业，典型代表是首信易支付。

（3）按支付机构的业务范围分类

① 单一业务支付机构。只从事某一类别支付业务的支付机构，如只从事银行卡收单的杉德支付，只从事预付卡的资和信支付等。

② 综合业务支付机构。指从事多样化支付业务的支付机构，如快钱、通联支付等。

3．按第三方电子支付业务属性分类

根据第三方电子支付业务所具有的多种属性，结合第三方电子支付行业所存在的实际产品，可以有以下几种主要的分类方式。

1）按支付指令传输通道进行分类：即按照支付指令传输所依托的信息网络通道分类。主要包括互联网支付、移动网络支付、固话网络支付、数字电视网络支付。

2）按支付终端进行分类：即根据支付指令发起方式分类。主要包括 POS 支付、PC 支付、移动电话支付、固定电话支付、机顶盒支付、ATM 机支付。

3）按支付距离进行分类。

① 近场支付：不需要使用远程移动网络，通过 NFC 近场通信技术、红外、蓝牙等其他技术，实现资金载体与售货机、POS 机终端等设备之间支付指令传递，支付完毕，消费者即可得到商品或服务。

② 远程支付：支付的处理是在远程的服务器中进行，支付的信息需要通过网络传送到远程服务器中才可完成的支付。

4）按交易主体的不同进行分类。

① B2B 支付。是指第三方电子支付机构为企业与企业间的资金转移活动提供服务。

② B2C 支付。是指第三方电子支付机构为企业和个人间的资金转移活动提供服务。

③ C2C 支付。是指第三方电子支付机构为个人与个人间的资金转移活动提供服务。

5）按支付时间进行分类：即按照付款人实际转移货币资金的时间与交易完成时间的先后关系来划分的。

① 预付支付。付款方在交易尚未完成前，需提前支付款项并由第三方电子支付机构付给收款方。

② 即时支付。指付款方在交易完成时已同步完成款项支付，并由第三方电子支付机构付给收款方。

③ 信用支付。在交易过程中，由第三方电子支付机构独立或者与商业银行共同为付款方提供垫资服务的支付行为。

6）按货币资金存储方式进行分类。

① 卡基支付。以银行卡（包括信用卡和借记卡）和预付卡为主要支付工具载体去实现的各种支付服务。

② 网基支付。通过互联网、电话、手机等通信终端实现基于账户（银行账户、第三方虚拟账户）的无卡支付，这种类型的支付通常不是通过读取卡片信息，而是通过密码来验证支付指令。卡基支付和网基支付现已成为我国个人使用最为广泛的非现金支付工具，对于便

利居民日常收付，拓展个性化理财服务，促进旅游、消费、扩大税基，推动电子商务的发展具有重要的意义。

7）按交易背景进行分类。

① 有交易背景的支付。第三方电子支付机构服务的收付款人之间存在交易背景，如B2C 支付、POS 收单等。

② 无交易背景的支付。第三方电子支付机构服务的收付款人之间没有交易背景，如货币汇兑业务。

8）按是否具有信用中介功能进行分类。

① 有信用中介功能的支付。第三方电子支付机构充当了信用中介的角色，在买方确认收到商品前，替买卖双方暂时监管货款的支付方式。

② 无信用中介功能的支付。第三方电子支付机构只作为单纯的支付服务中介，不承担信用中介职能。

4. 按服务对象进行分类

按照第三方电子支付机构服务的对象，我们可以将第三方电子支付机构分为面向企业用户服务（收单业务）及面向个人用户提供服务（支付业务）两类。第三方电子支付机构为企业用户分别提供线上收单业务和线下收单业务，实现企业之间的收付款业务，完成资金流转；第三方电子支付机构为个人用户分别提供线上支付和线下支付业务，实现个人之间的转账、充值缴费和还款等业务，完成资金流转。

3.2.4 第三方电子支付发展现状及趋势

根据近 5 年有关我国第三方电子支付行业发展概况的艾瑞咨询调研报告数据可以了解到，2016 年，我国第三方综合支付交易规模复合增长率达到 110.9%，面向 C 端用户的第三方电子支付机构品牌渗透率占绝对地位，其他支付机构大多针对行业内大客户提供支付解决方案，并建立个人账户体系发展自有的“电子钱包”。2017 年，网络支付已经渗透生活的各个环节，民生领域线上支付环节也逐步打通。2018 年以来，受到消费金融以及互联网理财等领域监管趋严的影响，我国第三方电子支付交易规模增速明显放缓。我国第三方电子支付已过高速增长期，逐步进入稳定发展阶段。

1. 第三方电子支付的发展现状

（1）银行卡收单业务发展现状

银行卡收单是收单机构与特约商户签订银行卡受理协议，在特约商户按约定受理银行卡并与持卡人达成交易后，为特约商户提供交易资金流转服务，并获得手续费收入的行为。传统模式中该业务一般在线下完成。由于网络支付的兴起，银行卡收单已从线下扩展到线上基于无卡形式的收单，第三方电子支付机构在银行卡收单市场中的地位进一步提升。2010 年，监管层正式对第三方电子支付机构开放收单业务，并实行牌照监管（银行卡收单业务许可或网络支付业务许可），改善了行业混乱局面。至此，第三方电子支付机构成为银行卡收单市场中的主要参与者。监管层放开后，第三方电子支付机构银行卡收单交易规模迅速增长，2013 至 2015 年间增长率均超过 100%。2016 年，面向 C 端用户的支付工具发展冲击了银行卡收单业务规模，发展速度有所减缓。2017 年，银行卡收单交易规模达到 70.4 万亿元。预计 2018—2021 年，第三方电子支付银行卡收单交易市场复合增长率将达到 15%。线下收单及线上收单支付方式及收单主体，如表 3-1 所示。

表 3-1 线上收单及线下收单支付方式及收单主体

	线下收单	线上收单
支付接口	支付终端（主要是 POS 机）	通过互联网、移动互联网，输入银行卡相关信息
支付载体	银行开放的 POS 接口	网银接口或快捷支付接口
收单主体	商业银行、银联商务、第三方电子支付机构	银联电子、第三方电子支付机构

（资料来源：艾瑞咨询）

第三方电子支付机构银行卡收单市场中仍以线下收单业务为主，其交易规模大致占到 80%左右。企业端的线上收单业务由于谈判成本高，商户渗透率较低，仍有较大的市场容量。进行收单业务的第三方电子支付机构大多主要面向 B 端提供代收服务手续费，费率按照市场价格自行协商、调整。而主要服务于 C 端用户的第三方电子支付机构（如支付宝、财付通）一定程度上承担了发卡行的角色，可由清算机构整合其支付接口，对接给收单机构。该类机构并不直接为商户收单，但在交易中也分得一部分手续费。除手续费外，收单机构在向特约商户提供收款服务中还涉及收款机具、SaaS 的销售，并按照具体情况收取费用。

银行卡收单市场中，第三方电子支付机构及银行是主要的参与者。相比于银行来说，第三方电子支付机构由于合作商户拓展服务商、市场调节收费、对接银联/网联获取支付渠道、重视增值服务开发等，在获客渠道、费率、产品支付渠道、增值服务商均有一定的优势。第三方电子支付机构收单业务对比银行的竞争优势如表 3-2 所示。

表 3-2 第三方支付机构收单业务竞争优势

竞争因素	竞争特色
获客渠道	第三方电子支付机构合作了较多的商户拓展服务商，以地推方式快速签约商户；传统商业银行以客户经理在线下网点推销的方式拓展商户，虽然获客的成本较低，但相对于第三方电子支付机构来说仍然较为被动
费率	第三方电子支付机构与商户间自行协商费率，根据市场调节，费率灵活
支付渠道	“断直连”政策实施后，第三方电子支付机构不直接关联银行获取支付渠道，而是直接通过网联/银联批量获取，各个渠道均有连接，故拥有较强的多渠道整合能力，且各个第三方电子支付机构的渠道整合能力只与连接银联还是网联相关
增值服务	第三方支付机构由于支付手续费收入被分摊，利润变薄，故需要通过各种增值服务增加收入，由此满足了商户的金融、营销管理等需求；而对于商业银行，收单业务利润薄且流程繁杂、琐碎，商业银行的重视程度较低，后续的服务意识上也稍有欠缺

（资料来源：艾瑞咨询）

随着扫码支付、NFC 支付等线下支付方式的增多，为第三方电子支付机构发展银行卡收单市场有较大贡献，同时随着花呗、京东白条等消费信贷产品的覆盖面不断拓展，银行卡消费的习惯也逐渐养成，推动了第三方电子支付机构线下收单业务的发展。另外，理财、信贷等金融业务在第三方电子移动支付中占据将近 20%的份额，在互联网支付中占据 40%的份额，是线上收单的主要场景。

（2）线下支付业务发展现状

直接服务于个人用户的第三方电子支付机构为用户提供的线下支付方式有扫码支付和NFC支付两种。

在服务中，个人用户需要与第三方电子支付机构签约、注册虚拟账户、绑定银行卡，并授权其管理该虚拟账户后续支付行为。该种支付方式多应用于小额、频率高的日常支付场景中，如商超购物、地铁进站。2019年第四季度，我国线下扫码支付交易规模约为9.6万亿元，环比增长11.6%。移动智能端NFC支付交易规模约98.6亿元，占整体移动支付交易规模比例较小。

面向C端提供线下支付服务的第三方电子支付机构的盈利模式较多，但较少直接对用户支付收费，而通过C端支付服务中产生流量、资金及数据沉淀，开发增值业务营收。具体来看，支付机构通常对用户方在一定额度内免费提供服务，超出部分收费；对商家，收取基本的交易服务费及增值服务费。其中，增值服务包括：代理第三方金融产品并对交易分成，提供大数据、广告方案、其他软硬件收费。此外，网联模式下，商业银行不再给予第三方机构利息，因沉淀资金带来的隐性收益减少。其中盈利模式如图3-6所示。

（3）跨境支付业务发展现状

第三方电子支付机构的跨境支付业务主要分为境外线下支付及跨境互联网支付两类。境外线下收单需要第三方电子支付机构持有银行卡收单业务资质，属于境外收单范畴；跨境互联网支付需要第三方电子支付机构具有付款方所在地区支付业务资质。跨境互联网支付中，经营跨境进口电商支付业务属于境外收单范畴，经营跨境出口电商支付业务属于外汇收单范畴。根据《支付机构跨境外汇支付业务试点指导意见》，持有跨境外汇支付业务资质的第三方电子支付机构可为付款者提供人民币、自有外汇支付服务。随着人民币跨境支付系统（CIPS）的建立以及监管制度的完善，少数几家第三方电子支付机构获得了专门的人民币跨境支付业务资质，但规模仍然相对较小。

以往跨境支付主要由国内商业银行及国际卡组织、保理公司、专业卡组织参与竞争。自2012年银联“垄断”争议后，监管层对第三方电子支付机构参与跨境支付业务的态度越来越放开。2013年开始，监管层正式出具意见批准支付机构试点，第三方电子支付机构成为跨境支付市场主要参与者。以往银联凭借强大的国内银行网络，发展境外刷卡消费及跨境网购、外贸B2B业务，成为国内进行跨境支付的主要机构。随着监管层对国内第三方电子支付机构放开，以支付宝为代表的支付机构开始发展跨境购物、汇款及境外移动支付，境外线下交易主要集中在出境游、留学场景中。

支付机构跨境支付业务流程包含支付、结售汇、收单三个部分。境外收单业务中，第三方电子支付机构向境内居民收取人民币，与合作银行购汇，并向商户付汇，完成收单；外汇收单中，国内第三方电子支付机构为境内商户提供收款服务，对接境外支付渠道（境外支付机构/卡组织/银行，合作方需持有国外支付牌照），间接向境外用户收取外汇，换汇后结汇给商户。在整合服务过程中，第三方电子支付机构收取交易手续费，并获得一部分汇兑收益。

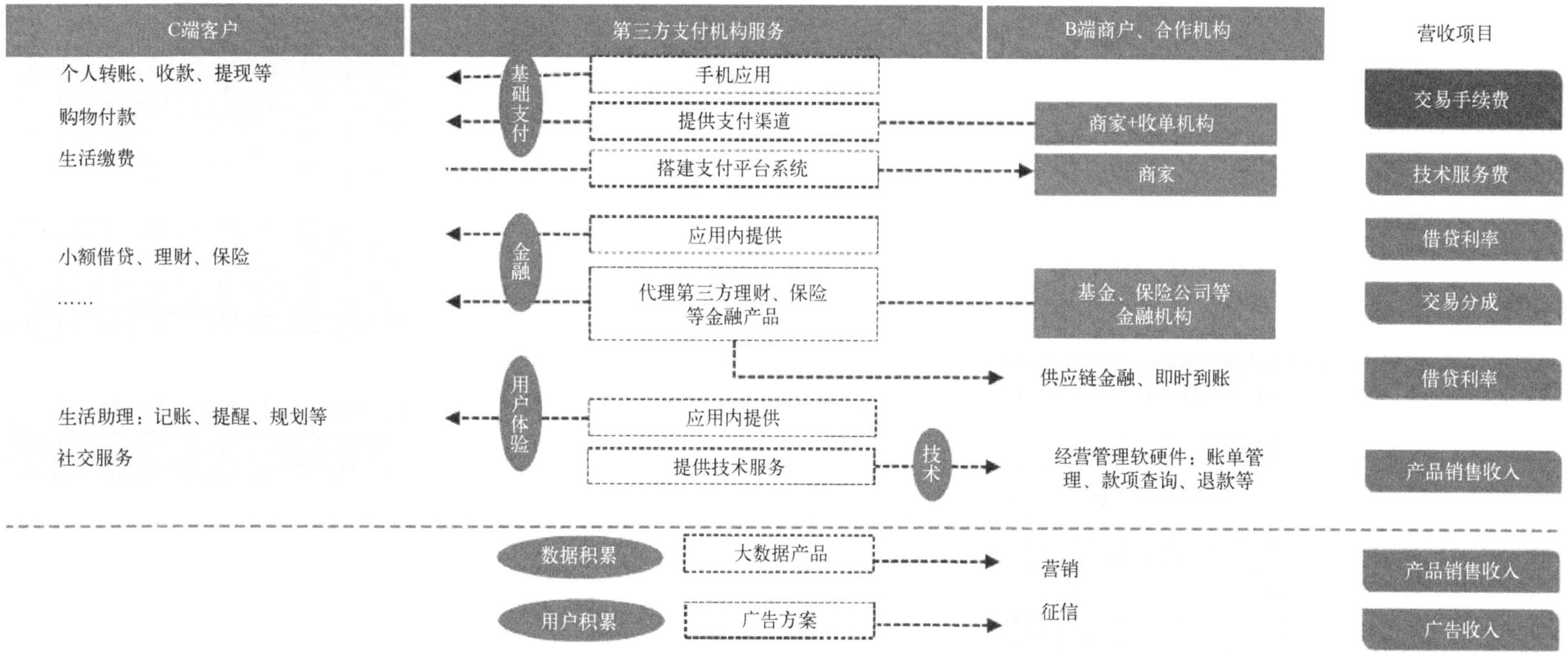

图 3-6　线下支付领域第三方电子支付机构盈利模式

（资料来源：艾瑞咨询）

境外商户收单业务中，拥有强大的用户基础、资金基础、支付服务能力的国内第三方电子支付机构通常复制国内模式，切入境内居民在海外线下消费的场景。而其他中小型支付机构多切入跨境进口电商独立站、留学机构缴费平台等小型独立平台的支付场景，提供全套支付解决方案，产品功能包括交易查询、外币账户管理、余额查询、提现转账、发票管理及贷款结算、对账、二次清分账等，不同支付机构的跨境支付方式差异如图 3-7 所示。

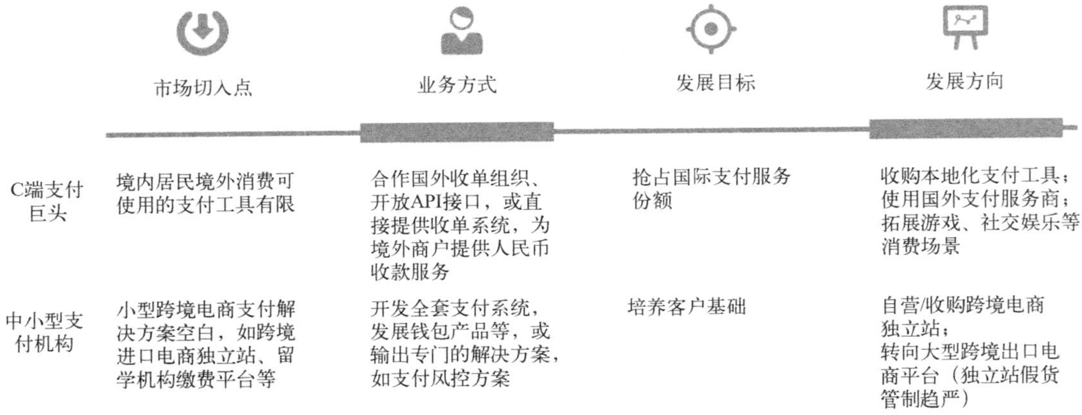

图 3-7　不同支付机构的跨境支付发展对比

（资料来源：艾瑞咨询）

跨境支付已然成为支付巨头的新战场。截至 2019 年 5 月，支付宝已与全球 250 多个金融机构建立合作，一方面为海外商家和用户提供在线收付款服务，另一方面在全球 54 个国家和地区为中国消费者提供境外线下支付的服务。目前支付宝在境外的线下支付业务，集合了衣食住行玩乐等各个领域的全球数十万商家，并且全球有超过 80 个机场在使用支付宝进行即时退税。财付通的微信支付接入的国家和地区已增至 40 个，支持 13 种外币直接结算，有 8 亿微信支付用户绑定自己的银行卡账户。银联凭借强大的国内银行网络，发展境外刷卡及跨境网购、外贸 B2B 业务。银联卡受理网络已延伸到 168 个国家和地区，手机闪付、二维码支付的布局也在加快推广中，目前已得到 10 多个国家和地区商户的支持。

2．第三方电子支付发展趋势

（1）产业链重构

随着“断直连”政策的出台，支付机构在上游对发卡行资源和 C 端支付巨头争夺上将告一段落，支付接口从银联或网联统一接入，各机构间的连接关系清晰。以往通过商户拓展服务商、小型收单机构及专门的第四方进行连接，为建立客户基础，应对支付业务利润空间缩小的局面，第三方电子支付机构将会有一波产业链上的“并购潮”，实现支付机构直接连接商户，维持市场份额。

在“断直连”及备付金等相关政策出台的背景下，互联网巨头参与竞争后，为占据市场份额，以较低的费率提供基础支付服务，费率甚至趋为“0”。对于互联网巨头来说，支付服务是一种构建生态圈的手段，可获取多种资源，而非盈利模式。其他第三方电子支付机构，为寻求新的盈利点，前期可能对商户让利，以抢占市场。新进入者由于看好支付服务的获客能力，可能会以“免费的”支付服务作为获客切入点。总之，前期第三方电子支付产业链将以“价格战”实现自身生态圈的构建。

第三方电子支付机构发展策略从拓展市场份额及寻找新盈利点出发。主要采用外延式并购，即从产业链上下游服务商、其他支付机构以及横向相关产业商户资源的并购方式完成；同时采用内生式增长模式，即包括电子钱包、商户各类经营管理等技术解决方案、供应链金融、大数据营销与风控、金融大数据的开发，为商户设置转移壁垒，提高支付机构自身竞争地位。

（2）建立业务优势

具有不同特点的支付机构围绕自身能力向不同方向发展。

① C 端支付巨头，拥有强大的 C 端用户规模及支付场景、可延伸场景，基本业务形成规模优势。品牌优势：用户对品牌感知强烈、黏性高，对新业务的接受度高。发展方向：开放商户支付接口；拓展新市场消费业务，如跨境支付、海外支付、农村支付业务。

② 领先的收单机构，具有一定的商户基础，在 B 端已形成一定的品牌影响力，累积了一定量交易数据。业务优势：收单机构与商户无直接竞争业务板块，客户合作意愿强。发展方向：拓展商户资源；商户全套解决方案，包括技术、金融、营销等；发展大数据产品。

③ 中小型收单机构，尚无规模优势。在垂直领域有一定客户积累，或母公司/相关公司有围绕垂直领域的业务能力，在发展增值服务时有较强的议价能力、业务能力。发展方向：拓展垂直领域支付市场；下沉至三、四线城市提供支付服务；围绕相关公司业务场景发展增值服务。

（3）发展增值服务

从大数据、金融、技术解决方案三方面开发增值服务，增加盈利来源，提升商户留存效果。多支付渠道、聚合支付、费率灵活均是经过市场选择后第三方电子支付机构所提供的基本服务。随着“支付零费率”趋势明显，为提高自身差异化程度，做好商户留存，同时增加收入，摆脱当前由于争夺商户资源在费率上恶性竞争的状况，支付机构应注重利用数据及商户资源开发增值服务。增值服务大致可以分为“支付+大数据”“支付+金融”以及系统研发三种。具体内容如图 3-8 所示。

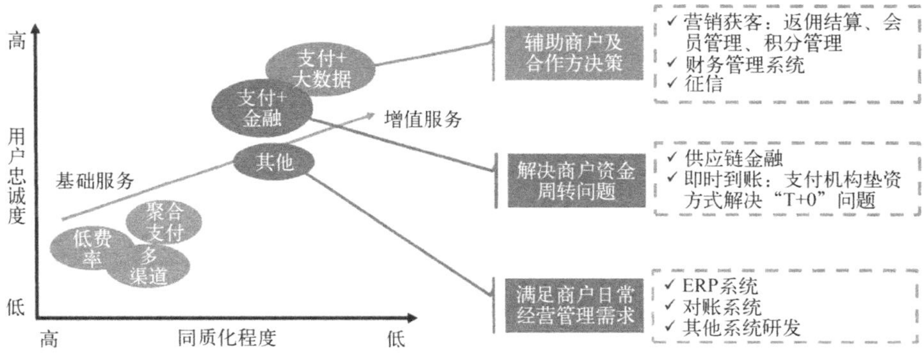

图 3-8　第三方电子支付机构增值服务业务图

（资料来源：艾瑞咨询）

3.3 聚合支付

3.3.1 聚合支付定义与特点

随着“断直连”政策的出台，第三方电子支付机构为了抢占客户和市场，竞争日趋激烈，金融支付服务领域呈现出隔离化、分散化、碎片化的特征。提供在线支付综合解决方案的聚合支付迎合了广大消费者和中小商户的需求，在金融支付服务领域快速展开应用。

聚合支付也称“融合支付”“第四方支付”，是指运用安全、有效的技术手段，集成银行卡支付和基于近场通信、远程通信、图像识别等技术的互联网、移动互联网支付方式，对采用不同交互方式、具有不同支付功能或者对应不同支付服务品牌的多个支付渠道统一实施系统对接和技术整合，并为特约商户提供一点式接入和一站式资金清算、对账服务，有效降低特约商户系统投入和运营成本，为消费者提供多元化支付方式，提高支付效率和支付体验满意度，推动支付服务环境不断改善。简言之，聚合支付通过 APP、网站等渠道聚合多家合作银行、第三方电子支付平台及其他服务商的 API 接口等支付工具，为 B 端中小商户提供在线支付综合解决方案。

聚合支付的产品定位是提供技术整合方案，其本身并不具备独立的支付产品和渠道。其特点在于：

① 使服务提供商无须获得人民银行颁发的支付牌照即可开展业务。

② 可大大减少中小商户选择接入支付机构的成本，帮助解决支付市场和支付场景的“碎片化”痛点。

这样的产品定位和特点，使得聚合支付能够在金融支付领域甩掉支付产品开发和渠道扩展的“包袱”，实现跳跃式发展，形成业界普遍认同的、可预期的市场空间。

3.3.2 聚合支付分类

聚合支付是第三方电子支付服务平台的拓展。第三方电子支付介于银行和商户，而聚合支付介于第三方电子支付和商户。在没有支付许可牌照的情况下，聚合支付通过聚合各种第三方电子支付平台、合作银行、合作电信运营商及其他服务商接口等多种支付工具进行综合支付服务。具体分类如下。

（1）技术集成类

技术集成类聚合支付平台不担任商家支付方式的接入，假如商户有需求，要与银行或者是第三方电子支付公司自行拟定合同签约，聚合支付平台本身没有触碰到资金问题，自身只提供技术服务，而且整套流程都是由商户自己选择的。盈利模式主要是劳务费或者其他的衍生服务费。技术集成类的聚合支付平台拥有商户不具有的技术开发能力，应用二次封装切入的方式，实现对商户一次接入，一站式解决处理商家快速上线各类支付通道的问题。例如云收单聚合支付，提供技术集成，在得到微信、支付宝、百度钱包等官方授权的情况下，把各种支付通道进行集成，并且融入了人性化的私人定制功能，给商户提供一站式支付解决方案。

（2）机构转接类

这类聚合支付平台是在技术集成的基础上，为商户申请支付方式接入而不直接触碰资金。这类聚合支付平台和银行、第三方电子支付平台都有良好合作关系，为商户提供账户创建、审核、业务开展、交易处理等服务，对接开通银行或第三方电子支付平台的业务通道，资金由银行或第三方电子支付平台直接清算。这类聚合支付平台的优势就是交融了多种支付功能，且本身具有良好的品牌号召力。像云收单就是行业内比较知名的聚合支付企业。

（3）机构直清类

这类聚合支付平台主要是银行和拥有支付牌照的第三方电子支付机构，它们利用自身的优势直接或间接地与各大支付公司建立合作，进行合法“二清”，从而实现只有商户在自家开通，就可以实现支付方式多家同时开通，并且信息互通。例如商业银行或者目前市场上主流的 100 多家第三方电子支付机构，利用它们自身的资质直接与各大支付公司取得合作，资金走银行通道，建立一个合法收益的聚合支付经营模式，被业内很多中小商户、中小型支付公司所青睐。

（4）“二清”类

“一清”和“二清”一般属于 POS 收单业务范围，“一清”机构的 POS 机一般通过银联、银行或者第三方电子支付公司直接清算，商户的交易结算款会直接划转至商户的收款账户。而“二清”公司的 POS 机需要进行二次清算，即结算资金经过一次清算后，先转至“二清”公司开立的第三方账户，经由该第三方账户处理后，再结算至商户的收款账户。此类业务是央行监管的对象，未获得央行支付业务的许可。

3.3.3 聚合支付产业链布局及完善方案

聚合支付产业链包括上游设备商、中游运营商和平台商、下游企业、机构和用户。

① 上游设备商即为系统产品提供商，为聚合支付系统提供基础支持，服务内容包括开发聚合支付系统、软 POS、二维码支付设备、API/SDK 等。

② 中游运营商，是指 CRM、ERP、收银系统等服务商，为商户提供运营服务、为聚合支付服务商提供数据分析和系统接口等功能；中游运营商的作用是：一方面对第三方电子支付平台提供数据传输；支付请求生成、转发、结果通知等功能，另外还对“大众点评”等本地化生活服务展开营销服务，例如“扫呗”等聚合支付服务商。

③ 下游第三方电子支付平台和银行，实现银行卡收单、资金归集、服务通道等收款服务和金融服务；网联和银联清算机构，实现网上、网下的资金清算，为中国人民银行清算总中心提供清算渠道；中国人民银行清算总中心具备大额实时支付系统（HVPS）、小额批量支付系统（BEPS）、网上支付跨行清算系统（IBPS）等设施，实现对产业链所有资金清算；另外下游机构还包括电信运营商和手机厂商等。聚合支付产业链如图 3-9 所示。

未来聚合支付产业链中各主体不断细化分工，在各自分工领域不断开发增值服务和衍生品，各主体间的衔接更加紧密。完善产业链的具体解决方案如下。

（1）不断优化产品，提高支付体验

随着扫码支付时代到来，商户收银设备不断进化、收银效率持续提升。扫码支付时代，聚合支付产品升级迭代驱动移动支付效益再次出现飞跃，将单笔支付所需时间压缩到了秒级。此外，针对不同商户类型、不同收款场景等差异化需求，聚合支付服务商平均提供 5 款收款产品，普遍有二维码扫立牌、扫码盒子、扫码枪、智能音箱、智能 POS 和 API/SDK，也有部分聚合服务提供商提供设备定制化服务。

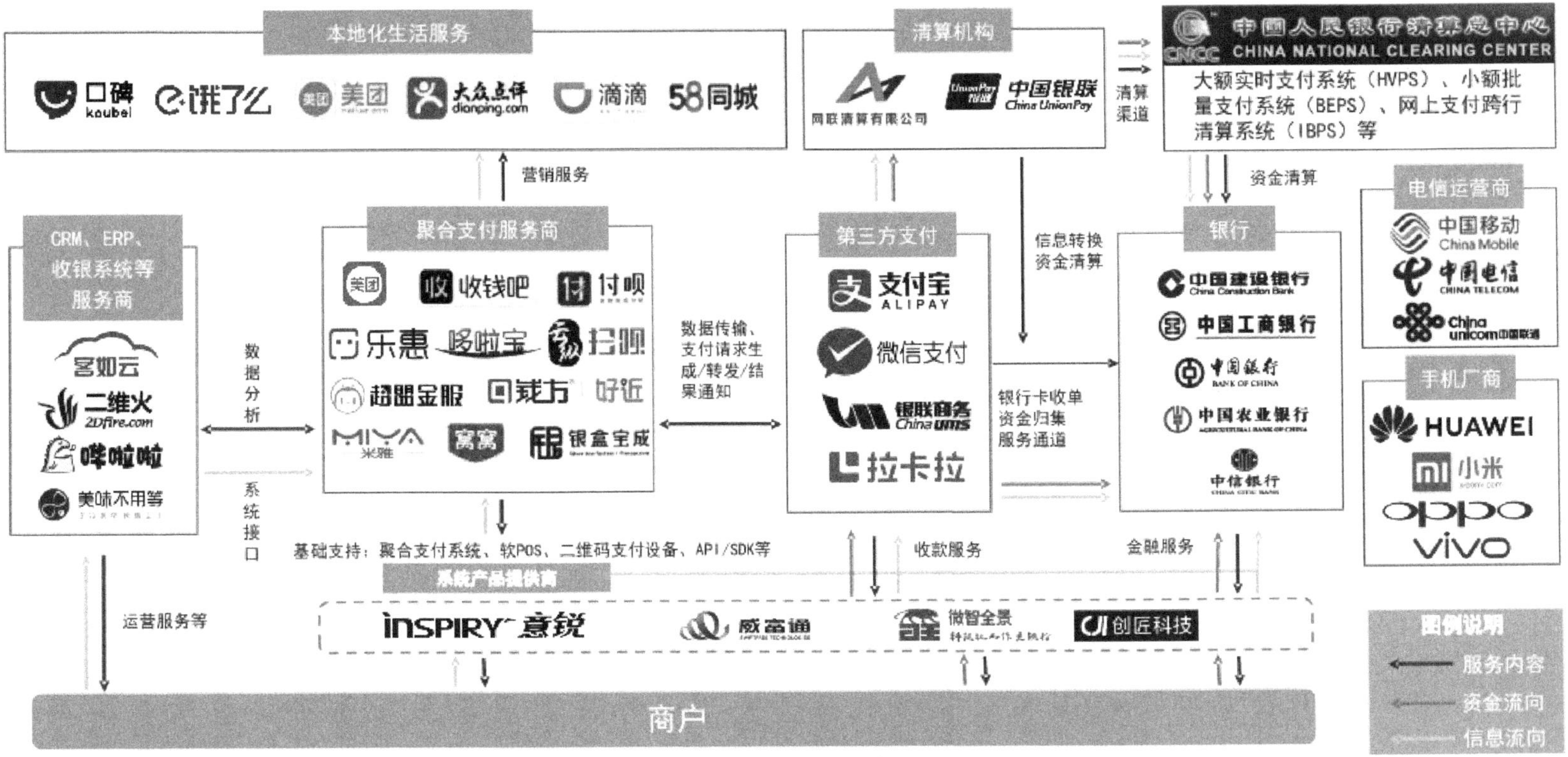

图 3-9　聚合支付产业链

（资料来源：派盟咨询）

（2）提升综合运营能力，形成竞争壁垒

经过市场激烈竞争洗礼后，脱颖而出的领先聚合支付服务商已经逐步建立起关键运营能力，依托独特优势形成竞争壁垒。概括起来，主要有五方面的运营能力，内容如下。

① 能够支持较大的交易容量。线下商户移动收款具有金额小、笔数大的特征，聚合支付服务商在服务过程中已证明能满足高额的交易容量。例如“美团”聚合支付目前覆盖城市100余个，服务活跃商户（门店）超过百万家，日交易笔数达到了数千万笔。

② 具有较强的专业化技术研发实力。面对不同场景下的多元需求，聚合支付服务商不断提升技术研发能力，推出定制化支付解决方案。例如“银盒宝”成为商户提供商业智能云POS解决方案，业务覆盖全国范围，目前已获得多项技术专利和知识产权。

③ 已经打造出强有力的线下服务团队。线下商户推广过程中，聚合支付服务商已经建立起了一支有效、强大的线下服务团队。例如“银联商务”实体服务网络覆盖全国337个地级以上城市，覆盖率达100%，下辖员工超万人，服务特约商户8万余家。

④ 将用户体验发展到极致化。在激烈的市场竞争中，胜出的聚合支付服务商都将用户体验作为优先事项，已取得成效。例如“云纵”在全国范围进行口碑平台商户拓展，提供商户运营全程托管服务，能够更贴合商家提供更多增值及运营服务。

⑤ 积累了海量商户和消费者大数据。海量线下订单、商户进存销流水是聚合支付服务商最重要的资产之一，有效提升商户效益。例如“哆啦宝”成立以来，将“移动支付”业务深入推广到超过4400个商圈里的近80万商家，每年有超过10亿人次通过哆啦宝完成消费支付。

（3）开发增值服务，发展“支付+”综合生态

随着行业竞争加剧，产品同质化现象越来越严重，驱使机构不断压缩交易手续费率，聚合支付增值服务已成为机构利润主要来源，尤其是依托支付场景的各类流量、数据服务具有极大潜力。目前，几乎90%的聚合支付机构已经推出各类增值服务，其中最为普遍的增值服务包括运营管理、会员CRM、移动电商、广告投放、综合营销等业务。

① 运营管理。以商户收款交易作为供应链、管理链切入点，拓展收银系统功能覆盖进存销、门店管理等。例如，“非码”为门店提供基于收银、外卖、小程序应用、顾客管理等运营支撑服务，提供自动开关店、自动上下架、自动沽清、智能库存管理等服务。

② 会员体系。通过小程序、微信公众号为商户建立线上会员管理系统，从而实现消费支付即加入会员模式。例如，“钱方|好近”推出创新SaaS产品，智慧会员管理解决方案“好近生意王”，以“会员营销服务+公众号代运营”两大核心服务为基础。

③ 移动电商。依托聚合支付C端流量积累，打造移动电商平台，从支付聚合到商品服务的聚合。例如，“收钱吧”基于其公众号的优质内容电商平台，线下商户达150多万家、覆盖552个城市。

④ 广告营销。消费者扫码支付过程中，可以在支付页面、支付确认页面和结果通知页面实现三次精准触达。例如，“扫呗”以支付为媒介的移动支付新媒体融合营销、精准投放，实现投放多元化、覆盖面广泛、交互性强等特点。

⑤ 综合营销。帮助商家获客拉新，提供智能营销依据。通过营销分析实现千人千面，提升供应链效率。例如，“米雅”以多元化营销运营服务为根本，为线下实体连锁商户提供门店运营创新，实现精准营销和智慧运营。

（4）拓展新型基础设施，带动聚合支付高速发展

移动支付发展带动一批智能软硬件基础设施产品的兴起，为聚合支付服务商开发并应用，为聚合支付的高速拓展打开通道。从近两年的发展来看，在以下 5 个方面的相关技术和产品表现得尤为突出。

① 基础设施多场景化。无缝对接各类支付场景，实现线下商户移动支付的智能化、物联网化，轻质化终端推动大面积普及。例如，“意锐”开创扣扫支付模式，意锐小白盒等智能终端迅速流行。推出设备管理平台，帮助支付平台和服务商建立起移动支付物联网平台。

② 金融级别的互联技术。搭建联结商户、第三方电子支付交易的平台，提供金融级别安全和数据处理能力。例如，“祥付宝”，金融机构对安全技术要求较高，通过与银行的深入合作，服务商的技术实力得到充分沉淀，安全级别相对较高。

③ 深入行业挖掘的垂直产品。深入行业需求，明确定位，通过针对性产品助力 B 端商家提效降本、营销促销、扩张经营。例如，“美味不用等”，通过 B 端 SaaS 服务和 C 端产品，解决餐厅效率、管理、营销、成本和顾客就餐体验等方面问题。

④ 软硬件兼容产品的流行。贴合商户需求提供服务，终端产品兼容留存会员、会员营销、会员储值消费等功能。例如，“微智全景”，提供“商业智能硬件+专业商业 UI+虚拟运营平台”三位一体、最具价值的综合解决方案。

⑤ 商户 SaaS 工具软件的发展。面向商家提供专业的 SaaS 软硬件工具，使商家为消费者提供更加多样化的服务，提升经营效率。例如，“客如云”，通过软硬一体、云端结合的 SaaS 模式打造了涵盖提升效率的 SaaS 产品群，整合行业上下游资源的开放平台等产品生态链。

3.3.4 聚合支付的风险与发展趋势

1. 聚合支付风险

聚合支付企业本身一般并不持有央行颁发的支付牌照，因此游离在监管体系之外，其风险主要体现在信息安全、业务经营、资金经营、代理链条风险四个方面。

（1）信息安全风险

在连接大量中小商户和众多支付机构之后，聚合支付企业汇集了大量的消费者信息、商户信息和支付机构信息，其中包含了账号等相关敏感信息、消费和商品（服务）相关交易信息。在脱离金融监管体系、信息安全弱约束和互联网技术背景下，聚合支付企业如果不进行严格的内控管理，容易成为信息泄露重灾区，而所泄露的消费者信息、商户信息和支付机构信息给不法分子带来可乘之机。另外，如果聚合支付企业本身的科技风险管理弱化，容易产生自身安全风险，出现诸如订单篡改、信息窃听等技术漏洞。

（2）业务经营风险

目前，互联网金融生态呈现“劣币驱逐良币”的恶性竞争态势，部分聚合支付企业为了获取更多利润，偏离“收单外包机构”的定位，无证开展支付结算业务，以大商户模式介入收单机构，违规开立支付账户或实质性从事特约商户资质审核、受理协议签订、资金结算、收单业务交易处理等业务，严重扰乱了正常的市场秩序。

（3）资金运营风险

如果消费者资金在聚合支付平台上停留，出现沉淀资金，聚合支付企业就可能存在经

手特约商户结算资金等违规使用资金的行为，很可能因此成为“二清”机构（“二清”是指没有获得中国人民银行支付业务许可的单位或个人，在持牌收单机构的支持下实际从事支付业务和资金清算的一种模式），甚至出现“跑路”情况，危害消费者、商户和支付机构的合法权益。

（4）代理链条风险

聚合支付的业务开展模式通常有两种：直营模式和代理模式。其中，代理模式是将收单业务层层外包，由二级、三级以及多级链条上的代理商开发商户。一些聚合支付机构为了快速扩展业务、抢占市场，通过快速发展代理商来扩展代理链条，而在代理链条的扩展过程中，一些不规范的、存在风险隐患的代理商被纳入代理链条中，导致信息安全、业务经营和资金运营等方面的问题在代理链条中蔓延扩散，引发较大的金融风险。

2．对聚合支付的监管

多主体、多层次的聚合支付行业治理体系已初步形成，从业务、系统、技术和管理予以规定。聚合支付行业监管环境正由宽松转向趋严，从业机构在创新产品服务以提升交易效率的同时，将更注重业务合规和交易安全，探索创新技术加强资金、信息保护。

2017 年 1 月 22 日，中国人民银行发布《关于开展违规“聚合支付”服务清理整治工作的通知》（以下简称《通知》）；2017 年 2 月 20 日，中国人民银行发布《关于持续提升收单服务水平规范和促进收单服务市场发展的指导意见》（以下简称《意见》）。

《通知》对聚合支付划了一条明确的红线，即四个“不得”：一是不得从事商户资质审核、受理协议签订、资金结算、收单业务交易处理、风险监测、受理终端（网络支付接口）主密钥生成和管理、差错和争议处理等核心业务；二是不得以任何形式经手特约商户结算资金，从事或变相从事特约商户资金结算；三是不得伪造、篡改或隐匿交易信息；四是不得采集、留存特约商户和消费者的敏感信息。

《意见》明确指出，部分聚合技术服务商涉嫌无证从事支付结算业务，扰乱了市场秩序，需要加以规范，并对聚合支付的发展提出四点指导意见。

① 鼓励收单机构服务创新，持续提高特约商户支付效率和消费者支付体验。《意见》进一步明确了聚合支付服务创新的主要内容，即立足于为特约商户的经营活动提供综合支付解决方案，为消费者提供多元化支付方式，并在服务过程中充分保障特约商户和消费者的合法权益，促进收单服务市场良性竞争。

② 加强特约商户和外包服务机构管理，强化收单机构管理责任。《意见》明确了对收单机构和聚合支付服务商业务管理和风险管理的监管要求，并在《通知》的基础上进一步明确严禁收单机构将特约商户资质审核、受理协议签订、资金结算、收单业务交易处理、风险监测、受理终端（网络支付接口）主密钥生成和管理、差错和争议处理工作交由聚合技术服务商办理。严禁聚合技术服务商以任何形式截留特约商户结算资金，从事或者变相从事特约商户资金结算。

③ 强化行业自律管理，共同维护收单服务市场秩序。《意见》指出，中国支付清算协会应健全特约商户信息共享机制、外包服务机构信息共享和评级管理机制，并将银行卡支付和各种基于近场通信、远程通信、图像识别等技术的互联网、移动支付方式，统一纳入支付结算违法违规行为投诉举报奖励机制，同时建立黑名单机制，充分发挥社会监督作用。

④ 加强监督管理，加大对违规行为的检查和处罚力度。《意见》明确了中国人民银行分

支机构应对辖区内收单业务加强监督管理，重点对收单机构将特约商户资质审核、受理协议签订、资金结算等工作交由聚合技术服务商等外包服务机构办理的违规行为加大检查和处罚力度。

3. 聚合支付发展趋势

聚合支付企业在竞争发展的过程中，需要牢牢把握效率、体验和安全三条生命线，着力避免出现信息安全和资金安全的短板，避免出现损害商户和消费者权益的行为。随着数据积累、客群服务大发展，聚合支付发展趋向成熟，在产品应用、商户规模、技术发展以及海外市场四个方面获得丰富积累。未来，随着各类创新技术引领，聚合支付将走向新的发展阶段，出现八大行业发展新趋势。

（1）产品向垂直化场景需求聚焦

聚合支付机构持续促进聚合支付应用场景的扩展，未来将向垂直化场景进一步聚焦，覆盖垂直行业和公共领域，例如食堂、医院、交通等，针对不同场景需求，推出定制化解决方案。

（2）服务商户市场向三四线城市及农村进一步下沉

一、二线城市聚合支付发展已具备成熟规模，市场下沉将成为新的发展趋势，三、四线城市及农村市场将成为聚合支付新的蓝海，赋能广大中小微商户，满足更多用户对收银便捷性的需求。

（3）服务精细化，服务价值不断提升

精细化运作日益成为商户的基本诉求。聚合支付平台系统通过提供越来越多的增值服务，以及不断提升客户服务水平，而成为商户长期合作的平台。行业龙头将不断提升技术壁垒，未来能否提供高质量、高价值的增值服务日益成为商户获客竞争的关键。

（4）服务金融多元化营销，生态化经营为商家提供更强赋能

在市场运行体系中，缓解信息不对称问题，帮助商家搭建优质金融服务的桥梁，同时打通商家由原料到销售端的流通环节，降低企业经营成本，提高精准服务能力。以支付为基础，提供广告营销、积分兑换、会员吸纳等多元化的增值服务。提供数字普惠金融的底层运营服务，帮助传统金融机构做下沉业务的运营和拓展。全面客观分析运营数据，制定针对性改进措施，对C端用户提供消费信贷，对商户提供供应链贷款，实现智慧运营。

（5）巨头加速入局，市场呈现两极分化

银行、支付机构加速入局，作为持牌机构可以更灵活地加速建立在数据获取和资金清算基础上的优势业务，还能为商户提供更深化的金融服务。随着竞争的加剧，企业经营效率的提升，资金、商户资源逐渐向头部聚合支付服务商靠拢，市场整体呈现出两极分化的特征，企业发展策略从跑马圈地转向集约化方向发展。

（6）新技术加速进化，支付终端物联网

生物识别等前沿技术的应用，将不断拓宽聚合支付对于不同场景和环境的适配能力。聚合支付连接终端已成为移动支付物联网的重要组成部分，在与物联网融合的过程中，除了确保交易、信息、资金的安全，垂直化和智能化应用探索还将加速连通性、语音智能化的受理设备开发。随着智能化语音交互功能的进一步推进，用户与商户之间的互动会更多样、更丰富。

（7）建立统一的二维码支付标准，实现底层技术设施的标准化、规范化

目前线下移动支付多采用日本的 QR 码，未来码制端建立和普及中国自主知识产权的码制将成为必然。建立统一的二维码识别标准，实现底层技术设施的标准化、规范化。行业技术互联互通，提升支付效率、支付体验，为行业合作提供底层技术支撑。统一的二维码标准有助于移动支付产业的国际化，有利于中国移动支付产业走向海外。

（8）向其他发展中国家拓展海外市场

以东北亚、东南亚、南亚为主的发展中国家仍处于支付市场快速发展阶段，有利于国内聚合支付机构拓展市场。此外，技术优势也让国内聚合支付服务商在海外业务拓展中更具有竞争力。总体来看，聚合支付服务商拓展海外业务的途径主要有两个：一是向海外输出技术服务。依托国内商业实践所积累的技术研发能力，为海外支付机构提供多支付聚合、商户服务等成套技术解决方案。盈利模式主要为收取技术服务费，或按交易量提成。这一模式风险较小，同样收益也较少。二是向海外复制业务模式。依托经营经验，在海外设立全资子公司或与海外支付机构成立合资公司，开展聚合支付业务海外落地，建立国际业务线，直接开展聚合支付业务拓展。盈利模式主要有收取交易手续费或各项增值服务费。这一模式风险偏大，但收益也较多。

3.4 移动支付

3.4.1 移动支付的定义与特点

移动支付也称为手机支付，就是允许用户使用其移动终端（通常是手机）对所消费的商品或服务进行账务支付的一种服务方式。单位或个人通过移动设备、互联网或者近距离传感器直接或间接向银行等金融机构发送支付指令产生货币支付与资金转移行为，从而实现移动支付。移动支付将终端设备、互联网、应用提供商以及金融机构相融合，为用户提供货币支付、缴费等金融业务。

移动支付属于电子支付方式的一种，因而具有电子支付的特征，但因其与移动通信技术、无线射频技术、互联网技术相互融合，又具有自己的特征。相关特征如下。

① 移动性。随身携带的移动性，消除了距离和地域的限制。结合了先进的移动通信技术，随时随地获取所需要的服务、应用、信息和娱乐。

② 及时性。不受时间地点的限制，信息获取更为及时，用户可随时对账户进行查询、转账或进行购物消费。

③ 定制化。基于先进的移动通信技术和简易的手机操作界面，用户可定制自己的消费方式和个性化服务，账户交易更加简单方便。

④ 集成性。以手机为载体，通过与终端读写器近距离识别进行的信息交互，运营商可以将移动通信卡、公交卡、地铁卡、银行卡等各类信息整合到以手机为平台的载体中进行集成管理，并搭建与之配套的网络体系，从而为用户提供十分方便的支付以及身份认证渠道。

3.4.2 移动支付的模式分类及技术原理

移动支付的模式主要分为近场移动支付、O2O 移动支付以及远场移动支付三类。近场支

付，就是用手机刷卡的方式坐车、买东西等；远程移动支付，就是通过发送支付指令（如网银、电话银行、手机支付等）或借助支付工具（如通过邮寄、汇款）进行的支付方式，如掌中付推出的掌中电商、掌中充值、掌中视频等属于远程支付；O2O 移动支付则是介于近场支付与远场支付之间的一种移动支付模式，通过支付实现线上与线下的闭环，典型代表如扫码支付。不同移动支付模式所采用的技术原理也有所不同。

（1）近场移动支付

近场移动支付可以定义为离线交易，是一种非接触的交易方式，不需要联网。是指消费者在购买商品或服务时，即时通过手机向商家进行支付，支付的处理在现场进行，使用手机射频（NFC）、红外、蓝牙等通道，实现与自动售货机以及 POS 机的本地通信。NFC 近距离无线通信是目前近场支付的主流技术，它是一种短距离的高频无线通信技术，允许电子设备之间进行非接触式点对点数据传输交换数据。该技术由 RFID 射频识别技术演变而来，并兼容 RFID 技术，其最早由飞利浦、诺基亚、索尼主推，主要用于手机等手持设备中。

在日本手机近场支付用户已达到 5000 万人，而在我国，尽管手机近场支付已发展多年，用户数量还是很少。比较典型的近场支付代表有支付宝的“碰碰刷”、谷歌钱包、钱袋宝、Square 等。支付宝的“碰碰刷”只要两个用户都通过摇一摇的方式，就可以找到对方的账户，然后完成转账等功能，这些产品都需要手机有 NFC 功能才可以实现。

近场支付主要基于以下技术。

① LBS 支付技术。该项技术通过卫星 GPS 定位与移动网络的结合，并通过移动支付终端的配合，来获取用户的位置信息的一种支付方式。

② NFC 支付技术。该项技术由非接触式射频识别（RFID）演变而来，在芯片上结合了感应读卡器、感应卡片的功能，实现在短距离内的数据交换方式，在日本、韩国被普遍应用，国内的应用市场还是比较少。

③ RFID 支付技术。该项技术即射频识别技术，就是通过无线电信号识别特定目标并读写相关数据，而无须识别系统与特定目标之间建立机械或光学接触。

④ 红外线支付技术。该项技术是一种无线传播连接的支付方式，中间不能有障碍物，否则就无法实现数据交互，相对于 NFC 支付技术来说，红外线支付需要有电源，如果在没有电源的情况下，红外线支付无法实现。

⑤ 蓝牙支付技术。蓝牙支付技术同红外线支付技术的原理差不多，也需要满足两个条件，手机要有电，且中间不能存在障碍物。

综上所述，移动支付近场支付中，NFC 移动支付技术具有更多优势，但是其支付实现要求有更高的支付硬件设备，费用也比较高，例如手机的成本、芯片的制作成本等。NFC 在国内的应用没有得到真正的普及。

（2）O2O 移动支付

O2O 移动支付是基于 LBS 技术的移动支付方式，被应用于很多场景，例如自动售货机，消费者如果需要货品，只需要用手机扫一扫货物的二维码，就可以完成支付，也被称为二维码扫描支付方式。O2O 移动支付也可以通过手机刷卡器实现支付，通过手机音频口与移动配件（能够识别不同的 IC 卡）来实现支付，这种支付方式没有很明显的局限性，既可以实现近场移动支付（如自动售货机支付等），也可以实现远场移动支付（如团购等）。目前，二维码扫描是连接线上和线下的主要纽带。

此外，facebook 推出的 Autofill 的移动支付信息具有自动输入功能，使线上与线下的“互动”变得更加便捷。其运作原理如下：如果用户在 facebook 上使用信用卡购买商品，那么用户的信用卡信息将会被记录，用户再次使用 facebook 账户购物时，将会自动导入其信用卡信息，使购物更加方便快捷。

（3）远场移动支付

目前市场上大多数移动支付表现为远场移动支付，远场移动支付一般指线上支付，是指利用移动终端通过移动通信网络接入移动支付后台系统，完成支付行为的支付方式。根据交易对象，远场支付也分为远场转账（个人对个人）和远场在线支付（个人对企业）。一个典型的远场移动支付流程是，用户通过移动终端在电子商务网站购买产品后，按照商家提供的付款界面，跳转至手机银行或第三方移动支付页面完成支付。此外，通过短消息服务、互动式语音应答等方式进行的移动支付也属于远场支付。

典型代表为：微信支付、手机银行支付、短信支付、语音支付、支付宝支付等。主要通过移动互联网技术来实现支付。远场移动支付可以通过以下三种模式来实现：一是客户端模式；二是内嵌插件支付模式；三是手机刷卡器模式。上述三种模式之间没有严格的界限，有些支付方式既可以实现近场移动支付，也可以实现远场移动支付，还可以实现 O2O 移动支付。

目前，远场移动支付的主要问题是支付标准不统一。例如，国内三大运营商建立了各自的移动支付可信服务 TSM 平台（Trusted Service Manager），提供不同行业的支付应用（例如金融、公交）；中国银联与部分商业银行也建设了 TSM 平台，向合作的运营商提供金融支付应用。

3.4.3 移动支付产业链的构成及商业模式

1．移动支付产业链的构成

移动支付产业链包括移动运营商、金融机构、移动设备提供商、移动支付服务提供商、商家、用户、政府七个参与者，每个参与者各司其职，相互合作，共同满足用户对高效便捷的移动支付的需求。

移动支付产业链跨越电信和金融两大行业，存在基础设备制造和运营服务平台两条主线。基础设备制造这条线主要包括发射端可实现远程、近场无线通信的手机制造商、SIM 卡制造商和接收端可实现远程、近场无线通信的销售点终端机制造商；运营服务平台这条线则包括金融机构、移动网络运营商和第三方电子支付机构。

在产业链中，用户和商户位于两端，是移动支付业务的市场受众。移动网络运营商、移动支付服务提供商、金融机构是服务的提供者。移动支付应用开发商、POS 接受机制造商、SIM 卡制造商、终端制造商、芯片制造商等软硬件厂商以及系统集成商是移动支付市场近场支付的重要支撑力量。政府则是政策监管和标准引导方面的主导者。

（1）金融机构

金融机构（如银行、证券、保险公司）在移动支付过程中提供了一整套安全的支付体系。金融机构通过移动支付使自己的传统金融业务得到提升，吸引更多的顾客和储金；通过移动支付减少营业网点的数量，节约成本；通过与运营商在移动支付业务中的合作获取收益。

（2）移动网络运营商

移动网络运营商（如移动公司、电信公司、联通公司等）的功能是建立一个移动支付平台，这个平台能够将用户、金融机构、移动支付服务提供商、商家有机地结合起来，使移动支付过程得以进行。移动网络运营商在移动支付过程中通过用户在此过程中产生的数据流量及服务提供商缴纳的佣金来获取利润。

（3）移动设备提供商

移动设备提供商向运营商提供移动通信系统设备，为用户提供移动设备终端（如手机），是用户与移动支付平台连接的主要载体。由于移动支付产业仍在不断发展，其发展就必须依靠不断改进提升功能的新设备系统和移动设备终端。移动设备提供商通过向运营商提供移动通信系统设备，为用户提供移动设备终端获取利润。同时，移动支付产业也在一定程度上带动了移动设备提供商的发展。

（4）移动支付服务提供商

移动支付服务提供商衔接运营商和金融机构，如第三方电子支付机构，其本身具有协调整合各方面资源的能力。移动支付服务提供商可以向金融机构、商家、移动运营商提供技术支持来收取费用盈利，还可以与移动运营商签下合约，由移动支付服务提供商提供服务来帮助移动运营商拓宽业务，再从运营商处抽取部分利润作为佣金。

（5）商家

商家主要作用是通过提供商品或服务来吸引顾客，增加客户满意度。一方面，商家从中获取了利润，减少了店铺租金等花费；另一方面，商家在移动支付产业链中与用户接触最多，为整个移动支付体系带来了巨大利润。商家是移动支付产业链中十分重要的一个环节，商家直接带动了移动支付产业链的发展，它既直接从与用户的商业交易中获取利润，又间接从与运营商签约的产品的售卖中获得分成。

（6）用户

用户是整个移动支付产业链中其他环节所提供服务的使用者，用户量的多少，用户在移动支付过程中产生利润的多少，与移动支付产业中多个环节获得利润的多少息息相关。用户本身没有直接获得经济上的利润，但移动支付便捷的支付方式为用户减少了出行的花费，减少了消费目的以外的开销，节约了时间，还使得用户获取了便捷的服务，这些更优的体验是用户的收益。

（7）政府

政府并未直接参与移动支付产业链的建设，但是任何产业的发展都离不开政府的支持。移动支付产业在发展初期面临较大的发展风险，政府的积极支持是移动支付产业发展的基础。当然，在移动支付产业发展过程中，政府也在不断完善各种法律法规，有利于移动支付产业的健康发展。

2．移动支付的商业模式

在我国，移动支付产业的主要力量来自移动网络运营商、金融机构和移动支付服务提供商（第三方电子支付机构），因此，我国的移动支付商业模式有以下四种：一，以运营商为主体的移动支付商业模式；二，以银行为主体的移动支付商业模式；三，以第三方电子支付平台为主体的移动支付商业模式；四，银行与移动运营商合作的移动支付商业模式。

（1）以运营商为主体的移动支付商业模式

这种移动支付商业模式以移动网络运营商为核心，对上下游企业的移动支付发展进行协调。消费者对产品和服务的消费资金支出均来自手机话费，其进行的一般都是金额比较小的消费。该模式的几种特点是：此支付活动并没有银行参与，消费者是直接和移动运营商进行交易的；这种交易方式不需要太高的技术成本；相应的交易风险以及责任由移动网络运营商独立承担，并不会和国家的金融政策发生冲突。

（2）以银行为主体的移动支付商业模式

这种移动支付商业模式的核心是银行，处于价值链下游的企业是移动运营商，其主要负责的任务就是信息服务，并不涉及支付活动。在这种商业模式下，用户可以直接通过手机登录银行账户完成相关交易，但是在进行交易的时候用户需要支付相关企业提供的服务费用、银行的数据费用以及移动运营商的流量费用等三方面的费用。这种商业模式的特点是：不能跨行进行业务办理；移动服务商并不涉及资金交易工作，只负责提供信息服务。

（3）以第三方电子支付平台为主体的移动支付商业模式

这种移动支付商业模式的核心是作为独立经济主体的第三方电子支付平台，不管是银行还是移动运营商在这种模式下都仅仅是第三方电子支付平台的合作伙伴。该模式的特点是：其拥有更为灵活的产业价值链结构，第三方电子支付平台可以和不同的银行都组成合作伙伴，这样其用户来源就会变得更为广泛；用户可以更加简单方便地享受到相应的服务。但是这种移动支付商业模式对客户管理能力、市场管制能力以及资金运转能力的要求较高。

（4）银行与移动网络运营商合作的移动支付商业模式

这种商业模式的核心由移动网络运营商以及银行两者共同组成，共同参与到用户资金交易中。运营商和银行必须共同努力将各自的优势都充分地发挥出来，使移动支付技术的信用管理以及安全都得到最有效的保障。该模式的特点如下：银行和移动网络运营商都会投入更多的资金进行核心技术的研发，并通过互补的方式进一步提升自身的竞争力；同时，银行和移动网络运营商在资源共享、产品开发以及信息安全等方面的联系会变得更加的紧密；在这种模式下，移动网络运营商可以和多个银行组成战略发展联盟，为用户提供更加方便优质的服务。

3.4.4 移动支付的发展趋势

（1）移动支付技术催生支付大融合

移动支付市场需要各方多角度融合，以创新促发展。

① 支付账户的融合。目前单卡多账户，或者多卡多账户给消费者使用带来极大的不便，未来智能终端将会作为各类支付工具的入口，逐步实现支付账户的融合。

② 支付工具的融合。传统的线上线下的界限被打破，消费体验趋于统一。

③ 交易信息的融合。传统基于地理位置和基于产业链的信息割裂现状被打破，信息及信息通道实现贯通。

④ 商业模式的融合。从某种程度上来讲，通过支付手续费率盈利的模式不利于行业的发展，联合做大、做强，实现支付服务的直线投达以及大数据的创新商业模式才是正确的方向。

（2）差异化发展成为主流趋势

由于分工越来越细，合作越来越紧密，各类相关支付企业定位也开始出现差异化趋势。

① 中国银联依据其强大的结算系统以及终端 POS 机数量，为运营商和银行提供结算平台，收单业务移动化，逐步走向平台式运营。

② 中国移动、中国联通和中国电信依据其庞大的用户群体和终端控制能力能够实现 NFC 的快速普及，从而在合作中寻求利益最大化。电信运营商会利用一切可能的机会向产业链上下游延伸。

③ O2O 电商，特别是以支付宝、财付通为代表，将其 B2C 或 C2C 的在线支付的优势及产品形态平移至移动端，来获取先发优势；利用创新产品和消费引导培养用户的使用习惯，全面提升 O2O 电商层面的参与度。

④ 服务于 B 端利基市场，例如快钱、汇付天下等，致力于为企业级用户提供支付解决方案以及衍生的金融服务。

（3）智能化、大数据是新方向

电话银行、网上银行等电子支付方式创新仍主要体现在单一的支付渠道建设上，而移动支付的兴起不仅将支付推向了更加智能化、便利化的新阶段，并借助大数据、云计算、人工智能，以及区块链等新兴金融科技，迅速突破支付业务的原始范畴，为存款、信贷、理财、投资等业务的快速发展提供了宝贵的获客渠道、数据基础和决策支持。

（4）移动支付与金融相交融

相较于传统线下支付来说，电子支付突破了时空限制，有效扩大了金融服务的可得性和便利性，而移动支付实现了电子支付的移动化，进一步强化和放大了电子支付辐射范围广和传导速度快的优势，将金融竞争迅速从城市扩展到农村地区，有利于数字普惠金融服务的有效开展。

3.5 电子支付产品实例

3.5.1 银行系电子支付产品

银行系的电子支付产品除了传统的线下 POS 机收单支付、线上网上银行支付外，还纷纷拓展线下支付业务，布局近场 NFC 支付、二维码扫描支付以及聚合支付。

如图 3-10 所示，中国工商银行的电子支付产品有 10 余种分类，每一种产品所支持的业务功能均不同，服务渠道也不同。其中工银 e 支付是适应 PC、平板、手机、可穿戴设备等多终端，覆盖线上线下多支付场景，包含指纹、支付密码、短信验证、密码器、U 盾等多种认证手段，可依据交易智能化推送最佳认证方式的新一代支付产品，涵盖线上商户支付、O2O 商户扫码支付、电子银行转账汇款、缴费、扫码取现、无卡取现等多项业务。

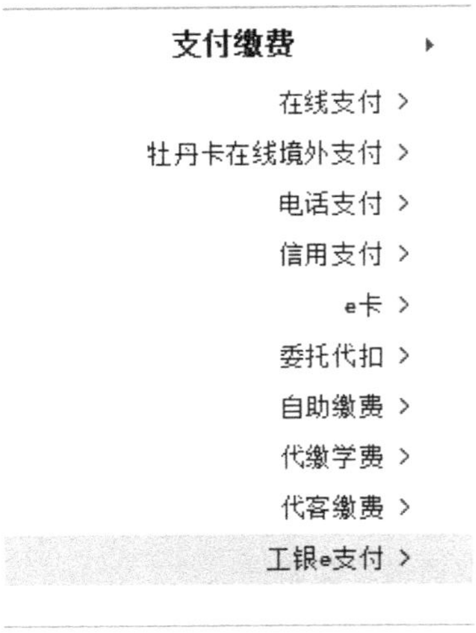

图 3-10　中国工商银行电子支付系统

中国工商银行为了抓住聚合支付的商机，推出了“工银二维码”支付，模式分为两种，即主扫收款和被扫收款两种方式。主扫收款方式支持的平台包括融 e 联、工银 e 生活、微信、融 e 行，被扫收款方式支持的平台为融 e 行、融 e 联及微信。

3.5.2 银联电子支付产品

银联作为线下支付业务的清算单位，除了银联卡类电子支付产品外，同样开通了移动支付业务。如图 3-11 所示，其创新支付业务如下。

① 银联在线支付全面支持各类型银联卡，涵盖多种支付方式，为持卡人提供便利、安全的网上支付服务。提供信用卡还款、手机充值、水电煤缴费、专属礼遇、线上商户、机票预订、购买火车票、开通在线支付等个性化网上支付。

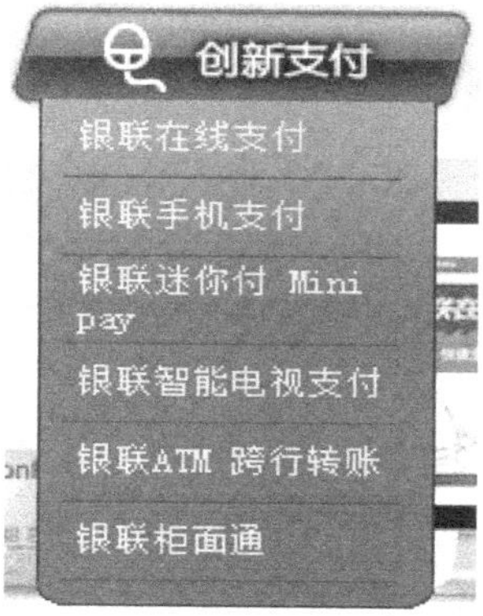

图 3-11　银联创新型电子支付业务

② 银联手机支付将通信运营商的无线通信网络和银行金融系统相连，使手机变成随时、随地、随身的个人金融支付终端，持卡人足不出户，便可享受安全、便捷、快速的金融支付服务。银联钱包是银联直接面向持卡人提供积分、优惠券、会员卡、电子票等增值服务的渠道和载体，包括银联钱包网站和移动客户端。

③ 银联迷你付是为金融 IC 卡持卡人进行互联网支付而推出的一款创新支付产品，可受理境内外商业银行发行的符合 PBOC 2.0 标准的金融 IC 卡，支持借/贷记主账户余额查询、消费，指定账户充值、电子现金余额查询交易等功能。

④ 银联智能电视支付业务是中国银联研发的新一代面向个人和家庭的支付产品。产品将银行卡交换网络与广电网络相结合，使用户在家中通过电视遥控器就可以轻松实现银行卡的查询，水、电、通信、电视等费用的缴纳，电视购物、互动游戏等多种金融业务服务，是面向个人和家庭的新型电子支付产品和服务渠道，也是未来面向家庭和个人支付的一种新趋势。

⑤ 银联 ATM 跨行转账是指通过 ATM 终端实现不同银行的银行卡之间资金转移的业务。

⑥ 柜面通是由中国银联为加入机构提供的跨行柜面金融服务。持卡人可在开通本业务的银行柜面对他行卡进行查询、存款、取款、转账等业务操作。

银联近场支付，推出了银联云闪付产品。以非接触技术为核心实现手机等移动设备的线下非接触支付，并支持远程在线支付。部分产品如图 3-12 所示。

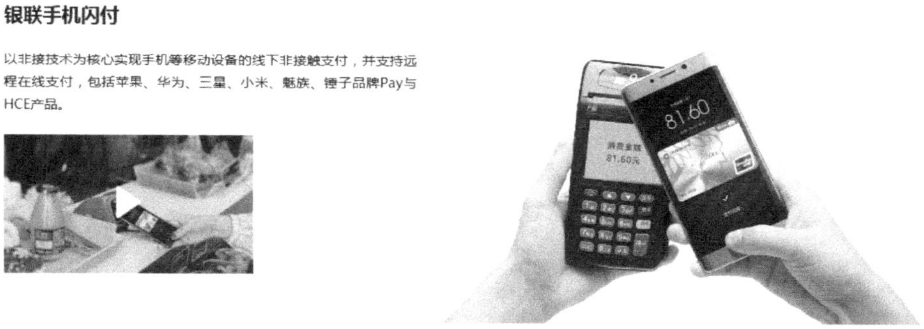

图 3-12　银联云闪付产品

银联旗下的银联商务推出的“全民付”移动支付产品，面向各类移动支付场景提供的综合性移动支付服务，用户使用手机可以轻松地在银联商务 POS 机、自助终端上或者手机 APP 内完成支付和优惠核销，方便用户付款和商户收款。如图 3-13 所示。

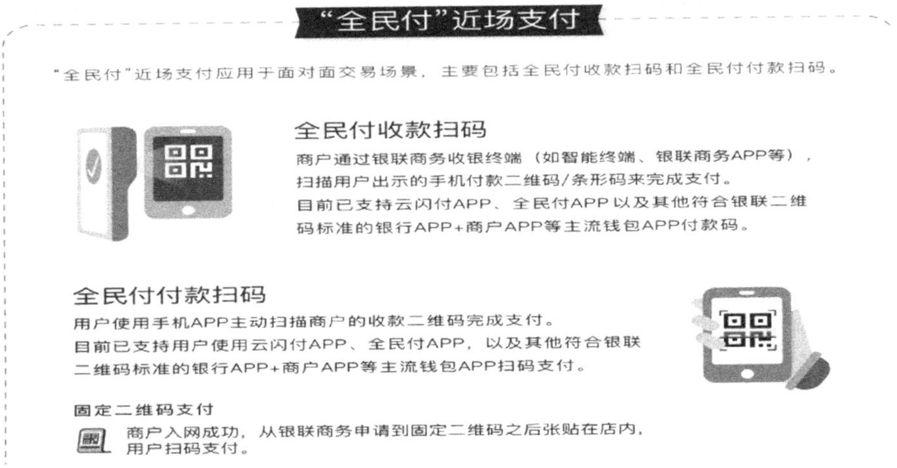

图 3-13 “全民付”近场支付产品

“全民付”远程支付应用于非面对面交易场景，主要包括 APP 支付、Web 支付、公众号支付、Apple Pay 四种方式。商户只需要一次对接，即可实现多种支付。如图 3-14 所示。

图 3-14 “全民付”远程支付产品

3.5.3 运营商系电子支付产品

中国电信、中国移动、中国联通三大电信运营商，也提供了各自的电子支付产品。以中国移动为例，和包支付将数据流、信息流叠加上资金流共同连接起来，从而使连接更具有价值。和包支付面向个人和企业客户提供先进的综合性移动支付产品，让客户享受到方便快捷、省时省心、安全的线上、线下支付体验。用户开通和包支付服务，即享方便快捷的线上支付（互联网购物、充话费、生活缴费等）；持有 NFC 手机和 NFC-SIM 卡的用户，更可享和包刷卡功能，把银行卡、公交卡、会员卡装进手机里，实现特约商家（便利店、商场、公交、地铁等）线下消费（业务功能费全免）。在行业内，和包支付和其他产品的差异化一方面体现在转账提现全免费，另一方面还体现在用手机号登录即可收付款。和包支付提供的应用有：和聚宝，提供互联网投融资服务；和包 NFC，实现线下一卡多用功能；扫码付，实现多样化扫码方式的线上支付；号码付，实现基于手机号码的转账功能；号码红包，实现以手机号码为链接点的社交模型等多样化场景应用。和包支付页面如图 3-15 所示。

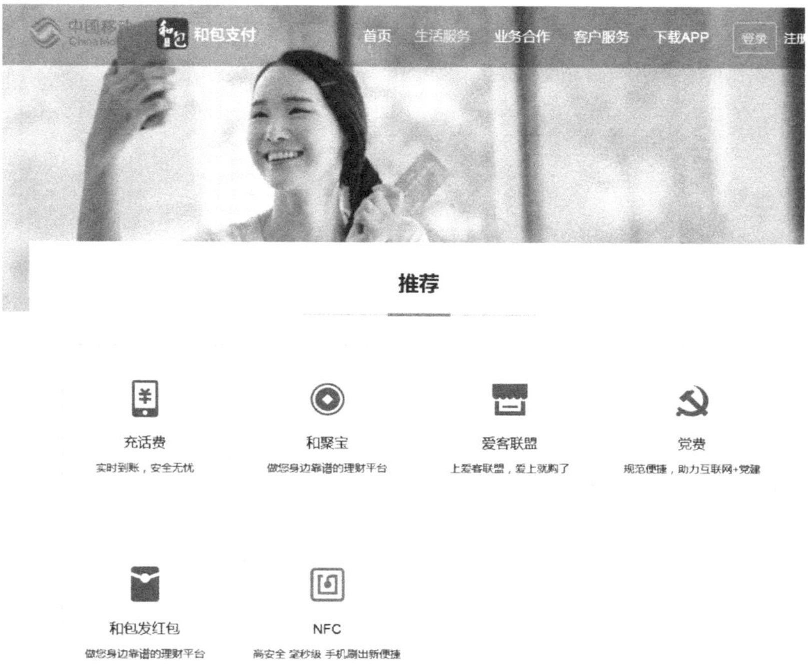

图 3-15 中国移动“和包支付”生活服务产品

3.5.4 保险系电子支付产品

传统保险机构，例如中国平安，已经发展为网络金融科技及互联网金融产品的引领品牌。其电商平台不仅与多家网银、第三方电子支付合作，而且还开发了自己的支付平台，即“平安付”。平安付的核心业务，为全国范围的预付卡发行和受理、互联网支付。平安付科技旗下的壹卡会预付卡，集合全国知名商户及客户，是国内预付卡行业的领先者。平安付全新推出的“壹钱包”，致力于通过一个整合网站及移动应用的电子钱包，为个人消费者及企业客户，提供互联网支付等形式多样的第三方电子支付服务。壹钱包页面如图 3-16 所示。

壹钱包将大数据、人工智能等前沿科技广泛运用于业务场景中，目前，壹钱包拥有两亿个人用户，月活跃用户超过 2500 万，2018 年交易规模近 6 万亿元。

3.5.5 传统零售系电子支付产品

苏宁支付（易付宝）集成全国 300 余家银行合作渠道，为用户提供 7×24 小时快速到账服务。C 端业务满足个人用户在苏宁八个产业集团的全场景线上、线下支付需求，并提供消费金融、供应链金融、基金投资、便民生活等应用功能，外部联合收单机构重点覆盖公交、地铁、停车、高速等出行领域以及无人售卖、餐饮、品牌零售商铺等商业场景。B 端业务充分利用苏宁生态圈资源拓展上下游商户，聚焦电商、金融、物流等重点行业，为行业全链条提供综合金融解决方案。

图 3-16　平安付的移动支付产品“壹钱包”

苏宁金融已经形成了较有规模的金融生态圈。一方面，苏宁生态圈内具有亿万级用户的消费场景，且该体系资源支持下能渗透到公共出行等垂直类场景中，从而带来较大的流量，支持 C 端业务的快速发展；另一方面，依托于苏宁集团内强大的科研技术能力，苏宁支付可实现良好的产品体验及产品的快速开发、迭代，保证了产品的优质体验及创新速度，苏宁支付页面如图 3-17 和图 3-18 所示。

图 3-17　苏宁支付个人“生活服务”产品页面

图 3-18　苏宁支付企业版页面

3.5.6　传统制造系电子支付产品

在互联网发展的冲击下，传统生产制造类企业在不断寻求互联网改革之路，试图借助互联网等信息技术的力量，进行企业战略转型与网络化发展。例如，我国优秀的传统家电产品制造企业海尔，经历了名牌战略发展、多元化战略发展、国际化战略发展、全球化品牌战略发展四个阶段后，成功步入网络化战略阶段。在互联网时代，海尔致力于成为互联网企业，颠覆传统企业自成体系的封闭系统，变成网络互联中的节点，互联互通各种资源，打造共创共赢新平台，实现各方的共赢价值。

快捷通支付服务有限公司成立于 2012 年 7 月，注册资金 1.8 亿元，是浙江海尔网络科技有限公司 100%全资控股子公司，隶属于海尔金控成员企业。2013 年 7 月，快捷通成功获得中国人民银行颁发的《支付业务许可证》(Z2024733000013)，正式成为获许在全国范围内从事网络支付业务的第三方电子支付企业。快捷通集技术开发、资金清算、数据分析为一体，承接海尔及海尔金控旗下多个企业、平台的相关服务，包括：为电商平台 E-haier 提供在线支付，为网上金融超市海融易提供基金、理财产品在线支付结算服务，为经销商在线采购平台 365RRS 提供供应链融资的相关结算服务等。同时，快捷通正凭借自身专业有效的服务能力，通过各项业务洽谈对外提供更多社会化支付服务，探索更多金融创新业务模式。快捷通页面如图 3-19 所示。

3.5.7　手机生产商系电子支付产品

目前，基于 NFC 的近场支付市场显然比不上二维码扫描的优势，但假设如此的场景：手机即将没电又没有联网，如何使用二维码？华为与银联联合在 NFC 领域再做创新，开发手机 POS 机，即通过钱包 APP 绑定 Huawei Pay 银行卡后，无须解锁屏幕，也不用打开 APP，无须联网，只需将手机摄像头位置靠近支持银联闪付的 POS 机，付款即可成功，华为支付所支持设备如图 3-20 所示。

图 3-19　海尔集团旗下第三方电子支付产品“快捷通”页面

图 3-20　华为支付所支持的设备

3.5.8　网络技术公司系电子支付产品

网络技术公司在金融科技领域发展迅猛，在第三方电子支付、聚合支付及其他智能支付领域进行金融生态布局。以拉卡拉公司为例，其成立于2005年，是国内领先的第三方电子支付企业，于 2011 年首批获得中国人民银行颁发的《支付业务许可证》。通过“线上+线下”“硬件+软件”的形式提供个人支付、商户收单及相关增值服务。拉卡拉的商业模式可以概括为如下内容。

① 以支付收单业务为切入点，通过对 B 端商户和 C 端用户的经营和服务，将其逐步转化为拉卡拉的客户。

② 运用大数据和云计算，深度挖掘客户潜在需求，为产业链上下游客户提供各类经营解决方案。

③ 通过与金融机构和企业的跨界合作，打造场景化的业务共生体系，形成共生、共荣、共享、共赢的业务发展共同体。

目前，拉卡拉支付累计服务超过 1500 万家商户，每天服务个人客户超千万，业务覆盖全国超400个城市及1000多个县域地区，拉卡拉的产品界面如图3-21所示。

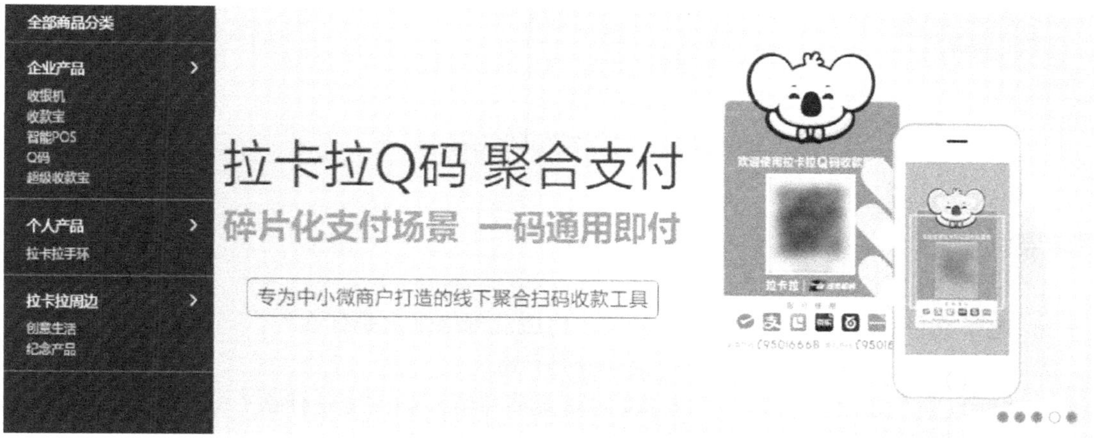

图3-21 拉卡拉支付产品界面

3.5.9 网络巨头系电子支付产品

BAT 等网络巨头们已经构建了成熟的网络金融生态圈。以支付宝为例，围绕支付建立用户生态，解决用户金融生活实际问题。强大的数据和技术能力驱动支付宝快速发展，围绕 Blockchain（区块链）、Artificial Intelligence（人工智能）、Security（安全）、IoT（物联网）、Cloud Computing（云计算），即 BASIC 五大核心技术，由此衍生出区块链汇款、医疗电子票据、智能放贷、AI 保险理赔、刷脸支付、支付门、蚂蚁金融云、支付宝一站式云服务等应用，不断为用户提供更高效、更安全、低成本的服务。这些应用中，区块链汇款与 AI 保险理赔高度体现了高效、便捷、成本低的特点，全球首个基于区块链的电子钱包跨境汇款服务成功实现全天候不间断、实时到账，国内首次全流程零人工干预 AI 保险理赔系统将识别、审核的处理时长从平均49小时大幅缩短到了“秒级”。支付宝的产品生态布局如图3-22所示。

除了上述机构开展了线上线下电子支付业务外，还有很多服务商从事支付基础性支持工作，如商户拓展代理商、资质审核服务机构、硬件生产商等在电子支付产业链中扮演着重要的角色。

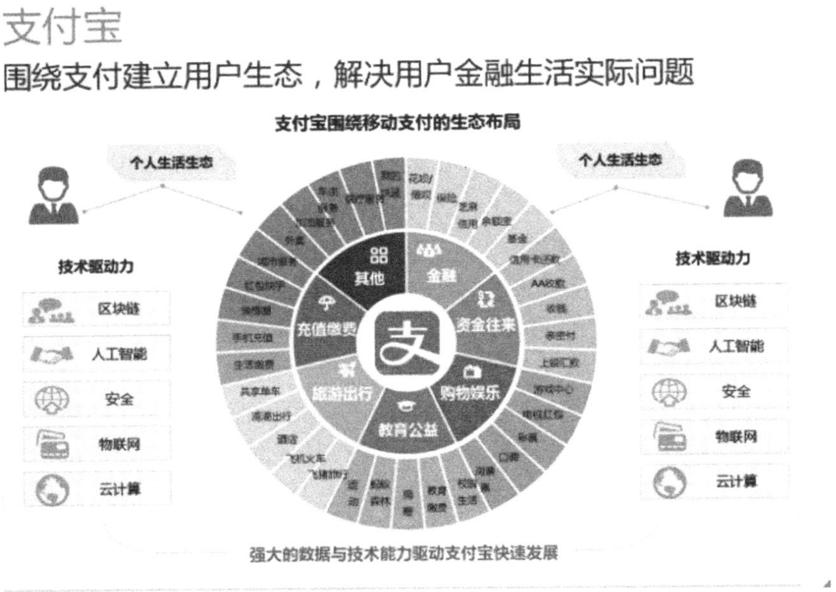

图 3-22　支付宝产品生态布局展示

思考题

1．电子支付系统的概念、特征、分类、构成及网络平台是什么？

2．第三方电子支付的概念、特征及功能是什么？

3．“断直联”政策下，第三方电子支付资金清算流程的改变是什么？

4．第三方电子支付的分类及应用实例，以及“断直联”政策后，第三方电子支付的发展方向是什么？

5．聚合支付产生的背景、概念及特征是什么？

6．聚合支付产业链构成、分类及发展趋势是什么？举出相应的实例说明。

7．移动支付的分类和相关技术，移动支付的产业链及商业模式是什么？

8．用实例说明不同机构开展的移动支付产品的功能、特征及发展前景是什么？

9．互联网巨头企业的移动支付产业生态圈是如何构建的？

上机操作

对比独立与非独立第三方电子支付平台所包含应用模块内容的区别，及应用场景与合作商的差异。

小组作业

通过互联网调查不同机构的电子支付平台，了解各类电子支付平台的开发和应用现状及发展趋势。

第4章　传统金融机构的互联网创新

本章要点：

1. 了解传统金融机构互联网创新的概念、历程、动因，以及创新形式及策略；
2. 了解商业银行互联网创新的过程、内容及发展趋势；
3. 了解传统保险企业互联网创新的价值及发展趋势；
4. 了解传统证券机构互联网创新的价值及发展趋势。

导入案例：

基于大数据的中国工商银行信用卡业务精准营销

2017 年是工商银行信用卡发卡 30 周年，也是工商银行互联网化转型发展的元年。“以客户为中心”是互联网时代的核心理念，这一理念的落地实施需要扎实的数据分析技术作为支撑。

早期，工商银行能够获取的数据主要来自行内金融资产数据和客户填报的有限信息，由于数据不丰富、不完整，信用卡营销的做法往往是“审收入、审职位”，即根据客户工作职务、收入水平来决定是否发卡、发什么等级的卡，存在大量睡眠卡、无效卡。近年来，工商银行广开门路拓展数据源，不但深入挖掘行内金融资产、金融交易、代发工资等数据，还积极引入中国人民银行征信评分、可信互联网公司的黑名单、灰名单数据及消费行为数据，同时研发应用多维决策树授信模型、申请授信模型以及无资产数据和收入数据的“白板客户”收入预测模型，将数据化的授信作为信用卡精准营销的有机组成部分，大大提升了工商银行信用卡营销的主动性和前瞻性。

工商银行深入应用客户画像技术，敏锐捕捉客户对信用卡的使用偏好，使营销更具针对性，服务更有差异性，同时有的放矢地开展客户生命周期管理、产品服务定制化设计，着力增强客户的品牌黏着度。2017 年上线的信用卡客户生命周期管理系统，以工银“e 生活”APP 智能服务平台为基础，以大量的数据分析为依托，为处于不同成长阶段的客户提供与之相适应的增值服务和权益组合，力求使持卡人成为工商银行信用卡客户的第一天起就享受到互动、智能、线上、持续的服务，全面提升客户体验和忠诚度。

同时工商银行与互联网公司积极展开获客引流合作，2017 年以来，在微信、百度钱包、途牛旅游网、苏宁易购、银联钱包、国航等 30 余家大型互联网平台，开办工商银行信用卡线上办卡功能，线上渠道申请工银信用卡的用户数达 230 万，年龄集中在 23～35 岁。工商银行运用互联网思维改造传统获客渠道，优化智能终端发卡流程，创新开展短信互动式外呼营销，进一步提升优质年轻客户的信用卡渗透率，抓牢信用卡的未来客户。

思考：

中国工商银行信用卡业务互联网化的思路是什么？

4.1 传统金融机构的互联网创新概述

传统金融机构互联网创新是分阶段展开的。目前，在金融科技的推动下，以客户需求为中心，在支付、借贷、理财、信用卡以及信用风险评估等金融产品与服务方面，融入“开放、平等、共享”等互联网思维，积极拓展各种数字普惠金融产品与服务，与互联网企业全面合作，不断提高大数据创新能力，拓宽金融业务开发与服务范围。

4.1.1 传统金融机构互联网创新的概念

传统金融机构是指从事金融服务业有关的中介机构，包括银行、证券、保险以及信托机构等。传统金融机构的互联网创新是指上述传统金融机构，借助大数据、云计算、物联网、人工智能及区块链等金融科技，将“开放、平等、协作、共享”等互联网思维融入金融产品与服务开发中，与互联网企业深入融合，布局金融应用场景，实现个性化金融产品定制，提升数字普惠金融力量，加速智慧金融发展，并通过与其业务关联的不同业态、不同个体之间的有序协作与竞争，逐步形成以传统金融机构为核心的网络金融生态体系。

4.1.2 传统金融机构的互联网创新历程

1．第一阶段——互联网延伸服务终端

这一阶段是传统金融机构互联网化的起步阶段，并没有开展真正意义上的金融业务与服务创新，而是将传统金融机构线下业务搬到线上，实现传统金融机构内网与互联网的对接，如构建传统金融机构官方网站，展示、宣传线下金融产品与服务，同时开通了原有借助传统金融机构内网开展的业务服务，如企业网上银行和个人网上银行业务等。

（1）银行互联网创新起步阶段

国内银行的互联网化起步于20世纪90年代中后期，银行内部业务操作在这一时期逐渐由营业网点的计算机化向同城网络建设过渡。以农业银行为例，到1993年底，农业银行系统全国计算机网点已达14200余个，120个城市建成了同城网络，联机网点约2000个，30个省级分行建立了信贷数据库，农业银行开始从同城结算网络逐步向省域网络、全国数据联网过渡，实现了全国数据集成化。

1998年，招商银行率先开通网上银行服务。同年4月，招商银行开通“一网通”网上银行支付系统，并成功完成了国内第一笔网上购物结算，成为我国网上银行发展的里程碑。1999年，我国商业银行和中国移动合作推出移动支付，最初的移动支付并没有全面推广，而是在广东等发达城市进行业务试点。2000年，中国银行与中国移动联合开发手机银行服务，并开通了北京等26个地区的手机银行服务。为了解决银行间数据的互联互通以及银行卡信息交换，中国银联于2002年获准成立，并逐步建立了全国性的基于互联网的跨行结算网络。

（2）保险互联网创新起步阶段

我国保险业的互联网化同样起步于20世纪90年代中后期。1997年，互联网初步渗透

到保险领域，我国出现了第一家保险网站——中国信息保险网。同年 12 月，第一份互联网保险单诞生于新华人寿保险公司，标志着我国保险业迈进互联网的大门。

2000 年开始，保险公司开始利用互联网技术广泛建立保险网站并丰富和升级了线上业务。国内第一家全球保险互联网系统由中国太平洋保险公司于 2000 年 8 月建立；同年 9 月，泰康人寿保险股份有限公司建成国内首家通过保险类 CA（电子商务认证授权机构）认证的大型保险电子商务网站——“泰康在线”，客户可以真正实现在线投保。2005 年 4 月，《中华人民共和国电子签名法》的颁布标志着互联网保险得到了实质性发展，此后，首张全流程电子保单诞生于中国人保财险。2006 年，“互联网保险超市”概念上线运营，开创了“网络直销 + 电话服务”的新型保险营销模式。

（3）证券互联网创新起步阶段

我国最早的证券公司网上交易下单系统出现于 1997 年，中国华融信托和闽发证券首先开通网上证券交易业务。此后，又有部分券商开通了网上证券委托。2000 年 3 月 30 日，中国证监会发布了《网上证券委托暂行管理办法》，从监管层面正式认可我国证券交易互联网化。

2. 第二阶段——互联网思维融入业务创新

这一阶段是传统金融机构互联网化发展阶段，在这一阶段中传统金融机构开展了真正意义上的互联网创新，互联网不仅仅是渠道平台，而且将“开放、平等、协作、共享”等互联网思维融入金融产品与服务的开发中，实现金融业务多元化、无边界化、融合化发展的新特征。

（1）银行的互联网创新发展阶段

将互联网思维融入银行业务创新中，主要表现在平台和产品创新、开拓获客渠道、应用场景开发等多个方面。中国工商银行从 2015 年 3 月开始推出“e-ICBC”品牌，当年 9 月，推出融 e 行、融 e 购、融 e 联等网络金融品牌，将金融服务、电子商务、信息服务融为一体，推动网络融资业务发展；2014 年 4 月，中国农业银行在保留其原有电子银行部的同时成立了网络金融部，定位于推进金融与互联网技术的创新和应用。农业银行开展“数据网贷”试点，通过与核心客户数据对接，为核心企业上下游小微企业客户集群提供纯信用、无须抵押和担保的融资服务，产品全程网上操作，期限灵活效率高。2014 年 3 月底，中国银行总行进行架构调整，撤销电子银行部，成立网络金融部。中国银行顺应互联网金融和大数据应用趋势，完善线上交易推广机制，优化“E 融汇”品牌交易服务，启动“金球”精准营销项目，有效提升线上交易量。

（2）保险的互联网创新发展阶段

将互联网思维融入保险行业中，主要表现在保险企业依托互联网等新技术，与互联网企业深入合作，将保险融入场景，通过规模化的方式，以透明的服务，打造更有个性、更具消费性的保险产品。2017 年 12 月，吉祥人寿与众安科技达成全面合作，在以下三个方面着力发展：首先，通过探索阶段尝试保险业务与互联网的结合，打造互联网时代的保险生态；其次，针对产业链的思考，形成行业内的创新保险服务和产品；最后，采用合作共赢的方式，融合场景和体验，实现用户体验的提升。例如，在医疗保险领域，吉祥人寿和众安科技不仅联合搭建了信息化管理平台和营销平台，而且还融合了众安科技医疗健康产品，打通医疗健康机构与保险之间的信息通道，实现高效、便捷、实用的医疗保险体验。

（3）证券的互联网创新发展阶段

将互联网思维融入证券行业中，主要表现在传统券商与互联网企业深入合作，重点开发人工智能产品，如智能客服、智能投顾等。2018 年 11 月，国泰君安与腾讯签署金融科技战略合作协议。双方表示将积极探索以云端金融科技提升业务运营及创新效率，为投资者提供系统化的高质量智能金融服务体验。2018 年 12 月，财通证券牵手蚂蚁金服签订战略合作协议。这次双方的合作重点在于财富管理领域，包括金融云、智能风控平台、金融产品服务等方面都将全面展开合作。

3．第三阶段——互联网开启颠覆性创新

在这一阶段中，与互联网紧密相关的信息技术，如大数据、云计算、人工智能、物联网和区块链等与金融行业相结合，提高了金融运作效率改变了金融运作核心模式。如区块链技术在金融行业的应用，就使原有的金融业务处理模式由“中心化”转变为“去中心化”模式。

4.1.3　传统金融机构互联网创新的动因

1．互联网金融迅速发展的冲击

互联网与金融的结合，给两大产业带来了新的增长点，引起了政府、互联网企业、金融机构等各方面的高度重视。互联网金融将金融业务之间、金融业务与非金融业务之间更紧密地连接在一起，改变了传统金融机构的物理形态、资金周转速度和市场结构，提升了金融科技应用水平，在我国金融业的利率市场化、服务实体经济、发展普惠金融、金融业供给侧改革等方面具有重要的积极作用。同时，它也对传统金融机构的展业渠道、存贷体系、理财市场、支付方式等带来不小的冲击。

2．传统金融机构发展中的问题

传统金融机构发展中面临以下问题。

① 服务对象受限。传统金融机构一直偏好大企业，众多中小微企业成为商业银行服务的盲区。面对中小微企业，传统金融机构往往会提高服务门槛，包括增加对中小企业条件的限制、提高服务费用等，导致了中小微企业融资困难的普遍现象。

② 运营成本较高。一方面，传统金融机构物理网点服务效率低、成本高，已不能满足新一代消费者的需求。另一方面，传统金融机构的利润主要来自于利差、费差和死差这三差，盈利模式单一。

③ 数据利用率低。长期以来，传统金融机构的数据获取方式主要是审查客户提供的财务报表、实地调查等，过程烦琐，数据获取、处理的效率极低。同时由于存在假账等问题，数据的真实性也无法得到保证。

④ 金融产品与服务品类单一。传统金融机构的效率低下，对数据开发不足，对惠民金融需求重视度不够，造成业务落后，创新不足。传统金融产品创新主要是利用金融技术和法律工具，设计具有新的现金流、风险和收益特征的金融产品，创造新的风险管理和价格发现功能。

3．金融科技的推动

金融科技通过人脸识别、精准定位、大数据风控、扁平化和直线式客户接触，为客户提供多方面的服务，且效率大大提高。金融科技对传统金融机构的服务产生的冲击是颠覆性的。例如传统商业银行的四大支柱：合作伙伴、组合产品、专业的风险管理以及线下分支机构，它们正被金融科技所颠覆。其中，战略合作者变成无数的市场产业链的合作者；产品由整个产业链供应，而不单是银行供应；专业的风险管理几乎可以被机器完全取代；分支机构已经变成客户手中的智能终端。传统商业银行赖以生存的基础在金融科技的影响下发生了根本的变化。

4．市场普惠性需求

自 2004 年安德森提出长尾理论以来，人们愈加认识到：网络经济环境下，“长尾”市场的规模可以与传统头部市场相比拟，且能够实现较高的收益，打破了传统经营商的“二八”定律。同时，新信用理论认为相比于财务和资产信息，经济主体的经济行为和交易行为信息更能体现其信用状况。即利用用户在网络中的行为轨迹、社交情况、交易行为等所产生的大数据信息，能够更加客观、准确、真实地评价其履约状况和信用水平。因此，传统金融机构必须足够重视长尾客户的需求，不断创新中小微企业金融、三农金融、消费金融等普惠金融产品与服务，提高大数据运营能力，转型为金融大超市，满足客户金融个性化需求。

4.1.4 传统金融互联网创新的形式

（1）支付方式创新

传统金融机构的支付业务不仅有卡类支付、网银支付、网关型支付等方式，还开发了移动支付平台，实现了 O2O 扫码、NFC 支付等近场支付方式，另外在聚合支付市场也开始布局。支付平台采用生物识别高科技人工智能技术，实现指纹、虹膜、声控、人脸等支付的应用。传统金融机构“支付+”生态圈不断完善，与互联网金融企业在获客、技术支撑、大数据共享等方面已经展开良好合作，开展良好的竞合关系，不断优化传统金融机构在互联网支付市场的定位。

（2）资源配置方式创新

金融的一个重要功能是对资金的供需进行配置，在传统金融业中主要表现为银行吸收存款和发放贷款。但传统金融机构由于信息不对称问题及交易成本问题，长期以来始终未能有效解决中小企业融资难问题。互联网为传统金融机构金融创新提供一个开放、平等、共享的平台，一方面要重视长尾客户群体的金融需求，在国家金融政策许可范围内大胆进行金融资源重新配置，开发新的金融产品与服务模式；另一方面要借助互联网技术的力量，积极发展金融科技，颠覆原有的金融配置结构，使金融信息传递更加透明化、公开化、平等化和个性化。总之，互联网的发展，为传统金融机构进行金融资源整合、配置以及优化，发展普惠金融提供了良好的数字化平台。

（3）销售渠道创新

销售渠道创新有以下特点：一是利用移动互联网获取高速、便捷、低成本的客户入口。例如商业银行的移动 APP 平台，满足用户随时、随地获取金融产品与服务的需求。二是利用电商平台、社交网络提高客户覆盖率。例如商业银行推出自己的 B2C 电子商务网站，转化信用卡积分为电子货币，并提高自己支付系统的客户使用黏性。三是利用大数据、云计算引擎分析进行精准营销。例如很多商业银行针对客户推出 VIP 私人定制服务，即基于客户大数据分析实现金融产品与服务的精准推荐。

（4）风控方式创新

传统金融机构以往的风控方式与互联网创新有以下不同：一是数据来源不同。传统金融机构以往风险控制数据主要来自于线下，尤其是借贷领域的履约数据，利用互联网进行风险控制系统创新，数据主要来自线上，如网上交易数据、社交数据等；二是风险评价方式不同。传统金融机构以往风险评价体系主要利用抵押产品、经营状况、各类社会信用等信息而构建的风险评价模型，互联网平台为传统金融机构提供用户各种宝贵的数据资源，可构建高效率、高精准率、低成本的大数据风控模型；三是应用领域的范围不同。传统金融机构以往风控方法适合于借贷领域，风控系统是静态的，数据是单向传输的，而互联网环境下传统金融机构风控构建及应用是一个循环系统，随着应用场景的开发及应用，风控系统随着数据的循环利用不断动态更新，提高风控评价的精确率；四是贷后管理的效率不同。传统金融机构以往贷后管理主要依靠客户经理进行风险控制，实时性差，且往往是逾期后才能查阅，而目前传统金融机构完全可以利用互联网技术的高效率，构建实时的风险报警机制。

（5）组织形态的创新

在互联网环境下，传统金融机构组织形态的创新表现为：一是实体变虚拟。例如商业银行有自己的网站和移动 APP，不仅实现线下业务线上化，而且还利用互联网思维进行了线上业务创新。随着用户的更新换代，实体网点业务办理有可能被线上业务完全取代。或者实体网点全面实现智能化、无人化办公；二是后台变前台，组织结构扁平化。当前台从物理网点变为互联网上虚拟网点之后，原来金融机构的后台存储与数据处理功能变成了核心业务功能，逐步演变为该机构的金融前台业务部门；三是去中介化组织形态的形成。随着传统金融机构智能化的发展，在组织形态上越来越表现出“去中介化”的特质，如传统保险业的智能投顾的发展代替了客服经理的原有的某些业务。

4.1.5 传统金融机构的互联网创新策略

（1）制度创新策略

首先，要建立互联网思维及发展策略。传统金融机构在制定战略目标和战略决策时，要全面了解互联网金融对传统金融业务的挑战，利用自身资源优势进行互联网创新，开发符合互联网思维的金融创新产品与服务。

其次，要创新人才的培养和管理制度。要培养具备金融、管理、经济、技术等多领域知识的复合型人才，并在人才考评制度上，要制定既全面化又个性化的绩效考核指标，并建立透明化、多样化的激励机制。

最后，要建立新型风险评价及管理制度。要重视数据资源的重要性，建立实时更新的动态数据仓库，并积极与互联网金融企业等具有用户大数据资源的企业合作，开发增值服务及应用场景生态链，不断丰富系统数据资源，创新基于大数据的实时风险防控系统。

（2）组织创新策略

构建“总部—前台”（点对点）式的组织管理模式，是目前传统金融机构普遍采用的组织创新策略。该模式中的“总部”由五大管理中心构成，分别是总部信息中心、决策中心、风控中心、产品研发中心和大数据处理中心，它们替代了传统金融机构中按层级指挥的组织管理模式。该模式可实现较高的风险控制和较强的决策支持能力，以及高质量的客户服务。

① 信息中心。信息中心与相关电子商务平台及其他合作伙伴建立战略联盟关系，打造信息生态链，实现小微客户、财富管理客户、大众客户等有价值客户信息的批量获取、挖潜及深度经营，为风控中心和决策中心提供准确信息流。

② 风控中心。随着互联网技术在金融业领域的广泛应用，除信用风险、市场风险、流动性风险、操作风险、声誉风险外，网络技术风险也成为风险管理中不可忽视的重要一环。通过建立网控中心，对风险管理流程与业务流程进行改造，旨在创建先进的风险识别、度量、控制和转移体系，实现对金融业务流程的全过程监控。

③ 决策中心。决策中心借助信息中心与风控中心的处理结果，提升业务决策的科学性和准确性，通过流程优化、集中审批等措施提升决策效率，降低运营成本和审批时间。

④ 产品研发中心。产品研发中心在金融资产服务、产品营销渠道等主要业务领域，充分利用大数据处理中心的优势，加大产品创新力度，提高产品的针对性，优化产品开发机制，推出具有价值创造能力和市场竞争力的新型金融产品。

⑤ 大数据处理中心。大数据处理中心积极推动传统业务渠道与物联网、云计算等新兴业态的纵向整合与横向渗透，通过“点对点”的联网系统随时获得前台各类营业信息，实现信息集成、整合、共享、挖掘，并通过云计算全面提升数据分析和预测能力，提升运营水平和效率。

“前台”提供计算机终端自助服务支持和营销人员的服务支持，满足客户全面立体及不同应用场景下的金融需求。

（3）信息技术创新策略

信息技术创新是指基于信息集成的业务流程框架，实现数据语义统一、信息共享。具体来讲，传统金融机构应逐步完成管理信息系统总体框架的设计，整合分散的系统资源，消除“信息孤岛”，实现产品开发、受理审查、贷前调查、信用评估、项目评估、风险审查、文件处理等业务的信息化和流程化管理。

（4）经营理念创新策略

传统金融机构的经营理念从以“利润为中心、以政府为导向”向以“客户为中心、以市场为导向”转变是实现互联网创新的有力保障。传统金融机构经营理念创新应将客户的满意度作为突破口，将各类客户的建议和意见视为提升客户满意度的推动力，设计出差别化和多样化的业务流程满足各类客户的个性化需求，通过服务增值来提高客户的黏性。

4.2 商业银行的互联网创新

4.2.1 商业银行互联网创新的概念

1. 商业银行的概念与职能

商业银行是银行的一种类型，中国工商银行、中国农业银行、中国银行、中国建设银行、中国邮政储蓄银行、交通银行都属于商业银行，是通过存款、贷款、汇兑、储蓄等业务，承担信用中介的金融机构。商业银行是最主要的金融机构之一。

商业银行的职能是由它的性质决定的，它是储蓄机构而不是投资机构，不同于中央银行和投资银行。商业银行具体有以下五个基本职能。

（1）调节经济

调节经济是指商业银行通过其信用中介活动，调剂社会各部门的资金短缺，同时在央行货币政策和其他国家宏观政策的指引下，实现经济结构、消费比例投资、产业结构等方面的调整。此外，商业银行通过其在国际市场上的融资活动还可以调节本国的国际收支状况。它对整个社会经济活动的影响十分显著，在整个金融体系乃至国民经济中位居特殊而重要的地位。

（2）信用创造

商业银行在信用中介职能和支付中介职能的基础上，还具备信用创造职能。商业银行是各种金融机构中唯一能吸收活期存款、开设支票存款账户的机构，在此基础上产生了转账和支票流通。

（3）信用中介

信用中介是商业银行最基本、最能反映其经营活动特征的职能。这一职能的实质，是通过银行的负债业务，把社会上的各种闲散货币集中到银行里来，再通过资产业务，把它投向经济各部门；商业银行是作为货币资本的贷出者与借入者的中介人或代表，来实现资本的融通，并从吸收资金的成本与发放贷款利息收入、投资收益的差额中，获取利益收入，形成银行利润。商业银行通过信用中介的职能实现资本盈余和短缺之间的融通，并不改变货币资本的所有权，改变的只是货币资本的使用权。

（4）支付中介

商业银行除了作为信用中介，融通货币资本以外，还具备支付中介的职能。通过存款在账户上的转移代理客户支付，在存款的基础上为客户兑付现款，成为工商企业、团体和个人的货币保管者、出纳者和支付代理人。

（5）金融服务

商业银行还具备为客户提供信息服务、咨询服务，对企业提供“决策支援”等服务职能。工商企业生产和流通专业化的发展，把许多原来属于企业自身的货币业务转交给银行代为办理，如发放工资、代理支付其他费用等。个人消费也由原来的单纯钱物交易，发展为转账结算。各商业银行也不断开拓服务领域，通过金融服务业务的发展，进一步促进资产负债业务的扩大，并把资产负债业务与金融服务结合起来，开拓新的业务领域。在现代经济生活中，金融服务已成为商业银行的重要职能。

2．商业银行的性质

（1）企业性质

商业银行是一种特殊的银行，与中央银行和政策性金融机构不同，以盈利为目的，在经营过程中讲求营利性、安全性和流动性原则，不受政府行政干预，具备企业性质。

（2）金融性质

商业银行具备鲜明的金融性质，商业银行的经营对象不是普通商品，而是货币、资金，商业银行业务活动的范围不是生产流通领域，而是货币信用领域，商业银行不是直接从事商品生产和流通的企业，而是为从事商品生产和流通的企业提供金融服务的企业。商业银行由国家特许成立，是由国务院银行业监督管理机构发放银行经营许可证的部门。

3．商业银行的业务范围

（1）负债业务

负债业务是商业银行的资金来源，是商业银行资产业务的前提和条件。主要包括自有资本和吸收外来资金两大部分。

① 商业银行自有资本即业务活动的本钱，主要部分有成立时发行股票所筹集的股份资本、公积金及未分配的利润。自有资本只占其全部负债的很小一部分，自有资本的大小体现

银行的实力和信誉，也是银行吸收外来资金的基础。

② 吸收外来资金包括各类存款，如活期存款、定期存款和储蓄存款；各类借款，如短期和长期借款。

（2）资产业务

商业银行的资产业务是其资金运用业务，主要分为放款业务和投资业务两大类。资产业务也是商业银行收入的主要来源。商业银行吸收的存款除了留存部分准备金以外，全部可以用来贷款和投资。

（3）中间业务

中间业务是指商业银行从事的按会计准则不列入资产负债表内，不影响其资产负债总额，但能影响银行当期损益，改变银行资产报酬率的经营活动。

中间业务有狭义和广义之分。狭义的中间业务指那些没有列入资产负债表，但同资产业务和负债业务关系密切，并在一定条件下会转为资产业务和负债业务的经营活动。广义的中间业务除了包括狭义的中间业务外，还包括结算、代理、咨询等无风险的经营活动，所以广义的中间业务是指商业银行从事的所有不在资产负债表内反映的业务。

4．商业银行互联网创新的各个阶段

（1）信息化阶段

该阶段主要是通过商业银行系统内部网络实现柜台服务、自助终端服务等业务，如电话银行、自助银行等。在该阶段互联网的主要作用是商业银行产品或服务展示的渠道，面向客户终端的互联网平台应用主要局限于商业银行商品与服务等信息的简单查询、搜索及修改等操作业务。此时，商业银行的网上银行平台还处于初步发展阶段，如产品展示、个人或企业账户信息查询等，移动银行业务还没有初现端倪。

（2）互联网化阶段

随着互联网的成熟与发展，商业银行网上银行业务逐渐呈现出“金融大超市”的形态，商业银行、保险公司、证券公司等传统金融机构间合作更加紧密，实现一站式售卖多样化金融产品和服务的目标，商业银行网上银行金融产品与服务的品类更加细化、全面化和多样化。这一改变充分利用了互联网开发、协作和共享的思维，客户获取和操作信息更加透明化。商业银行不仅增加了服务费、中介费等收入，同时又可获取客户大量的金融数据。

随着互联网金融的兴起，互联网金融企业与传统金融机构逐渐形成竞争与合作的关系，互联网金融企业的发展倒逼着传统金融业进行转型。互联网金融主要从资产、负债、服务功能和组织结构四个方面影响商业银行：资产方面，互联网金融强调小微个人客户，降低金融产品投资门槛；负债方面，互联网金融强调普惠金融理念，注重散户和个人投资者；服务功能方面，互联网金融业态模式较多，渠道和工具种类多样；组织结构方面，互联网金融不设立实体分支机构，打破传统商业银行依靠网点取胜的盈利模式，金融服务载体规模不断扩大。在此背景下，商业银行不断开拓互联网思维，利用自身优势与互联网金融企业展开合作，不断开发与发展消费类互联网金融产品与服务、数字普惠金融产品与服务等。

（3）金融科技阶段

随着新的科技革命和产业变革的不断深入，以大数据、云计算、区块链、人工智能为代表的新一轮信息技术的发展和应用，创造了全新的用户需求和产品形态，催生了诸多新型金融业态。金融与科技的深度融合推动着商业银行的创新发展，提高其综合竞争力。

① 大数据重塑商业银行信用信息服务模式。商业银行一直秉承“以客户为中心”的经营理念，在金融企业利用互联网平台拥有大量客户数据的同时，商业银行若要想设计出更加符合客户需求的金融产品，就必须利用大数据分析进行深度挖掘，了解客户需求、划分客户类型、优化客户服务。对于资产、负债和中间业务三大商业银行传统业务，通过大数据分析可以较为准确地预判业务发展趋势，尽早采取干预措施，趋利避害，增强盈利能力，实现业务良性发展。此外，商业银行还可以利用大数据技术构建风险监控系统，对信贷交易进行监控，压减欺诈行为的发生频率，有效防范授信风险。

② 区块链颠覆了商业银行结构体系和业务流程。区块链技术在商业银行的跨境支付结算、数字票据和贷款领域中得到广泛应用，它的去中心化及去信任等重要特征，使商业银行在进行实时交易过程中省去中间环节，有效缩短业务流程。2017 年 3 月，招商银行首次利用区块链直联跨境支付应用技术完成了国内第一笔跨境支付结算业务。区块链技术的应用构建了规模大、成本低的信息网络，在商业银行开创新商业模式方面提供了技术支持。

③ 云计算平台实现商业银行资源优化。商业银行可以通过构建云计算平台，融合各种信息资源，再进一步整理分类，通过信息数据共享实现对资源的统一管理与调度。同时商业银行还可以通过云计算平台将信息资源和 ERP（企业资源计划）系统租赁给其他金融机构，帮助金融机构合法获得相关企业详细的财务信息，对企业贷款的风险进行评估。此外，对于商业银行庞大的客户群体，云计算服务的应用实现了不同银行网点服务的资源共享。客户随时随地可以通过互联网查找距离最近，客户最少的银行网点办理业务。商业银行与云计算平台的高效融合是当代银行业的发展趋势，是商业银行创新发展的必经之路。

④ 人工智能引领智慧型银行的变迁。金融业是人工智能应用的重要领域之一，而人工智能的普及将会完善商业银行的服务体系，提高服务客户的能力和质量。例如，智能识别能快速辨别客户身份，智能机器人等能够回答客户的业务咨询，完成查询、办卡等基础工作，在提高工作效率方面起到巨大作用。此外，人工智能在商业银行常规业务运营方面也有应用，可以将基础数据、业务流程以及差错处理规则导入计算机系统，利用人工智能进行模拟分析并处理相关业务领域出现的问题。此类技术可应用在商业银行的投资、信贷、风控等诸多业务领域中，大大减轻业务人员的工作量，有效防控业务差错风险。人工智能在提高商业银行工作效率，拓展服务渠道的同时也为客户带来便捷和高效的服务体验，这也将进一步增强商业银行加快创新发展的积极性和主动性。

4.2.2 商业银行的互联网创新应用

在上述分析中，我们了解互联网带给传统金融机构的变革，包括文化、组织机构、系统框架及业务流程、产品与服务、风险控制等多方面，本节重点阐述在互联网环境下，特别是互联网金融发展的冲击下，我国商业银行在金融产品与服务创新中的具体应用及实例。

1．商业银行自建电子商务平台

与传统电商的业务模式不同，商业银行布局电商的战略考量在于获取交易数据与金融数据进行整合，为客户提供金融服务。传统电商主要拥有交易消费数据，但这些数据也不完全真实，仅凭消费数据作为信贷支撑，整体风险相对较大；而银行多年积累的金融数据能完整了解账户资金的进出、沉淀等情况，但缺乏交易数据。若将金融数据与交易数据进行有效整合、分析，将产生积极的“化学反应”。

作为中国工商银行互联网布局中的重要平台之一，电商平台“融 e 购”率先面世，年交易额累积近千亿元。在精准扶贫方面，截至 2019 年末，工行“融 e 购”电商平台已入驻扶贫商户 3500 家，扶贫交易额超过 6 亿元，并为近百家贫困地区企业提供电商代运营服务。2012 年以来，银行系电商迅速崛起，目前工行、建行、交行、民生、浙商银行等均推出了电商平台。中国工商银行融 e 购平台如图 4-1 所示。

图 4-1　中国工商银行电商平台“融 e 购”

商业银行系自建电商平台的价值如下。

（1）将银行服务前移

从银行长远发展战略角度来看，借助电商平台将银行服务前移，可以增强企业、个人客户的黏性，同时渗透到消费和销售端，通过掌握和了解个人、企业的采购、销售、消费等交易数据，结合银行已经积累的金融数据，更好地发展相关金融业务。

（2）积累完善金融数据

以往银行获取用户的手机号码、住址等信息，需要通过线下网点的客户经理，成本高、缺乏持续更新机制，而银行电商平台的实名制机制要求客户主动填写相关信息，很容易就完善了个人信息。另外，以往银行依据积累的金融数据确定企业、个人的信贷额度，但是其可能在一家银行的金融业务减少，在其他银行的金融业务增加，该银行对此情况无法掌握，而由于银行电商平台是支持多银行卡绑定的，就可借此了解客户在其他银行的金融数据，利于进一步拓展金融业务。

交易数据还能带来金融业务的增长。例如，某企业的财务金融数据原本不足以获取银行贷款，但由于在银行电商平台上与某大型国有企业签订了采购合同，银行就可以配套提供融资支持。更进一步，银行可以根据某行业的销售变化情况，来决定增加还是减少该行业信贷规模的投入。

（3）维护良好的客户关系

以往银行的企业、个人客户分别与银行打交道，彼此并不清楚相互之间是否是客户关系。商户实际上很重视银行的个人客户，电商平台让其直接接触客户，并且通过各种手段实现向潜在客户的精准营销。通过银行系电商平台，有效地把银行的企业客户和个人客户连接起来，并整合相关资源，增加二者的黏性。

2．商业银行深耕消费金融业务

（1）将信用卡作为消费金融突破口，持续优化组织架构

近年来，随着居民生活水平的提高、金融科技的广泛应用以及零售金融业务的发展，商业银行的信用卡业务获得长足发展。信用卡已成为商业银行业务发展重点，招商银行、工商银行等的信用卡业务发展已经较为成熟，并在客户规模、产品创新、综合收益等方面处于业内领先地位。

以招商银行为例，通过建立信用卡中心集中化运作机制，打造专业运维团队，依托“掌上生活 APP”全面开放智能消费金融服务，结合线下场景开展消费信贷业务，实现了线上线下双向打通，不断加强差异化风险定价、大数据及场景化营销等金融科技应用，树立了国内信用卡业务标杆品牌，持续推动非息收入增长，对零售业务形成有力支撑。招商银行“掌上生活”PC 端平台如图 4-2 所示。

图 4-2　招商银行“掌上生活”PC 端平台

（2）打造明星单品以提升市场份额，持续推动产品创新

消费贷的定价水平相对较高，在我国消费市场快速发展的前提下，增长潜力也较大，因此成为近年来银行零售资产业务增长的重点。当前国内短期消费贷市场发展迅速，产品体系日渐丰富，竞争趋于激烈。各家商业银行纷纷利用互联网和大数据技术推出快速申办和放款的明星单品，并持续推动产品创新来完善产品体系，提升客户体验，以有效获取市场份额。

例如中国工商银行抓住互联网金融发展的有利契机，借助纯信用、全线上的互联网个人信用消费贷款产品“融 e 借”，实现了高质量快速发展。通过引入公积金、个人纳税信息等外部可信数据实现线上实时授信、实时放款，“融 e 借”不断丰富的产品功能、合作模式和应用场景，提升了客户互联网融资体验。中国工商银行融 e 借产品如图 4-3 所示。

图 4-3　中国工商银行“融 e 借”产品

（3）大力加强场景化建设，推动渠道和服务的优化升级

随着互联网平台及金融科技的飞速发展，消费金融服务与消费场景之间的联系愈发紧密，银行过往被动获客的模式将难以为继。各家商业银行积极打造线上线下相结合的金融供给模式，通过搭建电商平台、依托集团资源、打造个性化服务等方式弥补自身在消费应用场景方面的不足，同时借助大数据、AI 等金融科技拓展获客渠道，提升服务效能。如中国工商银行“融 e 联”产品，就体现了互联网金融产品节点关联的特征，“融 e 联”产品如图 4-4 所示。

图 4-4　中国工商银行“融 e 联”产品

场景化建设需要多方面投入和建设，才能推动渠道和服务的优化升级，需要在以下几个方面进行人力、科技和物力等资源投入。

① 借助互联网技术使服务更为便捷。例如中国银行推广消费分期中心和特色支行模式，打造互联网轻型获客模式，实现渠道移动化、申请场景化和审批自动化；平安银行充分运用互联网技术提升产品竞争力，实现消费金融业务申请办理的智能化和自动化，提升客户体验。

② 大力发展金融科技，提供智能化的新型服务体验。例如交通银行为用户提供 AI 信用卡、语音交互、智能支付等优质服务；招商银行全新升级“全景智额”智能额度服务体系，打造授信产品一站式自主办理平台，引领纯数字化交付额度服务新潮流。

③ 通过技术应用与商业模式结合，全面提升客户体验。例如招商银行运用客户画像、语音交互、生物核身、人机融合等技术，构建“粉丝-绑定-持卡”三环客户体系，不断挖掘服务价值，深化服务模式转型。

（4）不断加大跨界合作力度，聚焦客群引流和品牌塑造

随着行业竞争的日趋激烈，消费金融面向目标客群多元化的需求、互联网金融日益激烈的竞争，商业银行围绕个性化联名卡发行、场景平台共享合作、品牌形象塑造等领域，积极开展跨界合作。

① 合作发行个性化联名卡作为锁定目标客群的重要抓手。各家银行紧随目标客群需求变化，不断加强信用卡跨界融合创新，构建权益丰富、特色鲜明的产品体系，“信用卡+互联网”“信用卡+娱乐”等合作方式不仅为银行带来目标客群，还能帮助其塑造品牌形象。

众多商业银行通过与 BAT 等知名互联网企业合作，推出联名卡；各家商业银行根据自身客群特征及细分市场定位，实行差异化的跨界合作策略，例如广发银行通过银保协同合作助推联动发卡，平安银行推出平安汽车之家联名卡深耕汽车金融等。

② 通过多维度与场景平台加强合作，拓展互联网获客渠道。近年来，商业银行积极与互联网平台公司开展合作，积极借助外部合作渠道切入旅游、家装、教育、社交等消费场景，以“流量+数据+场景”为核心打造互联网新型获客模式，通过拓展网申业务获客渠道、加载微信小程序、对导入客户开展针对性营销等方式，弥补自身场景建设短板。例如中信银行探索建立多维度的行业头部企业联盟合作来拓展客群：一是借助腾讯王卡、小米、网易考拉等联盟伙伴互联网“头部流量”入口，实现线上合作获客；二是与中国国际航空、厦门航空、海南航空、洲际酒店集团等联盟伙伴，持续开展商旅大数据获客合作；三是围绕家乐福、华润通等联盟伙伴线下场景，深化商超场景获客，形成多元化、立体化联盟获客体系。

③ 借助外部资源，打造更为深入人心的品牌形象。面临日趋激烈的竞争，各家银行更加注重品牌形象塑造，聚焦市场热点领域，将合作方的内容转化成为自身的场景内容，吸引用户眼球，增强客户黏性。

例如招商银行在信用卡发卡 15 周年之际，品牌传播强势发声，其中留学信用卡的“番茄炒蛋”微电影成为现象级品牌营销案例，实现亿级曝光量；兴业银行扎实推进“活力人生”品牌战略，深化“金融+体育”跨界合作，依托主流大型赛事强化公司体育金融跨界先锋形象；广发银行将品牌价值推广与时下科技热点紧密结合，推出智能穿戴产品，将健康时尚的品牌理念与价值传递给客户。

（5）经营模式从卡片向 APP 转变，打造金融服务新生态

招行率先于 2010 年推出掌上生活 APP 为其信用卡用户提供手机端服务，多家银行相继跟进。除招行掌上生活外，交行买单吧、平安口袋银行、中信动卡空间、广发发现精彩、浦发浦大喜奔等均是颇具市场竞争力的银行系 APP 产品。

相对于卡片经营这种静态产品模式，APP 更像是一种金融生态，拥有丰富、智能、便捷的产品体验，模式更轻、覆盖面更广，能有效加强与用户的互动，更好满足用户的需求升级。5G 技术的发展为银行正在进行的数字化转型提供了新的动力。

（6）多措并举加强风险防控力度，维持资产质量稳定性

近年来银行持续优化零售信贷政策并借助金融科技等先进手段提升风险管理能力，主要从以下方面着手加强风险防控。

① 关注风险环境变化，积极引入外部互联网数据产品，推进面部识别、模糊比对等新技术应用，构建数字化多维风险防控体系。

② 推进信用卡核心系统升级，加快金融科技在信用卡经营与风险管理领域的应用。

③ 打造覆盖贷前、贷中、贷后全流程的链条风险管理体系，深挖数据资源、细化风险管控模型、持续推进金融科技应用，形成标准化、系统化、数据化和模型化的全面风险管理体系。

④ 提高防范多头授信和反欺诈的能力，通过多维度还原客户真实负债、优选稳定收入客群、切入真实消费场景、搭建信息共享平台等方式应对“共债风险”。

（7）借助直销银行实现差异化竞争，拓展综合收入来源

直销银行既是传统商业银行寻求差异化消费金融服务的切入口，也是商业银行拓展互联网消费金融的主要平台。直销银行发展的核心是创新营销方式，追求迅速在行业中树立良好的口碑，获取增量银行客户，并筛选优质用户将其升级成为银行的零售客户。

在直销银行 1.0 模式中，超过半数直销银行部署了贷款功能，各直销银行积极创新该业务，通过提供差异化服务打造自身特色，如平安银行在汽融贷方面提供车贷、车险、延保等一揽子金融产品。在直销银行 2.0 模式中，个人贷款产品进一步丰富，更充分地满足不同客户的差异化融资需求。

3．面向“三农”和小微企业布局数字普惠金融

数字普惠金融聚焦于小微企业、“三农”、创业创新和脱贫攻坚领域。如何发展数字普惠金融，是商业银行迫切需要解决的关键性难题。在国家鼓励发展数字普惠金融的政策指导下，商业银行应当将“立足自身、稳健经营、短期做大、长期做强”作为大力发展数字普惠金融的战略方向。商业银行“做强”数字普惠金融，就是要“以发展数字普惠金融反馈全行”，即充分汲取数字普惠金融发展红利，最大化数字普惠金融业务的综合贡献度，尤其要在提升息差水平、改善客户结构、分散业务风险、促进板块联动上取得突破，最终通过“做大做强”目标，实现数字普惠金融业务与其他银行业务发展齐头并进的良好格局。中国农业银行推出的“三农”服务和“小微企业”服务版块，如图 4-5 所示。

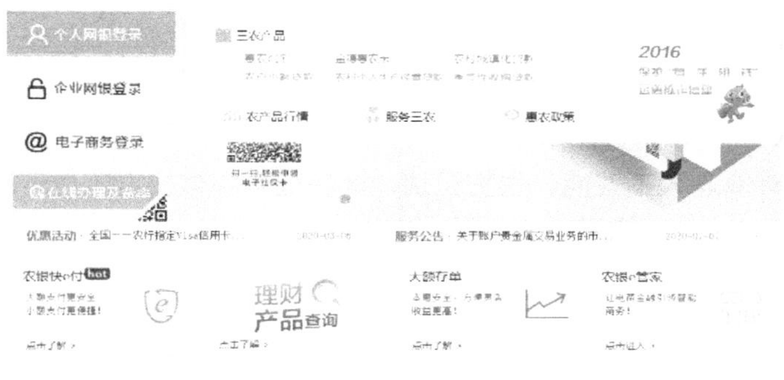

图 4-5　中国农业银行官方网站平台

4．加大金融科技投入，着力发展智慧银行

“智慧网点”并不是简单的网点装修升级、智能设备的堆砌，而是将科技创新融入人性化的管理，提升客户的体验感受，进而使网点运营从业务结算型向营销服务型转变。近年来，为实现传统网点转型，商业银行纷纷采取一系列举措进行智慧银行建设。借助金融科技发展智慧银行，应注意以下几个方面：一是通过多项投资组合驱动业务转型；二是对金融科技创业公司进行资本输出以快速获得智力资源；三是持续进行大规模资本运作，倒逼组织内部转型；四是在开放平台、云计算、大数据等领域加大投入，将基础设施平台化。例如：中国工商银行组建网络金融部，建立七大创新实验室，加快实施 e-ICBC 3.0 战略升级，启动智慧银行信息系统（ECOS）建设工程。中信银行推出了自主研发的 AI 金融服务平台“中信大脑”，开发运用包括智能语音外呼系统等服务。

4.2.3 国内外商业银行互联网创新比较

1．互联网创新力度存在差距

（1）科技投入规模差距较大

虽然我国商业银行对于科技投入的重视程度越发提高，但受制于收入规模的限制，在科技领域的投入与国外领先商业银行相比仍存在较大差距。目前，我国以建设银行、农业银行、中国银行为代表的商业银行在金融科技方面的投入占总营收占比较高，分别为 2.17%、2.21%和 2.11%，大约每年有几十亿到几百亿元左右的规模。国外以摩根大通、富国银行为代表的商业银行在金融科技方面的投入规模占总营收的 10%～20%，每年投入已达到百亿美元的量级。

（2）互联网创新模式不同

虽然国内外商业银行的互联网创新模式均为“外部合作+内部孵化”两步走，但在具体模式方面也存在较大差距。国内商业银行的外部合作通常表现为与外部合作方达成战略合作的模式；国外商业银行对外合作的方式更加多元，表现在收购、投资、项目合作等多个方面，便于多层次、多元化创新。在内部孵化方面，国内商业银行重点表现为自主研发与成立金融科技子公司；国外商业银行除了上述举措，还会以项目竞赛、项目加速器等方式培育创新。

（3）互联网创新资源范围差距大

国际领先的商业银行的互联网创新汇聚了来自科技企业、互联网公司、政府部门、高校、科研机构、社会智库等多方资源，而国内商业银行的互联网创新主要集中在科技企业与内部孵化两个方面。此外，国外领先商业银行的金融科技投资是全球性的，通过跨国投资、并购，建立自身金融科技生态。而目前国内商业银行的互联网创新步伐较为缓慢，除在东南亚国家有少数的技术输出外，大多在国内范围内展开。

2．技术应用水平存在差距

从大数据、云计算、人工智能、生物识别、区块链等各类技术应用情况来看，目前国内外商业银行在不同技术的应用程度上也存在一定的差距。

① 大数据方面。国内商业银行的开发程度较为成熟，相关应用基本覆盖前中后台，已建立起较为完善的应用体系，与国外领先商业银行基本处于同一水平。

② 云计算方面。国内商业银行处在金融云发展的早期阶段，主要以开发私有云为主；国外领先的商业银行在强大的技术支撑下，已升级到以开发混合云为主，能够更好地控制 IT

运营、节省运营成本。

③ 人工智能和生物识别方面。国内商业银行的应用主要集中在前台的智能服务优化，后台的应用还处于试点阶段，大规模应用还未全面开启；国外领先的商业银行已将人工智能和生物识别技术广泛应用于前中后台，尤其在后台的风险管理场景中有深入而广泛的应用。

④ 区块链方面。国内商业银行的应用还比较浅显，主要集中在非核心业务领域的试探性开发及业务领域外的尝试性应用；国外领先的商业银行已深入应用到跨境转账、融资等能够解决实际业务需求的层面。

3．平台化金融模式深入程度存在差距

（1）直销银行

国外的直销银行已经发展了 20 多年，不论是外在制度环境还是内在发展模式均已较为成熟；而国内的直销银行于近两年才兴起，发展模式的不成熟和监管环境的不完善使得其组织结构多以部门制形式存在，缺乏独立性，容易因内部利益难以协调而抑制产品创新动力。除此之外，国内商业银行自身缺乏线上运营经验和数据资源，也在很大程度上制约了其用户定位和资产拓展的实施空间。对比如表 4-1 所示。

表 4-1　国内外商业银行直销银行模式对比

差异类别	国内情况	国外情况
组织结构	传统商业银行的下设部门	金融集团和银行的独立子公司，与银行合作共享牌照的独立公司
用户定位	尽管宣称定位于互联网用户，非本行客户等，但在实际运营中没有对用户进行明确划分	比较完善的用户筛选机制
资产区分	与传统银行无明显差别，资产开发仍主要依据银行原有资源	有自己的特色资产
自助程度	既有自辅性较强的简单产品，也有需要线下人工或网点介入的复杂产品	人工服务需求少，效率高

（2）在线供应链金融

在线供应链金融在我国仍是一个较新的商业活动，与欧美发达国家相比，国内在线供应链融资主体不够多元，融资模式较为单一，信用评价体系建设处于起步阶段，对风险的度量缺乏科学手段。对比如表 4-2 所示。

表 4-2　国内外商业银行在线供应链金融模式对比

差异类别	国内情况	国外情况
融资主体	商业银行为主，核心企业和其他金融机构协助银行进行融资业务	融资主体多元化，包括银行、保险公司、基金和信贷公司、核心企业
融资模式	较为单一，局限于企业财务报表中的“存货、应收账款、预付账款”三个科目进行	较为丰富，允许的担保品种也比较丰富，应收账款融资、订单融资和存款质押融资业务都发展得较为成熟
信用评价体系	对中小企业进行信用评估的信用评价体系不够成熟，失信惩戒等机制也尚未有效建立	对中小型企业的信用数据丰富，信用评价体系较为完善
风险控制	对风险的度量缺乏科学的方法，主要凭经验确定利率、质押率、贷款期限和平仓率等重要指标，难以对风险进行有效预警和控制	熟练运用金融科技，风险控制较为规范，控制水平较高

（3）智能投顾

我国智能投顾市场起步较晚，大多于 2015 年才开始逐渐发展起来，目前许多平台仍处于开发阶段。目前，国内智能投顾主要以针对客户经理的辅助决策模式、针对金融机构的通道服务模式以及针对投资者的智能推荐模式为主。

4.2.4 我国商业银行互联网创新方向

1．进一步推动数字化转型

未来我国商业银行的首要任务是通过加大科技投入力度，优化 IT 架构、实现前中后台的数字化改造，培养起数字化的组织文化，进一步推动数字化转型。

IT 架构优化将是商业银行推动数字化转型的首要任务。一是核心架构转型，加速从传统集中式架构向分布式架构转型。二是以云计算技术为基础构建混合云平台。通过开发内部私有云，有效整合银行各个板块的 IT 资源；同时审慎推进与外部公有云的合作，构建与客户、同业、监管机构的云生态系统，提高互动和业务创新效率。三是打通银行内部结构化数据鸿沟，积极接入外部非结构化数据，通过数据清洗、整合、分析、跟踪和聚类等技术构建全面的大数据应用视图，辅助业务策略制定、管理模式调整、营销模式创新以及产品结构优化。

2．强化金融科技的应用

人工智能、区块链等金融科技的应用将是国内商业银行未来的重点。通过基于人工智能的深度学习技术，图像、视频和语音等交互技术的不断迭代，人工智能应用将快速升级。智能业务分析、智能投顾、智能风控等应用场景将得到普遍日益普及。

区块链或将成为未来银行业中的主流底层技术。未来，我国商业银行在区块链上的应用或将呈现向内、外两个方向同时发展的趋势。对内发展方面，存款、贷款是核心业务，在排除相关技术障碍、落实监管合规问题后，未来商业银行在存贷款业务上对区块链的应用将有更大的突破。对外发展方面，随着联盟链底层技术和生态系统的发展，未来会出现更多跨行转账、支付等银行间区块链业务，对区块链的应用将更加深入。同时，商业银行直接面向企业、终端客户的区块链应用前景也值得期待。

3．引领平台金融发展，服务实体经济

（1）大力发展数字普惠金融，扩充业务范围

国内经济发展不平衡、不充分的问题仍然存在，发展数字普惠金融尤为迫切。目前，国内商业银行与互联网公司正通过大数据和人工智能、机器学习等新兴技术，精准分类客户、海量分析数据、审慎控制风险，深耕长尾客户资源，发力数字普惠金融。未来，商业银行与金融科技公司将进一步推进移动互联网、物联网、大数据、区块链等金融科技与普惠金融业务的深度融合，加快简化业务流程、降低运营成本，提升数字普惠金融服务的便利性、易得性，增强对小微企业、各类个人客户的金融服务力度，进一步拓展数字普惠金融服务的广度与深度，提高金融服务的覆盖率、可得性和满意度。

（2）重视产融结合，发展在线供应链金融

产业资本与金融资本的有效结合是促进实体经济发展的有效模式。发展供应链金融是产融结合最直接的方式之一。2017 年，国务院办公厅印发的《关于积极推进供应链创新与应用的指导意见》指出，“要以供应链与互联网、物联网深度融合为路径，创新发展供应链新理

念、新技术、新模式，打造大数据支撑、网络化共享、智能化协作的智慧供应链体系”。在政策支持下，预计各路产业资本和金融资本将踊跃投入到供应链金融发展之中。尤其是随着金融科技的快速发展，商业银行有望借助大数据技术解决供应链金融的开放性问题，借助区块链技术解决信任问题，从而推动供应链金融业务的纵深发展。

（3）助力消费需求增长，发力消费金融

当前，我国已进入消费需求持续增长、消费结构加快升级、消费拉动经济作用明显增强的重要阶段，消费已成为经济增长的重要引擎，消费金融也将迎来历史性发展机遇。同时，以大数据、云计算为代表的金融科技支撑个人信用评价体系的发展，不断完善的消费金融基础设施，推动我国消费金融发展环境持续向好。

案例 4-1　浙江工行倾力打造智慧银行，创新实践“互联网+金融”

浙江工行全面升级互联网金融服务，创新推出五大互联网金融产品——e 网通（电商服务）、e 财聚（财富服务）、e 公社（民生服务）、e 家易（居家服务）和 e 汇通（跨境服务），构建集生活消费、生产经营、境内境外为一体的网络金融生态体系，助力智慧银行战略转型。

1. 普惠金融创新：以客户为中心，打造移动端优势

以客户为中心，是浙江工行一直以来所坚持的理念。以客户需求为导向，以价值创造为目标，加快从做产品向做客户转型，从做功能向做场景转型，从做渠道向做平台转型；以总行 e-ICBC 3.0 发展战略为指导，实施“移动优先”策略，构建互联网金融发展的基础设施。各项业务继续保持快速、高效、良性发展，系统内领先地位不断巩固。

2. 小微金融创新：以企业需求为导向，创新服务平台

传化集团是一家著名的民营企业，为支持传化集团战略转型，加快布局智慧物流产业，浙江工行运用集“互联网+供应链+金融”为一体的“工银聚”综合金融服务平台，为传化集团量身定制基于工银聚平台的“委贷通”和“到账伴侣”业务，将商流、资金流和信息流有机融合。上线仅一年时间，企业订单笔数已超过 1 万笔，结算金额超过 257 亿元。目前“工银聚”平台已经升格为工商银行总行交易银行中心，累计上线核心客户 158 家，结算金额近万亿元，服务上下游小微企业 8 万家，遍布全国各地。

针对平台类电商及小微商户，浙江工行首期与国内点餐支付平台——“二维火”合作，推出存管清算服务集成平台，实现收单模式、存管模式、商户管理模式、风控模式、清分模式和获客模式六大创新。实现其对 5 万户 B 端有效商户的聚合支付、资金清分、代付提现等功能，有效解决客户的痛点、难点。

3. 科技金融创新：以场景为核心，构建金融新业态

浙江工行以科技金融为驱动，以场景金融为核心，通过 B2P2C（Bank to Platform to Customer，银行-平台-客户）模式，整合支付结算、融资、投资理财、金融资产交易及信息服务等多个业务板块，综合化、模块化输出金融服务，构建金融新业态。

在民生领域，浙江工行与绿城生活、杭州共停、申通快递、海马体、杜克体育、火掌柜、唯品会、慧聪网、杭州青少年活动中心等多个企业自有 APP 开展对接，覆盖餐饮、物业、智慧停车、公共服务、教育、娱乐、新零售、医疗等众多民生领域板块，共同提升消费领域金融供给能力。与大健康行业独角兽企业微医集团合作，对接企业 APP，开发专门系统，为其用户开立专属的电子账户，建立健康账户体系，并嵌入支付结算、理财增值、充值提现等金融服务，开辟了商业银行与新业态企业合作的新模式。与保信集团合作，推出“物管+”（物业服务云平台），为物业服务场景提供物业费、公摊水电费的缴纳以及基础的物业管理服务；推出“停管+”（停车收费云平台），为停车收费场景提供支付、清算、对账为一体的综合行业服务。

4．政银合作创新：助力政府“最多跑一次”，实现金融便民

浙江工行以省委、省政府“最多跑一次”改革为契机，于 2017 年与浙江政务服务网达成“互为入口、共享服务”的合作方案，以线上线下一体化服务践行“办事更方便、服务更贴心、受惠更广泛”。向政务网输出多项“政务+金融”整合服务。公积金服务，政务网用户无须排队、无须准备烦琐的资料，就能在线查询公积金缴存额和账户余额，还能直接支取公积金到工行账户；税务三方协议签订服务，政务网用户可在线签订地税扣款三方协议，再也不用银行、地税两头跑；出入境服务，由工行提供外币预约取款、签证代办服务；便民缴费服务，可以足不出户搞定水、电、煤等各类生活缴费。

4.3 传统保险企业的互联网创新

4.3.1 传统保险企业互联网创新的概念

传统保险企业指的是以有限公司或股份有限公司形式，以综合性人身保险或财产保险为主营业务的保险企业。在互联网、移动互联网、大数据、人工智能等信息技术快速发展的环境下，传统保险企业的互联网创新不仅表现在保险公司借助互联网或移动互联网技术，构建电子商务平台以扩建其保险产品与服务营销渠道；更重要的是表现在保险公司勇于拥抱金融科技，与金融科技公司展开广泛且深入的合作，在保险产品与服务交叉销售、个性化产品定制、保险产品与服务应用场景开发，以及用户兴趣模型等方面进行研发和创新，进而形成以传统保险机构为核心的生态价值链。

4.3.2 传统保险企业互联网创新的形式

1．传统保险企业互联网创新阶段

（1）渠道创新

渠道创新是创新的第一阶段。保险公司利用互联网渠道的低成本对外进行宣传和商品销售活动。目前，已有 61%的保险公司既有自建互联网平台，又与第三方平台开展合作。

（2）保险场景与产品创新

保险场景与产品创新是创新的第二阶段。互联网化的生活为保险公司的产品设计提供了新颖场景和丰富标的。同时新技术为实现精确定价、动态定价创造可能。

（3）商业模式创新

商业模式创新是创新的第三阶段。保险公司一方面深度挖掘现有客户需求获取更多订单，通过针对性产品设计，减少中间环节，提高盈利水平；另一方面则可通过构建生态圈，打造闭环金融流程。

2．传统保险企业营销模式创新

（1）官方网站模式

官方网站模式主要以保险公司通过自建官网展现自身品牌、展示保险产品、销售产品、提供在线咨询和服务。有代表性的是一些传统的大型保险公司，像人寿、平安等。平安保险官网平台如图 4-6 所示。

图 4-6　平安保险官网平台

（2）第三方电子商务平台模式

此类模式主要是保险公司借助独立于产品交易双方的电子商务网站来销售保险产品，并提供相关服务，如利用淘宝、苏宁易购、京东等第三方电子商务平台进行销售。京东的保险频道如图 4-7 所示。

图 4-7　京东的保险频道

（3）专业中介代理模式

此类模式是指保险代理或经纪公司建立网络销售平台，代理销售多家保险企业的产品，提供相关的服务。例如保险之家——沃保网，其网站首页如图 4-8 所示。

图 4-8　沃保网网站首页

（4）网络兼业代理模式

此类模式主要是银行、航空、旅游等非保险企业通过自己的官网代理保险企业销售相关产品、提供服务。这些代理机构所销售的保险产品种类一般是和其主业有一定的关联性。中国工商银行的保险业务如图 4-9 所示。

图 4-9　中国工商银行的保险业务

（5）移动互联网销售模式

此类模式是指保险企业通过智能手机和平板计算机等移动终端销售保险产品和提供相关的服务。我国保险企业已全面实现移动互联网销售模式，主要渠道是移动 APP、微信公众号等。主要的代表如国华人寿等，其营销平台展示如图 4-10 所示。

图 4-10　国华人寿移动平台的营销界面

3．传统保险企业产品创新

传统保险企业产品创新的表现形式有平台保险和场景保险两种。平台保险指在互联网平台上面销售的保险，包括传统的健康险、车险、意外伤害险等。场景保险指在消费者的生活、消费场景中融入保险产品，比较典型的有退货运费险，账户安全险、延保险等。将保险产品融入各种生活场景中，将保险和生活紧密结合，将是未来保险产品创新发展的趋势。

4．传统保险企业技术创新

目前已经有保险公司推出了“区块链+航空意外险”的保险产品，是区块链技术应用在传统的航空意外险保单业务中的实践，也是将主流的金融资产放在区块链上进行流通的尝试。利用区块链技术多方数据共享特点，可以对航空意外险从源头追溯到客户流转的全过程，查验卡单真伪，便于后续理赔。

4.3.3 我国传统保险企业互联网创新现状

本节将从我国保险行业的发展环境、行业格局、用户特点、产品结构以及收入来源几个方面，分析我国传统保险企业互联网创新现状。

（1）发展环境

我国是世界第二大保险市场。2017 年，中国保险业保费收入为 5414.46 亿美元，占全球市场份额 11.07%。

2017 年，我国互联网经济营收规模达到 36556.8 亿元，同比增长高达 42.5%。互联网经济的快速发展以及互联网技术的广泛应用拓宽了传统保险业的承保范围，在众多的互联网场景下孕育出了保险需求的增量。如在消费生活领域，退货运费险和航空延误险解决了电商、OTA 等碎片化场景下的实际保障需求。

（2）行业格局

我国保险行业经历 2011 年到 2017 年的高速增长时期，保费收入年复合增长率高达 16.9%。但到了 2018 年，在行业进行业务结构调整的背景下，保费收入增长率大幅放缓，行业进入发展平缓期，过去粗放式的发展模式已经不适合行业的发展需求。

传统保险产品长期存在同质化严重，创新不足的现象，面对快速变化的互联网环境，传统保险的产品设计原则、运营方式和交易效率都难以适应。对于保险用户而言，传统保险条例晦涩难懂，理赔体验差，保险营销方式不受信任都是保险业需要解决的问题。

随着互联网经济的不断发展，互联网创新为保险行业带来新的增长发力点，为互联网生态保险提供广阔的增长空间。在全新的赛道上，传统保险机构并未形成垄断，与新生的互联网保险公司、第三方保险平台形成竞争与合作的有序化行业格局。

（3）用户特点

随着 80 后、90 后成为主力消费群体，用户行为已发生深刻变化，年轻用户伴随着互联网成长，其对互联网更有信任感，并且年轻一代大多有过父母为自己购买保险的经历，是享受过保险保障和理赔的“保二代”群体，往往拥有更强的风险保障意识。调研数据显示，在互联网财产险领域，26～45 岁的保民占了近 80%的比例，其中 80、90 后是主力人群。

（4）产品结构

在互联网保险保费规模爆发增长时期，车险和理财型人身险是重要的组成部分，这两类险种标准化程度较高，适宜在互联网渠道进行销售，且保单金额较高，因此占据了互联网保险大部分的收入来源。但是随着 2016 年商车费改政策的落实，使网销车险失去了价格优势，同时对第三方车险平台的监管加强，使得互联网车险的发展进入冷静期。

由于发展初期互联网人身险的险种结构过于单一，主要由理财型保险构成，因此在面对行业政策变化时更容易受到影响。细分不同险种来看，寿险业务 2018 年保费收入为 675 亿元，较 2016 年下降了 55%，而健康险却逆势高速增长，2018 年保费收入同比增长 108%，成为互联网保险领域发展的唯一亮点。健康险的发展仍然以短期医疗险为主，终身重疾险、定期寿险等更有利于保险公司发展的长期险却难以在互联网渠道打开市场，因此如何由短期险转向长期险发展或许是所有保险公司未来最急需解决的问题。

从供给端来看，互联网保险产品整体市场集中度较高，在互联网财产险领域，产险老三家人保财险、平安财险、太保财险均占据较大市场份额，互联网保险公司增长迅速。在互联网人身险领域，银行系险企表现突出，在中小险企中，国华人寿、弘康人寿均以深耕互联网保险作为自己的战略目标，也因此迅速占领了一定的市场份额。

（5）收入来源

传统保险企业的互联网保险销售渠道主要分为官方自营渠道和第三方渠道。综合成本率是衡量保险公司经营状况的重要指标之一，在传统保险领域，中小保险公司往往在竞争激烈的市场环境下由于无法均摊成本而处于承保亏损的困境。从渠道市场份额来看，第三方渠道占据主要保费收入来源，相比于官方自营渠道，第三方网络平台拥有更多的用户场景，专业保险中介能够为用户提供高质量的服务，但掌握客群的第三方渠道往往拥有较高的议价权。

4.3.4 我国传统保险企业互联网创新发展趋势

（1）以用户需求为中心设计产品

我国传统保险企业积极进行险种开发，参考发达国家的保险市场，并结合国内的市场需求，设计出满足人们风险管理需要的产品。比如美国首创的知识产权保险，引入国内后，对促进我国高新技术企业积极开展研发活动和突破科技成果起到了推动作用。我国传统保险企业在营销过程中强化消费者对保险商品价值的认可，使社会公众将保险商品的价值和自己的家庭资产配置和规划联系起来，产生积极的投保动作，实现保险的商品价值和社会价值。我国传统保险企业在逐步改变传统保险依赖大数定律设计保险方案，造成的保险产品大而全、大量细分的保障需求无法覆盖的局面。以用户需求为中心设计产品，依托大数据，重塑传统保险公司原有的产品设计方法、定价方式及承保风控模式。

（2）提升保险全流程体验

传统保险企业在服务领域的互联网创新目标是：提升用户购买保险的全流程体验，包括产品售前的保险咨询、保险顾问；售中的投保核保、保单管理；售后的便捷理赔及服务延伸。在渠道和产品创新的基础上，加强服务体系建设，提高用户的保险购买体验是提高传统保险企业核心竞争力的必由之路。

（3）重视金融科技对保险创新的力量

我国传统保险企业一方面重视新设备、新渠道方面的创新，实现更加密切的保险咨询互动机制，解决信息不对称问题，通过各种奖励来获得消费者的反馈，了解消费者的真实需求和信息，有针对性地调整营销策略和服务手段；另一方面重视大数据、区块链等信息技术在保险行业中的创新应用。金融科技对互联网保险发展起到不可或缺的作用，尤其是对传统保险企业来说，更应借助金融科技的力量不断打开新的市场空间，推动保险产业链的重塑再造。如中国平安保险通过 AI 技术，实现精细化的客户经营、智能化的渠道管理与销售、智慧的客户服务和精准高效的风险管控，进而提升效率、降低成本、强化风控和改善体验。平安寿险增员管理中构建动态的“人员画像-关键特征-筛选流程”循环体系识别准增员；平安产险图片定损技术已向 7 家保险公司输出。

（4）加强与其他互联网保险参与主体间深度合作

目前，互联网保险行业竞争格局越发激烈，形成多主体参与、竞争与合作的保险生态链，加强企业间深度合作将成为常态。传统保险企业、互联网巨头、面向 B2C 的第三方保险平台、互联网保险公司均加入到这一竞争格局中。传统保险企业面对激烈的竞争，原有发展模式被打破，为寻求增量空间，平台间深度合作谋求双赢将成为普遍现象。如国寿集团与百度集团进行战略合作，在人工智能、大数据、云计算、车联网等技术领域开展多层次合作；腾讯云与爱心人寿开展深度战略合作，探索将医疗机构、保险公司、卫生信息平台等组织成区块链联盟；中华保险集团与腾讯公司 2019 年 6 月 12 日签署战略合作协议，将以中华保险数字化转型为目标，推动腾讯的数字化技术与中华保险的业务场景深度融合。

案例 4-2　中国平安保险布局金融科技

2018 年 12 月 29 日，中国平安董事长兼 CEO 马明哲发了一篇元旦致辞。这次新年致辞中，中国平安改变了 Logo。将原 Logo 中的“保险、银行、投资”六个字，改为“金融、科技”，意味着中国平安全面投入金融科技战略中去。过去十年，中国平安投入了超 500 亿元在金融科技上。到 2017 年，平安的金融科技战略成型，形成了“金融+科技”双驱动战略布局：以五大核心技术（生物识别、大数据、人工智能、区块链与云平台）为基础，聚焦四大生态圈——“金融服务生态圈”“医疗健康生态圈”“汽车服务生态圈”和“房产金融生态圈”。依靠着“五大核心技术与四大生态圈”，平安一方面是提升自身传统金融业务的核心竞争力；另一方面是向其他金融机构、医疗机构输出科技，提升效率，获得轻资产和轻资本的收入来源。

由此，轻资产和轻资本运营已经成为平安的转型战略。早前，平安集团有着传统综合金融机构重资产运营的典型特征，即资本投入最高的业务往往贡献着最低的收益。平安明显想改变这种现状。平安所推行的科技化转型的目标，是输出战略、技术、服务等高附加值的金融服务，应用于渠道、产品、运营、风控以及终端资产。为了配合零售业务，平安于 2017 年开始向轻资产、轻资本运营转型，发展综合金融，布局互联网、物联网和以橙 e、保理云为代表的轻资产平台。传统金融机构和 BAT 等互联网巨头的差异在于：科技竞争是场景的竞争，也是数据的竞争。互联网巨头场景的丰富程度很高，金融机构是从交易这个非常核心的场景切入的，数据的深度很不一样。中国平安正应用了这一优势，在轻资产、轻资本运营思路上，以科技提升传统金融价值是战术手段之一。通过互联网 AI 技术，实现精细化的客户经营、智能化的渠道管理与销售、智慧的客户服务和精准高效的风险管控，进而提升效率、降低成本、强化风控和改善体验。如平安寿险增员管理中构建动态的“人员画像–关键特征–筛选流程”循环体系识别准增员；产险图片定损技术已向 7 家保险公司输出技术。

4.4　传统证券机构的互联网创新

4.4.1　传统证券机构互联网创新的概念

传统证券机构是指线下有营业部的经营证券交易的公司，不仅包含证券经纪公司，还包括自行买卖证券的证券机构、证券承销商、以包销或代销形式帮助发行人发售证券的机构。经纪业务就是代理买卖沪深股市的证券业务，即为上交所和深交所的代理商，投资者必须在证券公司开户，利用证券公司提供的交易通道和交易席位，才能与交易所进行证券交易，证券公司收取服务佣金。除了经纪业务外，传统券商还从事各种各样的证券类金融业服务，也称为非银业务，如资管业务，融资融券业务，发行与承销业务等。

传统证券机构的互联网创新，是指能够充分利用互联网资源与信息科技传递证券交易相关信息（如实时行情和市场资讯），并且能以互联网平台部分或者完全替代实体证券营业网点的功能（如网上开户、网上委托、投资顾问、理财销售和客户服务等），还能够充分运用社交网络进行个性化客服、强化客户关系管理，并且凭借大数据分析等科技创新完善量化投资分析与风险管理能力。

4.4.2 传统证券机构互联网创新的模式

传统券商互联网创新是顺应市场的需求和各自战略的要求。现在多数券商尤其中小型券商都在搭建全新的互联网部门和业务模式，不断调整前中后台，以应对通道业务盈利能力的下滑和正在被弱化的金融中介功能。目前，传统券商互联网创新发展模式有以下三种。

（1）传统证券机构自建网站模式

该模式适合大型头部传统证券机构开展互联网创新业务，通过建设官方网站，同时布局移动端，搭建客户引流和理财电商平台。为了向客户提供更加高效、便捷、高质量的金融服务，自建移动应用平台已成为各家券商向移动互联网时代进军的发力点。传统证券机构不再满足移动端应用，只提供基本的行情、交易、开户、资讯、理财产品销售等功能，部分移动端应用还可以提供创新业务办理服务，如提供涵盖证券、基金、债券、信托等全交易品种及对应全账户资产盈亏、汇总的“综合账户”体系等更全面的综合金融服务。

作为最早布局践行“互联网+券商”模式的大型券商之一，华泰证券早在 2007 年就开始推进数据化、网络化建设，打造客户关系管理系统（CRM），构建完整的客户数据库。2009 年开始，华泰证券就布局移动互联网平台，2014 年，移动财富管理终端“涨乐财富通”面世，截至 2017 年 6 月末下载量超 3300 万。2019 年 11 月，涨乐财富通 APP 与人工智能深度融合，产品全面升级，涨乐财富通 APP 成为华泰证券提供全面生命周期综合金融服务的重要载体，这体现了我国券商正加快从移动互联网时代迈向人工智能时代。华泰证券官网中涨乐财富通版块营销界面如图 4-11 所示。

图 4-11　华泰证券“涨乐财富通”版块营销界面

（2）传统证券机构与互联网公司跨界合作模式

这种模式比较适合中小型券商。传统证券机构业务模式中往往存在服务模式和服务内容标准化、同质化等现象，而互联网金融在经营理念、商业模式和运营逻辑上都与传统金融不同，它通过标准化的产品，展现出规模迅速增加、交易成本迅速下降的特征与能力，将用户体验发挥到极致。中小型券商与互联网公司合作，一方面拓展前端营销渠道获取海量客户，另一方面提升券商的综合金融服务能力，包括账户的全功能建设、平台所搭载的丰富的金融产品以及投资咨询及信息支持能力。以海通证券为例，公司入股 91 金融，此后便利用该平台进行了客户导入等服务。除了导流作用之外，券商与平台寻求更深层次的资管业务合作，例如，合作研发资管计划并共同销售、赚取通道费用。

（3）传统证券机构自建金融科技公司模式

该模式是传统证券机构自建金融科技公司，发展以科技驱动的互联网式综合服务平台，是互联网创新的高级阶段。目前证券行业有三大发展趋势：一是基础佣金将继续走低，开户作为流量入口的趋势越来越明显；二是我国金融行业在加速对外开放，这将导致证券公司加速分化成大而全、专而强的两种类型；三是金融科技在我国证券行业的应用场景迅速拓展，正在改变传统经纪业务模式。金融科技正在重塑证券业务模式，因此，无论是大型券商还是中小型券商，都在加大对金融科技的投入。

以往，传统证券、基金行业的核心信息系统几乎都被恒生、金证、顶点等系统开发商垄断，极少有券商具备自主开发能力。当每一次交易规则改变或系统升级时，因券商没有自主权和主动权，都会丢失刚需订单。近年来，证券公司的业务转型和改革势在必行，重视金融科技团队的建设，提高金融产品的创设能力、打造精准的资讯内容、建设专业的系统和交易策略，都将成为传统券商经纪业务的突破口。证券公司金融科技的应用场景从传统的智能投顾、智能客户，开始向客户画像、交易轨迹、量化方案等更深、更广泛的领域拓展。以东吴证券为例，该公司旗下的东吴在线平台，由东吴证券、赢时胜和奥飞娱乐三家上市公司联合发起，利用大数据、区块链等信息技术，全面布局金融科技，为个人和机构提供智能化的综合金融服务。

4.4.3 传统证券机构互联网创新的内容

1．佣金制度创新

随着证券业市场竞争的日趋激烈，我国股票交易中现行的固定佣金制度正越来越受到返佣现象和网上交易的挑战，佣金制度改革的呼声日渐高涨。2019 年，证券市场迎来两则消息：一是券商、基金、期货公司外资股比限制取消日期确定；二是 2019 年 10 月以来已有 5 家美国证券经纪商宣布实施“零佣金”。这再次向国内券商发出应加快转型与创新的信号。佣金制度改革已是大势所趋。其中，取消股比限制实施全面开放，有利于鼓励中外券商良性竞争，促进行业服务水平提升，加快推动国内券商提升创新能力和服务意识。美国券商竞相“零佣金”，对中国券商是一种间接促动。国内券商应加快转型与创新，实现业务多元化与发展差异化，改变业务收入格局。

相比于国外实行的“零佣金”制度，国内券商在短时间内难以实现。一方面因为大部分券商经纪业务收入占营业收入的 20%以上，对传统业务的依赖性较强，国内券商业绩“看天吃饭”的特征较强；另一方面是相关政策明确券商收取佣金不得低于证券经纪业务服务成本。但随着国内证券市场的多元化发展和竞争加剧，国内券商的佣金这几年明显下降，一些互联网企业与券商合作，进一步拉低佣金率。这对传统证券经纪、理财和产品销售都带来非常直接的冲击，倒逼传统证券公司进行盈利结构的多元化改革。以东兴证券为例，该公司推进从传统通道业务模式向财富管理与资本中介业务模式的战略转型，收入结构呈多元化发展趋势。该公司对经纪业务的依赖程度逐年下降，2019 年上半年经纪业务收入占比较 2018 年同期下降 7.12%。

2．组织结构创新

“互联网+”的开放特点使得传统券商的竞争对手突破了行业区隔而呈现多元化趋势，传统券商面临着前所未有的复杂竞争环境。如何选择恰当的互联网证券业务链组织形式和进行公司内部组织调整，实施组织结构创新，是一个普遍而紧迫的现实问题。传统券商应努力做到以下几点。

① 领导层应不断加深理解“互联网+”对传统证券行业具有颠覆性的认识，重点培育互联网化变革的组织环境和创新文化，克服组织内部对革新的阻力。领导自身应适应扁平化管理的需要从领导者变成创新者和引导者。

② 选择合适的业务链组织模式，结合自身战略需要和自身优势，可选择战略联盟、股权投资以及一体化合作等多种方式，如果能够集中公司资源开展互联网证券业务，一旦成功，企业应彻底实现互联网化转型。

③ 应围绕提升客户体验加强协同机制建设，尝试突破原有直线职能模式的组织方式，形成矩阵式的组织方式。

④ 持续提高企业信息化水平。在流程建设的基础上，打造一体化信息平台，将业务处理流程和考核信息化、直观化。客户信息的传导路径由过去的“客户-业务部门-产品设计销售”转化为“客户-互联网证券产品经理-产品设计工作小组”，信息技术人员从辅助支持角色，转变为需求信息传导和产品管理的角色。

3．产品结构化创新

随着传统证券机构互联网创新的深入，特别是与互联网企业合作后，在产品种类和结构上更加层次化和丰富化。主要表现在三个方面：一是在传统证券期货经营机构层面，互联网的应用主要表现在账户开立、经纪交易、新股申购、担保质押融资、基金等理财产品销售、证券信息资讯等服务；二是部分机构在对互联网金融平台进行股权投资或直投，并参与其中的相关运营，但该类活动目前受到了较大的监管压力；三是部分机构借助互联网平台进行产品直销、推介或导流。目前，传统证券机构在产品业务创新方面主要体现在经纪交易、融资、新股申购、理财产品销售、私募股权融资、生态链营造、互联网金融直投七大方面。通过多种互联网渠道，打造以用户为中心的创新型服务体验模式，为高净值客户、大众客户提供高品质、个性化的专业化服务。

4．服务智慧化创新

传统证券机构着重发展金融科技，为差异化、智慧化服务提供有效途径。以往券商依赖的是牌照经营，大家拿着相同的牌照，提供同质化的服务。但引入金融科技后，行业要回归到服务本源的创新上，即金融产品创设、精准资讯推送、专业系统建设上。

4.4.4 我国传统证券机构互联网创新发展趋势

我国传统证券机构互联网创新发展趋势主要体现在全面数字化上，端到端数字化和金融科技的应用将成为行业常态。包括以下几方面。

（1）大数据驱动决策

基于数据分析为客户匹配更精准的产品和服务，实现存量客户挖潜。利用算法可以从六完整的客户数据中提炼有价值的信息；通过机器识别推介产品，可弥补客户经理因不了解情况而错失的交叉销售机会；数据分析在产品定价、风险管理上也将发挥越来越重要的作用。

（2）运营流程自动化

除了提升前台产能，数字化在中后台将提高券商运营效率，减少人工审批环节出现的疏漏，有助于更及时准确地把控风险。机器人流程自动化（RPA）已在投行运营中台展现出巨大潜能，它能迅速完成数据提取和清洗等日常工作，在交易风险计算方面，机器人可以下载、验证和分析业务头寸。一些证券公司已将该流程所需的资源减少了 95%，所需时间从 10 天缩减到 20 分钟，流动性风险计算也可由机器人代劳。

（3）金融科技推动创新

金融科技的应用主要有以下几个方面。运营智能化，通过在“审核、分析、操作、监控”几大关键流程采用大数据、人工智能、RPA 等关键技术，智能运营实现了“实时性、高效率、低差错”，从而极大降低了人工成本，提升了客户响应速度；运营集中化，业务“分散受理，集中处理”，前台业务进行全渠道整合和标准化处理；资金策略更高效灵活，券商将更多采用预期减值损失模型，资金使用和资金管理更加精细化，可根据市场变化动态调整资金成本和资金在业务间的分配，从而实现资金使用效率最大化。

案例 4-3　方正证券“人智合一”

传统券商正通过并购等方式利用科技实现业务延伸，同时互联网企业也在通过各种形式参与证券市场，利用自身优势打造特色业务。而在线上服务终端方面，外部开发模式成本上升同时客户需求越来越复杂，促使券商回归服务商角色，券商正纷纷加强服务终端的自主开发力度。方正证券正在快车道切入“人智合一”的新阶段，加速实施“客户服务智能化、员工展业智能化、管理运营智能化”，以求让客户更满意、让服务更精准、让管理更高效。

（1）客户服务智能化

作为方正证券自主研发的移动客户服务终端，“小方”APP 以大数据和人工智能为依托，发力打造移动智能财富管理平台。“小方”APP、Level-2 云行情，以及智能投顾“小方二”的上线时间均为行业前列，并且持续推出“相似 K 线”“持仓大数据”“小方热股”“智能账单”等大数据智能产品，完善平台的智能化布局。依托大数据平台与机器学习技术，重新梳理行情资讯，向客户推送个性化内容，缩短信息获取的路径，方正证券重新定义了客户获取证券信息的使用场景。

（2）员工展业智能化

客户服务智能化的背后，是业务支持全面智能化所带来的效率升级。方正证券提出了“员工展业智能化”，以人为本，AI 赋能，打造更加精细化的服务场景，强化整个服务闭环的完整性。为此，方正证券启动 O2O 营销服务平台—“大方”建设，完成了线上线下精准营销服务闭环的构建等一系列工作。其中，O2O 智能客服体系“小方必应”有颇多亮点，利用 360° 移动客户画像、MOT 等功能，“小方必应”大大提高了员工服务客户的效率，同时还利用理财规划功能，通过大数据投顾签约和金融产品销售预测，为客户提供精准的理财规划及更多个性化服务。

（3）管理运营智能化

目前方正证券的营业部网点布局、员工数量均处行业前列，而利用金融科技实现管理精细化、高效化、智能化，是必然且必需的突破点。从传统的总分模式，向互联网考核方式过渡，方正证券利用金融科技，建立了 B2B、B2C 的精细化管理体系。其中，B2B（总部-网点）网点管理平台通过 BI（Business Intelligence）将网点中现有的数据进行有效整合，为网点快速准确地提供经营决策依据，而 B2C（总部-员工）CRM 平台则是通过大数据，为每位员工打造“我的钱包”，让业绩考核与激励及时到位，实现总部直接对员工的精细化考核。

未来，方正证券将以金融科技绘制金融生态蓝图，实现“FIRST”目标，即：极速（Fast）、智能（Intelligent）、可靠（Reliable）、极简（Simple）、信赖（Trusted）。以“客户智能”“员工智能”“管理智能”是“人智合一”的三个主要突破点，推进整个业务体系的自动化与智能化。

思考题

1．传统金融机构互联网创新的背景、目的和意义是什么？
2．传统金融机构互联网创新的内容及策略是什么？
3．从商业银行互联网创新的过程中，分析商业银行互联网创新的本质是什么？
4．商业银行开展数字普惠金融业务的现状、发展趋势是什么？
5．传统保险机构是如何利用大数据提高其运营效率的？
6．传统证券机构互联网创新的价值体现在哪些方面？

上机操作

1．用截图的方式展示商业银行互联网平台中创新的板块和内容。
2．用截图的方式展示传统保险机构互联网平台中创新的板块和内容。
3．用截图的方式展示传统证券机构互联网平台中创新的板块和内容。

小组作业

针对实验中对传统银行、保险和证券机构互联网创新的调查结果，制作 PPT，进行展示说明。

第5章　互联网金融

本章要点：

1. 了解互联网金融的概念、特征、经济学理论基础、发展历程；
2. 掌握互联网金融的发展模式及其特征、发展趋势；
3. 掌握互联网金融生态圈概念、特征及基本要素，了解互联网巨头企业和传统金融机构的互联网金融生态圈布局。

导入案例：

度小满“曲线”获消费金融牌照

2019年5月16日，中国银行保险监督管理委员会（简称银保监会）黑龙江监管局披露《关于核准哈尔滨哈银消费金融有限责任公司增加注册资本和调整股权结构的批复》（黑银保监[2019]250号）（下称《批复》）。《批复》显示，哈银消费金融注册资本将由10.5亿元增加至15亿元，同时出现了一个新股东——度小满（重庆）科技有限公司出资4.5亿元，持有哈银消费金融30%的股权，仅次于持股53%的哈尔滨银行成为哈银消费金融的第二大股东。度小满（重庆）科技有限公司是度小满金融（原百度金融）的全资子公司。

网络小贷这一全国经营的放贷资质，突破了地方金融监管部门的监管范围。2017年12月，监管部门要求，网络小贷杠杆率表内、表外合并计算并暂按当地现行比例执行，导致许多互联网小贷公司业务放缓或资本补充压力大增。无论是蚂蚁、京东、百度等都将受到这一要求的影响。而相较之下，消费金融公司是银保监会批设的持牌金融机构，受政策鼓励支持，监管环境相对稳定。此外，网络小贷业务资金以股东出资为主，资产证券化门槛较高，从金融机构获得的授信资金成本也相对较高。

消费金融公司的业务范围除办理消费贷款外，还包括办理信贷资产转让，境内同业拆借，向境内金融机构借款，经批准发行金融债券，与消费金融相关的咨询、代理业务，代理销售与消费贷款相关的保险产品，固定收益类证券投资业务等。资金渠道更加多元，成本更低，业务范围更广，此外，在接入央行征信、增强对用户失信惩戒方面更有优势。蚂蚁、京东、百度等巨头都在积极争取这一牌照，但并不容易，新批消费金融公司的发展速度已经大为放缓。已经获批的20多张消费金融牌照中，倾向于在经济条件合适的一省（市）一家，部分经济发达地区可能会有两家或更多。接下来的机会可能在对外开放下，与外资合资设立。此外，主发起机构多以银行股东为主。而互联网巨头们通常更希望独资申请获得这一牌照。即便不能独资，对于合作伙伴的选择也十分重要。在新申请牌照难度较大的情况下，投资入股或许是互联网巨头们的捷径。

思考：

互联网金融的参与主体是谁？竞合关系是怎样的？了解国家互联网金融政策对互联网金融生态圈构建的影响。

5.1 互联网金融概述

互联网金融是将互联网思维融入金融业务的一种金融模式创新，运用大数据、云计算、人工智能、物联网、区块链等信息技术解决传统金融业务痛点，满足用户对数字金融产品的需求，专注消费领域金融产品与服务开发，推动数字普惠金融的有效实施。目前，主营互联网金融业务的机构主要有互联网企业和传统金融机构两大阵营。互联网巨头企业，如阿里巴巴率先开展互联网金融业务，进而引发两大阵营的全面竞争与合作。本章主要讲述互联网企业所开展的互联网金融模式。

5.1.1 互联网金融的概念

互联网金融是指传统金融机构与互联网企业利用互联网技术和信息通信技术实现资金融通、支付、投资和信息中介服务的新型金融业务模式，是互联网技术和金融功能的有机结合。互联网金融依托大数据和云计算在开放的互联网平台上，形成了功能化的金融业态及其服务体系，包括基于网络平台的金融市场体系、金融服务体系、金融组织体系、金融产品体系以及互联网金融监管体系，并具有普惠金融、平台金融、信息金融和碎片化金融等相异于传统金融的金融模式。

互联网与金融深度融合是大势所趋，这一趋势将对金融产品、业务、组织和服务等多个方面产生深刻的影响。互联网金融对促进小微企业发展和扩大就业发挥了现有金融机构难以替代的积极作用，为大众创业、万众创新打开了大门。促进互联网金融健康发展，有利于提升金融服务质量和效率，深化金融改革，促进金融创新发展，扩大金融业对内对外开放，构建多层次金融体系。

5.1.2 互联网金融的特征

① 互联网金融是知识经济、信息时代的新金融产物。工业时代的基本特征是机器取代人力，科技进步提高劳动生产率。传统的客户关系模式基本是一个封闭的系统，这种模式很难辐射到参与者外，影响范围有限，而互联网金融超越了传统金融机构的客户关系模式，打造了去中心化、客户互帮互联的沟通渠道，通过基本功能免费和增值服务收费的形式来获利。

② 传统金融机构的经营活动是建立在信息不对称基础上的，而互联网金融消除了这种不对称。

③ 互联网金融企业能够用很低的成本、便捷的方式直接接触客户。

④ 在大数据时代，互联网金融提升与扩宽了金融机构与客户发生关联的频度和宽度，从而能够挖掘更多有用的信息，为用户提供差异化的定制服务。

⑤ 互联网金融跨时空性地打通了物质世界和虚拟世界，能够提供 24 小时点对点的实时服务。

⑥ 互联网金融重塑了公司形态和社群关系。新的互联网模式去毛利、去库存，甚至去

管理，这使得公司的边界被打破，新的社群关系被建立起来，随之产生的社群经济是朋友之间的经济，通过朋友间互帮互联来提高用户数量和服务体验。社群内个别的行为会受到约束，并在共同体内形成利益最大化的行为规范。

5.1.3 互联网金融的经济学理论基础

1．网络经济三大定律

网络经济由其开放性特征，形成了“互联网+”的经济形态，在其发展过程中，有三大定律起到了支配作用，即摩尔定律、梅特卡夫定律、达维多定律。

（1）摩尔定律

摩尔定律由英特尔（Intel）创始人之一戈登·摩尔（Gordon Moore）提出，即当价格不变，集成电路上可容纳的元器件的数目约每隔 18～24 个月便会增加一倍，性能也将提升一倍。这一定律说明信息技术更新速度之快。

如果将由信息技术支撑的金融服务视为产品，那么这项产品也有摩尔定律特征。即随着市场对金融需求的激增，传统金融业务由于其内部网络技术的限制，不能达到边界的扩充，而互联网金融随着信息技术的持续投入，金融服务边界可以不断扩展，满足市场需求。这也是传统金融机构进行互联网化改革的重要因素之一。

（2）梅特卡夫定律

梅特卡夫定律是以太网发明者罗伯特·梅特卡夫（Robert Metcalfe）命名的，该定律认为：一个网络的整体价值与其节点数量平方的增长速度正相关。该定律体现出网络外部效应，即使用者越多，网络价值越高。互联网金融正是借助了互联网技术的网络外部效应，通过发展社交、场景、优化平台，来不断扩充产品和服务覆盖的边界，不断增加金融产品或服务的价值。

（3）达维多定律

达维多定律是以 Intel 副总裁威廉·H·达维多（William H. Davidow）命名的，体现出网络经济中的马太效应，即正反馈效应。该定律认为：只有率先进入市场，才能更容易获得较大的市场份额和高额利润。互联网金融企业不断争取率先推出产品，保持技术领先，使其自身成为新的市场和产品标准。

2．平台经济和双（多）边市场理论

平台是连接两个或多个特定群体，为其提供互动机制，使其在交互中满足需求，并从中获得收益的一种现实或虚拟交易空间。平台经济学是以“平台”为研究对象，对“平台”的模式、发展、布局等进行研究的一门学科。双（多）边市场是和平台经济学紧密联系在一起的概念。Rochet 和 Tiorle（2003）、Caillaud 和 Jullien（2003）、Armstrong（2004）等学者的一系列开创性研究标志着平台经济及双（多）边市场理论的确定，并成为产业经济学理论的一个重要分支。

一般来说，平台具有双边市场或多边市场的基本特征，即两组（或多组）参与者之间存在跨市场的网络外部性。跨市场的网络外部性可以理解为在某一特定市场上，所生产的产品效用随着对另一市场所生产的产品需求数量的变化而变化，也可表达为平台一侧用户加入平台意愿的大小与另一侧用户规模正相关。互联网金融平台的价值在于塑造了全新的金融产业模式，使传统金融产业的单点单向信息传输变为互联网金融模式的多点双向传输，极大提高了资金运行效率。

3．长尾理论

长尾理论（The Long Tail Theory）是网络时代兴起的一种理论，由美国人克里斯·安德森提出。该理论认为只要产品的存储和流量的渠道足够大，需求不旺或销量不佳的产品所共同占据的市场份额可以和那些少数热销产品所占据的市场份额相匹敌甚至更大，即众多小市场汇聚成可产生与主流市场相匹敌的市场能量。与长尾理论相对应的是传统的“二八定律”，这是1897 年意大利经济学家帕累托归纳出的一个统计结论，即 20%的人口享有 80%的财富。少数主流的人（或事）可以造成主要的、重大的影响，而被忽略不计的80%就是长尾。

对于传统金融行业，不同金融产品实际收入成本差异明显，但实际运营成本相对有限，所以尽可能挑选一些高净值、高回报率的客户。由于互联网等信息技术的发展，互联网金融企业实际运营成本明显下降，并能有效控制金融风险，为客户提供个性化金融产品，实现薄利多销，抢占传统金融业务 80%的市场。

4．信息经济学理论

根据经典经济学理论，市场达到帕累托效率的关键要素之一是信息的完整和对称。早期，互联网的价值仅是进行信息的简单操作收集，并进行直接的信息披露，接收者也往往是单向、单渠道地获取信息。而随着互联网技术的飞速发展和深入应用，互联网的价值已转变为大数据的合并处理、战略性的信息经营管理、双向互动及全方位的信息获取。因此，互联网金融能使用户在某一时间节点，从信息集成化的平台上获取有关金融产品与服务的全面信息，提高决策能力和风险控制力度。

5．金融脱媒理论

所谓“金融脱媒”是指在金融管制条件下，资金供给脱离商业银行体系，直接输送给需求方和融资方，完成资金的体外循环。随着互联网金融企业对大数据、云计算等信息技术应用的加深，加速了金融脱媒进度。尤其表现为当前大众进行互联网金融投资意愿更加强烈，因此，传统金融机构金融脱媒风险加大。但金融脱媒现象在互联网金融监管措施不全面的情况下，由于金融信息的暴增，会导致投资人的金融信息辨识难度加大，从而出现互联网金融风险。

6．金融深化理论

金融深化其实是一个多层面、动态的概念，其理论发展在不同时期有不同的内涵。金融深化理论的核心在于让资本的价值由市场决定，即实现利率市场化、资本自由流动。金融深化理论的指标有：经济货币化程度，即采用货币化指标作为金融的深度指标；经济金融化程度，通常采用金融资产总额占国内生产总值的比例表示；价格的市场化程度，通常采用利率和汇率的市场化水平表示；金融的多样化程度，从金融工具的多样化和金融机构的多元化角度考察；金融的健全化程度，即表现为信用体系的发展程度、金融机构体系的发展程度等。

从理论上讲，互联网金融只是金融深化的一个环节，且参与金融深化过程的顺序是相反的，从金融健全化程度提高入手，逐渐渗透到金融本质，从而带来经济货币化的质变。

5.2 互联网金融模式

目前，互联网金融发展模式可分为七大类，分别为：第三方电子支付、P2P 网贷、大数据金融、互联网众筹、互联网金融机构、互联网金融第三方中介平台、互联网金融门户。本章介绍除第三方电子支付及互联网金融门户以外的其余五种模式。

需要说明的是，在我国由于 P2P 网贷安全问题频发，国家清退政策明确，P2P 网贷平台已成历史，合规和持牌的网贷平台已逐步向小贷公司转型。

5.2.1 P2P 网贷

1．P2P 网贷的概念

网络信贷（Internet Lending）起源于英国，随后发展到美国、德国和其他国家。网络借贷包括个体网络借贷（P2P 网络借贷）和网络小额贷款。个体网络借贷是指个体和个体之间通过互联网平台实现的直接借贷。在个体网络借贷平台上发生的直接借贷行为属于民间借贷范畴，受合同法、民法通则等法律法规以及最高人民法院相关司法解释规范管理。网络小额贷款是指互联网企业通过其控制的小额贷款公司，利用互联网向客户提供的小额贷款。网络借贷业务由银保监会负责监管。

2．我国 P2P 网贷发展及监管

（1）我国 P2P 网贷发展历程

1）2007—2011 年，萌芽期。2007 年 6 月，第一家 P2P 网贷平台“拍拍贷”成立；期间，全国的 P2P 网贷平台大致有二十多家，活跃的平台则有十家，主要以区域性借款为主。

2）2012—2013 年，高速发展期。P2P 网贷平台数目进入爆发增长期，一些渴望赶上互联网金融风口的民间资本拥有者，纷纷投入 P2P 网贷行业。

3）2013—2014 年，风险爆发期。大批投资人在 P2P 网贷中看到了商机，投身到 P2P 网贷平台的开发和建设中，使得平台数目从 200 家左右增至 600 多家，行业内鱼龙混杂，问题平台大量曝出。

4）2015 年至今，政策调整期。一次次“爆雷潮”出现，国家政策不断调整，监管越来越严格，P2P 问题平台纷纷退出，行业发展环境不断完善。

（2）我国 P2P 网贷监管政策

1）2015 年 7 月 18 日，中国人民银行等十部门发布《关于促进互联网金融健康发展的指导意见》，确立了互联网支付、网络借贷、股权众筹融资、互联网基金销售、互联网保险、互联网信托和互联网消费金融等互联网金融主要业态的监管职责分工，落实了监管责任，明确了业务边界。

2）2015 年 12 月 28 日，由银监会、工信部、公安部、国家互联网信息办等部门联合起草《网络借贷信息中介机构业务活动管理暂行办法征求意见稿》，规定网络借贷信息中介机构按照依法、诚信、自愿、公平的原则为借款人和出借人提供信息服务，维护出借人与借款人合法权益，不得提供增信服务，不得设立资金池，不得非法集资，不得损害国家利益和社会公共利益。

3）2016 年 8 月 24 日，银监会官网正式对外公布《网络借贷信息中介机构业务活动管理暂行办法》，全文共包含八章，共计四十七条。正式对意见稿相关规定进行落实。

4）2016 年 10 月 13 日，国务院办公厅印发《互联网金融风险专项整治工作实施方案》，重点整治 P2P 网贷和股权制众筹问题。相关条文如下。

① P2P 网络借贷平台应守住法律底线和政策红线，落实信息中介性质，不得设立资金

池，不得发放贷款，不得非法集资，不得自融自保、代替客户承诺保本保息、期限错配、期限拆分、虚假宣传、虚构标的，不得通过虚构、夸大融资项目收益前景等方法误导出借人，除信用信息采集及核实、贷后跟踪、抵质押管理等业务外，不得从事线下营销。

② P2P 网络借贷平台和股权众筹平台未经批准不得从事资产管理、债权或股权转让、高风险证券市场配资等金融业务。P2P 网络借贷平台和股权众筹平台客户资金与自有资金应分账管理，遵循专业化运营原则，严格落实客户资金第三方存管要求，选择符合条件的银行业金融机构作为资金存管机构，保护客户资金安全，不得挪用或占用客户资金。

③ 房地产开发企业、房地产中介机构和互联网金融从业机构等未取得相关金融资质，不得利用 P2P 网络借贷平台和股权众筹平台从事房地产金融业务；取得相关金融资质的，不得违规开展房地产金融相关业务。从事房地产金融业务的企业应遵守宏观调控政策和房地产金融管理相关规定。

5）2016 年 11 月 3 日，中国银监会、工业和信息化部、工商总局联合印发《网络借贷信息中介机构备案管理登记指引》，规定新设立的网络借贷信息中介机构在依法完成工商登记注册、领取企业法人营业执照后，应当于 10 个工作日内向工商登记注册地地方金融监管部门申请备案登记。

6）2017 年 2 月 22 日，银监会发布《网络借贷资金存管业务指引》，充分吸收和采纳了国家有关部委、地方金融监管部门、银行业金融机构、网贷机构和有关自律组织的意见。明确了网贷资金存管业务应遵循的基本规则和实施标准，鼓励网贷机构与商业银行按照平等自愿、互利互惠的市场化原则开展业务。

7）2017 年 8 月 24 日，银监会印发《网络借贷信息中介机构业务活动信息披露指引》，网贷行业信息披露将有据可依。网络借贷信息中介机构及其分支机构通过其官方网站及其他互联网渠道向社会公众公示网络借贷信息中介机构基本信息、运营信息、项目信息、重大风险信息、消费者咨询投诉渠道信息等相关信息的行为。

8）2017 年 12 月 13 日，P2P 网络借贷风险专项整治工作领导小组办公室下发《关于做好 P2P 网络借贷风险专项整治整改验收工作的通知》。通知要求，各地应在 2018 年 4 月底前完成辖内主要 P2P 网贷机构的备案登记工作，6 月底之前全部完成；并对债权转让、风险备付金、资金存管等关键性问题做出进一步的解释说明。

9）2019 年 1 月 21 日，互联网金融风险专项整治工作领导小组办公室、P2P 网贷风险专项整治工作领导小组办公室联合发布了《关于做好网贷机构分类处置和风险防范工作的意见》，其中最值得关注的内容包括两点：一是针对高风险机构，在清退退出前，不允许金融机构为网贷平台提供担保增信；二是允许有条件的合规机构转型网络小贷和助贷导流机构。网络小贷不再是信息中介而是信用中介。合规的大型平台，特别是股东和资金实力较强的平台，可以在满足网络小贷申请资质的要求情况下，申请具有信用中介属性的金融机构牌照，会按照比 P2P 网贷更严的监管标准发展。

10）2019 年 1 月 24 日，互联网金融风险专项整治工作领导小组办公室、P2P 网贷风险专项整治工作领导小组办公室向各省市互联网金融整治小组办公室等联合下发了《关于进一步做实 P2P 网络借贷合规检查及后续工作的通知》，该文件向 P2P 网贷平台提出了一项硬性规定：即完成行政核查的 P2P 网贷平台，需逐步完成实时数据接入；其中，统计监测数据应报送至“国家互联网金融风险分析技术平台网贷机构统计报送系统”，信息披露数据应披露在“全国互联网金融登记披露服务平台”。对于不愿意进行实时数据接入、不进行全面信息披露或者不实披露的机构，将按照不配合专项整治工作逐步予以清退。

11）2019 年 4 月 8 日，《网络借贷信息中介机构有条件备案试点工作方案》，从基本政策大纲、四个目标节点、稳中求进疏堵并举的工作原则，以及经营范围、注册资本金、股东高管等 11 项备案条件等方面对试点网贷机构的备案做了详细要求和说明。

12）2019 年 9 月 2 日，互联网金融风险专项整治工作领导小组、网络借贷风险专项整治工作领导小组联合下发的《关于加强 P2P 网贷领域征信体系建设的通知》，通知涉及支持在营 P2P 网贷机构接入征信系统、持续开展对已退出经营的 P2P 网贷机构相关恶意逃废债行为的打击和加大对网贷领域失信人的惩戒力度等内容。

由上述政策条文可见，国家对 P2P 网贷平台清退转型的改革的决心，另外随着行业出清的加速，国家明确支持在营网贷机构接入央行征信、百行征信等征信机构，持续开展对已退出经营的网贷机构相关恶意逃废债行为的打击，要求各地将形成的“失信人名单”转送央行征信中心和百行征信。

案例 5-1　合规 P2P 网贷平台的转型之路

从 2015 年以来国内绝大部分网贷平台纷纷退出，众多竞争实力不强的中小网贷平台在政策和市场的压力下逐渐“出清”，而留下来的网贷平台资金实力雄厚，有部分企业甚至在美国及香港地区上市，在这种背景下，生存下来的网贷企业将精力集中在转型上。以宜人贷、微贷网、拍拍贷为代表的 P2P 网贷平台，以网络小贷、助贷、消费金融等为转型主要方向。

2020 年年初，杭州市人民政府旗下金投行，成为全国首家 P2P 平台转型网络小贷的案例，其经营范围变更为：发放网络小额贷款；与贷款业务有关的融资咨询、财务顾问等中介服务。微贷网发力助贷业务和金融科技业务，丰富平台发展的业务线，争取更多的增长空间。微贷网亦在加大现金贷的布局，目前相继上线微新贷、多米贷、车主贷、微易融等多个现金贷产品，并试图通过京东金融等渠道引流。2019 年以来，已有微贷网、51 信用卡和信贷、金筑财富、信通贷等多家互联网金融公司，将申请《关于网络借贷信息中介机构转型为小额贷款公司试点的指导意见》所述的互联网小贷牌照。

5.2.2　互联网众筹

1．互联网众筹的概念

众筹最初是艰难奋斗的艺术家们为创作筹措资金的一个手段，现已演变成初创企业和个人为自己的项目争取资金的一个渠道。众筹的兴起源于美国网站 kickstarter，该网站通过搭建网络平台面对公众筹资，让有创造力的人可能获得他们所需要的资金，以便使他们的梦想有可能实现。这种模式的兴起打破了传统的融资模式，每一位普通人都可以通过该种众筹模式获得从事某项创作或活动的资金，使得融资的来源者不再局限于风投等机构，而可以来源于大众。该模式在欧美逐渐成熟并推广至亚洲、中南美洲、非洲等地区。国内众筹与国外众筹最大的差别在支持者的保护措施上，国外项目成功了，马上会给项目发钱去执行。国内为了保护支持者，把它分成了两个阶段，会先付 50%的资金去启动项目，项目完成后，确定支持者都已经收到回报，才会把剩下的钱交给发起人。

互联网众筹（Internet Crowdfunding），即互联网+大众筹资，是指项目发起者利用互联网的社交网络传播特性，集中大家的资金、能力和渠道的一种新兴融资方式。互联网众筹项目种类繁多，不仅包括新产品研发、新公司成立等商业项目，还包括科学研究项目、民生工程项目、赈灾项目、艺术设计等，互联网众筹平台开展的模式也有不同的划分。

2．互联网众筹发展模式

（1）奖励制众筹

投资者对项目进行投资，获得产品或服务。这种模式可看作一种预消费模式，类似于“团购+预定”，先让用户掏腰包，再制造产品。创业者可以把项目放在众筹平台上展示，一边众筹，一边众包，让参与者参与产品的研发、设计、传播、销售，这种 C2B 方式正成为当下的流行趋势。例如，在京东众筹平台上，有很多已经获得风投的企业采用这种方式预售产品，他们已将众筹平台变成了广告投放平台和推广渠道，旨在树立产品的品牌形象。京东众筹平台展示如图 5-1 所示。

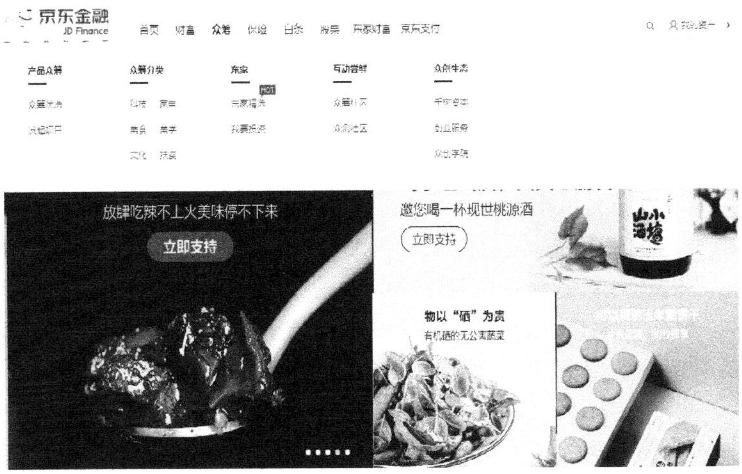

图 5-1　京东众筹平台

奖励制众筹的价值是：一方面能够使消费者的消费资金前移，提高生产资金筹备和销售等环节的效率，产生出原来可能无法实现的新产品；另一方面可以获得潜在消费者对预期产品的市场反馈，从而满足用户更加细化和个性化的需求，有效规避盲目生产所带来的风险和资源浪费。众筹平台的规模越大、知名度越高，其桥梁的作用越能更好地发挥出来。奖励制众筹的核心并不是直接的融资，而是“筹人、筹智、筹资”的过程。

（2）公益式众筹

公益式众筹是指不以营利为目的，通过互联网或其他媒介向不特定大众募集资金，用于救助灾害、救济贫困、扶助残疾人等困难人群，或用于兴办教育、科学、文化、卫生、体育事业，或进行环境保护、社会公共设施建设等事项的活动。公益式众筹以捐赠为基础，以互联网平台为载体，在本质上属于慈善行业，应遵守国家有关慈善和众筹的法律法规。

可以接受捐赠的主体应当是公益性社会团体或公益性非营利的事业单位，这些主体应受到民政主管部门等机关在财产使用和管理、信息披露等方面的监管。除具有公募资格的慈善组织外，任何组织和个人不得以慈善名义敛财。因此，公益式众筹的发起人必须是具有公募资格的慈善组织。

国内知名的公益式众筹平台腾讯公益平台展示如图 5-2 所示。

图 5-2　腾讯公益式众筹平台

（3）债权众筹

债权众筹（Lending-Based Crowd-funding），是指投资者对项目或公司进行投资，获得其一定比例的债权，未来获取利息收益并收回本金。债权众筹满足投资者的需求，分散了投资风险，扩大了融资收益，使体量较轻的投资人和创业者也可进行较为安全的投融资。债权众筹通过中介平台展示自己的创意及发展前景后由大众选择性投资，项目发起方获得的只是资金的使用权而不是所有权。债权众筹的债权人在项目清算时，有权先获得清偿，而且由于一般存在抵押物、事先约定收益率，风险不确定性相对较低，收益也较低。

债权众筹容易触碰法律红线表现在众筹平台设立资金池、借款人不合法等方面。对于提供众筹项目的平台来说，要避免掉入非法集资雷池，有第三方托管资金是必要的。另外，对于众筹项目的审查也要严格，保证投资人利益，不触碰法律红线。集债券投资与股权投资的“投融界”平台展示如图 5-3 所示。

图 5-3　投融界平台

（4）股权众筹

股权众筹是指投资者对项目或公司进行投资，获得其一定比例的股权。从大的范围讲，股权众筹也属于股权融资的范围。股权融资又分为公募和私募，即是公开向大众募集，还是只向特定人群募集，如上市公司的 IPO 是公募，VCP 基金是私募。从国外的经验来看，股权众筹是向特定人群，以私募的形式进行，由于是通过网络私募股权投资，也称为“私募股权互联网化”。

现存的股权众筹属于私募范畴，各平台也按照私募原则自律，例如，股东人数不得超过 200 人，对合格投资人有限制等。传统的私募股权主要投资一些规模比较大的企业，甚至是并购型的交易。而股权众筹主要用于大众创业、万众创新的背景下支持科技创新型、服务创新型等小微企业。股权众筹平台一般不以股权、债券、分红、利息等资金形式作为回报，而是从融资成功的项目中收取一定的佣金，比例一般控制在 5%～10%。股权众筹可以按照担保模式、运营模式进行不同分类。

① 按照担保模式分为有担保模式和无担保模式。其中有担保模式是指股权众筹项目在进行时，担保是固定期限的责任。无担保模式是指投资人在进行众筹投资的过程中没有第三方公司提供相关权益问题的担保责任。国内基本上都是无担保股权众筹。

② 按照运营模式分为凭证式、会籍式、天使式。凭证式众筹主要是指在互联网通过卖凭证和股权捆绑的形式来进行募资，出资人付出资金取得相关凭证，该凭证又直接与创业企业或项目的股权挂钩，但投资者不成为股东。会籍式众筹主要是指在互联网上通过熟人介绍，出资人付出资金，直接成为被投资企业的股东。天使式众筹更接近天使投资或 VC 的模式，出资人通过互联网寻找投资企业或项目，付出资金直接或间接成为该公司的股东，同时出资人往往伴有明确的财务回报要求。

由于股权众筹涉及股票公开发行，受现行《证券法》的约束，使其具有风险特殊性，对传统证券市场的冲击也是最强烈的。

3．互联网众筹的特点

① 提供新的融资渠道模式。互联网众筹这个模式真正把社会底层的资金都撬动起来，这具有战略性的意义。

② 更加体现了目标金融的特征。互联网众筹既有技术导向又有目标导向。导向清楚，投资就精准，会大大提高投资效益。互联网众筹解决了投资的效率和精准性问题，解决了金融资源浪费问题。

③ 颠覆了中介模式，具备去中间化特征。

4．股权众筹法律风险与监管

（1）股权众筹的法律特征分析

1）现行《证券法》对股票公开发行的规则。

现行《证券法》第 10 条第一款明确规定：“公开发行证券，必须符合法律、行政法规规定的条件，并依法报经国务院证券监督管理机构或者国务院授权的部门核准；未经依法核准，任何单位和个人不得公开发行证券”。第 10 条第二款对公开发行的界定做出了规定，列出了三种情况：向不特定对象发行证券的；向特定对象发行证券累积超过 200 人的；法律、行政法规规定的其他发行行为。

现行《证券法》规定核准制度是希望通过核准程序实现两个目的：规范信息披露的范

围；通过对发行条件的规定，对发行人起到一定的筛选作用。尽管出发点是好的，但核准制度确实给发行人带来了巨大的成本，包括信息披露成本及为满足发行条件限制所带来的成本。这种巨大的成本将中小企业的融资需求排除在了核准程序之外，因此，许多国家通过设置小额豁免制度来为中小企业和创业企业提供一定的便利。

2）私募众筹为股权众筹的合法途径。

在我国现行《证券法》并未规定小额豁免的情况下，中小企业或者创业企业在避免昂贵的核准程序方面只有一条路可走，就是选择非公开发行证券的道路，即向累积不超过 200 人的特定对象发行。特定对象一般包括三类人：与发行人有特殊关系，足以保护自己的人；有丰富投资经验，足以保护自己的人；有足够财产，能够保护自己的人。

在实践中，股东人数比较好控制，困难的是如何确定特定对象。我国目前并没有明确立法规定什么样的财富标准是合适的特定对象；并且因为我国财产申报制度和个人信用体系不完善，也很难确定某个投资者的收入和财产状况是否符合规定的财富标准。因此，往往通过采取规定最低购买金额的方法来保证合格投资者要求，使得投资者的财富状况与购买能力之间出现一定的差异。

3）合格投资者审核标准。

将不具备相应风险判断力和风险承担能力的投资者纳入股权众筹这一风险相对较高的投资中，可能会对各方都产生不利的后果。股权众筹平台对投资者资格进行审核可以借鉴《中华人民共和国证券投资基金法》（2013 年 6 月 1 日起施行）第 88 条中对非公开募集基金中合格投资者的要求，即“达到规定资产规模或者收入水平，并且具备相应的风险识别能力和风险承担能力，其基金份额认购金额不低于规定限额的单位和个人”。该条款对合格投资者限定了收入要求、风险识别和风险承担能力的要求、认购金额三个方面的要求。股权众筹平台可以对投资者的收入设置门槛，排除风险承受能力太低的投资人，而风险识别和风险承担能力要求可以考虑投资者所从事的行业以及投资经历，是否对企业所从事的领域有一定的经验，是否有过类似的风险较高的股权投资经历。

4）“领投人”准入机制。

国内股权众筹“领投+跟投”的实际操作方法，在商业模式上实际是领投人与跟投人设立了一个有限合伙，领投人是普通合伙人，跟投人是有限合伙人。能够有效地减少公司的股东人数，避免触及法律 200 人的投资人人数。在商业上，一方面能够很好地扩大投资者群体，使没有相关领域丰富经验的投资者因为相信领投人的专业能力而进行跟投。另一方面也由领投人承担大量的项目调研工作和后期项目实施监督工作，这极大方便了平台的资本运作。领投人在很大程度上承担了基金管理人的功能。因此，基金管理人或“领投人”准入机制的功能在于：阻止不合格基金管理人或“领投人”进入，降低私募股权投资基金或股权众筹运行中的监管成本，给予投资人风险提示，确保归责机制的实现，同时新兴基金管理人或“领投人”阶层的健康发展。“领投人”准入机制的优劣，决定股权众筹项目选择与监管，甚至整个股权众筹行业的发展成败。

（2）股权众筹法律风险分析

① 触及公开发行证券或“非法集资”红线的风险。股权众筹的发展冲击了传统的“公募”与“私募”界限的划分，使得传统线下筹资活动转换为线上，单纯的线下私募也会转变为“网络私募”，从而涉足传统“公募”的领域。在互联网金融发展的时代背景下，“公募”

与“私募”的界限逐渐模糊化，使得股权众筹的发展也开始触及法律的红线。

② 存在投资合同欺诈的风险。股权众筹实际上就是投资者与融资者之间签订的投资合同，众筹平台作为第三方更多的是起中介作用。我国的股权众筹多采用“领投+跟投”的投资方式，由富有成熟投资经验的专业投资人作为领投人，普通投资人针对领投人所选中的项目跟进投资。但是，如果领投人与融资人之间存在某种利益关系，便很容易产生道德风险问题，领投人带领众多跟投人向融资人提供融资，若融资人获取大量融资款后便存在极大的逃匿可能或以投资失败等借口让跟投人利益受损。

③ 股权众筹平台权利义务模糊。从股权众筹平台与投融资双方的服务协议可以看出，股权众筹平台除了中介功能之外还附有管理监督交易的职能，并且股权众筹平台要求投融资双方订立的格式合同所规定的权利义务也存在不对等。

④ 项目信息虚假或不完整。由于没有明确的法律法规，股权众筹平台在信息披露方面也往往回避或缺位，以绕开法定的审查和担保义务，因此股权众筹平台上所披露的项目信息的真实性、完整性是无法得到有效保证的。股权众筹平台上所显示的项目信息通常仅对产品的用途和功能，或者商业模式做尽可能简化的描述，并附上创始人的简历，较少有对技术和市场的客观分析和评价，也少有对竞争对手的比较分析。同时，在描述中不乏采用夸大、绝对化的用词，用以激发投资者的投资热情。

⑤ 欠缺对投资者风险承受能力的评估。股权投资所涉风险是多层次多方面的，对投资者的风险承受能力提出了较高的要求。然而，有不少众筹平台却有意或无意地放松了审查投资者资格的环节，其后果是投资者在做出参与股权众筹之前忽略了对自身风险承担能力的有效评价。

⑥ 欠缺对冲动决策的保护。不少股权众筹平台要求投资者一旦决定参与股权众筹即需进行投资款的缴付，一旦做出投资决策便在很短的时间内完成出资的行为。另一方面，股权众筹平台只设定了单一投资者对单一项目的投资下限而未设定投资上限。两者共同作用下，极易出现投资者因冲动而做出非理性投资行为。同时，从募集资金完成到取得相应股权，中间还有一定的时间差，在这段时间内，资金安全性较弱。

⑦ 欠缺股东权利的保护。参与股权众筹的投资者是通过特殊目的载体（Special Purpose Vehicle，SPV）公司间接持有被投资的特定项目的公司股权，并不能像上市公司的股东一般取得该项目公司的股东地位，也就不能获得相应的股东权利及与之有关的其他保护。通常情况下，SPV 公司将管理权（包括行使在特定项目公司中的股东权利）授权予股权众筹平台或领投机构实施，投资者甚至并不了解其在 SPV 公司中的地位及权利，既不知自身有何与股东身份有关的权利，也难以采取措施保护该类权利。

⑧ 缺乏投后管理措施。一方面，投后没有信息披露和资金使用监管。不少众筹平台并未制定、公布其信息披露制度，普通投资者很难了解项目公司的发展情况，包括所投资金是否正用于项目介绍中的用途。一旦出现滥用、挪用投资款项时，投资者不仅难以发现此类情况，更无法采取措施减少或避免损失。另一方面，退出机制没有涉及，投后管理的疏漏将直接导致未能在适当的时机退出项目公司，从而导致投资失败。

（3）股权众筹的监管

股权众筹的相关监管政策如下。

① 2014 年 12 月 18 日，中国证券业协会起草并下发《私募股权众筹融资管理办法（试

行）（征求意见稿）》，把股权众筹分为公募众筹和私募股权众筹，定义合格投资人的门槛、股权众筹平台的准入标准等。列出了九条股权众筹平台的禁止行为，如不得进行股权代持，不得提供证券的转让服务，不得从事证券经营，不得与网贷混业经营等。通知中指出中国证券业协会对股权众筹行业进行自律管理，证券业协会委托中证资本市场监测中心对股权众筹业务备案和后续监测管理。

② 2015 年 7 月 18 日，央行等十部委发布《关于促进互联网金融健康发展的指导意见》，指出互联网金融本质仍属于金融，没有改变金融风险隐蔽性、传染性、广泛性和突发性的特点，加强互联网金融的监管，是促进互联网金融健康发展的内在要求。意见中指出股权众筹融资必须在中介机构平台进行，股权众筹融资方应为小微企业，应披露必要信息，投资者应具备风险承受能力，进行小额投资。股权众筹融资业务由证监会负责监管。

③ 2015 年 7 月 30 日，中国证券业协会发布《场外证券业务备案管理办法》中明确私募股权众筹是场外证券业务，开展私募股权众筹只有证券公司、证券投资基金公司、期货公司、证券投资咨询机构、私募基金管理人五类。

④ 2015 年 8 月 7 日，证监会下发《关于对通过互联网开展股权融资活动的机构进行专项检查的通知》，通知中明确定义股权众筹的概念，把市场上通过互联网形式开展的非公开股权融资和私募股权融资行为排除在股权众筹的概念外面，“股权众筹”明确为：通过互联网形式进行公开小额股权融资的活动。把“公开、小额、大众”作为股权众筹的根本特征，规定“未经国务院证券监督管理机构（即证监会）批准，任何单位或个人不得开展股权众筹融资活动”。同时，证监会决定组织各地证监局，开启一轮针对通过互联网开展股权融资中介活动（即主要指过往的股权众筹平台）进行专项检查。检查的重点内容包括平台上的融资者是否进行公开宣传，是否向不特定对象发行证券，股东人数是否累计超过 200 人，是否以股权众筹名义募集私募股权投资基金。

⑤ 2015 年 8 月 10 日，证券业协会发布关于调整《场外证券业务备案管理办法》个别条款的通知，将《场外证券业务备案管理办法》第二条第（十）项“私募股权众筹”修改为“互联网非公开股权融资”。这一修订，标志着监管思路上整体衔接正式完成。在监管思路上，具有“公开、小额、大众”特征的股权众筹业务，将采取对机构和业务的双重审核准备，采取了严格的准入制；对互联网非公开股权融资业务，采取了相对宽松的事后备案制，对于机构和业务，均要求事后备案。在接受备案的主体方面，前述五类机构均为传统的证券行业的从业机构，这也标志着互联网非公开股权融资业务的规范监管，将先从证券行业的“正规军”开始，而目前市场上诸多“股权众筹”平台，则大多是科技类、信息服务类的工商企业，无法被纳入上述五类主体之中。

⑥ 2018 年 12 月 1 日的第三届中国新金融高峰论坛上，证监会打击非法证券期货活动局局长透露，目前证监会正在制定完善《股权众筹试点管理办法》，准备先行开展股权众筹试点，建立小额投融资制度，缓解小微初创企业的融资难题，推动创新创业高质量发展。从监管角度来看，此次提及制定完善《股权众筹试点管理办法》符合证监会的 2018 年度立法工作总体部署，也符合“增加金融服务实体经济能力”和“提高直接融资比重”的新时代使命，同时也透露了目前监管部门对于股权众筹发展的积极态度，表明建立股权众筹试点指日可待。

5. 股权众筹发展现状及趋势

（1）股权众筹发展现状

① 目前处于行业洗牌阶段。在早期发展过程中，股权众筹行业逐渐暴露一些乱象，如融资造假、过度包装等问题。尽管仍有行业乱像尚未肃清，在目前金融监管趋严的大势下，行业逐渐规范发展，大量劣质平台被淘汰，优质的头部平台逐渐发挥作用，从而助力更多创新项目脱颖而出。

② 行业发展不均衡。互联网股权众筹行业发展的不均衡主要体现在区域发展不均衡和行业内部发展不均衡。就区域方面来说，我国股权众筹平台主要以东部经济发达地区为主，其中平台数量最多的前四位分别是北京、广东、上海和浙江，占总平台数量的 75%左右，其余则分布在中西部地区。总体而言，东西部区域发展差距较大。就行业内部而言，股权筹集资金相对集中于特定的平台，平台与平台之间的规模、经营管理能力差距较大。

（2）股权制众筹发展趋势

① 建立完善的股权众筹管理机制和退出机制。小额投融资应当关注平台规模、股东背景，防止一些没有经济实力的企业进入行业。同时，小额投融资应当明确额度限制、投资范围等，对于敏感领域投资要特别谨慎。另外，在企业股权众筹平台融资成功之后，股权众筹平台应当注重企业后期的管理和监督。如果投资者在企业股权众筹项目中有合理退出的事由时，例如，出现未达到预期收益、对项目失去信心，以及急需流动资金等情况，股权众筹平台应该为投资者建立适时的退出机制。同时，股权众筹试点可以考虑根据企业的不同情况，要求股权众筹平台制定明确、可操作的企业暂停、恢复交易和退市的规则，建立对企业的动态管理制度。

② 构建股权众筹平台与投资资金隔离制度。目前大部分互联网非公开股权融资通常会让投资者将资金先转到平台，平台几乎掌握了项目筹集的全部资金，这种方式极易使平台形成“资金池”，平台运营者一旦跑路就会产生较大的信用风险和资金安全风险。因此，建议股权众筹尝试构建第三方资金托管制度，从而避免利益冲突，保证平台与资金的隔离，降低资金安全风险。

案例 5-2　3W 咖啡

互联网分析师许单单从互联网分析师转型为知名创投平台 3W 咖啡的创始人。3W 咖啡采用的就是众筹模式，向社会公众进行资金募集，每个人 10 股，每股 6000 元，相当于一个人 6 万元。因为 3W 咖啡股东招募时，恰逢微博的爆发式增长期，很多知名人士热衷于玩微博，而 3W 咖啡又主要是通过微博招募原始股东，很多人并不特别在意 6 万元钱，花点小钱成为一个咖啡馆的股东，可以结交更多人脉，进行业务交流，未尝不是一件有趣的事。很快，3W 咖啡汇集了一大帮知名投资人、创业者、企业高级管理人员，其中包括沈南鹏、徐小平、曾李青等数百位知名人士，股东阵容堪称华丽，3W 咖啡以咖啡为载体，不断扩大社交圈，塑造孵化器和传递创业智慧的运营模式逐渐形成。

为什么 3W 咖啡能够成功。首先是股东的条件。所谓“物以类聚，人以群分”，既然强调顶级的圈子，股东要是有头有脸的人，能够相互吸引。基于选择标准，6 万元对于这些人来说，可真是芝麻大点的小钱，可以忽略不计，也就不会有什么退股纠纷之类的风险。其次是基于熟人或名人交际圈。3W 咖啡的众筹参与者基本上是围绕着强链接、熟人或名人交际圈进行扩散的，这就无形中建立一种信任场，这个恰恰是其他普通的众筹模式最为缺乏的。

缺乏信任场，单凭兴趣场，会导致信任危机造成的投资失败。最后是股东的价值。3W 咖啡在创立之初就承诺给股东的价值回报，但这里面淡化了金钱回报。众所周知，开咖啡馆，赚钱也是微利。想要靠 6 万元股本分红，几乎是希望渺茫。3W 咖啡的聪明之处在于提供了一个基于圈子的价值。换言之，3W 咖啡为众筹的对象提供金钱不能够提供的人脉价值、投资机会、交流价值、社交价值、聚会场所等，这些是众筹参与者看重的。

5.2.3 大数据金融

1. 大数据金融的概念

大数据金融是指对海量、非结构化数据通过云计算、数据挖掘等方式进行分析，为互联网金融机构提供全面的客户信息、有针对性的风险防控措施等，并与传统金融服务相结合，创新性地开展相关资金融通工作。

金融的本质是“资金融通”，即金融市场上资金由货币盈余一方向货币赤字一方进行转移。大数据金融模式的实施可将金融置于大数据平台上，扩展了金融的外延，增加了金融的维度。对比传统的资金融通，大数据金融模式具有以下优势。

① 扩大了被融资方的范围，将更多的小微企业纳入其中，使得更多的小微企业能够得到融资。

② 扩大了信用贷款在资金融通中的使用范围。从本质上说，在大数据金融中，大数据是手段，并没有改变金融的内涵，整体上调整了金融中融资方、被融资方的格局；金融是核心，大数据的价值通过资金融通的实现而实现。

③ 更加快捷、灵活。通过大数据分析、整理和归纳等，能快速进行贷款审查及批贷，甚至可以做到当天申请即可放款，借贷周期也非常灵活，可做到按天计息。

随着大数据金融的完善，互联网金融企业则会更加注重用户个人的体验，进行个性化金融产品的设计；可通过大数据分析构建自己的征信系统，实现信用管理的创新。未来，大数据金融企业之间的竞争体现在数据的采集范围、数据真伪性的鉴别以及数据分析和个性化服务等方面。

2. 大数据金融的模式

大数据金融目前有阿里小额信贷为代表的平台金融，和以京东、苏宁为代表的在线供应链金融两种模式。

（1）平台金融模式

平台金融模式通过对基于 B2B、B2C 或 C2C 平台所产生的资金流、信息流和物流大数据进行分析和挖掘，针对平台用户推出个性化金融产品或服务，制定有针对性的征信与风险防控体系。采用平台金融模式的企业，平台上聚集了众多商户，企业凭借互联网平台多年的交易数据积累，利用互联网技术，向企业或者个人提供金融服务。平台金融模式的优势是，它建立在庞大的数据流系统基础上，对申请金融服务的企业或个人情况十分熟悉，相当于拥有了一个详尽的征信系统数据库。企业以交易数据为基础对客户的资金状况进行分析，能够很大程度解决风险控制的问题，降低企业的坏账率。依托企业的交易系统，确保具有稳定、持续的客户源。

在我国，平台金融模式的代表是蚂蚁金融服务集团，蚂蚁金服旗下有支付宝、余额宝、招财宝、蚂蚁聚宝、网商银行、蚂蚁花呗、芝麻信用等子业务板块。原有的蚂蚁微贷和阿里小贷已并入网商银行中的网商贷板块，面向个人消费者的消费类金融借贷产品有蚂蚁借呗、蚂蚁花呗。依托阿里巴巴和淘宝电子商务平台、支付宝和阿里云，阿里巴巴实现了客户、资金和信息的封闭运行，这种闭环运行意味着阿里平台对数据有着绝对的掌控力。升级后的网商贷高级版，主要服务于阿里巴巴一达通旗下的外贸企业，基于这些外贸企业在一达通平台上所积累的出口流水等数据，阿里一达通和银行共同搭建风险模型，通过大数据分析，挖掘外贸企业的信用，以此作为授信依据。网商贷平台（原阿里小贷）如图 5-4 所示。

图 5-4　蚂蚁金服的网商贷（原阿里小贷）平台

（2）在线供应链金融模式

在线供应链金融模式是行业龙头企业依托自身的产业优势地位，通过对上下游企业现金流、进销存、合同订单等信息的掌控，依托自己资金平台或者合作金融机构对上下游企业提供金融服务的模式。在线供应链金融是供应链管理的参与者作为组织者，对供应链金融资源进行整合，为其他参与方的资金提供渠道的一种融资方式。在线供应链金融作为一种创新产品，它的价值体现在两个方面，一方面可以满足企业的短期资金需求，促进整条产业链的协调发展，另一方面，通过引入核心企业能够对资金需求企业以及产业链进行风险评估，可以扩大市场服务范围。在线供应链金融模式增加了对中小企业的关注度，供应商不再非银行授信不可，无须提供担保即可获得融资，降低了融资门槛，有效解决了传统供应链金融发展过程中的一系列问题。

对于大数据金融的在线供应链金融模式，京东金融、苏宁金融无疑是典型代表。它们在海量的交易数据基础上，以信息提供方或担保方的方式和银行等金融机构展开合作，对产业链条中的上下游进行融资。在此种合作模式中，京东、苏宁等龙头企业以未来收益的现金流做担保，获得银行的授信，为供应商提供应收账款、保理融资等贷款服务。这些企业起到对信息进行确认审核、担保或提供信息的作用，但并没有实质上对用户提供资金的融通，这一职责仍旧是由银行或别的资金供给方担任。

在线供应链金融通过强大的数据能力为客户盘活了供应链条上的各个环节，让小微企业主从烦琐的企业金融事务中解放出来。京东利用大数据体系和供应链优势在交易各个环节为供应商提供贷款服务，具体可分为六种类型：采购订单融资、入库环节的入库单融资、结算前的应收账款融资、委托贷款、京宝贝、京小贷。“京宝贝”的 3 分钟融资到账业务，使沉积在京东账户的资金，提供给需要贷款的商家，为“京东自营供应商”里的企业定制。同时为自营之外的企业量身定制的“京小贷”也陆续推出。京东供应链金融一方面强化优质资产，另一方面强化对产业链上下游企业的风险管控。京东在线供应链金融平台如图 5-5 所示。

图 5-5　京东在线供应链金融平台

3．大数据金融的价值

大数据技术与金融行业的融入越来越深入。在风险识别与防控、精准营销、运营优化等方面表现卓越。

（1）风险识别与防控

① 信贷风险评估。通过收集用户各类各级大数据，如机构内部已掌握的用户数据、机构外部能够提供的有关用户行为特征数据、客户公共评价数据、商务经营数据、收支消费数据、社会关联数据等，构建用户画像，实现用户信用自动评分、自动审批和催收智能化流程，以降低违约风险。

② 交易欺诈识别。在支付清算行业，大数据可以利用账户基金信息、交易历史、位置历史、历史行为模式、正在发生行为模式等，结合智能规则引擎进行实时的交易反欺诈分析。在保险行业，可以借助大数据构建保险欺诈识别模型，识别诈骗规律，提升骗保识别的准确性和及时性。

③ 黑产防范。不法分子虚假注册、利用网络购买的身份信息与银行卡进行套现，“多头借贷”甚至开发计算机程序骗取贷款日益猖獗，形成了“黑色”产业链。大数据通过从业人员规模、团伙地域化分布及专业化工具使用等情况，可以有效判断“黑产”行为特点，制定针对性的防范策略。

（2）精准营销

① 客户细分。精准营销的首要目标是寻找目标客户，精准定位营销对象；针对具体客户，提供一整套智能决策方案；配备从客户挖掘到业务完成的各个工作环节，实现“一站式”操作。在客户细分的时候，除了风险偏好数据外，可以结合客户职业、爱好、习惯、家庭结构、消费方式偏好等数据，利用机器学习等方法对客户进行分类，并针对分类后的客户提供不同的产品和服务策略。

② 市场行情预测。以证券行业为例，证券行业客户的投资和收益以直接的、客观的货币形式呈现，因此证券行业金融业务与产品的设计、营销与销售方式也与其他行业具有鲜明的差异，专业性更强。一方面证券行业利用大数据对海量个人投资者样本进行持续性跟踪监测，对账本投资收益率、持仓率、资金流动情况等一系列指标进行统计、加权汇总，了解个人投资者交易行为的变化、投资信心的状态和发展趋势、对市场的预期以及当前的风险偏好等，对市场行情进行预测；另一方面，利用大数据对市场情绪进行量化，收集并分析社交网络如微博、朋友圈、专业论坛等渠道上的结构化和非结构化数据，了解市场对特定企业的观感，使得市场情绪感知成为可能。

③ 智能投顾。智能投资顾问业务提供线上投资顾问服务，基于客户的风险偏好、交易行为等个性化数据，采用量化模型，为客户提供门槛低、费率低的个性化财富管理方案。智能投顾在客户资料收集分析、投资方案的制定、执行和后续的维护等步骤中均采用智能系统自动化方式完成。

（3）运营优化

① 增值业务开发。对核心金融机构引导的供应链金融生态系统进行数据挖掘与知识共享，利用知识图谱方法，根据企业之间的投资、控股、借贷、担保以及股东和法人等多样化关系，构建供应链金融生态体系知识图谱，挖掘及发现潜在的内在与外在金融需求，不断扩充应用场景边界，提高供应链金融生态系统的业务增值与发展能力。

② 经营管理能力。包括市场与渠道分析优化、产品与服务分析优化的能力。通过大数据，金融机构可以监控不同市场推广渠道尤其是网络渠道推广的质量，从而进行合作渠道的调整和优化；可以将客户行为转化为信息流，并从中分析客户的个性特征和风险偏好，更深层次地理解客户的习惯，智能化分析和预测客户需求，从而进行产品创新和服务优化。

③ 舆情分析。大数据通过爬虫技术，抓取社区、论坛和微博上关于金融产品和服务的相关信息，并通过自然语言处理技术进行正负面判断，能够及时发现和处理问题；同时，也可以抓取同行业的正负面信息，对自身业务优化进行借鉴。

4．发展大数据金融的挑战与建议

（1）大数据金融发展面临的挑战

① 数据资产管理水平仍待提高。主要体现在数据质量不高、获取方式单一、数据系统分散等方面。一是金融数据质量不高，如存在数据缺失、数据重复、数据错误和数据格式不统一等问题；二是金融行业数据来源相对单一，对于外部数据的引入和管理还需加强；三是金融行业的数据标准化程度低，分散在多个数据系统中，现有的数据采集和应用分析能力难以满足当前大规模的数据分析需求，数据应用需求的响应速度仍有不足。

② 应用技术和业务探索仍需突破。主要体现在金融机构原有的数据系统架构相对复杂，涉及的系统平台和供应商较多，实现大数据应用的技术改造难度很大。同时，金融行业的大数据分析应用模型仍处于起步阶段，需要投入大量的时间和成本进行调研和试错，系统误判率相对较高。

③ 行业标准和安全规范仍待完善。主要体现在金融大数据缺乏统一的存储管理标准和互通共享平台，对个人隐私的保护上还未形成可信的安全机制。

④ 顶层设计和扶持政策还需强化。主要体现在金融机构间的数据壁垒较为明显，各自为战问题突出，缺乏有效的整合协同。同时，行业应用缺乏整体性规划，分散、临时、应激

等特点突出，信息价值开发仍有较大潜力。

（2）发展大数据金融的建议

① 出台相应的产业规划和扶持政策。建议针对产业发展需求和政策空白领域，出台促进金融大数据发展应用的指导性政策建议。大数据金融的核心是金融行业如何规范使用大数据。出台相应的产业规划和扶持政策，能够有效明确产业发展的目标、方向、路径和要求，完善产业发展的配套保障体系和发展能力评估建设体系。

② 推动统一、共享的大数据平台建设。针对金融机构数据分散和隔离的问题，建议监管机构牵头，分阶段推进金融行业安全可控的数据开放共享。包括所有从事金融行业的机构以及社会辅助机构等，既包括传统金融机构、互联网金融企业，又包括社会各类服务机构与平台，实现大数据共融、共享，才能真正优化金融大数据应用模型，促进开展跨行业、跨领域应用合作。

③ 强化行业标准和安全规范建设。建议组织金融行业各方主体，协同制定统一的金融行业大数据交易规范，明确交易各方的数据安全责任，保障金融大数据市场的健康、有序发展；制定明确的数据安全使用标准，对金融大数据的使用权限、使用范围、使用方式和安全机制等，进行严格的规范化、标准化管理；建立有效的投诉和惩罚机制，实施全程全网的数据安全使用管控和源头追诉。

④ 推进大数据金融应用成果分享与合作。一是推广与宣传行业领先者大数据金融应用成功案例，促进中小微企业，特别是科技型小微企业学习其经验，并能够有效移植和创新发展；二是促进大数据金融应用成果的多领域交流、学习与创新，如加大金融行业、旅游、电信、电商等行业的有效合作，不断扩充大数据边界，丰富数据资源，开发更多的应用场景，提升客户价值，推动行业协同发展。

案例 5-3　国美金融：大数据风控助力供应链金融纾解小微企业融资难

小微企业融资难在于风控，国内金融企业服务长尾用户时，面临很大一部分是“征信白户”或无征信基础信息，在更好地评估小微企业的信用水平时，行业中存在风控效果与耗费成本的“跷跷板”关系。

近年发展迅速的供应链金融，被认为是应“产业发展需求”而生。它在传统信息模式的基础上，在风控环节纳入借款企业与上下游企业在贸易往来中的资金流、信息流、物流等信息，授信基于真实的贸易往来，大大提升了风控效果。

2015 年 6 月，国美金融正式上线供应链金融平台。依托国美强大的生态圈，国美金融旗下供应链金融业务类型涵盖了商业保理、融资租赁、信用贷款、票据贴现、仓单融资等，根据业务类型衍生出三大类产品模型，即账云贷、货云贷及信云贷。国美金融供应链金融业务采用流程全线上操作，与核心企业实现系统对接，做到销售、应付、库存、合同等经营性数据在平台上实时推送。基于这些产业链的数据优势，国美金融便可利用科技力量，对于链上中小企业的经营状况有了充分了解，这就解决了中小企业的信用低、难获融资的问题。

此外，为了提高融资效率，国美金融还通过大数据、云计算等技术，做到对链上中小企业提前授信、动态调整、随需随用。这些不仅使得链上中小企业获得在以往条件下难以取得的信贷支持，也让他们的融资意愿变得更高。据了解，截至 2018 年 6 月，国美金融供应链金融已为近 5000 个中小微企业提供企业融资服务，而在国美金融的风控评分卡中的 A 级企业用户，并非完全为大体量机构，更多为中小微企业。

5.2.4 互联网金融机构

1．互联网金融机构的概念

互联网金融机构是指拿到国家金融资质牌照，独立从事纯线上专业金融业务的互联网金融企业，特指互联网银行、互联网保险公司、互联网券商。

2．互联网银行

（1）互联网银行的概念

互联网银行是指借助现代数字通信、互联网、移动通信及物联网技术，在线实现为客户提供存款、贷款、支付、结算、汇款、电子票证、电子信用、账户管理、货币互换、投资理财等服务的互联网金融服务机构。

互联网银行，国内又指以微众银行、网商银行、新网银行等民营银行为代表的以纯互联网形式运营的银行。这些民营互联网银行股东背景中均有互联网公司或科技公司参股，多以面向长尾人群的资产业务（小额贷款）切入市场，并致力于金融与生活场景深度结合。

互联网银行，通俗来说，就是把传统银行完全搬到互联网上，实现银行的所有业务操作。互联网银行有如下特点。

① 互联网银行无须物理办事处，业务完全在网上开展，实现随时、随地以任何方式服务于全球。

② 互联网银行拥有一个非常强大安全的网络平台，保证所有操作在线完成，足不出户，流程简单。

③ 互联网银行与传统银行相比，降低了物理网点和人力资源成本，有较强的竞争优势。

④ 互联网银行以客户体验为中心，用互联网精神做金融服务，共享、透明、开放，全球互联，是未来银行的必然发展方向。

互联网银行、直销银行、虚拟银行三者之间既有联系又有区别。共同点均是利用互联网开展智慧金融服务，都属于数字银行。但是在我国数字银行有两大市场参与者：一类是传统银行设立的直销银行，偏向于传统银行在互联网渠道的延伸，帮助传统银行在服务模式和销售渠道进行数字化转型，目前通常以传统银行下辖事业部形式存在。据统计截至 2018 年年底，我国直销银行总数已达 114 家，其中城商行直销银行 70 家，农商行直销银行 26 家，股份行直销银行 7 家。另一类是民营银行中选择以纯互联网形式运营的银行，即指的是互联网银行，通过对各类前沿金融科技技术的运用，实现了用户和业务规模的快速增长。互联网银行和直销银行，从金融服务形式上都属于虚拟银行的表现形式，但从金融服务内容上，国内的互联网银行和直销银行只是实现了部分传统银行业务，因此，也称为局部化的虚拟银行。

（2）我国互联网银行发展现状

自 2014 年首批 5 家互联网银行获批筹建后，截至 2020 年上半年，已有 19 家互联网银行开业运营。当前，互联网银行股东中不乏互联网巨头，例如，腾讯、阿里、苏宁、小米等均有入股的互联网银行。互联网巨头加入互联网银行不仅是为了稀有的金融牌照，更是为了互联网银行巨大的发展潜力。

成立之初，互联网银行由于“一行一店”等限制并不被看好，但发展至今，互联网银行在资产规模方面已经赶超 A 股上市银行，更有大批互联网银行的挣钱能力赶超传统中小银行。微众银行、网商银行处在“头部”，在同业之中的竞争优势十分明显，资产规模已达到千亿级别，在整个互联网银行资产规模中排名第一、第二，苏宁银行则以 639.01 亿元位居第三。截至 2019 年年末，第一批成立的互联网银行中，微众银行资产规模高达 2912.36 亿元，同比增长 32.36%；网商银行在 2019 年取得了重大突破，其资产规模也达到了千亿级别，为 1395.52 亿元，同比增长 45.57%。

在营业收入方面，2019 年营业收入超过 10 亿元的互联网银行有 6 家，分别为微众银行 148.7 亿元、网商银行 66.28 亿元、新网银行 26.81 亿元、三湘银行 12.58 亿元、富民银行 10.45 亿元、苏宁银行 10.17 亿元，微众银行也是唯一一家营收迈入“百亿级”的互联网银行。在净利润方面，排在前三的互联网银行净利润均达到了“十亿级”规模，微众银行以 39.5 亿元排名第一，网商银行、新网银行净利润分别为 12.56 亿元、11.33 亿元，排名第二、第三。微众银行与网商银行之间在净利润方面差距拉大。2019 年，净利润排名第一的微众银行与排名第二的网商银行之间的差距为 26.94 亿元；2018 年，这两家银行净利润差距为 18.06 亿元。不过，网商银行在净利润增速方面排在微众银行前面。

在存款和贷款规模方面，互联网银行的存款业务并不被业内看好，原因是互联网银行在没有传统银行密集网点分布的条件下吸储受到限制。但不少互联网银行在 2018 年、2019 年选择了激进的做法来突破吸储短板，即智能存款，不少互联网银行的存款实现了高速增长。在 2019 年 16 家互联网银行其中不乏银行存款规模爆发式增长，增速突破 100%不在少数，更有甚者增速接近 400%。截至 2019 年年末，微众银行吸收存款为 2371.63 亿元，远高于第二名网商银行 788.58 亿元，也是 16 家互联网银行中唯一一家存款突破 2000 亿元的银行。与存款类似，微众银行的贷款数据以绝对的优势在 16 家互联网银行中遥遥领先，网商银行虽不及微众银行，但在 16 家互联网银行中稳居第二。截至 2019 年年末，微众银行、网商银行贷款分别为 1586.43 亿元和 700.3 亿元。从增速来看，民商银行、网商银行和金城银行则略高一筹，分别为 47.03%、46.85%、45.73%。

在资产质量和拨备覆盖率方面，从整体上看，这 16 家互联网银行的不良率均控制在 1.5%以内，其中有 6 家互联网银行的不良率超过 1%，分别为网商银行 1.3%、微众银行 1.24%、亿联银行 1.21%、振兴银行 1.15%、金城银行 1.12%、华瑞银行 1.03%。在拨备覆盖率方面，共有 12 家互联网银行披露了该数据，从整体数据来看，这几家互联网银行倾向于保守稳健发展。其中，拨备覆盖率最高的是温州民商银行，高达 8653.5%。此外，有 6 家超过了 300%，分别为重庆富民银行 538.69%、新网银行 525.24%、蓝海银行 517.33%、众邦银行 511.5%、微众银行 444.31%和三湘银行 367.29%。

在持牌经营导向下，互联网巨头谋求金融牌照已成主流，银行牌照已成为主要竞争资质。作为互联网银行主要服务对象的“长尾客户”，存在共性又有不同之处，这也决定着互联网银行无法走与商业银行同样的步子，错位竞争才能夺得自己的阵地。

（3）互联网银行发展面临的挑战

① 过度依赖算法。互联网银行的实现是基于智能化技术算法的应用，而算法是由人编写的，存在不透明性。在应对方式上可借鉴金融风险管理的“三道防线”管理算法模型。第一道防线是构建多元化的算法开发团队，降低算法同质化程度；第二道防线是让不同的团队开发不同的功能模块，避免由单个团队开发出全能的模型；第三道防线是引入独立或外部第

三方监管，如测试、认证、审计等职能部门或机构。

② 信息安全与数据隐私保护。互联网银行业务开发中的数据分析需要海量的大数据来训练模型和算法，在征信体系、监管机制、个人信息保护法等不完善的情况下，容易造成客户敏感信息泄露等问题。因此，在信息安全方面，需要引入“安全沙箱”机制，如对通信隧道加密，进行严格的访问控制等。在数据隐私保护方面，应对数据实行分级管理，针对不同敏感等级的数据采用不同的保护措施和流程管控要求。

③ 系统性风险。智能化金融时代，算法模型的同质化或一致性会导致系统性风险，金融行业本身具有内在不确定性，一旦发生系统性风险，如果算法模型不能够实时改变，将会加剧风险发生。对此，金融机构应提供内嵌的监管科技方案，帮助监管机构实现穿透式监管和行为监管，实现兼顾创新与稳定的可持续发展。如智能化金融机构应采用“监管沙盒制度”，主动为监管机构提供监管科技的工具和方案，以便验收评估，降低创新风险。

（4）互联网银行的发展方向

① 敏捷银行。互联网银行应凭借客户至上的使命，快速创新和试错，不仅需要搭建敏捷的信息技术系统，还需要培养鼓励试错的敏捷文化，更需要加强敏捷管理能力。例如，可建立基于集中管控的分布式组织管理模式：一方面，针对不同的业务领域，配备相应的科技团队，让每个业务线都能独立完成需求、开发、测试与运营，实现金融产品快速上线与试错；另一方面，敏捷意味着灵活适配，通过集中管控的方式，由多个部门组成灵活项目组共同推进产品落地。

② 开放银行。开放银行泛指一种平台化、生态化的商业模式，鼓励银行与商业生态系统中的企业或客户深度合作。互联网银行要向开放银行不断推进，原因如下。一是受金融与产业融合发展的外在趋势推动。海量的大数据已不都在银行中，而在衣食住行等应用场景中产生，银行只有顺着产业数字化方向去做场景延伸，才能连接更广泛的客群。二是内生动力的需求。具有领先信息技术能力的互联网银行应积极选择开放、开源路线，助力其他产业提高信息化建设的同时，激发这些产业产生新的金融需求，带来更多创新与合作的机会。

案例 5-4　互联网银行代表——微众银行

2014 年 12 月 12 日，国内互联网巨头腾讯公司旗下深圳前海微众银行正式获准开业，这也是中国首家互联网银行。主要业务涉及消费金融、大众理财和平台金融。微众银行的战略定位为“普惠金融为目标、个存小贷为特色、数据科技为抓手、同业合作为依托”，其主要特色如下。

① 坚持普惠金融战略定位，专注大众和小微企业客群，针对其痛点提供小额、便捷的贷款、存款、理财和支付结算等服务，促使普惠金融落地生根。

② 坚持创新驱动业务发展，不断应用人工智能、区块链、云计算、大数据等前沿金融科技付诸金融服务实践，力求成为国内外金融科技与普惠金融领域的先行者。

③ 坚持差异化、特色化道路，连接金融机构和互联网平台，构建开放的金融服务生态圈，共同服务大众和小微企业，承担市场“补充者”角色，寻求适合自身发展途径。微众银行平台展示如图 5-6 所示。

图 5-6　微众银行平台界面

受制于成本、风险和收益的结构性不对称，传统金融机构难以普及两类群体：一是财务状况较差的人群，二是居住地区较偏远的人群。以深入服务实体经济为导向，微众银行按照既定的战略定位，重点拓展两大业务领域：一是面向长尾人群提供小额消费贷款；二是面向小微企业提供经营周转贷款。在服务方式上，结合两种方式实施：一是全线上，追求高覆盖和好体验；二是线上线下相结合（O2O），植入场景和实体。推出了以“微粒贷”为代表的小额信贷产品，逐步形成了颇具特色的普惠金融业务体系。

微众银行以大数据为核心构建风控规则，引入逻辑回归、机器学习等方法，建立社交、征信和欺诈等系列风控模型。将人行征信和公安等传统数据与社交和行为等新型数据相结合，将大数据与人脸识别、声纹识别等生物技术相结合，引入第三方电子存证管理、机器人客服和催收系统、数据访问安全体系，全面控制线上操作风险。另外，通过与各类 O2O 平台合作，将风控触角延伸到线下场景，从身份识别、欺诈排除、信用评估、贷中监测、贷后管理等各个环节，将线下资源有效整合，形成与业务流程和客户体验有机结合的全流程风险管理。

当然，随着互联网金融监管政策的逐步收紧，微众银行等互联网银行还需在以下方面持续创新，不断改革。主要包括：同业负债占比过高、资本对业务发展支撑不足、小微业务模式尚在探索中、个人业务结构较为单一等问题。特别是在没有物理网点作为存款渠道支撑的情况下，如何在法定利率之下合法吸收大众存款这一问题上，还需多方进行洽谈与模式创新。

3．互联网保险公司

（1）互联网保险公司的概念

互联网保险，指保险信息咨询、保险计划书设计、投保、交费、核保、承保、保单信息查询、保全变更、续期交费、理赔和给付等保险全过程的网络化。互联网保险公司是指线下没有营业网点，保险业务完全通过互联网（线上）完成，例如具有互联网保险经营牌照的众安保险、泰康在线、安心保险、易安保险等互联网保险公司。其业务特征如下。

① 产品场景化。网络时代，保险产品场景化是一个重要发展趋势，保险供给者通过在场景的互动中向客户提供风险管理服务，这有利于激发客户的风险规避需求。场景化保险的代表性产品有退货运费险、共享单车险等，结合特定场景，更加便捷、透明、低成本。随着大数据、区块链和人工智能技术的深入应用，社交、购物、理财等领域将出现更多场景，不

断催生新的保险需求。

② 降低销售成本。互联网保险打破先前的销售渠道，将佣金直接转为客户收益，大大降低了管理成本和产品费率，提高了同一险种的年化收益率。另外，互联网保险公司将产品开发、核保、核赔等经营管理工作通过互联网开展，极大地减少了分支机构和经营网点的设立，降低了固定设备支出和经营成本。

③ 信息透明，便于互动。互联网保险具有直销特点。在保险产品销售过程中，客户由传统营销方式中的被动接受者转变为主动参与者，提高了买方与卖方的互动，有助于保险公司更好地了解客户的需求，开发有针对性的产品，进行精准营销。

（2）我国互联网保险公司发展现状

从理论上讲，互联网保险公司能够独立在互联网上从事保险业务，无须设立线下分支机构，从而降低获客成本和运营成本，以解决综合成本率高的问题。但从市场表现看，盈利问题仍然困扰着互联网保险公司，原因是发展初期规模化经济尚未体现，另外掌握客群的第三方渠道往往拥有较高的议价权。

国内首家互联网保险公司众安在线 2018 年保费收入 112.6 亿元，同比增长 89%，但亏损却高达 18 亿元，和 2017 年的 10 亿元亏损相比，亏损幅度扩大了 80%。究其原因，一方面随着近年来金融科技企业的不断崛起，传统险企纷纷发力互联网保险业务，腾讯、阿里等互联网流量巨头也都布局了相关业务，互联网保险市场竞争进入白热化阶段，获客、产品、风控等成本高企；另一方面，科技投入是多家互联网保险公司业绩亏损的原因，因为中间投入和产出的时间差可能会很长。但是随着科技力量转化的不断增加，互联网保险公司也必将迎来盈利的曙光。

（3）互联网保险公司发展问题

① 保险产品同质化严重，场景开发深度不足。互联网保险的销售过程无须面对面问询，因此产品相对标准化，条款透明且简单易懂。新产品一经开发，会立刻被模仿和复制，使得产品同质化程度高。而条款复杂的非标准化产品在互联网载体中实现难度较大，销售和理赔过程易发生纠纷，互联网保险主体开发动力不足，使得产品种类受到局限，不利于互联网保险产品的创新。另外，对产品场景化的开发不够深入，由互联网经济活动场景衍生的保险需求仍有待挖掘。

② 获客成本居高不下，渠道议价能力低。互联网巨头如阿里、腾讯等公司牵头建立的互联网保险公司有着纯熟的互联网思维、强大的互联网信息技术和优秀的人才资源，同时利用流量优势和平台优势获取大量信息和获客渠道。相比之下，由于互联网保险公司成立时间较短，无法获得大量数据，在企业发展过程中容易形成瓶颈，缺乏竞争优势，不利于互联网保险行业主体多元化。

③ 技术风险突出，客户信任度较低。互联网保险线上销售的模式，使得行业对互联网技术和计算机硬件系统的依赖程度上升，而互联网的开放性和计算机操作系统的漏洞会放大互联网保险在技术应用方面的风险，难以保障线上客户隐私信息与合法权益。另外，由于互联网保险载体的虚拟化，客户在购入相关保险产品时无须当面问询，这就需要客户在购入产品时自行了解承保条件等，无形中增加了独立操作的难度，在理赔过程中也使得发生纠纷的可能性提高。

④ 相关法律法规不健全，纠纷解决机制匮乏。银保监会陆续出台了《互联网保险业务

监管暂行办法》《中国保监会关于弥补监管短板构建严密有效保险监管体系的通知》等监管文件，但从整体的法律环境看，互联网保险监管层面仍存在缺位现象，监管力度并没有跟上互联网保险发展的步伐，这也导致互联网保险业务纠纷问题不断出现，其中以跨地域投保纠纷、保险赔付电子化证据的法律效力等问题为主。

（4）互联网保险公司的发展趋势

① 优化产品设计，完善经营模式。一是要对产品适度创新，监管部门要适当鼓励，通过差异化产品，为用户提供个性化服务；二是要对互联网保险产品的预期收益进行精准计算，这关系到保险产品条款的设计和后期的理赔程序，是保险资产投资方式和期限选择的基础；三是互联网保险产品的销售与服务应形成一个完整的闭环，实现流程化，并加强线上线下服务的协同，提高用户认可度。

② 加快相关法制建设，加强联合监管。首先，进一步完善《保险法》，增加互联网保险相关内容，为监管提供有力的法律依据；其次，还要加快出台对互联网保险企业的运营资质审核、信用评级等方面的实施细则，规范业务运作并防范风险；另外，由政府部门主导，加强与企业、行业之间的联合，建立互联网保险监管协调机制，加强信息交流，形成协同效应。

③ 建立互联网保险数据共享平台，防范安全性风险。互联网保险发展的基础是大数据，有效安全的保险数据共享平台不仅会增加客户信任度，也能推动行业发展。首先，银保监会等部门应出台互联网保险数据信息安全管理相关法规，从制度上对互联网保险大数据使用问题做出有效规范；其次，应建立健全用户个人信息安全机制，加大审查力度，公开对行业发展有利的信息，进行精准营销；另外，应加强对区块链技术的应用，确保信息安全机制的自主化运营，减少人为干预。

④ 完善保险信用体系，细化信息披露规则。完善互联网保险信用体系迫在眉睫。首先，应引入第三方保险信用评级机构，提供专业化和客观化的评价能力，提升参与者的信用风险管理和控制的意识，提高信用审核效率。其次，监管部门应定期跟踪管理，并制定相应的惩奖措施。另外，互联网保险信息披露至关重要，监管部门应设立信息披露的公开标准，并严格进行追踪管理。

⑤ 加强金融科技投入，实现互联网保险价值链。应基于用户大数据构建用户画像，实现精准营销；基于知识地图，构建互联网保险产业知识关联地图，挖掘产业价值链中的核心关联点，进行针对性开发和创新；基于深度学习与文本挖掘，构建智能客服，帮助客户自助选择保险产品和服务，提高投保效率。

案例 5-5　互联网保险公司的代表——众安保险

众安在线财产保险股份有限公司（简称“众安保险”）是国内首家互联网保险公司，于2013 年由蚂蚁金服、腾讯、中国平安发起成立，众安保险完全依托于互联网开展保险业务，不设分支机构。众安在线成立以来保费收入维持快速增长，已经成为互联网保险领域保费规模第二的保险公司，逐渐形成了健康、消费金融、汽车、生活消费、航旅五大生态。

众安保险的业务不仅仅是做保险业务，科技业务同样也是重要的业务板块，众安自成立之日起便重视研发投入，在发展过程中逐渐形成保险科技产品、商保科技产品、数据智能产品、金融科技产品和区块链产品五大保险科技产品线，并开始商业化对外输出。众安保险平台展示如图 5-7 所示。

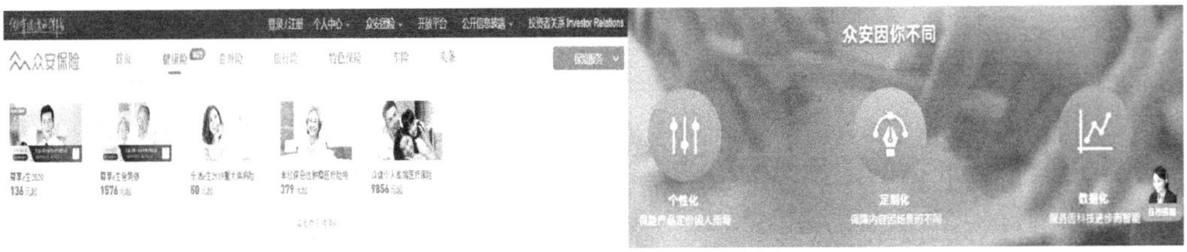

图 5-7　众安保险平台界面

4．互联网券商

（1）互联网券商的概念

互联网证券是金融科技发展下证券业务的创新，是通过互联网（线上）提供证券及其他衍生品交易活动相关的金融服务平台，业务范围涉及股票、期货、外汇、债券、期权等上千个品种。我国互联网证券的模式有三种：传统证券公司的互联网化、传统证券公司与信息科技公司合作、纯线上的互联网券商。本节主要介绍第三种模式，即拿到国家券商牌照的互联网公司，独立从事纯线上的证券业务，提供在线证券交易服务的新兴创业公司。主要代表是老虎证券、富途证券、华盛证券等以线上经纪业务为主的互联网券商。其业务特征如下。

① 真实交易。通过互联网券商发生的所有订单，都会真实递交到交易所进行撮合制交易。

② 品种全面。可以通过一个账户、一笔资金、一款交易软件交易股票、期货、外汇等全球主流投资品种，资金利用率高。

③ 互联网化营销模式。凭借自己的营销渠道优势，通过其网站和软件，为更多的投资者提供全面、准确的市场资讯及综合性金融服务。

（2）我国互联网券商发展现状

纯互联网券商依靠低廉的佣金、极佳的交易体验、以用户为中心的开户流程，吸引了一大批投资者。富途证券的创始人是腾讯出身的李华，而老虎证券 CEO 则是网易出身的巫天华。或许因为创始人的互联网基因，纯互联网券商多有互联网巨头投入支持。腾讯投了富途，小米投了老虎，而新浪则入股了华盛。

富途以港股起家，而老虎证券则从美股入局。虽然两者起源不同，但都从事了相同的领域：美股、港股、A 股（沪港通/深港通）。从业绩上看，两者成绩赫然，富途旗下富途牛牛 APP 注册用户数已突破 600 万，开户客户数超 60 万，客户平均每日使用时长达 28.5 分钟，客户数在香港券商中排名第一。老虎证券拥有注册用户 158 万，开户客户 50.2 万。

富途定位于“做证券业务的科技公司”，在发展经纪业务、融资业务的同时，加大对 B 端业务的发力，如开拓港股和美股的 IPO 分销业务。老虎证券的目标是成为“华人领域最大的美股交易券商”。除了经纪业务和融资业务外，将面向机构推出私募孵化服务并涉足资管业务。随着金融科技的投入，必将有新的竞争特色。

（3）互联网券商发展趋势

① 着重开发年轻一代客户需求。纯线上互联网券商具备较强的自主研发能力，系统更新快速，能够利用算法帮助收集信息、智能分析、决策交易、跟踪反馈等，用户体验良好。这种重技术、轻资产等特色，将颇受到年轻一代个人投资者的偏好。

② 着力布局跨境证券市场。随着中国高净值个人及富裕群体数量的增加，以及中国金

融市场的双向开放，中国投资者海外投资需求不断增加，中国跨境券商业务将保持快速发展。纯线上互联网券商和传统券商将对跨境市场展开强烈的竞争格局。

③ 加强多元化业务发展。随着线上获客成本的攀升，以及佣金率的进一步下降，单纯的经纪业务难以支撑互联网券商的发展，互联网券商探索多元化业务是必然。以美国嘉信理财的成功经验来看，从经纪业务向财富管理转型是互联网券商发展壮大的有效途径。未来，跨境互联网券商的经纪业务收入增长趋缓，向财富管理转型将成为主流方向。

④ 加大对金融科技的投入。纯线上互联网券商，需要保持自身对用户需求的洞察力，通过产品和技术的快速更迭，提升用户体验，增加用户黏性，不断强化自身核心竞争力。

案例 5-6　老虎证券，主攻财富管理

国内外在财富管理业务上的差别较大，如基金投顾，俗称买方投顾或者是全权委托，该业务已在国外发展几十年了，而在我国却刚刚开始。老虎证券从创立以来，就以金融科技为主要手段，在移动 APP 建设上，实现股票、ETF、期权、期货、现金管理等大类资产的投资能力，而且可投资市场涵盖了沪港通、深港通、美股、港股、英股等主要市场。老虎不仅链接了丰富的资产，也有自己自营的全球资产配置产品（GTAA），通过科学可靠的资产配置，在 2020 年全球股市大幅波动中表现优异。另外，在丰富的投资品种和优异的金融科技体验上，老虎证券还特别加强了投资人教育，有活跃度非常高的投资者社区，让投资者能够学习和了解全球投资标的，从而大大降低投资全球的门槛。老虎证券官网平台展示如图 5-8 所示。

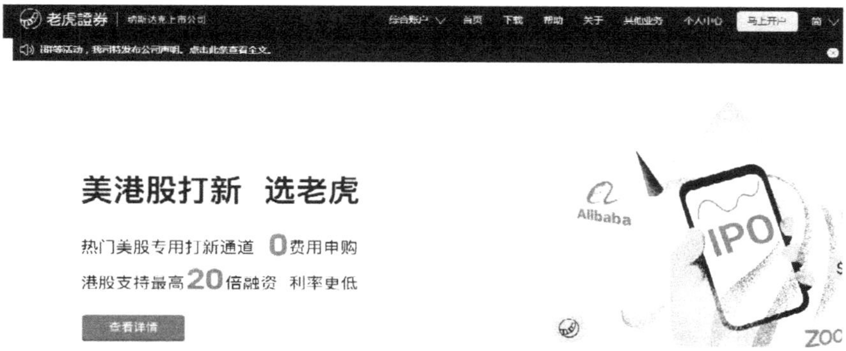

图 5-8　老虎证券平台界面

5.2.5　互联网金融第三方中介平台

互联网金融第三方中介平台是指在支付、借贷、理财等金融领域，互联网企业与传统金融机构进行深入合作，建立第三方中介平台，互联网企业为传统金融机构提供庞大的客户流量、专业的金融数据处理和技术分析，传统金融机构为互联网企业提供金融交易功能。例如第三方电子支付平台、第三方互联网理财平台、第三方互联网保险平台、第三方互联网证券平台、第三方互联网金融搜索平台等。

（1）第三方互联网理财平台以横向发展的战略，平台聚集各类传统金融机构推出的定期理财产品、基金、保险、股票、黄金及大额产品投资等业务，平台只提供信息撮合交易，不参与产品设计及风险分担。如阿里金融的蚂蚁财富平台，腾讯的理财通等。

（2）第三方互联网保险平台集合了多家保险公司的不同产品，并有专业的保险销售人员提供相关服务，便于保险消费者对同类产品进行比较和选择，与传统保险营销渠道具有互补的关系。例如和讯网旗下“放心保”、向日葵保险网、网易保险、新一站保险网、慧择网、蜗牛保险等。

（3）第三方互联网证券平台集合了多家证券机构的不同产品，并有专业证券服务人员提供咨询服务，便于证券消费者对产品进行选择与投资。第三方互联网证券平台形式多样化，例如有提供行情资讯的同花顺、选股宝、财联社；提供投资者社区服务的雪球网；提供互联网投顾的新浪理财师、爱投顾；既提供金融信息资讯，又经营证券业务的东方财富等；提供量化社区、跟单社区、理财社区等服务的其他互联网企业。

（4）第三方互联网金融搜索平台为个人提供金融产品的搜索和比价服务，以帮助消费者便捷获取费率更低的贷款、理财和保险服务。例如融 360 通过大数据分析、人工智能和机器学习技术，为个人消费者、小微企业、个体工商户提供金融产品的搜索、匹配、推荐服务，以及金融教育、行业报告等内容服务。

5.3 互联网金融生态圈

生态圈原本属于自然学科的用语，直到 1993 年，穆尔（James Moore）通过研究发现，社会组织运转与生物学领域的生态系统有相似之处，于是在《哈佛商业评论》上首次提出了“商业生态系统”的概念，引起学者们的广泛关注。近年来，互联网金融领域开始呈现生态圈的形态。

5.3.1 互联网金融生态圈的概念与特征

1．互联网金融生态圈的概念

要理解互联网金融生态圈的概念，首先要理解什么是生态型企业，什么是金融生态圈，以及互联网对生态型企业及金融生态圈的影响。

（1）生态型企业

生态型企业是指依靠着平台支撑和产业链的不断延伸，企业连接起价值链的各个点，构建起自身的“生态圈”。互联网为这些关系密切的企业和组织机构提供能够超越地理位置限制的竞争和沟通平台，通过虚拟、联盟等形式进行优势互补和资源共享而形成一个有机的生态系统。生态系统中可分为不同企业种群：领导种群（生态系统中的核心企业）、关键种群（生态系统中的交易主体）、支持种群（生态系统中交易必须依赖的组织）、寄生种群（生态系统中交易提供增值服务的提供商），种群之间相互关联，共同为生态圈提供产业价值。

（2）金融生态圈

金融生态圈是在互联网金融基础上编织的一个网络，每一部分都是相互影响和延伸的。互联网和金融有着天然的契合性，金融产品从本质上说是一连串数据，无须借助物理实体的依托，而“开放、平等、分享、协作”的互联网精神已深刻融入金融运作，金融市场已达成开放、普惠、科技引领的新阶段。

随着金融科技的不断发展，互联网金融企业与传统金融机构的业务边界逐渐模糊，互联网金融的混业模式不断发展，竞争与合作趋势不断加剧，经过不同业态不同个体之间的相互融合与淘汰，具有协同效应及相乘效果的个体有效地组织在一起，形成能动态地自我更新与进化的集群。这在形态上更像是不同业态的互联网金融组合在一起形成的“网络”，也称为网络金融生态圈。

总之，互联网金融生态圈是指将“开放、平等、分享、协作”的互联网精神与金融结合，利用大数据、云计算、物联网等金融科技，将从事互联网金融业务的不同业态及个体（包括静态和动态）紧密关联在一起，形成不同职能的企业种群，通过挖掘职能关联节点，不断赋能，扩充生态业务边界，提升生态系统价值。

2．互联网金融生态圈的特征

（1）多样性

生物的多样性对于整个生态圈的良性发展是极为重要的。互联网金融生态圈的多样性表现为：参与主体种类多样性。在企业构建的互联网金融生态中，包括规模庞大的用户群体，大量传统金融机构，以及其他法律、技术外包等合作企业。而传统金融机构又可以细分为银行、证券、基金、保险、信托、担保、租赁等类别，种类可谓丰富多样；业务模式呈现出极为丰富的差异。以众筹为例，出资人与募资人的关系，既可以是入股，又可以是合伙、赞助，还可以是捐赠。

（2）进化性

生态圈中物种的进化是一种特有的自然现象，同样地，互联网金融生态圈中企业的共同进化是系统环境快速变化的必然结果。一方面表现为互联网金融产品和服务的进化，从互联网作为金融渠道和金融思维，到互联网颠覆传统金融运作流程，这其中都蕴含着互联网金融生态圈正随着科技的进步、外界环境的变化等因素不断进化发展；另一方面表现为不同金融业态之间竞争与合作关系的演化，若将互联网金融生态圈分为两大核心企业种群，即传统金融机构与互联网金融企业，它们之间的竞争与合作的关系，从水火不容到相互协同，体现了互联网金融生态圈中企业种群之间职责与权力关系的不断明确，这种进化将推进互联网金融生态圈稳步前进。

（3）健壮性

健壮性是指互联网金融生态圈面对外部环境变化时，其稳定性和结构在发生变化后恢复到原有功能水平的能力。这种能力依赖于生态系统中主导企业的综合实力，包括资金、技术、人才、品牌影响力等。以支付宝和余额宝为例，支付宝凭借海量用户、巨大的资金补贴、较好的用户体验，从备受争议逐步成长为蚂蚁金服集团布局互联网金融生态圈的核心产品。蚂蚁金服生态圈中聚集着大量的金融机构和合作企业，表现出企业生态种群的多样性，从而使蚂蚁金服建立的互联网金融生态圈的结构更加稳定。

5.3.2　构成互联网金融生态圈的关键要素

作为一个生态圈，非生物成分和生物成分都是缺一不可、极其重要的。如果没有非生物环境，生物就没有生存的场所和空间，也就缺少物质和能量，难以生存。同样，仅有非生物成分的环境而无生物也不能被认为是生态圈。因此互联网金融生态圈也可构建为生物部分和非生物部分，生物部分指多样化的种群，非生物部分包括外部环境和内部环境。

外部环境主要是指社会经济环境、产业政策和科技水平等外部条件。内部环境主要是指支持开展互联网金融业务的软硬件环境和条件等，主要包括渠道与介质、基础设施、丰富的应用场景。其中，渠道表现为各类交互终端、设备和方式；介质表现为资金流和信息流汇聚而成的数据流；基础设施主要包括开展互联网金融业务必须具备的支付体系，支持庞大业务数据处理的云计算平台以及征信体系；丰富的应用场景主要是指互联网金融业务存在于人们众多的生活场景中，这就要求提供的金融产品或服务必须与场景融为一体，紧密结合。

互联网金融生态圈的生物部分主要是指多样化的种群。生态学中的种群是指某段时间内占据特定空间的同种生物所有个体。多样化的种群在生态系统中扮演着重要角色，根据生物在生态圈中发挥的作用和地位分为生产者、消费者和分解者。在互联网金融生态圈中，参与主体包括传统金融机构、投资人、资金需求方以及其他合作企业等。从资金借贷关系角度看，生产者主要是资金需求方，消费者主要是投资人、投资机构、理财用户等资金出借方，分解者主要提供一系列法律、信息、技术等中介服务的机构和企业。互联网金融生态圈构成如图 5-9 所示。

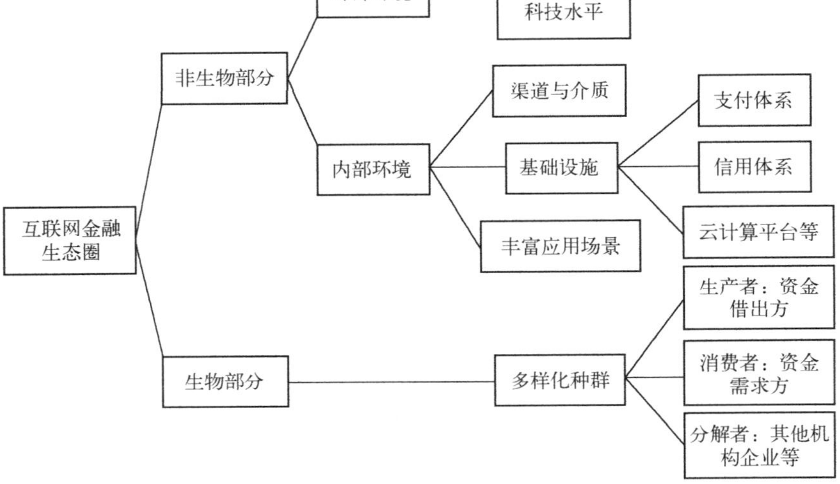

图 5-9　互联网金融生态圈成分构成图

互联网金融生态圈的构成要素中，以下几点是至关重要的，包括基础设施、丰富应用场景和产品、丰富的种群和海量的数据信息流。

1．互联网金融生态圈的基础设施

互联网金融生态圈的基础设施是指企业在构建互联网金融生态圈时支撑其发展和繁荣所应具备的基础性功能设施和条件。主要包括云计算平台、支付体系以及信用体系等。

云计算平台能及时处理互联网金融业务访问需求，为互联网金融生态圈提供强大计算和处理服务。安全、快捷、低成本的支付体系，对于互联网金融生态圈的构建是极其重要的。资金往来信息都可以数据化并被支付体系所保存和记录，支付成为汇聚流量和积累数据的重要手段。信用体系对于预测和防范信用风险来说至关重要。如阿里巴巴的“芝麻信用”通过对 3 亿多个人实名数据以及 3700 万户中小微企业交易数据进行整合，开发了一系列信用产品，对于其降低运行成本、防范信用风险、增强金融服务能力起到重要的基础保障作用。

2．丰富的应用场景与产品

在自然生态圈内部，由于地貌、气候等因素的不同，往往存在不同的生存环境，满足了不同物种基本生存需要。在互联网金融生态圈中，同样也存在多种多样的应用场景，以此满足不同用户的需求。如在蚂蚁金服的金融生态圈中，互联网金融服务围绕投资理财、融资贷款、第三方支付、保险、众筹五个场景维度展开。在生态圈中，需要将金融服务和产品紧密与场景结合起来，通过不同的场景，不同形式和不同阶段的产品满足用户的需求，从而实现客户在生态圈享受一条龙、一站式的金融服务。例如，阿里电商交易中的确认收货期导致商家不能实时入账，造成商家资金被占用，商家可依据订单向蚂蚁金服旗下网商银行进行贷款，而无须单独去申请其他银行贷款。同样，对于消费者申请的消费贷款，淘宝网根据消费者芝麻信用评级实时放款，满足商家和消费者一站式的金融服务需求。当然，所有这些产品和场景必须和用户的需求紧密结合起来才能被用户所接受。

3．多样化的种群

移动应用产品的不断丰富渗透用户的工作、生活、娱乐、购房、购车各个需求领域，而这些场景几乎都与支付紧密相连。规模巨大的互联网用户形成了庞大的互联网金融长尾客户市场，用户成为互联网金融生态圈里的第一大种群。传统金融机构这一种群又可以细分为银行、证券、基金、保险、信托、担保、租赁等，它们及其产品存在于互联网金融生态圈中，扮演重要角色。传统金融机构种群选择和大电商平台合作，分享平台带来的巨大流量实现价值增长。健康的互联网金融生态圈内，往往会聚集数量众多、业务各异的从事金融业务的种群，它们的合作与竞争推动互联网金融生态圈的繁荣发展。

4．庞大的数据信息流

互联网时代，海量的网民上网浏览电商网站，他们的评论与交流等形成了信息流；他们通过支付工具在电商平台上网络购物消费形成巨大的资金流。无论是信息流还是资金流，都表现为数据流，并可以被存储起来进行更深层次的挖掘和分析。总而言之，大数据时代的互联网金融生态圈的信息和数据极其丰富，生态圈内的企业需要对用户交易行为数据进行有效挖掘，利用大数据技术进行用户画像，提供精准个性化服务，通过数据建模加强信用风险预测能力等。就其本质而言，金融提供的是数据服务，所以企业在构建互联网金融生态圈中要充分重视和利用信息和数据，从而提高金融服务水平。

5.3.3 互联网金融生态圈的构建

互联网金融生态圈由主体、内外部环境、关系构成。其中主体是指参与互联网金融业务的机构、用户及智能终端，涉及互联网金融相关业务中整个产业链的参与主体，如移动支付业务中的上、下游智能终端制造商、移动通信提供商、银行、第三方（第四方）电子支付中介服务商、个人用户、企业用户、场景电商平台等，移动支付业务中的主体通过支付节点关联起来；内外部环境是指宏观经济环境、法律法规环境、产业发展环境、金融科技发展环境等外部环境，及用户需求心理、移动平台建设、信息安全等关乎互联网金融业务发展的微观环境；关系是指互联网金融生态圈中各参与主体之间的关系、主体与环境之间的关系以及各自系统中大数据之间的关系。

要构建可持续性发展的互联网金融生态圈，应注意以下几点：首先，注重云计算、大数据、支付与征信体系等基础设施的搭建；其次，在底层平台基础上，应创建众多的生活消费应用场景，提供多样化的金融产品服务，开展支付、理财、借贷等多元化互联网金融业态，使互联网金融生态圈中各种企业种群能够紧密关联；另外，应基于存储海量与消费信息相关数据的云计算平台，对大数据进行处理、挖掘和分析，获取互联网金融生态圈中企业种群新的业务关联点，不断推动互联网金融生态圈的进化和发展。由此形成以云计算、大数据、物联网等金融科技为底层基础，信用系统为支柱，实现资源整合和共享，由此形成“平台+金融+数据”的互联网金融生态圈。互联网金融生态圈如图 5-10 所示。

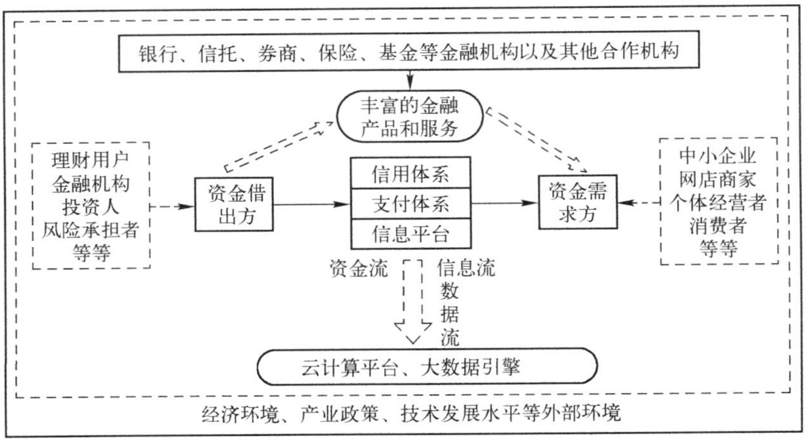

图 5-10　互联网金融生态圈

案例 5-7　互联网金融生态圈——以阿里金融为例

阿里巴巴集团的互联网金融生态圈围绕投资理财、融资贷款、第三方支付、保险、众筹五个维度构建，如图 5-11 所示。

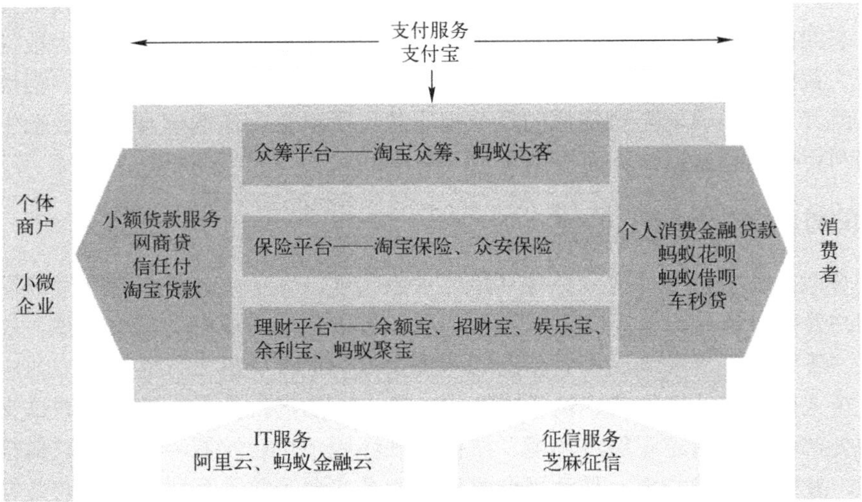

图 5-11　阿里巴巴集团的互联网金融生态圈

1. 阿里巴巴集团互联网金融品牌分布

蚂蚁金服作为阿里巴巴集团旗下提供金融服务的主要机构，其品牌众多，包括支付宝、芝麻信用、蚂蚁聚宝、蚂蚁达客、蚂蚁金融云、网商银行、余额宝、招财宝、蚂蚁花呗、蚂蚁借呗、众安保险共计 11 个线上品牌。

此外，蚂蚁金服旗下还有保险代理公司、商业保理公司、小额贷款公司、融资担保公司、基金销售公司、基金管理公司。蚂蚁金服持有第三方支付、基金管理、基金销售、银行、保险等相关的金融牌照。

2. 阿里巴巴集团的互联网金融产品与服务产业链

阿里巴巴集团旗下的互联网金融产业基本上都是建立在其电子商务平台基础上开展的。根据需求在产业链不同的环节，针对不同的市场参与者推出相应的互联网金融产品。

（1）汽车电商平台+消费金融+互联网保险

汽车产业链中，阿里巴巴集团凭借其原有的电子商务优势，最先介入的是汽车电子商务领域。阿里汽车在线为消费者提供购车、维修、美容等 O2O 服务，消费者在线上付款以后，可以到与阿里汽车合作的销售商、4S 店等门店获得产品或者服务。随后阿里汽车推出了“车秒贷”汽车消费金融服务，通过阿里汽车平台购车，消费者可以申请 12、18、24、36 等不同期数的分期购车服务。此外，众安保险联合平安保险推出了“保骉车险”互联网车险品牌。

“车秒贷”和“保骉车险”都是针对汽车消费者提供的服务，并且充分发挥了阿里巴巴电子商务领域的优势，实现了对汽车销售以及汽车后市场的领域消费金融的互联网化。

（2）线下影视公司+电子商务票平台+众筹、互联网保险理财

2015 年 11 月，阿里巴巴集团将旗下的淘宝电影票（现称淘票票）和娱乐宝注入阿里巴巴影业集团。目前淘票票为线上电影售票平台，娱乐宝为众筹、互联网保险理财平台。娱乐宝的众筹产品基本上都是与影视相关的衍生产品的预售，制作影视相关的衍生品需要有影视片方的授权，同属于影视行业的阿里影业具有先天的优势。娱乐宝的互联网保险理财产品也与影视相关，其资金对接保险公司的保险理财产品，主要用于电影、电视剧、综艺等文化产业的投资。正所谓是“专业的事要交给专业的人做”，阿里巴巴集团将与影视相关的金融服务注入阿里影业，从整个产业链来说，不但有利于阿里巴巴集团影业的发展，更利于提升金融服务的专业性。

（3）网购零售平台+消费信贷、实物众筹

阿里巴巴集团最早是从零售电商平台开始起步的，因此阿里巴巴集团最开始推出的互联网金融服务是在线支付服务，也就是现在的支付宝。随着平台的消费者和入驻商户不断增多，在基于大量的商户经营数据和消费者消费数据的基础上，阿里巴巴集团先后推出了淘宝贷款、网商银行—网商贷、网商银行—信任付、蚂蚁花呗、蚂蚁贷呗、淘宝众筹等产品。分别从“卖家”和“买家”入手提供互联网金融产品，其中淘宝贷款、网商银行—网商贷、网商银行——信任付、淘宝众筹是针对阿里巴巴集团入驻商户提供的服务，蚂蚁花呗、蚂蚁贷呗是针对消费者提供的服务。

淘宝贷款主要是针对淘宝网、天猫的入驻商户提供的贷款服务，服务类型分为信用贷款和订单贷款两种；网商银行—网商贷、网商银行——信任付主要是针对阿里巴巴集团 B2B 平台和 B2C 平台的中小微企业提供的贷款服务。淘宝众筹为实物众筹平台，分科技、设计、农业、工艺和娱乐五类，其中娱乐这一大类与娱乐宝的众筹产品的重合度较高。

蚂蚁花呗和蚂蚁借呗都是个人消费贷款。蚂蚁花呗主要用于消费者在淘宝网或者天猫购

物付款时用，不能提现；蚂蚁借呗属于个人信用消费贷款，不需要消费者提供担保和质押就可以获得借款。两者的信用额度和借款额度基于消费者在阿里巴巴集团各电子商务平台上的账户记录和信用记录综合评估得出。

除了上述的领域以外，阿里巴巴集团涉足的互联网金融的产品和服务还包括蚂蚁聚宝、淘宝保险、蚂蚁达客。蚂蚁聚宝是综合理财门户网站，理财产品包括基金类产品和债权类产品，淘宝保险和蚂蚁达客分别是在线保险垂直搜索平台和股权融资平台。

思考题

1. 互联网金融产生的动因是什么。
2. 举例说明互联网企业与传统金融机构在互联网金融业务上的竞合关系。
3. 互联网金融发展模式都有哪些？各自有什么特点。
4. 举例说明互联网金融如何针对应用场景开发产品，并如何拓展金融产品与服务。
5. 举例说明平台大数据金融和在线供应链金融是如何开发应用的。
6. 用实例说明由消费类金融组成的互联网金融生态圈的构建模式。

上机操作

1. 用截图的方式展示互联网巨头企业的互联网金融产品与服务平台，了解以互联网巨头企业为代表的互联网金融生态圈构建情况。

2. 了解传统企业（制造商、销售商、地产商等）在互联网金融领域的发展现状，并进入其相关互联网金融产品与服务平台，展示其互联网金融生态圈构建情况。

3. 用截图的方式展示传统金融机构的互联网金融产品与服务平台，了解以传统金融机构为代表的互联网金融生态圈构建情况。

小组作业

调研不同类型企业的互联网金融发展现状（开发平台类型、不同平台所包含模块的内容、应用场景开发、用户满意度等），对其互联网金融生态圈构建现状、问题及策略等方面进行对比探讨，并以 PPT 形式展示。

第6章　智慧金融与金融科技

本章要点：

1. 掌握智慧金融的概念与特征、工作流程、业务形态等基础内容；
2. 掌握金融科技的内涵与外延、发展历程与发展模式、底层核心技术及对金融业的影响；
3. 了解目前典型的智慧金融应用实例；
4. 了解智慧金融的发展现状及趋势。

导入案例：

区块链技术助力供应链金融

在供应链金融产品中，金融机构通过供应链金融将核心企业和上下游企业链接在一起，提供灵活的金融产品和服务，帮助上下游企业获取资金。而供应链金融的核心在于对核心企业、上下游企业的信息流、物流、资金流信息的整合。在此情况下，区块链具有的分布式存储、时序性、集体维护、可编程、不可篡改等特性为供应链金融信托提供了革新性的解决方法。

利用区块链技术，供应链金融可以从传统着重于“点”与“链”式结构，向“网”式结构进化，从“中心化”向“去中心化”转变，形成产业及企业有效数据沉淀，完善信用体系建设。通过区块链技术的时序性和不可篡改性，金融机构可以从根本上解决供应链金融信托真实性的问题。中国信托业协会专题《区块链在信托中的应用研究》指出，从供应商、核心企业、分销商到物流企业、仓储监管公司、金融机构等其他参与者，均可运用区块链技术共享各自在该供应链各环节中的各种交易细节，节点信息通过全网认定，物流信息通过货物地理位置信息的改变在网络中体现，资金信息通过回款信息的更新及时通知收款方与金融机构，应收账款信息与应付账款信息通过资金的时间错配信息及时准确更新给交易双方以及金融机构，仓储监管信息通过数字化信息及时提供给企业以及动产质押融资的金融机构。供应链金融各方均可以获取真实可信的实时资料，彻底解决传统供应链之间的信任问题以及信息流动不畅问题，为各方的运营风控提供优质的数据。

思考：

区块链技术对传统金融业务带来了哪些推动与改变？

6.1　智慧金融概述

智慧金融是在信息社会，伴随着社会化网络、物联网、云计算等技术在金融领域的深入应用，带来金融体系和商业模式的变革；这种金融变革，推动资金更顺畅流通，更合理配置，更安全使用。从事智慧金融服务的机构和用户构成了智慧金融的核心要素，要素之间、要素与环境之间互相作用、相互影响、共同演化，从而构成了智慧金融生态系统。智慧金融系统由金融机构主体、环境和关系组成。

6.1.1 智慧金融的概念与特征

1．智慧金融的概念

智慧金融（Smart Finance）建立在金融物联网的基础上，通过金融云，使金融行业在业务流程、业务开拓和客户服务等方面得到全面的智慧提升，实现金融业务、管理和安防的智慧化。具体来说，智慧金融是数字金融、物联网、云计算等技术有机融合的产物，基于数字金融系统的基础框架，各类物联网传感器将人及其相关的固定和移动 IT 产品连接起来，将海量数据的存储、计算和交互服务交由云计算平台在“云端”处理，使智慧金融具备以下功能。

① 通过动态的 IT 基础架构及时响应金融业务的需求。

② 通过对海量数据的智能分析与优化，提升金融业务决策支持能力。

③ 通过感知客户行为模式的变化提供个性化产品与服务。

④ 通过风险管理规避各类金融风险。

智慧金融是金融创新活动的更高级阶段。金融是经济的核心，资金是企业发展的血液和加速引擎。智慧金融能够优化资源配置方案，促进优胜劣汰，驱动资金在整个社会经济体中顺畅、高效的流动，推动整个社会的和谐发展。资金从供给方涌出，按照指令，输送到需求最大、使用效率最高的经济体，实现增值和利益最大化。该过程不断循环往复，从而推动经济社会向更高阶段发展。

2．智慧金融的特征

智慧金融的产生与发展离不开其独有的社会、经济、文化与技术环境的支持。随着互联网技术、计算机技术及移动通信技术的迅猛发展，电子商务应用的普及与深入，社交网络（Social Network）的广泛使用，人与人、人与机器沟通的距离不断被拉近，同时也产生了海量的、多结构化和语义异构的数据。如何有效分析这些数据并获取高质量的知识，提高金融服务质量，是智慧金融与传统金融的本质区别。具体来说，智慧金融有以下特征。

（1）透明性

对比传统金融，智慧金融具备通过多种数据感知终端技术（如无线射频技术、条形码技术、坐标定位技术等）收集、处理并挖掘海量数据，获取、评价及展示知识的功能优势。例如通过对海量客户数据的分析与处理，可对客户的使用行为、态度、需求及风险做出准确预测，从而可以有针对性地做出市场细分，提出个性化的营销策略及风险防范策略。

阿里巴巴小额贷款股份有限公司在构建中小企业信用评价体系时，依托的是阿里巴巴“草根”征信体系。目前，阿里巴巴中小企业用户已经超过 800 万家，这些企业日常在阿里巴巴发布信息、搜索信息、进行交易和资金流动，阿里巴巴不但掌握了这些网商的资金流动数据，还了解他们的整个运营细节，包括企业订单数量、销售增长、仓储周转，以及投诉情况等数据信息，这让阿里巴巴比任何一个金融机构更了解这些企业客户。阿里巴巴对这些数据进行挖掘，通过大规模运算和风险模型设计，打造出一条“小贷流水线”，助力融资服务实现标准化，降低成本并确保安全。

（2）便捷性与即时性

智慧金融的便捷性与即时性特征是建立在智慧金融生态系统的全方位互联互通的应用之

二的。在智慧金融体系中，可以为用户提供一站式服务和个性化服务，这是因为智慧金融生态系统的开放式平台融合了各种金融机构和中介机构，可实现查阅、金融分析与评估、在线理财等各种多样化的金融服务。另外，智慧金融还能“快速”满足用户的需求，打开计算机和手机，用户就可以实时实现全部需要的应用：即时账户管理、即时支付、即时贷款、即时理财等。同时，金融机构可以即时获得用户的各种信息：用户是谁、使用状况如何、用户动态、满意度和需求。在获得充足的信息后，经过统计分析和决策，金融机构能够即时做出反应，为用户提供有针对性的服务，满足用户的需求。

全方位的互联互通包含三个方面的内容：一是解决最底层系统异构的问题，主要是指数据运行的应用系统不同而引起的异构，如由操作系统、计算机体系结构、开发语言和网络平台等的不同而产生；二是解决数据结构异构的问题，主要是指数据所依赖的存储模式的差异而引起；三是解决语义异构的问题，主要是指数据源在信息资源描述上存在语义的差别。对于前两种问题，解决的途径是构建标准化的接口，利用物化方法（Materialized，数据仓库法）统一数据格式，实现用户、金融主体、第三方合作机构及环境的无缝对接，消除“信息孤岛”；对于语义异构的问题，可采用虚化方法（Virtual，中间件法），使信息达到语义集成的目的，使得不同系统间的知识共享成为可能。

全球网打造一个开放的第三方服务平台，融合了金融机构、信用评价机构、中小企业用户、担保机构等主体，为这些金融主体提供基础服务，包括平台建设和运营、组织和服务、牵头制订服务规则、提供数据支持等。通过各种信息集成、智能信息处理技术等将有贷款需求的企业的各种信息整合起来，包括企业基础信用信息，网络活动信用信息，水电、通信、工商、税务、海关等公信平台信息，行业协会、各类专业市场掌握的属下企业信息等。各方信息加以对比、交叉验证，就能够更全面地看清这家企业，在一定程度上化解传统银行贷款模式的信息不对称问题。全球网的服务模式满足了各类主体的需要，顺应了智慧金融的发展趋势，因此得到了迅速的发展。

（3）高效性

智慧金融高效性特征更多体现在金融机构的“去中介化”组织与管理方式上。金融行业所面对的用户地域分散、需求多样化和个性化，实现最低成本最高效率的工作流程，协作化社会分工是必然选择。智慧金融以其“去中介化”特征，使智慧金融服务在可获得性、易理解性、可操作性方面保持简单、灵活、便捷的特性更加高效。消费者使用智慧金融产品和服务的各方面成本都更低。

（4）安全性

智慧金融体系下，金融系统更加安全，风险更可控，主要体现在三个方面：一是基于云计算的风险管理体系更加灵活，稳定性更高，管理成本更低。落后的人工计算已经无法适应海量数据的处理，而云计算能够轻松处理分析海量信息，提升分析的自动化水平和能力，增加风险预测的准确性和及时性。二是产业链主体之间连接更加紧密，主体之间是开放、分工协作和共赢的关系，使得风险管理计划更加周密，互动和快速反应能力更强。三是基于物联网、社会网络及开放平台的数据来源更加丰富、新鲜和可靠，使得风险识别和风险分析更加准确。不管是风险来自于业务领域事前、事中和事后的任何一个环节，都能够被及时感知、测度和预警，将风险控制到最低程度。

6.1.2 智慧金融的工作流程及优势

1．智慧金融的工作流程

智慧金融会让资金更迅速、更灵活、更准确地流通。智慧金融能够在获取海量客户数据的基础上，进行智能化分析与处理，提出精准的决策，通过与合作伙伴的分工协作，共同为用户提供高质量的、便捷的、即时的金融服务。智慧金融的工作流程如图 6-1 所示，包括感知、分析、决策、分工、反应、服务 6 个环节。

（1）及时的感知

首先，智慧金融能够及时感知主体和环境下的状态及变化。互联网、物联网和感知技术，就像是人体的耳眼鼻喉器官一样，能够感觉、接收到用户和其他主体及环境的反馈信息。这些信息被接收后，按照一定标准转化为标准格式的数据，存储在数据库中，并快速反馈给分析系统。感知的过程如图 6-2 所示。

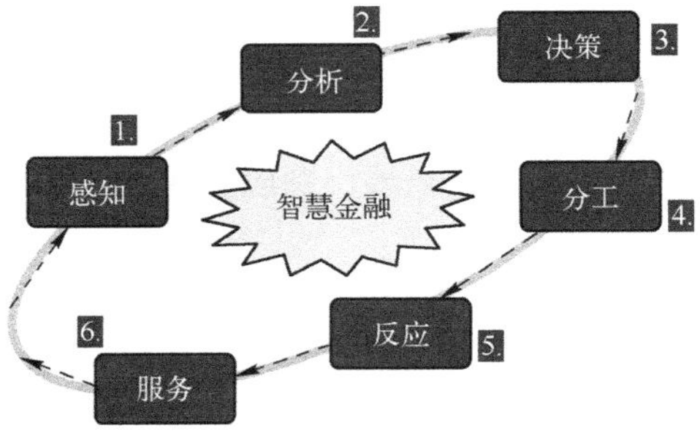

图 6-1　智慧金融的工作流程

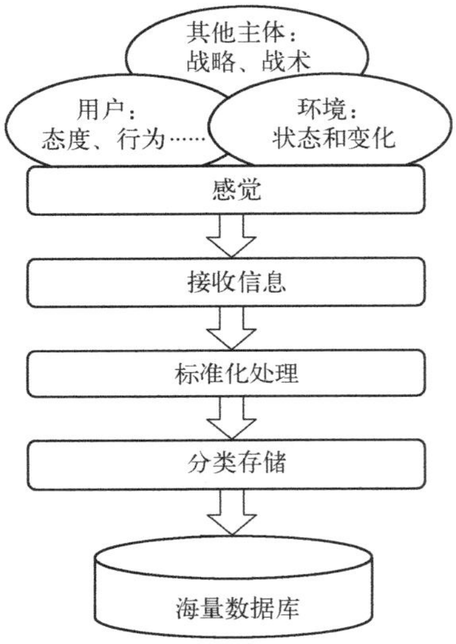

图 6-2　感知的过程

（2）深刻的分析

智慧金融能够基于云计算和数据挖掘等现代信息技术，将感知到的数据进行分类和深入分析，归纳出其中的规律性。分析的目的是有针对性地找到金融服务发展的趋势或者存在的问题，从而发现解决问题的有效办法，并为未来发展做规划。分析内容包括金融服务所涉及的方方面面，例如，用户是谁，金融产品的使用情况如何，有哪些不满意和新的需求，环境变化带来了哪些新的风险和机遇等。云计算技术的出现，使得针对海量数据的分析和挖掘成为可能。利用云计算技术，把计算分布在大量的分布式计算机上，通过网络以按需、易扩展的方式进行分析计算，从而获得所需的数据和结论。

（3）精准的决策

在分析和比较的基础上，在可供选择的方案中，选择一套精准、高效而又可行的金融服务方案。方案的内容包括市场定位、用户分类、针对目标用户提供的产品规划、价格策略、广告和促销手段，以及合作伙伴的选择等。基于数据分析的决策更科学，因为它直接来源于用户的体验和市场细微的变化。

（4）社会化的分工

随着用户需求的多样化和个性化，任何一家金融机构都不能包揽全部的金融服务业务。社会化的分工能够使得各家主体做最专业、最擅长的事情，缩短社会劳动时间，显著提高劳动生产率。金融机构的服务对象包括各类企业和个人，业务涉及领域更是纷繁复杂，需要各类主体共同参与。智慧金融能够根据服务链条的特点，将各项任务分派给专业的金融服务机构完成。以银行给客户送达账单为例，需要经过复制、导入、打印、封装、寄送五个环节。出于成本、专业和效率的考虑，这五个环节不可能全部由银行独立完成，而是采用社会化分工的方式由外包公司完成。图 6-3 是银行客户账单外包流程。

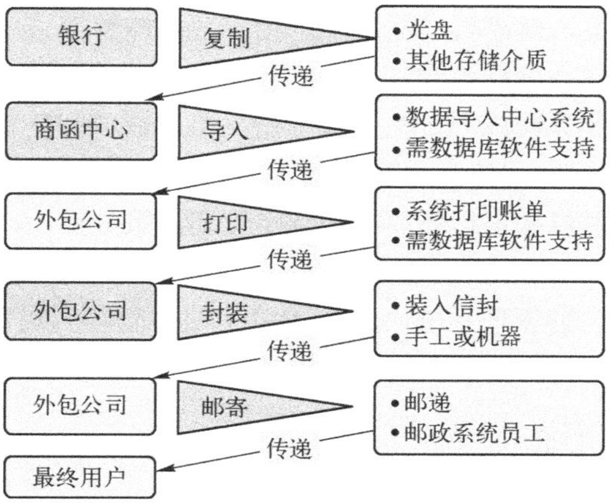

图 6-3　银行客户账单外包流程

（5）快速的反应

随着市场经济的发展，企业的竞争日益激烈，快速反应是企业的竞争法宝。智慧金融阶段，服务策略制定后，就要将信息快速传递给各个金融服务商，以便落实分工和计划实施，从而满足目标客户的需求。互联网是信息传递的高速通道，架起了系统和服务商、服务商与服务商之间的信息桥梁。信息的互联互通保障了不同电信网络之间的有效连接，使不同的网络用户之间可以畅通交流，保障了行动效率，实现了快速的反应。

（6）主动、完善的服务

智慧金融能够更主动地为用户提供完善的服务。服务指令下达给各类金融服务主体后，各类主体各自发挥所长，以用户为中心，为用户提供满意周到的服务。服务机构能够充分了解用户及他们的需求，因此能够在合适的时机，通过合适的方式，把恰如其分的服务传递给用户。为了取得竞争优势，服务机构会在第一时间主动采取行动服务用户。为了留住用户，服务机构采取多样化、便捷的服务方式。在智慧金融环境下，用户享受的是个性化的网络即时服务，用户再也不用在银行柜台前排几个小时的长队，也不会因为看不懂服务条款而心存疑虑。

2．智慧金融的优势

（1）提高支付业务的安全性和创新性

智慧金融可通过应用金融 IC 卡和移动支付等新兴支付手段逐渐代替信用卡、现金等传统支付方式。金融 IC 卡因其内部集成存储芯片，具有安全性高的优点，同时可以加载新的业务应用，实现业务创新。

（2）优化金融业务服务

发展智慧金融能够实现对金融业务各环节的全程监控与可视跟踪，能够提高工作效率、优化资源配置、节约成本。采用金融物联网技术优化供应链金融，实现物流、资金流和信息流的实时跟踪、统一调配，避免传统供应链金融中的信息不对称问题。

（3）为客户提供量身定制的个性化服务

智慧金融可通过结合生物识别和 RFID 等金融物联网技术，实现 VIP 客户的快速识别，金融机构可以为 VIP 客户实现无干扰便捷服务。同时，也能够更加了解客户需求，为客户量身定制有针对性的服务方案，提高客户满意度，提升客户体验。

（4）便于对贵重物品进行全程监管

智慧金融可通过在企业原料或现金柜等贵重物品上内嵌 RFID 芯片，对采购、仓储、运输、加工和销售等过程进行全程信息采集，对大批次产品进行数量、位置、质量的汇总分析，便于企业管理者和金融机构进行物品的精准定位和决策分析。

（5）加强安防手段

通过录像监控系统、门禁管理系统，配合 RFID 进行管理人员的主动实时监控定位，智慧金融可实现人防、物防和技防等多种防护措施的有机结合，加强金融安防能力。

6.1.3　智慧金融的业务形态

1．智慧金融主要业务形态

（1）智能网点

智慧银行是智慧金融在银行业的典型应用。智慧银行通常包括线上和线下两部分，线上部分主要包括智慧网银、智慧 APP，通过基于生物特征识别的客户身份认证、业务办理检索、智能网银助手、自动授信审核等服务改善客户体验；线下部分主要以现有的物理网点为依托，通过智能柜员机、智能 ATM 终端等智能设备的布放、智能体验平台的打造以及智能迎客、智能信息推送、智能取款（无卡取款、刷脸取款）等业务与服务创新，将物理网点向智能网点迁移。

（2）智能审批

智能审批主要是指客户在办理授信申请、信用卡申请等原本需要人工参与审核的业务时，由智能系统代替人工完成审核，实现业务的即时、快速办理，大大提升审批时效。智能审批往往以智能信用评级为支撑，根据信用评级结果审批授信额度。

（3）智能投顾

智能投顾是指根据客户自身需求、风险偏好、资产状况、收益目标等要素，以及大数据分析技术、量化投资模型、人工智能算法等自动化手段，向客户推荐投资理财产品，替代原本由投资顾问、理财师等人工完成的投资咨询活动。

（4）智能客服

智能客服是指以智能机器人代替人工客服完成向金融用户提供智能引导、业务查询、业务办理、投诉受理等服务。智能客服可以划分为部署在物理网点的线下实体机器人和应用在网银、APP、电话银行等线上渠道的虚拟机器人两类。根据人机交互方式的不同，又可以将智能客服区分为语音智能客服、文字智能客服等。

（5）智能风控

智能风控主要是通过对海量的金融业务数据，用户的社交网络数据，以及其他行为数据进行综合分析、挖掘，利用客户画像、信用评估、欺诈监测等技术手段，实现对交易风险的事前、事中、事后管控，达到精准反欺诈等风控目的。

（6）智能监控

智能监控主要是指在视频监控、安防监控、库房管理、押运管理等金融领域应用智能化手段提升管理效能的一系列做法。如在视频监控领域，通过应用视频理解、图像检索、异常行为自动监测等技术手段改变传统依靠人工监控的落后管理方式，增强问题发现能力和异常告警能力。如在库房管理、押运管理领域，通过智能标签、智能定位等技术手段增强对所管理对象的感知、监控和实时统计能力。

（7）智能巡检

智能巡检主要是指运用智能机器人等智能设备对金融基础设施进行定期巡检、巡查，通过智能设备对金融基础设施运行状态、运行环境的感知，及时发现、报告和处置运行隐患和异常事件，摆脱需大量人力投入的传统巡检模式。

（8）智慧保险

智慧保险是指运用信息技术手段提升保险业务活动的智能化程度，主要包括智能定价、智能定损、智能理赔等智能化保险应用。

（9）智能营销

智能营销主要是指在金融产品的销售环节，通过对用户多维度信息数据的采集、分析，构建客户画像，增强营销与获客精准度的一系列做法。智能营销在银行、保险、证券、基金、理财等业务中均可应用。

（10）智慧监管

智慧监管指的是运用信息技术手段提升金融监管活动的智能化程度，包括运用大数据和人工智能等技术手段对宏观经济金融形势进行研判，对微观交易活动中欺诈行为的实时侦测，对金融市场风险传播和蔓延的自动发现和预警等具体应用。

2．智慧金融与其他金融业态的关系

（1）与传统金融的关系

智慧金融是传统金融的继承和创新，与传统金融一样，其“金融”本质并未改变，相较于传统金融，智慧金融具备“智慧”属性，在金融产品与服务的智能化、普惠化、精准化、个性化、定制化等方面具有鲜明特点，在提升金融效率、降低金融成本、优化金融服务、防控金融风险、扩大金融普惠能力等方面更具优势。智慧金融采用机器、系统或平台代替人力服务，将会降低传统金融的人力成本投入，推动传统金融转型升级，增强金融产品与服务中的“智慧”属性，为客户提供更具市场竞争力的优质服务。

（2）与金融科技的关系

金融科技是技术驱动的金融创新，核心是利用新兴技术改造或创新金融产品、经营模式和业务流程，智慧金融属于金融科技的范畴。近年来，互联网金融作为金融科技的代表性产品已取得快速进展和广泛应用，与互联网金融不同，智慧金融是金融科技发展的高阶产物，目标是打造“智慧”产品和“智慧”服务，其对信息科技的依赖程度非常高，技术与业务之间的融合亦十分紧密，对金融效率以及客户体验的改善将产生“质”的影响。

（3）与普惠金融的关系

智慧金融的开发应用有利于拓宽金融服务的受众面，降低金融服务门槛和增强金融产品与服务的易用性，与发展普惠金融的目标相一致。因此，智慧金融可以作为推进普惠金融建设的主要抓手给予支持和推广。

（4）与监管科技的关系

智慧监管是智慧金融在金融监管领域的具体应用，它是智能化信息技术与金融监管业务融合创新的产物，属于监管科技的范畴。智慧监管具有大幅提升金融监管效率及监管有效性、降低监管成本的潜力。

6.1.4 智慧金融系统的构建

智慧金融系统分为智慧业务、智慧管理和智慧安防三大子系统。其中智慧业务系统包括金融核心业务、金融服务和个性化金融体验三大模块，实现金融交易、支付、理赔等智能化过程；智慧管理系统包括资产管理、客户管理、办公管理三大模块，实现对金融资产、金融客户和企业办公的智能化管理；智慧安防系统包括资产安防、人员安防、信息安防三大模块，实现有关人员安防、设备和信息安防，金库、现金、尾箱交接的智能化管理和安全交接。其系统整体框架如图 6-4 所示。

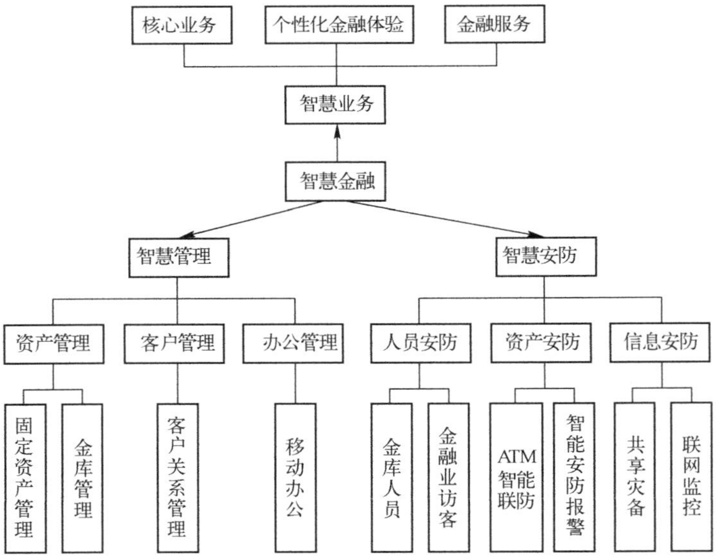

图 6-4　智慧金融系统的整体框架

1. 智慧业务系统

智慧业务系统在金融企业各类信息平台整合的基础上，实现服务与流程的整合，串联起金融企业的基础业务平台、核心系统平台和外围业务平台。首先，对报表系统、反洗钱系统、审计系统、征信系统、企业总账系统和报表门户进行整合并提取相关数据，通过预处理导入数据仓库；然后实施数据挖掘获取潜在知识规则；最后应用知识规则，实现对客户的各项智能化服务过程，如通过网银、自助设备和手机银行等多渠道终端实现智能化的清算支付。其系统框架如图 6-5 所示。

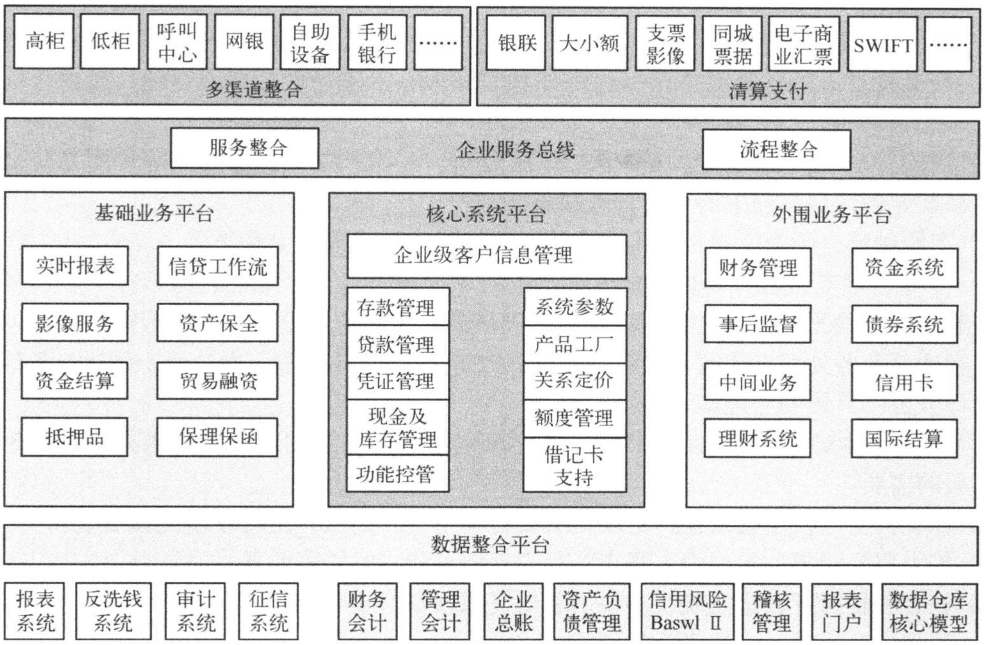

图 6-5 智慧金融业务系统框架图

（1）金融核心业务模块

该模块的主要功能如下。

① 全行客户信息管理功能，能随时掌握每位客户与银行往来的情况，提供全行客户信息管理、本外币授信额度处理、存放款账户信息、授信关系人和保证人信息管理等，以便于银行业务人员在核准客户的各项业务时，能够快速掌握第一手资料，在最短时间内做出准确判断，既能有效控制风险，又能保证服务质量。

② 全行全科目的会计联机处理功能，能随时提供全行资金状况，以利于全行资金的合理运用。

③ 交易发生时及时记录会计账务，并将资料集中处理。

④ 本外币整合的智能系统，提供授信额度的整合控管、会计账务整合、客户资料整合、汇率和利率整合、本外币进扣账整合及报表整合。

（2）金融服务模块

该模块可划分为三个部分，分别是供应链金融服务模块、区域金融支付服务模块和金融营销服务模块，它们分别实现的功能如下。

1）供应链金融服务模块通过核心服务单元、业务流程和产品服务单元、各类开放式标准、外联或内联流程，及数据对接服务等平台基础服务组件，通过流程引擎、服务编排和轻量级企业服务总线（ESB）实现业务流程再造及供应链金融生态链内（银行、核心企业、监管公司等）系统互联，从而实现供应链金融业务的行内流程电子化、系统外联和直接嵌入B2B贸易网站进行“在线融资”。具体的功能如下。

① 存货类融资。提供现货质押、普通仓单质押、标准仓单质押等业务产品。

② 预付款融资。提供先款后货、先票后货、保兑仓、未来提取权融资、国内信用证等业务产品。

③ 应收账款融资。提供国内保理、国际保理、应收账款池融资、订单融资等业务产品。

④ 产品管理。为各类业务产品提供如利率管理、汇率管理、费用管理、授权管理、账务管理等一系列的产品服务。

⑤ 风险管理。提供包括额度管理、风险分析、风险预警、风险控制等一系列防范各类业务产品在业务开展过程中的风险管理服务。

⑥ 在线融资。为企业提供足不出户的在线融资业务申请和交易平台。

2）区域金融支付服务模块依托现代化的技术手段，建立区域性、跨银行、多币种的支付转账和信息交换平台。通过该模块可实现同城票据清算业务处理、税库银业务处理、个人跨行通存通兑业务处理、代收代付业务处理、POS 转账业务处理、本外币一体化业务处理和数据统计分析。具体的功能如下。

① 支持各种支付转账工具（POS、支付密码器等）的应用，能适应未来五到十年支付工具发展的需要。

② 以支付密码技术为依托，实现借贷支付指令实时到账、定时净额清算资金。

③ 扩大服务对象，实现个人账户跨行通存通兑和实时转账业务。

④ 整合各种跨行转账系统，实现信息与资源共享，建立统一的平台。

⑤ 扩大交易币种，实现多币种处理。

⑥ 扩大转账区域，实现跨行政区域的资金实时转账及定时资金清算，建立区域性的跨行转账业务处理中心。

3）金融营销服务模块的功能是为证券公司在网络券商阶段开展营销服务。具体的功能如下。

① 提供营销服务平台支撑下券商各类人员营销服务活动的业务运营中心。

② 提供渠道运营的客户联络中心。

③ 提供各类理财、咨询、特色业务运营的增值服务中心。

（3）个性化金融体验模块

该模块可具体划分为手机移动支付模块、个人金融理财模块、自助理赔模块三大部分，具体的内容如下。

1）手机移动支付模块。

在智慧金融中，移动金融将发挥出越来越重要的作用。手机支付、位置服务、应用商店，每一个应用都使金融变得更加全方位、智能化和个性化。手机移动支付能够为客户提供随时随地、实用性强的服务，构建起“柜台+鼠标+拇指”的全新业务发展模式，这个“贴身智慧管家”将成为引领智慧金融消费的流行趋势。

在手机移动支付模块下，用户的手机集成公交卡、银行卡和钥匙等功能，取代钱包中的各种卡片。用户只需将普通的 SIM 卡换成带有 RFID 的 SIM 卡，在使用时对准读卡器，就可以实现小额消费、门禁、考勤、停车等扩展功能，还能实现坐公交地铁、看电影、餐馆付账，连预约医院专家门诊，都变得非常容易。

2）个人金融理财模块。

该模块可具体划分为基金账号管理、养老金计划管理、家庭金融理财、境外金融服务四个子模块，具体完成的功能如下。

① 一对一的客户经理协助客户实现理财需求。

② 通过网上银行浏览客户在世界各地的账户状况，并可通过网上银行在同名账户间免费转账。

③ 满足客户的日常理财需求以及跨国银行需求。

④ 环球安全网络为正在旅途中的客户和家人提供紧急支援和安全保障，如在旅途中不幸丢失银行卡或钱包被盗，客户将立即获得应急现金，并可收到紧急替换卡。

⑤ 通过 24 小时紧急支援热线可在全世界很多国家的款点获得全球应急现金服务。

⑥ 提供跨国公司的海外金融需求，个人出境旅游和个人移民、出国留学、两地工作等异地业务。

3）自助理赔模块。

该模块基于各省全球眼共享平台或保险行业共享平台，通过网络将分散、独立的定损点进行联网，保险公司定损员远程实时查看车辆损伤情况、拍照、录像，完成车辆定损操作，充分发挥了移动网、短信网、传输网及定位服务的融合优势，使得车险利益相关方受益良多。

该模块可实现在线派单、短信、手机定位、照片上传四大功能。通过该平台，保险公司还可以快速找到就近空闲理赔员，通过短信通知勘察人员以最快速度赶到事故现场，通过手机以最快的速度把现场图片发送到理赔调度中心确定具体保额，快速将信息连接 4S 店开展维修服务。

2．智慧管理系统

智慧管理系统实现对金融资产、金融客户和金融办公的智慧管理。其中，智慧资产管理模块包括银行固定资产管理、分行和金库管理两个子模块；智慧客户管理模块通过客户关系管理模块来实现；智慧办公管理通过移动办公管理模块实现。其系统结构如图 6-6 所示。

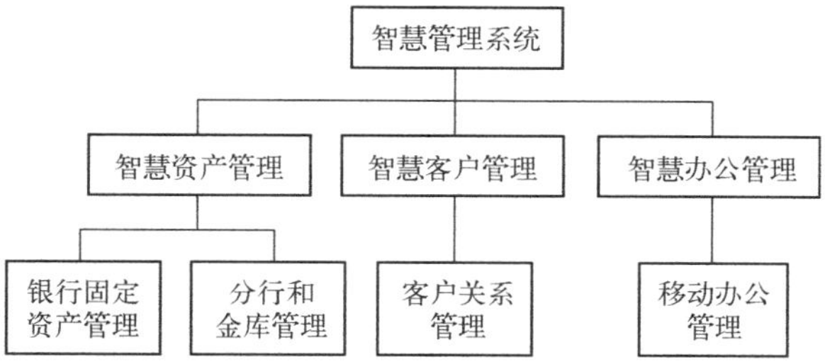

图 6-6　智慧管理系统框架

（1）资产管理模块

1）银行固定资产管理模块。

该模块采用 RFID 技术，赋予每个实物一个唯一的“资产全息身份证”标签，从而达到对固定资产实物在企业中的全流程环节进行跟踪管理。解决了常见的账、卡、物不符的现象，提高了资产盘点的准确性，提供了丰富而强大的管理功能，达到全程全面、精准细致、及时动态的固定资产管理要求。因此，引入射频标签能有效解决固定资产数据分散采集输入的难题，这样才能将固定资产管理系统的功能最大化地发挥出来。

2）分行和金库管理模块。

该模块利用 RFID 电子标签技术和手持终端无线网络技术，达到银行系统内款箱交接的安全控制，以及商户上门收/送款交接的安全控制，具体如下。

① 利用电子标签卡实现安全高效的交接。发挥电子标签卡存储量大、安全性好的特点，使工作人员以 IC 卡作为款箱交接主要的身份识别方式，款箱也以电子标签作为唯一标识和身份识别方式，并且交接时各类标签卡和具有唯一编号的带安全模块的无线手持终端进行认证，克服以往仅凭面容或简单证件交接的安全漏洞，实现安全快速交接。

② 押运员标签卡中每日严格授权工作时间和工作路线，并可存储工作记录。利用押运员工作时间和工作路线的授权操作和密码保护，在交接的同时在标签卡中记录交接个人工作信息，还可以作为银行职工工作量或考核的依据。

③ 电子凭证替代纸质凭证和登记簿，交接数据不可篡改，实时传输到中心数据库，避免手工输入的滞后和篡改。一切交接工作以电子数据为准，登记簿或调缴款凭证仅作为必要的补充手段，即使篡改或者仿制也没有意义。

④ 交接记录采用加密的电子数据保存，不能篡改，还避免了手工输入的烦琐，而且可以很方便地实时上传到分行或金管中心数据库中。

⑤ 款箱交接、调缴款的数据可以实时监控，便于银行进一步做到事先预警，实现干预不正常的调缴款工作，杜绝正在发生的犯罪行为。

⑥ 临时调款可以采用身份认证用的无线手持机发起。可以利用专用的无线 POS 设备发起调缴款请求，每个储蓄所设备硬件编码的唯一性和安全的权限管理，可以杜绝电话调款中的不安全因素。

⑦ 无线交接设备耐用可靠便于携带。交接环境比较复杂，要求设备耐用可靠；可以户外使用，还需易于携带，信息可以可靠保存并上传。

⑧ 利用数据库加密技术实现数据安全管理。采集到的数据通过系统进入数据库，配合库房管理等方面的数据，实现金库中心业务数据的信息化管理。应用特殊算法对数据库加密，只能通过管理系统进行访问，使进入数据库中的数据杜绝非法篡改。

⑨ 输出定制报表达到管理目的。基于数据库进行数据管理，能根据业务需要定制输出各类报表，使数据统计变成举手之劳，使管理有的放矢，有据可依。提供各类信息的实时查询，可与银行业务系统稳定、友好地对接。

（2）客户管理模块

该模块是基于金融物联网全面集成的金融业客户关系管理系统，覆盖银行、证券公司等金融业客户关系管理的全部范畴。该模块主要包括服务管理、客户管理，可以通过管理设置实现查询分析。其完成的功能如下。

1）以整合的客户视图为基础。

① 全面了解客户：整合分布在不同系统中的客户信息并归并到系统的单一视图中；通过对客户交易、行为的分析，记录客户的偏好、关系和活动历史，增进客户服务并帮助发现商机。

② 满足各类业务需求：客户视图基于业界最佳数据模型和国内业务特色的整合，针对零售业务、对公业务以及中小企业业务分别制定个性化视图。

2）提供全方位的客户管理体验。

① 管理营销团队：在客户、营销人员、业务主管等角色间建立联系，实现客户的分派和业绩的管理，并允许在多个团队和角色之间实现客户的分享，以促进跨团队的协作。

② 分析销售业绩：提供灵活的报表以衡量市场活动的效果、跟踪机会和问题，并通过各种图表和图形展示营销活动的进展和结果。

3）规范化营销流程以提高销售成功概率。

① 定位目标客户群：通过对客户群进行细分、分析和交叉查询、为金融业务和产品找到最适合的客户群，并通过规范化的营销流程指导营销人员，以缩短销售周期，提高销售成功率。

② 更轻松地工作：通过易于使用的用户界面将电子邮件、预约、任务和联系人实现整合，实现更轻松地工作。

（3）移动办公模块

随着移动互联网的深入发展，金融行业的移动办公业务开始增加，对企业建设智慧金融提出了更高的要求。移动办公也可称为“3A 办公”，即办公人员可在任何时间（Anytime）、任何地点（Anywhere）处理与业务相关的任何事情（Anything）。这种全新的办公模式，可以让办公人员摆脱时间和空间的束缚。

6.2 金融科技助力智慧金融

6.2.1 金融科技的内涵与外延

1．金融科技的内涵与实质

由于金融科技是一门全新的产业和学科，它的含义完全是开放性的。一般意义来讲，金融科技（FinTech）是 Financial Technology 的缩写，可以简单理解成为 Finance（金融）+Technology（科技），但又不是两者简单的组合，而是指通过利用各类科技手段创新传统金融行业所提供的产品和服务，提升效率并有效降低运营成本。根据金融稳定理事会（FSB）的定义，金融科技主要是指由大数据、区块链、云计算、人工智能等新兴前沿技术带动，对金融市场以及金融服务业务供给产生重大影响的新兴业务模式、新技术应用、新产品服务等。但要真正理解金融科技的内涵与实质，以及它对金融行业所产生的革命性影响，需要从金融科技时代研究范式的创新、量化金融的价值等几个方面进行理解。

（1）金融科技时代研究范式的创新

互联网、移动互联网的普及与快速发展，世界迎来大数据时代，数据技术革命开始改变人类对世界的认识，改变着人们的实践方式和价值取向。同样，科学研究范式也发生重大改变，从以基于经验模式、来源于调查数据、关注因果关系分析的实证理论研究，转变为基于未知模式、来源于未经处理的大数据、集中相关关系分析的实验理论分析。大数据挖掘研究不仅提供了观察复杂人类行为和社会行为的认知新方式，也突破了自然科学和人文科学的边界，扩大和提升社会科学研究定量化研究范围和质量。

金融科技利用大数据挖掘研究范式，可以把许多以往不可见、不可度量、不可存储和不可分析的事件数字化，挖掘不同事件之间的关联关系，提升对事件未来走向的预测能力。例如，通过挖掘客户未知的需求，将未知的需求与可知的需求进行关联，构建客户需求知识地图，从而为客户创造更多的价值。这也是当前许多国家都把发展金融科技作为提升国家竞争力的重要战略选择的关键原因所在。

（2）量化金融的价值

一般来说，金融是指人们在不确定性的情况下通过特定媒介对资源的跨时空配置。任何一种金融交易必须通过一种特定媒介来完成与保证，如交易合约就是一种主要形式。而合约又是一种企业、组织、个人，或国家的承诺或信用。因此，金融也是对信用的风险定价。由于信用是一种承诺，是一种当事人的心理状态，对于传统的金融分析工具来说，它往往是无法完全量化或定量分析的。

尽管金融所具有的信息不对称、交易成本不确定、风险不可控等因素并不会由于新的科学技术出现而消失，但金融科技可以完成对信用的风险定价，可以让这些不可量化、未知的因素实现量化模型计算。量化金融能让信息更为公开透明、及时准确，信息获得成本更低、交易成本降低，以及金融风险分散更快。

总之，金融科技是在互联网、移动互联网等迅速发展的时代背景下，利用大数据、云计算、物联网、人工智能、区块链等信息技术，发现金融信用中未知相关关系的创新型研究范式，对金融信用进行量化识别、评估、建模，以全面提升金融信用风险定价能力，根本性改变原有金融市场的信用基础、信用关系、信用媒介及信用担保方式，打造出全新的金融生态和商业模式。

2．金融科技概念的外延

可以从底层技术维度、金融维度、金融与科技的融合三个层面全面理解金融科技的含义。

（1）底层技术维度

底层技术是支撑金融科技发展的基础性技术手段，可以被视为金融科技的供给端。目前，在金融领域得到广泛应用的底层技术包括移动互联网、人工智能、区块链、云计算、大数据、生物识别等。此外，包括物联网、5G 等在内的其他技术也已经或将在金融领域得到广泛应用。从金融的角度看，底层技术是开放的，随着科技的进步，未来可能会出现更多的能够应用于金融业务的新技术。

（2）金融维度

具体的金融领域是金融科技的落脚点，可以被视为金融科技的需求端。金融科技的底层技术可在以下五个金融领域得到应用。

① 金融产品。最基础的金融产品包括股票、债券、保险、信托计划、存款、贷款等。随着金融业的发展和金融需求的多元化和复杂化，越来越多的金融产品将各类基础金融产品组合在一起，向客户提供综合化金融服务。另外，不同类型的基础金融产品与产品本身所包含的金额、期限、价格等要素叠加在一起，使得金融机构向客户提供的最终产品在形态上千变万化。

② 金融机构。金融机构是向客户提供金融服务的主体，包括商业银行、保险公司、证券公司、信托公司、租赁公司等。随着经济社会的发展，金融机构的形态也在不断地发生变

化。一些互联网企业类的金融机构不断涌现，成为新的金融服务供给主体。此外，随着混业经营趋势的加剧，越来越多的金融机构以参股或控股的方式同时进入多个领域，成为金融控股公司，向客户提供更加综合化的金融服务。

③ 金融生态。随着金融业的发展，客户金融需求日益复杂和综合化，同时涉及融资、信用增级、风险管理、投资顾问等多种金融需求。为满足这种金融需求，通常需要不同类型的金融机构进行合作，甚至是金融机构与其他非金融机构进行合作。在这种情况下，只有通过打造金融生态，才能够有效满足上述金融需求。

④ 金融基础设施。从狭义上看，金融基础设施主要指金融市场交易的硬件设施。从广义上看，金融基础设施涉及金融稳定运行的各个方面，包括金融市场硬件设施以及金融法律法规、会计制度、信息披露原则、社会信用环境等制度安排。其中，金融监管制度也是一种重要的金融基础设施。

⑤ 金融功能。金融系统的基本功能是在不确定性的环境中进行资源的时间和空间配置，可以分为六种子功能：跨期、跨区域、跨行业的资源配置；支付、清算和结算；提供管理风险的方法和机制；提供价格信息；储备资源和所有权分割；创造激励机制。与金融机构或金融产品相比，金融功能更加稳定，在不同时间和空间上的变化很小。

（3）金融与科技的融合

金融与科技融合的表现在五个方面：一是将底层技术应用于金融产品的设计，满足用户个性化需求；二是利用底层技术对金融机构业务流程和内部管理架构进行改造升级，实现“去中心化”的扁平管理和高效运作体系；三是利用底层技术打造有机高效的金融生态，使不同金融业态和个人融合更为紧密，提升协同效应；四是利用底层技术不断完善金融基础设施，实现智慧金融；五是用底层技术对金融功能进行改造，实现基于金融科技算法的金融业务的自主化运作。

6.2.2 金融科技的发展历程、模式及趋势

1. 金融科技的发展历程

金融科技的发展经历了三个历史阶段，分别是金融 IT 阶段、互联网金融阶段、金融科技阶段。

① 金融 IT 阶段。主要是指传统的金融业利用基于金融专用网的 IT 软硬件实现办公和业务的电子化与自动化，从而可以提高其业务效率。但这个阶段 IT 部门并没有参与到业务环节，IT 部门在公司中是一个成本部门。代表性的金融 IT 产品包括 ATM、POS 机、银行的核心交易系统、信贷系统、清算系统等。

② 互联网金融阶段。金融业搭建在线业务平台，通过互联网或者移动终端渠道汇集海量用户，实现金融业务中资产端、交易端、支付端、资金端等任意组合的互联互通，达到信息共享和业务撮合，本质上是对传统金融渠道的变革。代表性业务包括互联网理财、网络借贷、互联网保险、移动支付等。

③ 金融科技阶段。金融业通过大数据、云计算、人工智能、区块链等最新 IT 技术，改变传统金融的信息采集来源、风险定价模型、投资决策过程、信用中介角色，大幅提升传统金融的效率，解决传统金融的痛点。代表性业务有区块链解决方案、智能投顾、用户画像等。

2．金融科技的发展模式

目前，我国的金融科技行业主要存在三种模式：以传统商业银行为代表的传统金融机构引导的金融巨头模式，以阿里巴巴为代表的互联网企业引导的科技巨头模式，以及传统金融机构与科技公司加速融合的互利共赢模式。前两种模式均存在着弊端，如金融巨头模式中传统金融机构存在着监管要求、风控理念、组织架构和盈利模式等多方面的不利于技术创新的因素；科技巨头模式中存在着监管空缺、网络风险等方面的不利因素。而第三种模式恰好可以规避前两种的弊端，充分发挥其优势，达到互利共赢。

3．金融科技的发展趋势

（1）金融科技底层技术融合加快

各类金融科技底层技术会加快融合，诞生一批“人工智能+大数据”“区块链+物联网”等新技术模式。技术自主研发能力会进一步增强，下游应用场景会不断拓宽，产业链运转将更加顺畅。RPA（Robotic Process Automation，机器人流程自动化）将成为新热点，在合规、财务审计、监管现场检查等领域进行相关应用。预计到 2022 年，我国金融机构技术资金投入将达到 4034.7 亿元，其中前沿科技投入占比将增长到 35.1%。

（2）区块链产业将迎来新一轮增长期

在政策扶持、技术提升、战略投资和场景需求落地的综合作用下，将加速推动区块链行业标准体系的形成；区块链和实体经济融合程度会进一步加深，区块链领域会出现更多超越加密货币的使用案例，在支付、投顾、物联、供应链、监管等领域出现创新应用模式；“区块链+物联网”将成为发展新亮点。

（3）生物识别技术的金融安全保障作用凸显

随着金融业务线上化程度的进一步加深，指纹识别技术将更加普及，人脸识别技术应用范围将得到迅速扩张，在远程开户、线上支付、保障网络转账等方面发挥更大的保障作用。随着 3D 传感器的快速普及、多种生物特征的融合，“数字身份”将越来越普遍。预计 2020 年，生物识别技术行业市场规模将增长至 199.2 亿元。

（4）构建开放银行体系的探索和实践更多元化

“技术为本、体验制胜”已经是开放银行体系构建的基本原则。随着关键底层技术融合发展的不断推进，开放银行体系会在开放 API、SDK 的基础上，与区块链、人工智能等技术进行创新融合，提供更多实践案例。更加多元化、专业化、智能化地满足客户需求的趋势。

（5）“中台”战略将得到更加广泛的实施

自从阿里在 2015 年末提出“大中台，小前台”的概念后，中台概念便开始走热。所谓“中台”，指的是数据中台，搭建在前台客户端、后台服务器之间的系统组件，面对企业规模的扩大、业务日益多元化、用户需求多变化等瞬息万变的环境，使前台和后台进化更新达到速率适配，从而提升客户响应速度，持续赋能企业实现高质量发展。更多的银行、保险企业会实施“中台”战略，标准化、模块化金融组件，加快产品设计和前中、中后台的对接，为前端应用场景赋能，为后端技术升级提供资源。

（6）互联网企业“去金融化”趋势更明显

在严监管、金融去杠杆的背景下，各大互联网公司纷纷剥离自身金融业务，回归技术服务。互联网金融企业从类金融机构向科技公司转型，以金融科技底层技术连接金融业务，以科技赋能代替自身执行金融业务，以科技优势塑造金融优势，以技术差异化构建金融差异化，稳步推进金融科技的发展。

（7）监管科技的主导角色强化

2020 年，大数据试点范围会进一步扩大，机器学习、自然语言处理、知识图谱技术在交易风控、市场检查、文本提取、舆情分析等场景的应用更加普遍。监管技术标准化、数据治理、管理与应用标准将逐步落地，在系统、架构、接口、数据等技术领域形成行业标准。

（8）中国版监管沙盒模式逐渐成形

监管沙盒（Regulatory Sandbox）的概念由英国政府于 2015 年 3 月率先提出。按照英国金融行为监管局（FCA）的定义，“监管沙盒”是一个“安全空间”，在这个安全空间内，金融科技企业可以测试其创新的金融产品、服务、商业模式和营销方式，而不用在相关活动碰到问题时立即受到监管规则的约束。也就是说，监管者在保护消费者权益、严防风险外溢的前提下，通过主动合理地放宽监管规定，减少金融科技创新的规则障碍，鼓励更多的创新方案，能够实现金融科技创新与有效管控风险的双赢局面。在我国，监管沙盒应用试点范围将进一步扩大，会形成一批优秀的试点示范城市和项目。

6.2.3 金融科技快速发展的动因

1．金融科技快速发展的动因

我国金融科技的快速发展主要取决于以下几个方面。

（1）金融需求爆发

预计到 2020 年，我国个人可投资金融资产总额可增长到 199 万亿元。伴随着社会总体财富的日益积累，人们传统的“重储蓄、轻投资”观念也得到了改变，从而有效地刺激了对金融服务的需求。但传统的金融服务已经无法满足人们的需求，从而形成了巨大的金融服务真空地带，这为金融科技带来了机会。

（2）技术变革

目前，随着金融和科技的深入互动，科技已不是纯粹的提升金融效率的工具，其开始以产品创新和业务重构的方式，大力推动着金融业的转型、跨界与客户体验的提升。随着金融科技 3.0 阶段的到来，如区块链、大数据、云计算、人工智能等新技术，已经开始从概念走向了应用，推动着金融新业态的出现。

（3）宽松的政策环境

金融作为现代经济的核心，向来都是一个重监管行业，各监管部门的一举一动均关系到其行业的发展。我国政府多次发文鼓励金融与科技的融合，大力支持有条件的金融企业深入探索高新技术解决方案在其领域的应用。目前，随着众多政策的陆续出台，金融科技行业在既宽松又严格的监管主基调中不断发展，曾经良莠不齐、鱼龙混杂的局面已开始改变，其正在一步步迈向正规，走向合规。

2．金融科技对智慧金融的影响

金融科技对智慧金融的影响主要体现在三个方面：一是智慧体验。金融科技给客户带来极致化的体验，精准识别客户，敏锐感知客户需求，使用先进技术手段去理解客户、服务客户、陪伴客户，将金融服务“无形”地融合在客户的生产与生活场景之中；二是智慧决策。基于金融科技建立的智能风险防控体系，采用大数据、人工智能等技术，提高内部风险控制能力，变被动风控为主动风控，满足全产品、全场景、全天候的风控需求，在提高实时性、全面性、准确性的前提下，使客户对风控无感；三是智慧架构。智慧架构意味着全面的数字化运营和坚实的技术架构体系，能够快速支撑金融新业务的发展，灵活支撑内部流程的快速提升，稳健支撑企业经营的迭代与创新。

6.2.4 金融科技的核心技术

金融科技通过对传统金融及其商业运作模式改造，让人们愈发依赖科技所带来的高效、平等与专业，经济贸易活动正不自主地向科技倾斜。金融科技是人工智能、大数据、云计算、物联网、区块链等新兴科技对传统金融的全面赋能，使金融业有能力对海量、多维的非结构化信息实现高效处理，实现金融体系的改造升级。

1．金融大数据

（1）金融大数据的特点

金融行业由于服务客户众多，业务类型复杂，信息化程度较高，天然具有“海量用户和大数据”的特点。

① 在规模上，现在金融机构已经实现了所有核心业务系统的计算机处理，并且每时每刻都在存储和处理大量的数据。金融行业有着大量的客户信息、储蓄信息、产品档案、报价数据、市场行情数据和交易数据等，仅纽约证券交易所一天的数据写入量就超过 1 TB。

② 在速度上，并发的海量用户访问和交易请求，意味着需要更高的业务处理速度，大数据具有快速流转的特性，实时数据发生的频率以“毫秒/TB”计算，很明显这远远超出传统数据库的处理能力。

③ 数据的多样性。在金融机构自身产生的数据中，有一部分是结构化数据，例如客户的存款数额、贷款数额、购买理财产品的编号等；这部分数据的存储量占比相对不大，而数据量更多、挖掘价值更大的是那些半结构化或非结构化的数据，例如用户各种身份和资产证明的复印件、行为数据、社交网络数据等。

（2）金融大数据的核心——数据挖掘技术

数据挖掘技术是金融市场认知上的范式革命。计算机技术的发展，第一次允许人类对如此庞大的海量信息和资料进行存储、交换、获取、分析、处理、利用，并由此引发了一场数据技术革命。而这场数据技术革命不仅改变了人类对世界的认识，改变着世界的物质形式、实践方式和价值取向，也正在改变人类认识世界或把握世界的科学范式。特别是引发科学研究范式的重大转变，从过去以实验为主的经验范式、以模型为主的理论范式和以模拟为主的计算范式开始转向通过大数据平台对实验、理论、模拟等不同渠道所产生的大数据进行挖掘的 e-Science 范式或第四次科学研究范式。

一般来说，以往科学范式关注的是事件的客观性、真实性及事件之间的因果关系，e-Science 范式则是通过大数据的挖掘来发现事件之间的相关关系，而不需要探明事件之间的因果关系。e-Science 范式可以把许多以往不可见、不可度量、不可存储与不可分析的事件数字化，以此来发现不同事件之间的关联性，进而提升对事件未来变化的预测力，而这些则成了技术创新、新的需求发现、社会财富创造的动力与源泉。

金融大数据的处理过程是获取数据、存储数据、分析数据和应用数据。对应到一个大数据分析平台，就需要有数据产生层、数据交换层、数据存储和计算层、数据应用层以及用户访问层。

在数据产生层，是企业内外部产生的结构化、半结构化和非结构化数据，然后经由数据交换层，完成从源头抽取、清洗数据以及大数据平台内部组件之间进行的数据交换，在数据存储和计算层，会通过 HDFS、S3、HBase、Cassandra 等各类软件完成清理之后对数据分类存储，并通过 MapReduce、Spark、Storm 等各类框架和算法响应上层的数据处理和访问需求；当然，这些需求对应的是数据应用层和用户访问层的各类界面请求和用户操作，例如仪表盘、报表、即时查询、多维分析、挖掘预测等。

简单来说，银行业海量的数据内容，需要经历从“数据采集、清理与整合、数据仓库、流程调度、数据挖掘到知识应用”多次的循环反复，才会体现出巨大的应用价值。如何“打通”多源异构的数据，进行数据整合从而建模分析，是各金融机构当前面临的最大问题之一。浙江大学的学者提出了一种基于语义的金融大数据处理系统，其系统框架如图 6-7 所示。

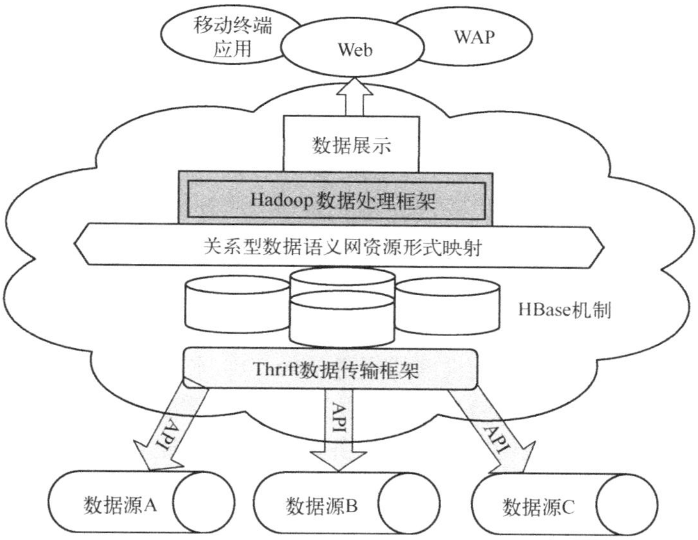

图 6-7 基于语义的金融大数据处理系统框架

构建该系统的作用有两个方面，一方面利用本体等语义技术将各种数据进行关联，通过 RDF（Resource Description Frame Work，资源描述框架）格式将数据之间的复杂关系进行整合和表示，实现数据共享，及从语义层次上实现数据的查询和计算；另一方面，通过利用分布式计算技术实现大数据的高效处理和挖掘；最后，通过采用提供编程接口的形式由客户端实现数据采集的逻辑，这样既解决了数据跨系统跨平台的问题，同时又降低了服务器端的数据处理开销，还为数据的中央集成提供了支持。

该系统呈垂直结构，是一个基于 HBase 存储的分布式系统，底层通过 Thrift 框架向客户端提供接口，客户端通过自行编写相关数据采集逻辑代码将其数据源中的数据上传到中央系统中，并通过相应的转换将数据装载到 HBase 数据库中。通过利用语义技术，将各种数据通过 Linked Data（关联数据）的形式相关联，生成 RDF 语义数据集合。通过 Hadoop 平台对基于语义的数据进行挖掘分析，并通过分布式计算获取结果，将该结果提供给云端各种应用终端进行决策服务。

该系统各部分功能如下。

① Hadoop 是一个针对海量数据进行分布式处理的软件框架，一种具有高可靠性、高效性、可伸缩性的分布式数据处理方式。Hadoop 通过分布式文件系统（Hadoop Distributed File System，HDFS）提供可靠的数据存储服务，通过 Map-Reduce 技术提供高性能并行数据处理服务。这两项服务是实现对非结构化数据快速、可靠分析的基础；Hadoop 具有很高的可扩展性，能处理 PB 级大数据，实现数据分割及在宿主节点的实时处理；Hadoop 还具有高吞吐量，适用于大数据集的处理。

② Thrift 是 Apache 的一个开源项目，目的是为了解决复杂系统中大数据量的传输通信以及系统之间语言环境不同需要跨平台特性的问题而开发的。该系统采用 Thrift 数据传输框架技术实现对分散数据源的数据采集。

③ HBase 是一个高可靠性、高性能、面向列、可伸缩的分布式存储系统，利用 HBase 技术可在廉价 PC Server 上搭建起大规模结构化存储集群。

2. 金融云

（1）金融云的特点

首先，云计算造就了大数据，也能解决大数据问题。云计算自 2007 年以来得到了蓬勃发展，其核心模式是大规模分布式计算，它将计算、存储、网络等资源以服务的模式提供给多用户，按需使用。云计算的核心思想，是将大量用网络连接的计算资源统一管理和调度，构成一个计算资源池，向用户提供按需服务。“云”中的资源在使用者看来是可以无限扩展的，并且可以随时获取，按需使用。向客户提供“计算”服务（即信息处理服务）是云计算模式的核心。

目前提供云计算服务主要有基础设施即服务（IaaS）、平台即服务（PaaS）和软件即服务（SaaS），此外还有硬件即服务（HaaS）、数据即服务（DaaS）和应用即服务（AaaS）等。

金融云是利用云计算的模型构成原理，将各金融机构及相关机构的数据中心互联互通，构成云网络，或利用云计算服务提供商的云网络，将金融产品、信息、服务分散到云网络中，以提高金融机构迅速发现并解决问题的能力，提升整体工作效率，改善流程，降低运营成本，为客户提供更便捷的金融服务和金融信息服务。

（2）金融云的应用

云计算技术应用于金融业，可以有利于银行提升数据存储能力，充分利用存储资源动态分配存储空间，满足银行业务增长带来的存储需求；有利于银行提高数据处理能力，应用数据挖掘技术对海量数据分析，提取有价值的知识，为更好地服务用户和增加效益提供决策支持；有利于减少成本，通过充分利用各类信息和计算资源，大大减少设备和人员投入。在证券和保险领域，云计算技术除了应用于交易所和保险公司的交易平台之外，还可以广泛用于开发面向机构和个人用户的各类咨询、服务平台和应用软件。

例如，中国电信上海公司与运营商和服务提供商联合打造了国内第一朵“金融云”，是中国电信专门为金融行业量身定制的数据中心“云服务”。它打破了传统金融企业数据中心各自建设、各自运营的模式，中小型金融企业将按照“按需使用，即付即得”的交付模式获得云计算服务，从而节省大量的建设与运营管理成本。

（3）金融云的构建

金融云的构建需应用跨平台、支持多操作系统的虚拟化技术，并强化安全性，实现虚拟机之间的完全隔离与资源的动态调整；着力研发具有资源管理、资源调度、计费等功能的金融云计算管理平台并实现产业化，研发软硬件一体化的云存储平台，研发云计算中间件技术；鼓励电信运营商、第三方数据中心与金融行业数据中心合作，自主研发云计算关键技术与解决方案，推动传统信息基础设施向云计算模型转型，提高基础设施资源的使用效率；推动传统信息安全企业向云安全解决方案转型与提升，打造可靠的云计算生态环境，确保金融云安全、可控。

在构建金融云过程中，还要大力发展金融信息服务业，进一步加强金融专业数据库建设，推进各类经济信息终端的研发和产业化，建立我国金融资讯信息服务平台和全球金融信息服务市场。支持金融资讯服务企业加强产品创新，拓展服务领域，培育具有国际竞争力的金融资讯信息服务机构。

对于金融信息化是否需要云计算，金融云是否安全等问题，各大金融机构更倾向于采用成熟安全的技术。对于大型金融机构或者有着大型数据中心的金融企业来说，构建属于自己的私有云是建立金融云的理想方式。但对于很多中小金融企业特别是个人投资者来说，使用金融云服务提供商提供的公有金融云服务，应该是一个非常好的选择。

3．金融物联网

（1）金融物联网的特点

物联网被业内专家预言将是继计算机、互联网之后，世界信息产业的第三次浪潮，它将彻底改变人们的生活方式，带动万亿级的产业发展，成为信息化发展新的推动力量。金融物联网是在金融系统内使用物联网技术，例如 IC 卡、网银盾、手机银行、POS 机、点钞机、刷卡设备、无线射频设备等银行自助环境，以及公用设备看护、现钞箱跟踪、金融安全防护、公用设备检测、故障报警、仓储和物资跟踪、入侵探测、环境检测和出入口管理等，使金融服务与资金流数字化。数字化的金融与数字化的物品有机集成与整合，可以大大提升金融行业的服务效力，降低运营成本。

金融物联网的特点是，将金融服务由面向“人”而延伸到整个社会物理世界，网络金融是金融物联网的基础，而金融物联网是网络金融的延伸，利用物联网开展金融服务与创新具有广阔的发展空间，可以改变金融业态，带来金融业的革命。

金融物联网通过内部传感器与处理器，将收集到的海量的、与金融相关的信息通过网络进行在线传输，并进行有效的汇聚、分析和利用，这些都建立在金融云的基础上，反过来，金融物联网推动着金融云的发展，改变着金融云的架构。

（2）金融物联网的构建

金融物联网是金融业务与物联网技术的结合，其信息基础架构如图 6-8 所示。

① 金融产品节点层：主要由传感器构成，负责金融信息的采集、金融产品的定位、用户身份信息的识别等。

② 金融信息接入层：将节点层的信息汇集、交换、转化和统一。

③ 金融业务中心网络层：传输金融信息的专用网络，通过多种手段保证信息在各主要金融节点间安全传输。

④ 金融业务应用层：以计算机技术为基础，展示、处理、储存金融信息。

⑤ 金融业务客户层：通过多种终端设备，接收、感应、传递金融业务客户的需求。

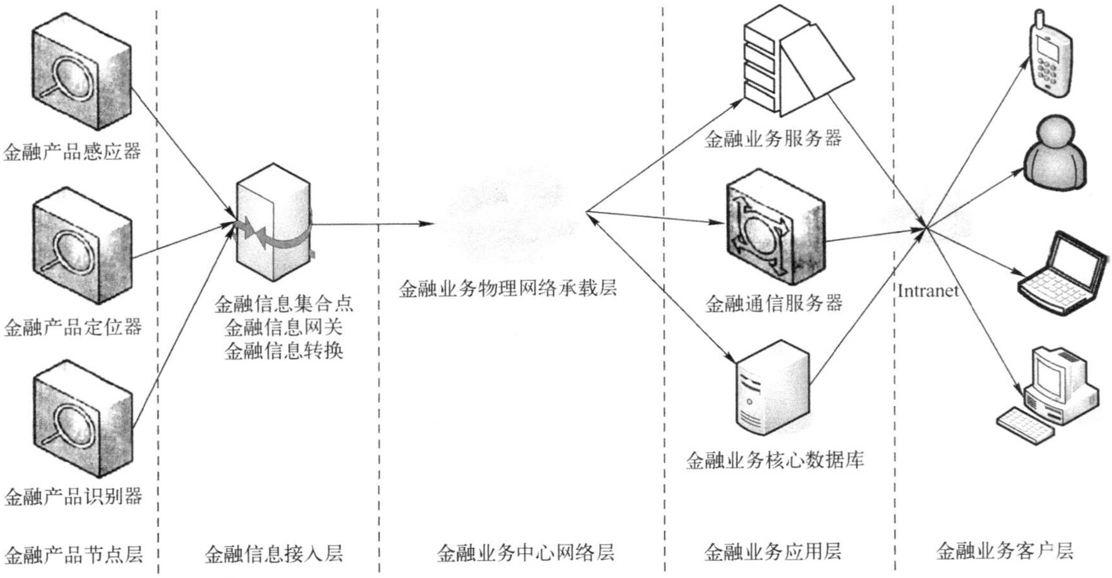

图 6-8　金融物联网的信息基础架构

（3）金融物联网的价值

1）提高支付业务的效率和安全性。目前，金融 IC 卡、移动支付业务已成为物联网技术在我国金融行业应用的重点和热点领域。金融 IC 卡是以芯片为介质的银行卡，存储容量大，复制难度高，并且具备多应用加载平台，提升银行卡的便利性、安全性和创新性。基于手机的移动支付，主要是将手机上普通的 SIM 卡更换成带射频功能的多功能应用智能卡，利用 RFID 技术将用户的银行账号或信用卡号与其手机号连接起来，用户通过手机联结收款方设备或所购买物品标签，就能直接将费用从用户的银行账户（借记账户）或信用卡账户中扣除。同时，增加了点对点信息通道、有线/无线配合使用的双重验证提升了安全性。

2）优化金融业务管理和服务。供应链金融是金融机构针对核心企业供应链中各个节点企业提供金融服务的一种业务模式。应用物联网技术，对各家企业的信息流、资金流和物流的实时跟踪，可以大幅度拓展供应链金融的客户范围和业务领域。具体作用如下。

① 核心企业下游客户可更加及时地获取销售信息，拓展利用存货融资的范围。

② 除了提供供应链融资服务外，还可以提供财务管理咨询、现金管理、应收账款清收、结算、资信调查和贷款承诺等中间业务服务。

③ 借助信息资源优势，可以为供应链上的企业提供咨询服务，帮助他们安排应收账款账期结构和数量，分析供应链上不同环节企业的资金周转情况和偿债能力。

3）有效进行质押物监管。物联网技术可以为金融业提供更加直接监控质押物的手段，可以在企业原材料或产品上嵌入 RFID 芯片，该芯片对物品结构、质地等信息具有感知功能，物品在采购、运输、仓储、加工、销售等环节都能向外发送信息，同时安装在仓库、运输设备上的信息接收装置，能随时接收信息，并对批次产品的数量、位置和质量等情况进行汇总分析，反馈给企业管理者和金融机构，实现管理者对物品的精准定位。

4）为客户提供量身定制服务。通过物联网应用，金融机构可以结合生物识别和 RFID 技术创造客户的无干扰服务方案，进行客户的快速识别。只要客户进入金融网点，金融机构可凭借其携带的借记卡或信用卡向外发射的 RFID 射频信号或网点摄像头捕捉到的客户面相，自动判别客户类型，管理网络通过客户关系管理系统向客户经理发送进入网点的客户信息，告知客户是谁、他们需要什么、之前他们预约了什么业务，或在网站上关注过的事项等，客户经理就可以有针对性地为客户提供量身定制的服务。

5）实时监测保险业服务。应用物联网技术，可以实时监测保险状态，对保险机构厘清赔偿责任、减少保险赔偿具有重要作用。例如在汽车保险方面，通过在车身安装传感设备，可以实时监测车辆运行状态，并进行记录保存，在发生车辆损坏之后，通过调阅记录，可以帮助判断具体责任方，明确保险公司的赔偿责任，防止各种骗保行为发生。在医疗保险方面，可以为被保险人发放生命体征监测仪，定期将被保险人的各项健康信息传输到服务器，进行智能管理和监测，对被保险人的健康问题进行预警。

6）提高金融全方位安全防护能力。采用 RFID 人员定位软件产品，将现有监视录像系统、门禁管理系统等不同安防系统全面结合，可实现对人员的主动式实时监控，从根本上转变人员管理方式，为业务安全防护提供一个自动、简易且强有力的人员监控管理手段，并实现无纸化，从而彻底取代现有的手工或半手工的管理方式；利用 RFID 的原理和特点，对机柜及其内部设备等固定资产加装 RFID 电子标签，机房出入口及机柜内部安装 RFID 识别设备，再结合软件平台，可实现资产全面可视和信息实时更新，能够实时监控资产的使用和流动情况，有效追踪现金柜的痕迹；采用 RFID 技术，赋予每个实物一个唯一的“资产全息身份证”标签，从而实现对固定资产实物在企业中的全流程跟踪管理，不仅解决了常见的账、卡、物不符的现象，提高资产盘点的准确性，而且实现了全程全面、精确细致、及时动态的固定资产管理要求。

4．人工智能

（1）人工智能的定义

人工智能是计算机学科的一个分支，研究使用计算机来模拟人的某些思维过程和智能行为（如学习、推理、思考、规划等）。虽然人工智能的发展已经走过了半个世纪，但至今尚无统一的定义，业界给出的定义大致可划分为“类人思维”“类人行为”“理性思维”“理性行为”四个类别。1956 年，麦卡锡提出的“人工智能就是使机器的行为看起来像人所表现出的智能行为一样”，就是典型的“类人行为”定义，该定义比较流行也相对容易理解。后来，美国斯坦福研究所人工智能中心主任 N.J • 尼尔逊博士给出人工智能的定义，即“人工智能是关于知识的学科——怎样表示知识以及怎样获得知识并使用知识的科学”。总之，人工智能的本质就是研究人类智能活动的规律，构造具有一定智能的人工系统，研究如何让计算机去完成以往需要人的智力才能胜任的工作，即研究如何应用计算机的软硬件来模拟人类某些智能行为的基本理论、方法和技术。

人工智能是一个庞杂的知识体系，涉及统计学、系统辨识、逼近理论、神经网络、优化理论、计算机科学、脑科学等诸多领域的交叉学科。

（2）人工智能研究的内容

人工智能学科研究的主要内容包括知识表示、自动推理和搜索方法、机器学习和知识获取、知识处理系统、自然语言理解、计算机视觉、人机交互、知识图谱等多方面。

1）知识表示是人工智能的基本问题之一，推理和搜索都与表示方法密切相关。常用的知识表示方法有逻辑表示法、产生式表示法、语义网络表示法和框架表示法等。

2）常识理解是人工智能的难点问题之一，对人类而言，常识是很难定义但很容易识别的概念，但机器或人工智能无法识别常识，一旦任务条件超出它的掌握范围，人工智能就会瞬间论为“人工智障”。目前，已提出多种方法，如非单调推理、定性推理就是从不同角度来表达常识和处理常识的。

3）问题求解中的自动推理也是人工智能需要处理的基础问题。推理过程一般可分为演绎推理和非演绎推理。谓词逻辑是演绎推理的基础，结构化表示下的继承性推理是非演绎性的。由于知识处理的需要，近几年来提出了多种非演绎的推理方法，如连接机制推理、类比推理、基于示例的推理、反绎推理和受限推理等。

4）搜索是人工智能的一种问题求解方法，搜索策略决定着问题求解中一个推理步骤的知识被使用的优先关系。搜索分为无信息导引的盲目搜索和利用经验知识导引的启发式搜索。启发式知识常由启发式函数表示，启发式知识利用得越充分，求解问题的搜索空间就越小。典型的启发式搜索方法有 A*、AO*算法等。近几年搜索方法开始研究那些具有百万节点的超大规模的搜索问题。

5）机器学习是人工智能的重要问题之一。机器学习是指在一定的知识表示意义下获取新知识的过程，按照学习机制的不同，主要有归纳学习、分析学习、连接机制学习和遗传学习等。

6）知识处理系统主要由知识库和推理机组成。知识库存储系统所需要的知识，当知识量较大而又有多种表示方法时，知识的合理组织与管理是重要的。推理机在问题求解时，规定使用知识的基本方法和策略，推理过程中为记录结果或通信需设数据库或采用黑板机制。如果在知识库中存储的是某一领域（如医疗诊断）的专家知识，则这样的知识系统称为专家系统。为适应复杂问题的求解需要，单一的专家系统向多主体的分布式人工智能系统发展，知识共享、协同合作、矛盾解决将是该领域研究的关键问题。

7）计算机视觉是使用计算机模仿人类视觉系统的科学，让计算机拥有类似人类提取、处理、理解和分析图像以及图像序列的能力。自动驾驶、机器人、智能医疗等领域均需要通过计算机视觉技术从视觉信号中提取并处理信息。随着深度学习的发展，预处理、特征提取与算法处理渐渐融合，形成端到端的人工智能算法技术。

8）人机交互主要研究人和计算机之间的信息交换，是人工智能领域中重要的外围技术。传统的人与计算机之间的信息交换主要依靠交互设备进行，包括键盘、鼠标、操纵杆、数据服装、眼动跟踪器、位置跟踪器、数据手套、压力笔等输入设备，以及打印机、绘图仪、显示器、头盔式显示器、音箱等输出设备。人机交互技术除了传统的基本交互和图形交互外，还包括语音交互、情感交互、体感交互及脑机交互等技术。

9）自然语言处理和数据挖掘也是人工智能领域的重要研究方向。其中自然语言处理和文本挖掘紧密关联，在机器语义理解领域发挥重要作用。目前，基于神经网络的机器翻译成为普遍采用的方法，该方法不需要针对双语句子专门设计特征模型，而是直接把源语言句子的词串送入神经网络模型，经过神经网络的运算，得到目标语言句子的翻译结果。与基于短语的统计翻译相比，其翻译结果更加流畅自然，在实际应用中取得了较好的效果。

10）知识图谱：知识图谱本质上是结构化的语义知识库，是一种由节点和边组成的图数据结构，每个节点表示现实世界的“实体”，每条边为实体与实体之间的“关系”，以符号形式描述物理世界中的概念及其相互关系。知识图谱就是把所有不同种类的信息连接在一起而得到的一个关系网络，提供了从“关系”的角度去分析问题的能力。

（3）人工智能在金融领域中的应用

1）语音识别和自然语言处理。智能客服和语音数据挖掘是典型应用。智能客服整合全集团对外的客户服务通道，提供多模式融合（包括电话、网页在线、微信、短信及 APP 等）的在线智能客服，实现语音分析、客服助理等商业智能应用，即通过实时语音识别，实时语义理解，掌握客户需求，自动推送客户特征、知识库等内容。语音数据挖掘基于语音和语义技术，自动将海量通话和各种用户单据内容结构化，打上各类标签，挖掘分析有价值信息，为服务与营销等提供数据与决策支持。

2）计算机视觉与生物特征识别。此方面的应用主要体现在人像监控预警、员工违规行为监控、核心区域安全监控三个方面。

① 人像监控预警利用网点和 ATM 摄像头，增加人像识别功能，提前识别可疑人员、提示可疑行为动作、识别 VIP 客户。

② 员工违规行为监控可运用图形视频处理技术，实时监控银行柜员在规定动作以外的行为，提醒后台人员注意；通过纸文件读取技术，排查所有交易单据，建立关键字提示技术；回访客服问答、柜台对话记录，建立风险模型，及时发现可疑交易等；识别并标记视频监控中发现的员工可疑行为录像片段，提示后台人员进行查看。

③ 核心区域安全监控集中运营中心、机房、保险柜、金库等重要场所可采用人脸门禁提高内部安全控制，通过人脸识别的验证方式，实现银行内部安全管理。

3）机器学习、神经网络和知识图谱。这一方面的应用主要涉及金融预测与反欺诈、融资授信决策、智能投顾等方面。

① 金融预测与反欺诈使用深度学习技术，导入海量金融交易数据，将不同来源的数据（结构化与非结构）整合到一起，构建金融知识图谱，从金融数据中自动发现模式，如分析信用卡数据，识别欺诈交易，并提前预测交易变化趋势，提前做出相应对策。

② 融资授信决策通过提取个人及企业社交媒体数据，如观测 APP 下载量，微博中提及产品评价次数等数据，来判断企业或其产品在社会中的影响力；将数据结构化后，也可推测投资的风险点；借助机器学习完成传统金融企业无法做到的放贷过程中对借款人还贷能力进行的实时监控，从而及时对后续可能无法还贷的人进行事前的干预，以减少因坏账而带来的损失。

③ 智能投顾运用人工智能技术，采用多层神经网络，实时采集所有重要的经济数据指标，为客户提供资产管理和在线投资建议服务，实现个人客户的批量投资顾问服务。智能投顾采用合适的资产分散投资策略，实现大批量的不同个体定制化投顾方案，以长期的稳健回报为目标，进一步践行长期服务客户的理念。

4）服务机器人。在机房、服务器等核心区域投放 24 小时巡检机器人，实现指定区域自动巡航功能，替代或辅助人工进行监控。在网点大堂尝试设置智慧机器人，对客户进行迎宾分流，进行语音互动交流，根据客户知识库内容进行标准业务咨询和问答，减少大堂经理的重复性工作。通过前端采集客户数据，开展精准营销工作。

5. 区块链

（1）区块链金融的特点

区块链是金融科技（Fintech）领域最具挑战性的创新之一，区块链技术从根本上颠覆了传统金融的固有逻辑、运行模式和业务范围。区块链被称为颠覆性的技术，将重构互联网金融乃至整个金融业的关键底层基础设施，其在金融领域的价值非常高。

区块链是在对等网络环境下，通过透明和可信规则，构建不可伪造、不可篡改和可追溯的块链式数据结构，是一个由群体维护的共享账本系统，它能够可靠记录、追溯任意两个参与者之间直接进行的交易，让链上交易更具公平性，价值转化更便捷安全，加快了货币流通。区块链的分布式结构以及基于数学算法的低成本信任建立机制为金融领域创新发展提供了一种新的解决思路。

（2）区块链技术概述

1）区块链技术的定义。从形式上看，区块链就是区块+链。数据以区块为单位产生和存储，区块可分为区块头和区块体两部分，区块头记录当前区块的多项特征值：生成时间、当前区块体数据（Hash 值）、上一区块体数据（Hash 值）。区块之间按照时间顺序连成链式数据结构，即构成区块链。区块链的纽带是 Hash 值，区块与 Hash 值是一一对应关系，每个区块的 Hash 都是针对“区块头”计算的。这个 Hash 值代表的是一种身份，构成唯一标识的数据“指纹”。因此，一旦区块体的内容变了，或者上一区块的 Hash 值变了，一定会引起当前区块的 Hash 值改变。这种联动机制，区块链保证了自身的可靠性和整个网络的数据安全性。

狭义来讲，区块链是一种按照时间顺序将数据区块以顺序相连的方式组合成的一种链式数据结构，并以密码学方式保证的不可篡改和不可伪造的分布式账本。广义来讲，区块链技术是利用块链式数据结构来验证与存储数据、利用分布式节点共识算法来生成和更新数据、利用密码学的方式保证数据传输和访问的安全、利用由自动化脚本代码组成的智能合约来编程和操作数据的一种全新的分布式基础架构与计算方式。

2）区块链的分类。按照开放程度，区块链可分为以下三种类型。

① 公有链。系统最为开放，任何人都可以参与区块链数据的维护和读取，容易部署应用程序，完全去中心化不受任何机构控制。公有区块链是最早的区块链，也是应用最广泛的区块链，各种主要的虚拟数字货币均基于公有区块链。

② 联盟链。系统半开放，需要注册许可才能访问。从使用对象来看，联盟链仅限于联盟成员参与，联盟规模可以大到国与国之间，也可以是不同的机构企业之间。每个块的生成由所有的预选节点共同决定，其他接入节点可以参与交易，但不过问记账过程（如何决定每个块的记账者成为该类区块链的主要风险点），其他任何人都可以通过该区块链开放的API进行限定查询。

③ 私有链。系统最为封闭，仅限于企业、国家机构或者单独个体内部使用，不完全能够解决信任问题，但是可以改善可审计性。仅仅使用区块链的总账技术进行记账，可以是一个公司，也可以是个人，独享该区块链的写入权限。

3）区块链的核心技术。区块链的核心技术主要有分布式账本、共识机制、智能合约、非对称加密技术等。

① 分布式账本。分布式账本指的是交易记账由分布在不同地方的多个节点共同完成，而且每一个节点记录的是完整的账目，因此它们都可以参与监督交易合法性，同时也可以共同为其作证。根据不同需要，分布式账本可以拥有不同程度的集中化特征与不同类型的访问控制机制。它不是 100%的去中心化，而是介于 100%去中心化与 100%中心化之间，属于有

控制或有选择地去中心化。

② 共识机制。共识机制的核心就是解决分布式系统中节点间互相信任的问题。普遍应用的共识机制有三种：工作量证明机制（PoW）、权益证明机制（PoS）、拜占庭一致协议（PBFT）。

③ 智能合约。智能合约天然地与区块链相契合。智能合约的特点是：将合约条件的触发和执行合并为一次原子操作（所谓原子操作，即操作一旦开始，就会运行到结束）；去中心化和自动化的合约流程，无须第三方中心机构的介入。

④ 非对称加密技术。非对称加密为满足安全性需求和所有权验证需求而集成到区块链中。非对称加密技术一般分为三类：大整数分解问题类、离散对数问题类、椭圆曲线类。非对称加密技术在区块链的应用场景主要包括信息加密、数字签名和登录认证。

（3）区块链技术在金融领域中的应用

区块链技术除了在数字货币开发中的应用外，在股权交易与众筹结算、交易结算与审计、征信与金融监管等金融领域都有广泛的应用。以股权众筹为例，说明区块链技术在智能股权交易实现中的应用。

基于区块链技术的众筹平台可以通过创建自己的加密数字货币或数字资产来筹集资金，通过分发自己的“数字股权”给早期支持者，是投资者获得支持初创公司所获股份的凭证。区块链众筹平台通常有三层结构组成，如图 6-9 所示。

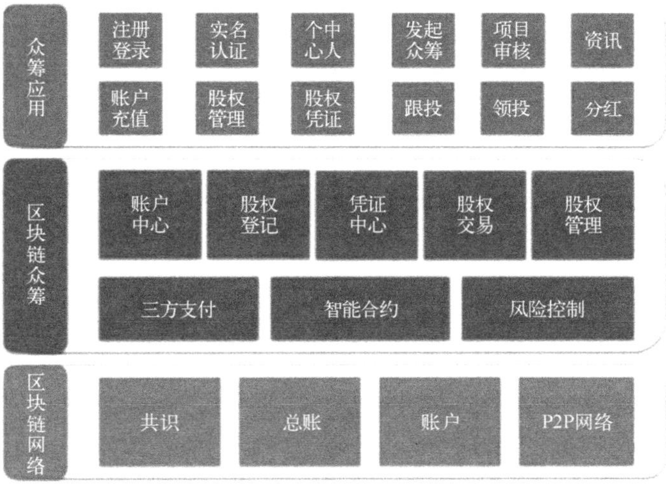

图 6-9　基于区块链的众筹交易系统框架

① 最底层为区块链网络，由它构建起一个去中心化的分布式总账。

② 中间层为业务逻辑与区块链结合，共同建立账户中心、股权登记、股权凭证、股权交易、股权管理等功能。

③ 最上层为众筹平台，面向客户提供各类服务。

在国内，小蚁是首家利用区块链技术来登记公司股权的公司。小蚁基于区块链技术，通过点对点网络进行登记发行、管理、交易各种权益份额的区块链协议。初期会以非上市公司的股权作为切入点，为初创公司提供数字化股份激励方案，为股权众筹公司提供股权管理方案，未来会过渡到股权的可交易，即“区块链IPO”，逐步淡化非上市公司和上市公司的界线。

6．量子计算

量子计算也已成为金融科技应用的热门技术。量子计算是一种遵循量子力学规律的新型计算模式。普通计算机使用比特（bit）中0与1的两种状态存储数据，而量子计算机的存储单位是量子比特，除0和1外，同时还可以实现多个状态的叠加。量子计算机可以通过控制原子或小分子的状态记录和运算信息，其存储和运算速度远远超越传统通用计算机。

量子计算的应用可以极大提升金融服务效率。例如金融高频交易，利用算法根据预先设定好的交易策略自动执行股票交易，在达到相同结果的前提下，量子计算比传统计算机的速度要快得多。

7．5G技术

5G是第五代移动通信技术，5G技术的创新主要来源于无线技术和网络技术两方面。在无线技术领域，大规模天线阵列、超密集组网、新型多址和全频谱接入等技术已成为业界关注的焦点；在网络技术领域，基于软件定义网络（SDN）和网络功能虚拟化（NFV）的新型网络架构已取得广泛共识。

5G将进一步优化金融服务，实现金融场景的再造，为金融行业注入新的生机。5G技术将为用户提供极高的数据传输速率，满足网络极高的流量密度需求，有效提升移动端金融服务的速率，减少因网络延迟造成的支付卡顿等情况。同时，5G传输速率的提升也有助于通过AR/VR技术进一步丰富支付模式，提供更加真实的场景体验。5G技术还有助于银行无人网点的部署，将金融服务覆盖到此前网点无法覆盖的偏远地区，实现数字普惠金融。此外，5G面向物联网业务的低功耗、大连接，低时延、高可靠性，可通过实现万物互联，获取海量、多维度、相关联的人、物、企业数据，进一步优化供应链金融、信用评估、资产管理等相关金融服务，实现更丰富的应用场景。

6.3 智慧金融应用实例

6.3.1 苏宁与太平洋保险合作打造智慧金融生态圈

苏宁与太平洋保险的合作由来已久。从2008年开始，苏宁陆续与太平洋保险北京分公司、南京分公司、苏州分公司、深圳分公司等建立了良好的合作关系。2019年7月18日，双方就金融服务领域的进一步合作进行了深入探讨，将在保险、投融资、金融科技、会员及营销活动等业务领域展开深入合作。其中，保险业务系重中之重，双方将通过整合资源，开展基于零售业态的多项保险业务合作。当前，苏宁金融聚焦供应链金融、微商金融、消费金融、财富管理、支付和金融科技输出“5+1”核心业务，旗下拥有众多优秀的产品。业务线布局齐全的苏宁金融，将致力于打造一站式的综合金融平台。

作为全国第一家O2O银行，聚焦供应链金融、微商金融、消费金融和财富管理四大核心业务的苏宁银行，牢记普惠金融使命，通过金融科技和场景金融融合，致力满足小微企业、个人创业的金融需求。目前，太平洋保险集团已在苏宁银行办理了协议存款，这是太保首次在资产规模低于万亿元的商业银行存放资金，充分体现了其对苏宁银行发展前景的高度认可。未来，双方将在金融科技、金融服务模式创新等领域开展深入合作，共同推动普惠金融发展。近年来，苏宁不断进行线上线下融合发展的创新实践，积极推进智慧零售大开发战略，当前集团的智慧零售生态体系逐步趋于成熟，已经形成了可对外开放赋能的全场景智慧零售生态系统。未来苏宁金融将继续围绕智慧零售核心，持续聚焦金融科技，创新金融技术，不断提高服务能力，优化金融体验，为更多人群和企业提供更便捷、更优质、更安全的普惠金融服务，助力消费升级，助推实体经济发展。

6.3.2 北京银行智慧金融因客而智

客户群体需要什么样的融资服务、理财产品，银行就要提供相应的服务和产品，这样才称得上是智慧型产品、智慧金融的表现。北京银行的“小巨人”中小企业融资服务品牌，充分体现了“因客而智”的智慧金融特色。其一，打造特色金融品牌，创新担保方式。针对高成长性、需要融资服务的中小企业，北京银行的“小巨人”融资服务品牌，形成了“创融通”“及时予”“腾飞宝”三大核心基本产品包；同时，着力打造“文化金融、科技金融、绿色金融、惠民金融”等特色品牌， 先后推出“创意贷”“融信宝”知识产权质押等特色产品，不断突破传统担保方式。其中，针对中小企业产业内科技、文创、节能类企业的轻资产状况，北京银行创新担保方式，以企业的无形资产作为质押物，为企业提供融资服务。像“智权贷”产品，就是以合法有效知识产权的财产权作为质押，它们包括发明专利、使用新型专利、商标权、著作权、版权等，以盘活企业资产，深度发掘无形资产的价值，以满足企业正常的资金需求。其二，依据企业不同特征，采取差异化审批。为了提高银企合作的效率，节约贷款成本，北京银行不断优化融资审批流程，针对不同企业实行差异化审批。其中，在北京中关村分行设立的中小企业“信贷工厂”模式，以批量化营销、标准化审贷、差异化贷后、特色化激励的运作模式，开通了绿色审批通道，将审批时间由原有的 7 天缩短至 3 天。另外，对小微企业采取批量化操作模式，针对集群企业设计整体方案，由银行和担保公司共同设计方案，提高审批速度，力求满足客户融资时效要求。图 6-10 为 5G 时代的智慧银行。

图 6-10　5G 时代的智慧银行

6.3.3 华为以“AI+Data”成就智慧金融

AI 和数据驱动，成为金融业务创新的核心驱动力。华为打造的“AI+Data”金融解决方案，涉及智慧体验、智慧决策、智慧架构和智慧研发等多个方面，帮助客户重构数据架构，实现智慧金融。华为在物联网、智能安防领域的创新应用，能够为客户提供无人柜台、智能客服和 VR 银行等创新体验，并实现对公支付结算的移动支付，为客户提供完美的智慧体验；华为高性能、高智能的数据分析产品解决方案为客户提供智慧风控、融合数仓和 AI Fabric 智能无损网络数据中心，实现高效智慧化决策能力；搭建“一云”+“三网”的创新架构，构建开放式、易扩展的智慧 ICT 架构，实现业务快速上线的能力。华为在 AI、芯片、物联网和 5G 领域的技术实力，可为用户提供更多更广泛的创新应用场景体验。

6.3.4 “BATJ”的智慧金融

（1）蚂蚁金服：依托阿里集团拓展场景开发

阿里集团的人工智能仍主要集中在 B 端，与电商体系以及物联网体系有着较为深入的融合，和 C 端之间的联系相对较少。阿里集团的思路是很多时候不会自己亲自来做，而是交给合作伙伴来做，阿里集团更多是在背后做基础设施。由支付宝衍生而来的蚂蚁金服，也延续了阿里集团发展人工智能的思路，形成了“开放”和“赋能”的“世界观”与“价值观”。此外，基于阿里集团丰富的资源，蚂蚁金服在安全、信用、征信、微贷、客服、保险、资产配置等场景，构建了机器学习平台，积极拓展场景开发。在实时性、安全性、稳定性和可靠性这几个方面，蚂蚁金服的人工智能技术比常规的人工智能要求更高，换句话说就是金融级的人工智能。

（2）腾讯：以自身业务为核心的外围延展

腾讯在人工智能领域采取了自身研发与战略投资齐头并进的方式。自身研发方面，腾讯延续以往的打法：做连接。例如腾讯小微，就是用来辅助现有的产品和业务。在金融方面，相关资料显示，腾讯在金融 AI 领域的探索已经涵盖了智能投顾、金融资讯、证券助手、精准营销和用户征信安全等各领域。腾讯的 AI 布局还是以自身的业务优势为基础而延展的。基于腾讯在社交、支付、理财等领域中积累的用户大数据以及金融支付领域的经验和能力，再加上前沿 AI 技术的融合，腾讯有能力给予金融行业构建新生态的全新解决方案。

（3）百度金融：深耕技术底蕴谋求弯道超车

基于庞大的基础数据和计算能力，百度在人工智能领域有着非常大的研究投入和团队建设投入，涉及多项人工智能相关技术领域，目前已有多款成功产品。例如，百度金融与金融机构在“金融云”上进行合作，通过双方数据的融合和人工智能平台的在线服务能力，可以提供更为有效的智能获客、身份验证、用户画像、风控建模等方面的服务。

（4）京东金融：以电商为基础的技术梦

京东在以人工智能为代表的第四次商业革命来临之际，将坚定地朝着技术转型，力求打造一个包括智能商业、智能金融、智能保险业务在内的智能商业体。京东人工智能与阿里人工智能的业务路径最为相似，都是以电商为主体，包括交易数据、云计算、机器学习、深度学习等算法库的基础架构。2019 年，京东金融宣布在大数据、机器学习、人工智能等领域，未来三年资金、资源投入每年增长幅度不低于 100%。目前，京东金融已将人工智能技术嵌入支付、消费金融、供应链金融等各项业务，风控体系优化成效显著，客户体验也更加高效、智能。

6.4 智慧金融的发展现状及趋势

6.4.1 国内外智慧金融的发展现状

1. 国外智慧金融发展现状

（1）国外智慧金融起步较早

智慧金融与前沿信息技术息息相关，美国在应用大数据、人工智能等信息科技开发智能投顾产品与服务方面走在了全球前列。据有关数据显示，2017 年美国智能投顾管理资产规模已达到 2248.02 亿美元，到 2021 年将达 5095.55 亿美元。目前，美国主要的智能投顾服务企业有 Wealthfront、Betterment、Vanguard、Charles Schwab 等。

（2）改善客户体验的智能应用成果多样

改善客户体验是智慧金融服务的核心目标之一，大量金融机构、IT 企业试图通过构建智能人机交互平台，开发智能支付手段不断优化和改善客户体验。例如，Kasisto 公司打造的 KAI Banking 人工智能平台，用于简化用户的转账、付款等在线操作，实现人与机器通过自然语言完成金融行为活动。又如万事达推出的“自拍支付”、亚马逊推出的“眨眼支付”、苹果公司推出的“指纹支付”等基于生物特征识别的智能支付服务，不断丰富用户的支付体验。

（3）智慧保险应用不断深入

部分保险企业在降低经营成本、拓宽营销渠道等方面积极展开探索，并将有关成果应用到自身的服务改进中。例如，Clover Health 公司通过大数据分析平台，实现对用户健康状况的监测及预测分析，并以此为依托采取预防护理措施，降低老年高风险人群患病的概率及医疗费用支出。Next Insurance 公司推出在线聊天机器人，使得用户可以在 Facebook Messenger 上自助咨询和购买保险。Lemonade 公司引入人工智能系统，帮助客户计算保费、自助投保和提供保险方案。寿险企业 John Hancock 为客户提供运动传感器，根据收集的顾客生活数据实时定制保费。

（4）智能风控受业界关注

交易监控与反欺诈是金融业面临的棘手问题，传统的风控大多按以往经验提前建立风险控制机制，风控手段往往存在被动性和滞后性，Kount、Accertify、CyberSource、ThreatMetrix 等智能风控服务企业试图通过人工智能和机器学习算法，把传统的被动型风控系统升级为可以支持实时反欺诈的智能风控系统。

2. 我国智慧金融发展现状

（1）产业政策明确支持智慧金融发展

国务院 2017 年 7 月印发的《新一代人工智能发展规划》中，首次正式提出发展“智能金融”，要求“创新智能金融产品和服务，发展金融新业态”。工业和信息化部于 2017 年 12 月印发的《促进新一代人工智能产业发展三年行动计划（2018—2020 年）》中也提出要积极培育人工智能创新产品和服务，促进人工智能技术的产业化，推动智能产品在金融领域的集成应用。在多项政策文件接连出台的背景下，“智慧金融”被认为是金融创新的下一个风口。

（2）智慧金融产品与服务创新活跃

2016 年，广发基金首先推出智能投顾产品“基智理财”，招行推出“摩羯智投”，随后弥财、财鲸、理财魔方、蓝海智投等同类产品和项目陆续出现。2017 年，工行提出从 e-ICBC 2.0 向 e-ICBC 3.0 智慧银行战略升级，并联合京东金融推出“工银小白”数字银行服务，力图构建智慧金融服务生态圈。南京银行和邮储银行以智慧网点为依托，通过网点智能化加快向智慧银行转型。农行、建行以及部分股份制银行、城商行、农信社也纷纷开展智慧银行、智慧网点建设，并积极运用大数据、人工智能等技术探索智能审批、智能客服、智能风控等智慧应用。此外，太平人寿、人保、中国平安等保险机构也积极创新精准营销、智能定价、智能定损、智能闪赔等智慧保险应用。总的来看，智慧金融产品层出不穷，但我国智慧金融的发展尚刚刚起步，相关产品、服务和应用均不够成熟，智能化程度有限，智能信息技术优势尚未充分显现。

（3）智慧金融的研发与合作不断深入

2017 年以来，国内大型银行机构陆续与国内 IT 企业建立密切的战略合作伙伴关系，试图发挥传统金融机构业务资源优势与 IT 企业在前沿信息技术应用方面的积累优势，通过深入合作，深挖客户需求与服务创新，并推动智慧金融开发。其中，农行与百度共同成立“金融科技联合实验室”，试图构建包括客户画像、精准营销、客户信用评价、风险监控、智能投顾、智能客服六个方向应用的智能银行体系；中行与腾讯提出共建数字普惠金融、云上金融、智能金融和科技金融；华夏银行则与腾讯宣布在公有云平台、大数据智能精准营销、金融反欺诈实验室、人工智能云客服实验室等方面展开合作。

（4）智慧监管受到行业监管部门关注

2017 年 5 月，中国人民银行宣布成立金融科技委员会，并提出“将强化监管科技的应用实践，积极利用大数据、人工智能、云计算等技术丰富金融监管手段，提升跨行业、跨市场交叉性金融风险的甄别、防范和化解能力”。随着近年来金融科技的迅猛发展，金融交易和资金流转效率加快，金融业务的关联性与渗透能力增强，风险传播速度更快、传播范围更广、风险隐蔽性更强，金融监管部门已经意识到只有运用大数据、人工智能、云计算等先进信息技术，探索智能化监管，才有可能快速发现、甄别、防范和化解风险。

6.4.2 我国智慧金融的发展趋势与监管

1．智慧金融的发展趋势

（1）智慧金融代表了未来金融服务的发展方向

智慧金融开发才刚刚起步，相关产品与服务尚处于摸索和试点阶段，未形成广泛的市场应用效应，但由于其符合智能时代人类社会生产生活的金融服务需要，与智慧城市、智慧生活的追求目标相契合，具有良好的发展前景，伴随着前沿信息技术的演进和成熟，智慧金融的研发进程也将加快，将引领未来金融产品与服务实现颠覆性创新。

（2）智慧金融的业务形态将更加丰富

一方面，智能信息技术与传统业务场景的融合将日益深入，为更多的传统业务赋予“智能”属性，将显著改进传统金融的运营流程、服务方式和消费者体验；另一方面，随着大数据智能、跨媒体智能、混合增强智能、自主智能系统等先进智能理论与技术取得进展以及区块链、量子通信等技术在金融业的应用取得实质性突破，智慧金融的业务形态将更加多元化，金融活动的智能化程度也将显著提升。

（3）因人而异的个人金融服务将成为主流

目前，智能投顾、智能营销等金融服务已初具雏形，可以为客户推荐不同的投资理财方案，但由于对客户缺乏全方位的深入认知，对客户各阶段、各场景下的各类金融服务需求了解不充分，难以提供系统化的个人金融服务，服务的智能化水平整体还比较低。未来，随着对客户相关数据更加全面、及时的采集分析以及“理解”“感知”客户需求的能力不断增强，构建全方位、全流程、系统化、高智能、优体验的私人智慧金融服务体系将成为常态。

2．智慧金融监管的建议

（1）树立正确的智慧金融发展理念

金融服务机构、金融监管部门应正视金融“智能化”转型的现实需要，树立“智慧化”思维，积极应用前沿信息技术推动金融产品、金融服务与金融监管转型升级，打造符合市场发展规律与金融客户要求的智慧金融产品、服务与监管体系。另一方面，金融消费者、金融服务机构、金融监管部门应树立正确的“技术观”，正确认识人工智能、生物识别、区块链等信息技术尚存在的技术短板和不确定性，不盲目夸大技术自身的支撑能力，也不应因噎废食，消极应对智能信息技术发展所带来的机遇与挑战。

（2）营造良好智慧金融发展环境

金融监管部门、行业自律组织应提供“包容性”监管环境，鼓励金融机构、支付机构等市场主体顺应市场发展趋势积极开展创新，主动拥抱和适应技术变革，尽快实现“智能化”转型。另外，金融监管部门、行业自律组织、标准化工作部门等应抓紧研究和出台前沿信息技术在金融行业落地应用的技术标准、技术规范，为前沿技术在智慧金融领域的落地应用提供标准化、规范化支持。

（3）积极开展合作研发与人才储备

智慧金融是技术密集度非常高的金融创新，金融服务机构、技术企业、研究机构应发挥各方特长开展联合研发，互补短板，形成开发合力，从而降低产品研发周期和成本投入，实现产品的快速投产和市场抢占。智慧金融的研发亟须大量既掌握经济金融知识又熟悉前沿信息技术应用的复合型人才，做好相关人才储备是智慧金融实现快速、健康、可持续发展的重要保证。

思考题

1．智慧金融的概念与特征、工作流程、业务形态及与其他金融业态的关系是什么？
2．构建智慧金融系统的主要模块及其功能是什么？
3．金融科技的概念、模式及核心技术是什么？
4．举出金融科技助力智慧金融应用场景及相关案例。
5．举出信息科技公司与传统金融机构在智慧金融领域合作的应用案例。
6．通过案例分析讨论对智慧金融发展趋势的思考。

上机操作

用截图的方式展示商业银行在支付、借贷、理财领域的智慧产品和服务，并简要列举其功能。

小组作业

结合日常生活调研，用 PPT 展示所感兴趣的智慧金融产品和服务，并阐述金融科技在智慧化方面发挥的重要作用。

第7章 网络金融安全与监管

本章要点：

1. 了解网络金融风险类型、防范管理方案和相关风险防范技术；
2. 了解网络金融在金融科技背景下的核心技术风险及防范方案；
3. 了解网络金融监管政策和法规条文。

导入案例：

江苏银行直销银行的网络金融安全措施

江苏银行直销银行深植互联网思维，加速融合创新，在激烈的竞争中实现了弯道超车。江苏银行直销银行秉承“快乐很简单”的理念，构建了集“存、投、汇、贷、玩、支付缴费”于一体的金融服务体系，满足互联网客户多元化、个性化的金融服务需求。实现了系统全面升级，提升了网站页面访问速度，优化客户体验，通过多维度智能配置，提高系统整体开发效率，用户体验大为提升。搭建直销银行用户行为数据分析系统，建立多元化、动态的客户标签，进行产品智能推荐，智能配置，辅助精准营销，不断提高客户转化率。另外，江苏银行直销银行始终把确保网络金融安全作为业务发展的第一要务，在分析目前交易反欺诈系统的基础上，打造“天罗-反欺诈”系统。一是从基本信息、行为数据等方面，通过设备、地域、交易等维度进行画像，并对客户进行风险等级的划分，从而提升精准风控的能力；二是推进关联图谱等风险建模的落地应用，识别客户之间的关联关系，建立关系图谱，完善反欺诈规则库；三是完善风险监控平台，从开户渠道、交易类型等维度提出多维风险监控指标，并建立可视化管理平台，更加方便直观地展示和处理风险信息。

思考：

网络金融风险都有哪些？如何防范各种风险所带来的危机？

7.1 网络金融风险与防范

7.1.1 网络金融风险的分类

因网络金融的特殊性，使其除了具有传统金融业经营过程中存在的流动性风险、市场风险和利率风险外，还存在特殊的网络金融风险。从业务技术角度分析，网络金融的风险主要包括两类：基于网络信息技术导致的技术风险和基于网络金融业务导致的业务风险。

1．网络金融技术风险

（1）安全风险

网络金融业务及大量风险控制工作均由程序和软件系统完成，所以，电子信息系统存在的技术性和管理性安全风险就成为网络金融运行的最为重要的技术风险。这种风险既来自计算机系统停机、磁盘列阵损坏等不确定因素，也来自网络外部的网络黑客攻击，计算机病毒破坏等因素。根据对发达国家不同行业的调查，系统停机对金融业造成的损失最大。网络黑客的攻击活动数量正以每年 10 倍的速度增长，黑客可利用网上的任何漏洞和缺陷非法进入主机、窃取信息、发送假冒电子邮件等。计算机网络病毒可通过网络进行扩散与传染，传播速度极快，一旦某个程序被感染，则整台机器、整个网络也很快被感染，破坏力极大。在传统金融中，安全风险可能只带来局部损失，但在网络金融中，安全风险会导致整个网络的瘫痪，是一种系统性风险。

（2）技术选择风险

网络金融业务的开展必须选择一种成熟的技术解决方案来支撑，因而存在技术选择失误的风险。这种风险既来自于选择的技术系统与客户端软件的兼容性问题造成的信息传输中断或速度降低的可能，也来自于所选择的技术解决方案快速被技术变革所淘汰，造成技术相对落后的状况，导致巨大的技术和商业机会的损失。另一方面，由于 IT 技术的高度知识化和专业化分工，形成了众多专门提供信息技术解决方案服务的公司，大幅降低了网络金融机构 IT 信息技术投入和运营成本，适应了网络金融的快速发展，但也增加了相应风险。如所选择的 IT 信息技术提供商的开发能力、财务能力不足等均可造成不能按期保质完成需求或相应服务的中断，从而对网络金融机构的信息服务构成威胁。

（3）操作风险

操作风险主要涉及网络金融账户的授权使用、网络金融的风险管理系统、网络金融机构和客户间的信息交流、真假电子货币的识别等。如没有经过明确授权使用账户，可能会导致客户直接的经济损失；如果网络金融交易没有就安全预防问题向客户进行足够的宣传和教育，会产生误操作，导致经济损失；客户在非安全的电子传输渠道中使用个人信息（如银行卡账户、密码等），将使犯罪分子得以窃取客户的账户，造成经济损失；网络金融机构职员对业务不够认真负责，可能造成相当高的操作风险，从而危机网络金融系统的总体安全。

（4）CA 认证系统风险

CA 认证是电子商务、网络金融进行交易的必要关键环节。在电子交易中，CA 认证作为可信的第三方公证人，用以确认电子交易中各方的身份，进行电子鉴别服务，监督管理交易双方的活动。CA 认证系统作为一种信息技术产品和服务同样也面临着安全风险、信誉风险、法律风险。

2．网络金融业务风险

（1）信用风险

信用风险是指网络金融交易者在合约到期日不完全履行其义务的风险。网络金融服务方式具有虚拟性的特点，即网络金融业务和服务机构都具有显著的虚拟性。虚拟化的金融机构可以利用虚拟现实信息技术增设虚拟分支机构或营业网点，从事虚拟化的金融服务。网络金融中的一切业务活动，如交易信息的传递、支付结算等都在由电子信息构成的虚拟世界中进行。

与传统金融相比，网络金融机构因其金融业务及其服务机构均具有显著的虚拟性，交易双方互不见面，只是通过网络联系，这使得对交易者的身份、交易的真实性验证的难度加大，增大了交易者之间的身份确认、信用评价方面的信息不对称，从而增大了信用风险。其次，我国社会信用体系的不完善，也增大了网络金融的信用风险。

（2）流动性风险

流动性风险是指网络金融机构没有足够的资金满足客户兑现电子货币的风险。风险的大小与电子货币的发行规模和余额有关。发行的规模越大，用于结算的余额越大，发行者不能等值赎回其发行的电子货币或清算资金不足的可能性越大。因为目前的电子货币是发行者以现有货币（现行纸币等信用货币）所代表的现有价值为前提发行出去的，是电子化、信息化的交易媒介，尚不是一种独立的货币。交易者收取电子货币后，并未最终完成支付，还需从发行电子货币的机构收取实际货币。相应地，电子货币发行者就需要满足这种流动性要求。当发行者实际货币储备不足时，就会引发流动性危机。流动性风险也可由网络系统的安全因素引起。当计算机系统及网络通信发生故障，或病毒破坏造成支付系统不能正常运转，必然会影响正常的支付行为，降低货币的流动性。

（3）支付与结算风险

由于网络金融服务方式的虚拟性，金融机构的经营活动可突破时空局限，打破传统金融的分支机构及业务网点的地域限制；只需开通网络金融业务就可能吸引相当大的客户群体，并且能够向客户提供全天候、全方位的实时服务，因此，网络金融有“3A”金融（即能在任何时间、任何地点，以任何方式向客户提供服务）之称。网络金融的经营者或客户通过各自的计算机终端就能随时与世界任何一家客户或金融机构办理证券投资、保险、信贷、期货交易等金融业务。这使网络金融业务环境具有很大的地域开放性，并导致网络金融中支付、结算系统的国际化，从而产生了支付与结算风险。基于电子化支付系统的跨国、跨地区的各类金融交易数量巨大，一个地区金融网络的故障会影响全国乃至全球金融网络的正常运行和支付结算，并会造成经济损失。20 世纪 80 年代美国证券交易系统曾发生只能买入、不能卖出的情况，一夜就形成 200 多亿美元的债务。

（4）法律风险

法律风险是指针对目前网络金融立法相对落后和模糊而导致的交易风险。目前的金融立法框架主要基于传统金融业务，如银行法、证券法、财务披露制度等，缺少有关网络金融的配套法规，这是很多发展网络金融的国家普遍存在的情况，我国亦然。网络金融在我国相应的法规还比较缺乏，因此，利用网络提供或接受金融服务，签订经济合同就会面临在有关权利与义务等方面的相当大的法律风险，容易陷入不应有的纠纷之中，结果是使交易者面对着关于交易行为及其结果的更大的不确定性，增大了网络金融的交易费用，甚至影响网络金融的健康发展。

（5）市场风险

市场风险是指因市场价格波动，网络金融机构的资产因各项目头寸不一样或组合不匹配而蒙受损失的可能性，如外汇汇率变动所带来的汇率风险。此外，国际市场主要商品价格的变动，及主要国际结算货币发行国的经济状况等因素，也构成了网络金融机构的市场风险。

（6）声誉风险

声誉风险是指由于信息不对称或信息不完全导致网络金融面临的不利选择和道德风险引发的业务风险。由于网络金融的虚拟性，一切金融往来都是基于网络运行的，使得客户将会比在传统市场上具有更多的信息优势，形成对网络金融机构不利的道德风险行动。如由于网络金融机构无法在网上鉴别客户风险水平而处于不利的选择地位，网上客户利用他们的隐蔽信息和隐蔽行动做出对自己有利而损害网络金融机构利益的决策，以及由于不利的公众评价而使网络金融机构丧失客户和资金来源以及社会信誉受损害等风险。

（7）基于电子化的金融创新风险

金融电子化的发展产生了众多创新金融工具，金融体系的风险不降反升，金融业整体风险大大增加。如作为金融电子化创新最重要的代表电子货币，与法定信用货币相比，电子货币具有三个特征：一是货币的发行机制不同，电子货币的发行既有中央银行，也有一般金融机构，甚至非金融机构，而且更多的是后者；二是大部分的电子货币是不同机构自行开发设计的带有个性特征的产品，其担保主要依赖于各个发行者自身的信誉和资产，风险程度并不一致；三是电子货币打破了国界的限制，只要商家愿意接受，消费者可以比较容易地获得和使用多国货币。电子货币发行机构潜在地具有无限发行电子货币的能力，导致通货膨胀压力。发行电子货币相当于吸收存款，在发行机构的负债表中表现为负债，发行机构将预付资金进行投资面临信用风险。电子货币的流动性风险同电子货币的发行规模和余额有关，发行规模越大，用于结算的余额越大，而发行机构不可能保持用于赎回电子货币的全额货币准备，一旦由于投资失败等原因引起公众对某一电子货币系统的信心危机，发行机构将无法满足电子货币的赎回要求，产生流动性风险，严重的情况下可能形成支付危机，产生系统性风险。

7.1.2 互联网消费金融风险

互联网消费金融作为网络金融的重要分支，在业务和技术风险方面，有着自己独特的内容。

1．互联网消费金融的概念

随着互联网在全球范围的飞速发展，传统的线下消费金融开始借助互联网技术完成由线下向线上的快速转变与升级，形成互联网消费金融。互联网消费金融是消费金融与互联网技术结合的产物，能够在一定程度上弥补传统金融服务的不足，并可以大大提升传统消费金融的服务范围与效率。我国互联网消费金融主要有以下三种模式：电商平台模式、商业银行的线上消费金融模式、互联网消费金融公司模式。这几种互联网消费金融模式，除了具有传统消费金融的额度小、较分散的特点之外，还具有互联网时代的新烙印，如高效性与便捷性兼备，用户以年轻人、中低收入群体为主，消费场景多样化等特征。

2．互联网消费金融风险

创新是经济发展的动力，而风险也会如影随形。互联网消费金融在创新发展的同时，风险也更具独特性。

（1）流动性风险

流动性充足与否决定着金融业是否能够正常运行。传统金融往往采用存款准备金、风险拨备等制度来保证金融机构的流动性，而互联网消费金融发展较快，多数平台尚未具备有效的应对资金外流的措施，使得互联网消费金融行业面临着更大的流动性风险。从近几年互联网消费金融平台倒闭、破产或跑路的情况来看，提现困难是这些平台面临的主要问题，这也正是资金不足导致的流动性风险。

（2）信用风险

根据风险的来源，互联网消费金融的信用风险可划分为平台本身的信用风险和资金需求方所导致的信用风险两类。前者主要是平台对用户谎报本企业的评级标准，利用信息不对称诱骗消费者投入资金。这类平台由于缺乏第三方的监管，容易导致投资者投资本金遭受严重损失。后者则主要是因为互联网本身的虚拟性导致互联网消费金融平台很难通过网络交易、社交和证明数据等来对消费者的还款能力与还款意愿进行准确判断而导致的风险。

（3）操作风险

操作风险可以分为互联网金融内部控制操作风险和客户操作风险。内部风险是由于互联网消费金融平台本身内控体系的不完善，难以对日常经营过程中的突发事件和失误进行有效预防，从而导致其内部控制风险爆发，给平台的发展带来损失。后者是因为客户的操作主要是通过在线完成，再加上缺乏专业人士的指导，可能出现账户被入侵、密码被盗等情况，给客户的资金安全带来了隐患。

（4）法律风险

法律风险是由于我国针对互联网消费金融行业的法律条款尚未健全造成的。从我国互联网消费金融的情况来看，法律风险主要表现为法律法规滞后的风险。由于我国互联网金融相关配套法律制定速度无法跟上行业的发展速度，使得很多不法分子利用法律漏洞从事违法违规活动。

（5）声誉风险

我国互联网消费金融业务发展时间短，人们对其认知程度相对较差，对互联网消费金融的有效开展造成了一定阻碍。互联网消费金融平台的信誉受多方面影响，如平台漏洞、平台背景、网络流畅性等均会潜在地降低互联网金融的信誉水平，不利于企业平台的发展。

必须对互联网消费金融的运作模式、风险形成机理、风险传导机制等展开防范与管理。例如，在互联网消费信贷风险尚未暴露的情况下，基于用户以往的购买习惯与数据，在进行风险识别时容易受信息传递失真的影响，潜在风险较大，防范此类潜在风险的主要方法在于强化信用分析与评估。而针对风险管控难度较大的问题，可以通过借助相关软件来构建个人信用评分卡模型进行风险管控。尽管目前互联网消费金融业务在我国还不够成熟，宏观环境与微观环境都还有待完善，但随着国内互联网金融的不断创新与政府的大力支持，互联网消费金融仍然具有较好的发展前景。

7.1.3 网络金融风险管理

1．网络金融风险管理流程

与其他风险监管一样，网络金融风险管理流程包括风险评估、风险管理与控制、风险监控三个基本阶段。

（1）风险评估

风险评估是网络金融风险管理的基本方法之一，是一个持续的过程。一般包括三个步骤。首先，通过分析来识别风险，并在可能的情况下使之量化。如果无法量化，管理者仍可以确定潜在风险是如何产生的，以及应对和限制风险的措施。第二步，在特定问题发生时，管理者在对金融企业能够承受的损失进行评估的基础上确定金融企业的风险承受能力。最后，管理者可以比较企业的风险承受力，并根据评估出的风险严重性程度以确定面临的风险是否在企业可承受范围内。

网络金融风险评估的具体工作流程如图 7-1 所示。

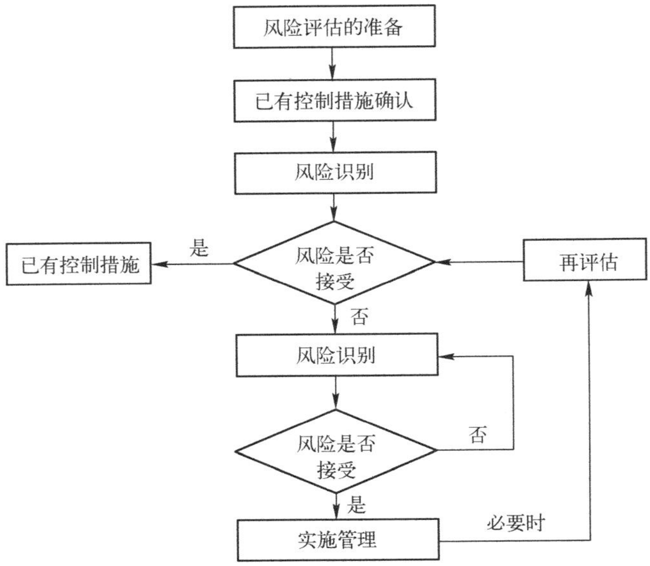

图 7-1　网络金融风险评估流程图

（2）风险管理与控制

风险管理与控制阶段的活动包括：贯彻安全政策和措施，协调内部的交流，测试并升级产品和服务，采取措施控制和管理外包风险，进行信息披露并提供客户培训，制订应急计划等。机构高级管理层确保负责实施风险控制措施的员工权限独立于负责网上业务的部门。

（3）风险监控

管理部门应该监控和度量与技术相关的产品、服务、传送渠道和过程，以避免潜在的运行失控所造成的损失。网络金融技术风险的监控尤为重要，这是因为网络金融业务直接依赖于开放的网络。

2．网络金融技术风险管理

技术风险管理涉及信息网络管理、系统运行安全管理、硬件设备管理以及系统运行环境管理和人员管理五个方面。

（1）网络管理

网络管理包括故障管理、配置管理、安全管理、计费管理和性能管理。

① 故障管理。目的是迅速发现和纠正网络故障，动态维护网络的有效性。故障管理主要包括故障检查、测试、隔离及修复等。

② 配置管理。负责网络的建立、业务的开展及配置数据库的维护，其主要功能包括资源清单管理、资源业务开通及网络拓扑服务等。配置管理在网络建立后仍继续发挥作用，主要在网络增容、设备更新、新技术应用、新业务开通、新用户加入及无效业务撤销发生时对网络配置进行管理。

③ 安全管理。目的是为信息的隐私、认证和完整提供保护机制，使网络金融的服务、数据及系统免受侵扰和破坏。安全管理目前采用的措施包括认证、访问控制、数据完整性保护等。

④ 计费管理。主要是对用户使用网络的费用进行计算、收取，同时还可以进行网络资源利用率的统计等。

⑤ 性能管理。维护网络的服务质量和运营效率，对网络资源提供性能检测、性能分析及性能管理和控制。

（2）系统运行安全管理

系统运行安全管理是保证系统正常运行的关键。包括权限管理、保密管理、备份管理等。

① 权限管理。为了确保系统运行的安全，必须规范系统的维护操作和权限管理，要对不同用户设置合理的权限，明确分工和职责。

② 保密管理。保密管理是系统安全运行的基础，主要包括对口令和密钥的安全管理。网络金融交易系统除了向客户指导口令的正确使用和保护方法外，应该考虑如下方面：考虑规定的最小字符长度；使用字母数字式的口令；定期更换口令；针对暂停活动状态和过多的、失效的访问尝试，确保自动退出的会话控制；禁止存储未加密过的或明文口令；在传送期间，对口令进行加密；取消系统对口令的自动保存功能等。

③ 备份管理。指定期做好各种软件和数据的备份，确保备份的完整性，健全日常系统操作和维护的记录制度，并根据安全策略定期进行安全性检测，及时提出整改意见，落实整改措施。各种技术文件和归档资料应按保密等级妥善保管，要有严格的借阅制度。

（3）硬件设备管理

硬件设备的管理主要包括：根据硬件设备的具体配置情况，制定切实可行的使用操作规程，并严格按照规程执行；建立设备使用情况日志，并严格登记使用过程情况；建立硬件设备的故障情况登记，详细记录故障性质和修复情况；建立设备例行保养维护制度等，并指定专人负责。

（4）系统运行环境管理

系统运行环境管理是保证设备安全运行的基础。由于物理环境（如电、水、火、电磁辐射、雷电等）对计算机和通信设备的影响很大，需要依据具体环境、条件和要求，采取相应的技术措施进行维护和管理等。

网络金融系统的大型机房里都是数据处理中心和数据通信中心的设备，这些设备场地应符合相应的国家标准规定。为防止火灾、水灾、断电、地震和防盗，应配置相应附加设备。如为防火灾要配置烟火和温度侦测器、各种灭火器、防火保险柜等；为防水灾，主机房和动力设备应尽量选择和安放在楼房的第二层；为防断电，应采用 UPS 电源；防盗应加装保安系统；防震可在高架地板上架设强力弹簧，或采取其他消震措施；对重要设备要设置隔离区，严格人员出入制度等。

（5）人员管理

内部工作人员的管理是网络金融安全管理的重要环节，据估计，操作风险中近 70%与工作人员相关。要加强对所有工作人员职业道德、法律的教育及计算机安全操作的培训，提高工作人员的安全意识。制定健全的人员管理的规章制度，建立相互制约和相互监督的工作机制，严格划分前、后台，严禁岗位交叉等。

3．网络金融业务风险管理

（1）信用风险管理

由于系统运行失效或未经授权的侵入会增加网络金融机构的信用风险，管理部门应该对此做出有效的防范。管理部门应制定沟通计划和扩展战略，并定期进行测试，以便对系统失效或其他问题而导致的负面客户反应做出迅速回应，并尽量降低网络金融机构的信用风险。

网络金融机构应制定相应的危机管理对策，以及时、有效地应对通过互联网传播针对网络金融机构的谣言所造成的声誉危机。应将谣言危机列入管理层的危机管理清单，制定专门的预警措施和应对方案。

（2）法律风险管理

网络金融机构与客户之间的交流并非面对面的，所以增加了其面临的法律风险。管理部门必须采取相应的管理措施，以控制法律风险。

首先，提供网络金融服务的金融机构必须清楚地表明其法律名称和办公地点。在法律文件、存款证明、签名卡、货款协议、账户声明、支票及其他类似资料中必须应用法律名称。其次，遵守相关的所有法律、法规，包括客户隐私权法和信息披露法。交易系统上要有关于客户隐私的声明，向客户公布银行的隐私保护政策和相应的安全措施，并定期对员工进行相关培训。在消费者信息披露中应当阐明：客户的账户数据在什么情况下会面临风险以及网络金融机构会采取什么样的安全措施，必须使客户了解他们的权利和义务。

跨境网络金融业务使金融机构面临不同国家的立法要求。在现行法律对网络金融的适应性尚不明确的情况下，网络金融机构应该倍加谨慎，通过签订详细的合同，规定各方权利和义务，并就不同国家立法环境对员工进行培训。

（3）跨境风险管理

与网络金融业务面临的国内技术风险相比，跨境风险更加复杂。网络金融机构必须对跨境风险进行评估、控制和监控。首先，网络金融机构必须了解提供跨境网络金融服务的国家的相关法律要求，估计该国家用户对其产品和服务的预期和了解的程度。其次，高级管理人员应该确保现行信用扩展和流动性管理机制已经考虑了跨境活动中的潜在困难。最后，如果网络金融机构依赖国外 IT 服务提供商提供服务，则其管理部门需要逐个评估跨国服务提供商的信息准入问题。

7.1.4 网络金融风险防范技术

各种网络金融安全服务都是通过相应的安全技术来实现的。网络金融中使用的主要信息安全技术包括加密技术、数字认证技术、防火墙技术、入侵检测技术、网络安全协议等。

1．加密技术

加密技术是网络金融采取的基本安全措施，是保证网络与信息安全的核心技术之一。加密技术分为两类，即对称加密和非对称加密。

（1）对称加密

采用单钥密码系统的加密方法，同一个密钥可以同时用作信息的加密和解密，这种加密方法称为对称加密，也称为单密钥加密。所谓对称，就是采用这种加密方法的双方使用同样的密钥进行加密和解密。密钥是控制加密及解密过程的指令。算法是一组规则，规定如何进行加密和解密。其特点如下。

① 加密方和解密方使用同一密钥。

② 加密解密的速度比较快，适合密钥比较长时的使用。

③ 密钥传输的过程不安全，且容易被破解，密钥管理也比较麻烦。

对称加密算法的优点是算法公开、计算量小、加密速度快、加密效率高；对称加密算法的缺点是在数据传送前，发送方和接收方必须商定好密钥，然后使双方都能保存好密钥。其次，如果一方的密钥被泄露，那么加密信息也就不安全了。另外，用户每次使用对称加密算法时，都需要使用其他人不知道的唯一密钥，这会使得收、发双方所拥有的钥匙数量巨大，密钥管理成为双方的负担。常用的对称加密算法为数据加密标准 DES（Data Encryption Standard），由美国国家标准局提出，是目前广泛采用的对称加密算法，主要用于银行业中的EFT 领域。

（2）非对称加密

非对称加密算法是一种密钥的保密方法。非对称加密算法需要两个密钥：公开密钥（Public Key，简称公钥）和私有密钥（Private Key，简称私钥）。公钥与私钥是一对，如果用公钥对数据进行加密，只有用对应的私钥才能解密。因为加密和解密使用的是两个不同的密钥，所以这种算法叫作非对称加密算法。非对称加密算法实现机密信息交换的基本过程是：甲方生成一对密钥并将公钥公开，需要向甲方发送信息的其他角色（乙方）使用该密钥（甲方的公钥）对机密信息进行加密后再发送给甲方；甲方再用自己私钥对加密后的信息进行解密。甲方想要回复乙方时正好相反，使用乙方的公钥对数据进行加密，同理，乙方使用自己的私钥来进行解密。

非对称密码体制的特点是：算法强度复杂，安全性依赖于算法与密钥。但是由于其算法复杂，而使得加密解密速度没有对称加密解密的速度快。对称密码体制中只有一种密钥，并且是非公开的，如果要解密就得让对方知道密钥。所以保证其安全性就是保证密钥的安全，而非对称密钥体制有两种密钥，其中一个是公开的，这样就可以不需要像对称密码那样传输对方的密钥了，这样安全性就高了很多。RSA 算法是非对称加密领域内最为著名的算法。

2．数字认证技术

数字认证技术是为了满足网络金融系统的安全而采取的一种常用的安全技术，它位于网络金融活动安全交易体系的第二个层次，主要包括数字签名、数字时间戳、数字证书等技术。

（1）数字签名技术

对文件加密只解决了传送信息的保密问题，而防止他人对传输的文件进行破坏，以及如何确定发信人的身份还需要采取其他手段，这一手段就是数字签名。在电子商务安全保密系统中，数字签名技术有着特别重要的地位，在电子商务安全服务中的源鉴别、完整性服务、不可否认服务中，都要用到数字签名技术。在电子商务中，完善的数字签名应具备签字方不能抵赖、他人不能伪造、在公证人面前能够验证真伪的能力。

实现数字签名有很多方法，目前数字签名采用较多的是公钥加密技术。应用广泛的数字签名方法主要有 RSA 签名、DSS 签名和 Hash 签名。

（2）数字时间戳技术

数字时间戳技术就是数字签名技术的一种应用。在金融电子商务交易文件中，时间是十分重要的信息。在书面合同中，文件签署的日期和签名一样均是十分重要的防止文件被伪造和篡改的关键性内容。数字时间戳服务是金融电子商务安全服务项目之一，能提供金融电子文件的日期和时间信息的安全保护，由专门机构提供。

数字时间戳是一个经加密后形成的凭证文档，它包括需加时间戳的文件的摘要、时间戳收到文件的日期和时间及时间戳的数字签名三个部分。

（3）数字证书技术

数字证书就是网络通信中标志通信各方身份信息的一系列数据。它由一个权威机构发行，人们可以在通信中用它识别对方身份。最简单的证书包含一个公开密钥、名称以及证书授权中心的数字签名。在一般情况下证书中还包括密钥的有效时间，发证机关（证书授权中心）的名称，该证书的序列号等信息，证书的格式遵循 ITUT X.509 国际标准。

使用数字证书时，通过运用对称和非对称密码体制等密码技术建立起一套严密的身份认证系统，从而保证信息除发送方和接收方外不被他人窃取；信息在传输过程中不被篡改；发送方能够通过数字证书来确认接收方的身份；发送方对于自己的信息不能抵赖。

（4）认证中心

在网络金融活动中，无论是数字时间戳还是数字证书的发放，都不是靠交易方自己完成的，而是必须由一个值得大家信赖且独立的第三方机构，即认证中心（Certification Authority，CA）签发。认证中心类似于现实生活中公证人的角色，它具有权威性和公正性。当通信双方都信任同一个 CA 时，双方就可以通过 CA 认证中心得到双方的公开密钥，从而进行秘密通信、签名、检验和解密。

认证中心 CA 主要由注册服务器、证书申请受理和审核机构以及认证中心服务器三部分组成。CA 的核心功能就是发放和管理数字证书。密钥管理是解决电子商务安全问题的重要环节，目前广泛采用公钥基础结构（Public Key Infrastructure, PKI）的解决方案。PKI 采取证书管理公钥，结合一定标准的鉴别框架来实现密钥管理，通过 CA 把用户的公钥及其他标识信息捆绑在一起，在网上验证用户的身份，保证网上数据的保密性和完整性。

（5）生物统计学身份识别

生物统计学身份识别技术包括指纹、虹膜、视网膜扫描以及语音识别等，它是一种基于物理特征或行为特征自动识别人员的方法。优点是严格依据人的物理特性并且不依赖任何能被复制的文件或可被破解的口令，所以它是数字证书或智能卡未来的技术选择。

3．防火墙技术

防火墙是介于内部网络和不可信任的外部网络之间的一系列部件的组合，它是不同网络或网络安全域之间信息的唯一出入口，根据企业的总体安全策略控制出入内部可信任网络的信息流；而且防火墙本身具备很强的抗攻击能力，是提供信息安全服务和实现网络和信息安全的基础设施。

在逻辑上，防火墙是一个过滤器、限制器，而且还是一个智能分析器。在安全策略的指导和保证网络畅通的前提下，从逻辑上有效地隔离内部网络和外部网络之间的活动，尽可能保证内部网络的安全。防火墙并不是真正的墙，它是一类安全防范措施的总称，是一种有效的网络安全模型，是机构总体安全策略的一部分。简单地说，防火墙是在安全策略指导下的一种安全防御措施，安全策略是防火墙的核心。

防火墙所采用的技术有四种类型：包过滤型产品是防火墙的初级产品，其技术依据是网络中的分包传输技术。网络上的数据都是以“包”为单位进行传输的，防火墙通过读取数据包中的地址信息来判断这些“包”是否来自可信任的安全站点，一旦发现来自危险站点的数据包，防火墙就会将这些数据拒之门外。包过滤技术的优点是简单实用，但它是一种完全基于网络层的安全技术，只能根据数据包的来源、目标和端口等网络信息进行判断，无法识别基于应用层的恶意侵入；网络地址转换技术是一种把 IP 地址转换成临时的、外部的、注册的 IP 地址的技术，它允许具有私有 IP 地址的内部网络访问因特网；代理型防火墙也可以称为代理服务器，当客户机需要使用服务器上的数据时，首先将数据请求发给代理服务器，代理服务器再根据这一请求向服务器索取数据，然后再由代理服务器将数据传输给客户机。由于外部系统与内部服务器之间没有直接的数据通道，外部的恶意侵害也就很难伤害到企业内部网络系统；监测型防火墙能够对各层数据进行主动、实时的监测，在对这些数据加以分析的基础上，监测型防火墙能够有效地判断出各层中的非法侵入，监测型防火墙不仅超越了传统防火墙的定义，而且在安全性上也超越了前两代产品。

4．入侵检测技术

入侵检测系统（Intrusion Detection System，IDS）从计算机网络系统中的关键点收集信息，并分析这些信息，利用模式匹配或异常检测技术来检查网络中是否违反安全策略的行为和遭到袭击的迹象。入侵检测系统是防火墙系统的一个重要的补充，是一个实时的网络违规识别和响应系统。它位于被保护的内部网络和不安全的外部网络之间或位于内部网络的敏感部位，通过实时截获网络数据流，寻找网络违规模式和未授权的网络访问尝试。

根据信息源的不同，IDS 可分为基于主机的入侵检测和基于网络的入侵检测两大类。其中基于主机的入侵检测是对关键系统文件和可执行文件的入侵检测，通过定期检查效验进行，以便发现意外的变化。这种方法具有检测准确率高、适用于被加密以及切换的环境、近于实时的检测和响应、不要添加额外的硬件设备、可监视特定的系统活动等优点；另一种是基于网络的入侵检测系统，利用一个运行在混杂模式下网络的适配器来实时监视并分析通过网络的所有通信业务。该系统由控制中心和网络探测器两部分构成，网络探测器是系统检测部分的核心，通过对网络进行实时监听收集网络上的信息，并对这些信息进行实时的分析，看是否对被保护的网络构成威胁，然后按照预先定义的策略自动报警，阻断和记录日志等；控制中心是系统的管理和配置工具，接收来自网络探测器的实时报警信息，提供将实时报警信息转发至邮件信箱的功能。该方法具有成本低、反应速度快、能检测基于主机的系统漏掉的攻击、能检测未成功和不良意图以及操作系统无关性、占有资源少等优点。

5．网络安全协议

（1）SSL 协议

SSL 协议位于 TCP/IP 与各种应用层协议之间，为数据通信提供安全支持。SSL 协议可分为两层：SSL 记录协议（SSL Record Protocol），它建立在可靠的传输协议（如 TCP）之上，为高层协议提供数据封装、压缩、加密等基本功能的支持。SSL 握手协议（SSL Handshake Protocol），它建立在 SSL 记录协议之上，用于在实际的数据传输开始前，通信双方进行身份认证、协商加密算法、交换加密密钥等。SSL 证书就是遵守 SSL 协议的服务器数字证书，由受信任的证书颁发机构（如 GlobalSign、WoSign CA）验证服务器身份后颁发，具有网站身份验证和加密传输双重功能。

SSL 协议提供的服务主要内容如下。

① 认证用户和服务器，确保数据发送到正确的客户机和服务器。客户机和服务器都有各自的识别号，这些识别号由公开密钥进行编号，为了验证用户是否合法，安全套接层协议要求在握手交换数据时进行数字认证，以此来确保用户的合法性。

② 加密数据以防止数据中途被窃取。安全套接层协议所采用的加密技术既有对称密钥技术，也有公开密钥技术。在客户机与服务器进行数据交换之前，交换 SSL 初始握手信息，在 SSL 握手信息中采用了各种加密技术对其加密，以保证其机密性和数据的完整性，并且用数字证书进行鉴别，这样就可以防止非法用户进行破译。

③ 维护数据的完整性，确保数据在传输过程中不被改变。安全套接层协议采用 Hash 函数和机密共享的方法来提供信息的完整性服务，建立客户机与服务器之间的安全通道，使所有经过安全套接层协议处理的业务在传输过程中能全部、完整、准确无误地到达目的地。

基于 SSL 协议的安全交易过程是：首先，客户端将自己的交易信息和私有信息（信用卡号及密码）发送给商家；然后，商家自己处理客户的交易信息，并将客户的私有信息转发给银行，由银行来鉴定这些信息的真实性和合法性。如果验证没有问题，会将这次交易涉及的款项进行转账，并将结果通知给商家，告诉商家客户已经付款成功了。当商家将成功付款的消息告诉客户，交易过程结束，其过程如图 7-2 所示。

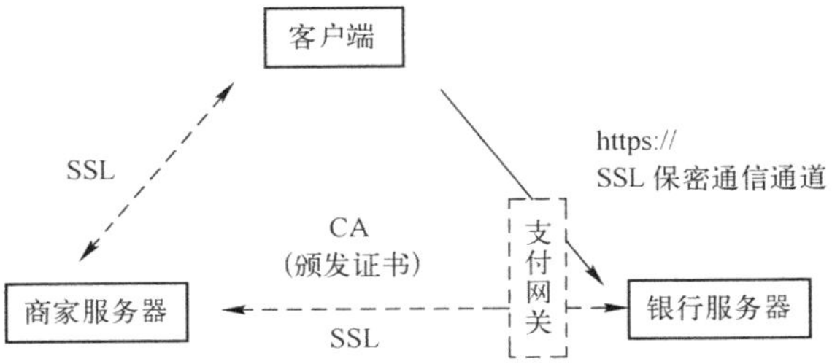

图 7-2　基于 SSL 的支付过程图

从 SSL 协议所提供的服务和工作流程中可以看出，SSL 协议运作的基础是商家对消费者信息保密的承诺，这就有利于商家而不利于消费者。在电子商务初级阶段，由于运作电子商务的企业大多是信誉较高的大公司，因此这个问题还没有充分暴露出来。但随着电子商务的发展，各中小型公司也参与进来，这样在电子支付过程中的单一认证问题就越来越突出。虽然在 SSL 3.0 中通过数字签名和数字证书可实现浏览器和 Web 服务器双方的身份验证，但是 SSL 协议仍存在一些问题，例如，只能提供交易中客户与服务器间的双方认证，在涉及多方的电子交易中，SSL 协议并不能协调各方间的安全传输和信任关系。在这种情况下，Visa 和 MasterCard 两大信用卡组织制定了 SET 协议，为网上信用卡支付提供了全球性的标准。

（2）SET 协议

SET 协议的重点是确保商户和消费者的身份及行为的认证和不可抵赖性，其理论基础是不可否认机制，采用的核心技术包括 X.509 数字证书标准、数字签名、报文摘要等。

SET 协议为电子交易提供了许多保证安全的措施，设计的证书中包括银行证书及发卡机构证书、支付网关证书和商家证书。它能保证以下内容。

① 电子交易的机密性，数据完整性。SET 协议采用了双重签名技术对 SET 交易过程中消费者的支付信息和订单信息分别签名，使得商家看不到支付信息，只能接收用户的订单信息；而金融机构看不到交易内容，只能接收到用户支付信息和账户信息，从而充分保证了消费者账户和定购信息的安全性。

② 交易行为的不可否认性。SET 协议的重点就是确保商家和客户的身份认证和交易行为的不可否认性。其理论基础就是不可否认机制，采用的核心技术包括 X.509 电子证书标准、数字签名、报文摘要、双重签名等技术。

③ 身份的合法性。SET 协议使用数字证书对交易各方的合法性进行验证。通过数字证书的验证，可以确保交易中的商家和客户都是合法的，可信赖的。

基于 SET 协议的支付过程如下。

① 客户在网上商店看中商品后，和商家进行磋商，然后发出请求购买信息。

② 商家要求客户用电子钱包付款。

③ 电子钱包提示客户输入口令后与商家交换握手信息，确认商家和客户两端均合法。

④ 客户的电子钱包形成一个包含订购信息与支付指令的报文发送给商家。

⑤ 商家将含有客户支付指令的信息发送给支付网关。

⑥ 支付网关在确认客户信用卡信息之后，向商家发送一个授权响应的报文。

⑦ 商家向客户的电子钱包发送一个确认信息。

⑧ 将款项从客户账号转到商家账号，然后向顾客送货，交易结束。

从上面的交易流程可以看出，SET 交易过程十分复杂性，在完成一次 SET 协议交易过程中，需验证电子证书 9 次，验证数字签名6 次，传递证书 7 次，进行签名 5 次，4 次对称加密和非对称加密。通常完成一个 SET 协议交易过程大约要花费 1.5～2 分钟甚至更长时间。由于各地网络设施良莠不齐，因此，完成一个 SET 协议的交易过程可能需要耗费更长的时间，其交易过程如图 7-3 所示。

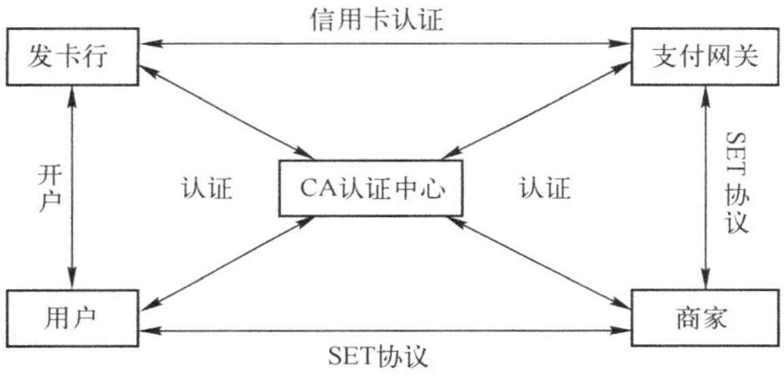

图 7-3　基于 SET 协议的交易过程图

7.2　金融科技核心技术风险及防范

7.2.1　大数据风险与防范

1．大数据隐私问题

（1）隐私数据的暴露

很多时候人们有意识地将自己的行为隐藏起来，试图达到隐私保护的目的，但是互联网尤其是社交网络的出现，使得人们产生了越来越多的数据足迹。这种数据具有累积性和关联性，单个地点的信息可能不会暴露用户的隐私，但是如果有办法将某个人的很多行为从不同的独立地点聚集在一起时，他的隐私就很可能会暴露，因为有关他的信息已经足够多，这种隐性的数据暴露往往是个人无法预知和控制的。从技术层面来说，可以通过数据抽取和集成来实现用户隐私的获取，而在现实中通过所谓的“人肉搜索”的方式往往能更快速、准确地得到结果，这种人肉搜索的方式实质就是众包（Crowd Sourcing）。大数据时代的隐私保护面临着技术和人力层面的双重考验。

（2）数据公开与隐私保护的矛盾

如果仅仅为了保护隐私就将所有的数据都加以隐藏，那么数据的价值根本无法体现。数据公开是非常有必要的，政府可以从公开的数据中来了解整个国民经济社会的运行，以便更好地指导社会的运转。企业则可以从公开的数据中了解客户的行为，从而推出针对性的产品和服务，最大化其利益。研究者则可以利用公开的数据，从社会、经济、技术等不同的角度来进行研究。因此大数据时代的隐私性主要体现在不暴露用户敏感信息的前提下进行有效的数据挖掘，这有别于传统的信息安全领域更加关注文件的私密性等安全属性。

（3）数据动态性

大数据时代数据的快速变化除了要求有新的数据处理技术应对之外，也给隐私保护带来了新的挑战。现有隐私保护技术主要基于静态数据集，而在现实中数据模式和数据内容时刻都在发生着变化，是动态的数据。因此，在这种更加复杂的环境下实现对动态数据的利用和隐私保护将更具挑战。

2．大数据能耗问题

在能源价格上涨、数据中心存储规模不断扩大的今天，能耗已逐渐成为制约大数据快速发展的一个主要瓶颈。从小型集群到大规模数据中心都面临着降低能耗的问题。在大数据管理系统中，能耗主要由两大部分组成：硬件能耗和软件能耗，二者之中又以硬件能耗为主。在理想状态下，整个大数据管理系统的能耗应该和系统利用率成正比，但是实际情况并不像预期的那样，系统利用率为 0 时仍然有能量消耗。针对这个问题，《纽约时报》和麦肯锡曾做过为期一年的联合调查，调查显示 Google 数据中心年耗电量约为 300 万瓦，而 Facebook 的数据中心则在 60 万瓦左右。最令人惊讶的是在这些巨大的能耗中，只有 6%～12%的能量被用来响应用户的查询并进行计算。绝大部分的电能用以确保服务器处于闲置状态，以应对突如其来的网络流量高峰，这种类型的功耗最高可以占到数据中心所有能耗的 80%。从已有的一些研究成果来看，可以考虑以下两个方面来改善大数据能耗问题。

（1）采用新型低功耗硬件

据《纽约时报》的调查中可知，绝大部分的能量都耗费在磁盘上，在空闲的状态下，传统的磁盘仍然具有很高的能耗，并且随着系统利用率的提高，能耗也在逐渐升高。新型非易失存储器件的出现，给大数据管理系统降低能耗带来了希望。闪存、PCM 等新型存储硬件具有低能耗的特性，虽然随着系统利用率的提高，闪存、PCM 等的能耗也有所升高，但是其总体能耗仍远远低于传统磁盘。

（2）引入可再生的新能源

数据中心所使用的电能绝大部分都是从不可再生的能源中产生的，如果能够在大数据存储和处理中引入诸如太阳能、风能之类的可再生能源，将在很大程度上缓解能耗问题。

3．硬件异构性的问题

硬件的快速升级换代有力地促进了大数据的发展，但是这也在一定程度上造成了大量不同架构硬件共存的局面，日益复杂的硬件环境给大数据管理带来的主要挑战如下。

（1）硬件异构性带来的大数据处理难题

整个数据中心（集群）内部不同机器之间的性能会存在着明显的差别，因为不同时期购入的不同厂商的服务器在 IOPS 和 CPU 处理速度等性能方面会有很大的差异。这就导致了硬件环境的异构性（Heterogeneous），而这种异构性会给大数据的处理带来诸多问题。一个典型的例子就是 MapReduce 任务过程中，其总的处理时间很大程度上取决于 Map（映射）过程中处理时间最长的节点。如果集群中硬件的性能差异过大，则会导致大量的计算时间浪费在性能较好的服务器等待性能较差的服务器上。这种情况下服务器的线性增长并不一定会带来计算能力的线性增长，因为“木桶效应”制约了整个集群的性能。一般的解决方案是考虑硬件异构的环境下将不同计算强度的任务智能地分配给计算能力不同的服务器，但是当这种异构环境的规模扩展到数以万计的集群时，问题将变得极为复杂。

（2）新硬件给大数据处理带来的变革

基于闪存的固态硬盘（Solid State Disk，SSD）的出现从硬件层为存储系统结构的革新提供了支持，为计算机存储技术的发展和存储能效的提高带来了新的契机。SSD 具有很多优良特性，主要包括极高的读写性能、抗震性、低功耗、体积小等，因此正得到越来越广泛的应用。但是直接将 SSD 应用到现有的软件上并不一定会带来软件性能的大幅提升。但是 SSD 应用也存在很多缺陷，例如，写前擦除特性导致的读写操作代价不对称、SSD 存储芯片的擦除次数有限等。软件设计之时必须仔细考虑这些特性才能够充分利用 SSD 的优良特性。与大容量磁盘和磁盘阵列相比，固态硬盘的存储容量相对较低，单位容量的价格远高于磁盘，且不同类型的固态硬盘产品性能差异较大，将固态硬盘直接替换磁盘应用到现有的存储体系中难以充分发挥其性能。因此现阶段可以考虑通过构建 HDD 和 SSD 的混合存储系统来解决大数据处理问题。

4．大数据的易用性问题

从数据集成到数据分析，直到最后的数据解释，易用性应当贯穿整个大数据的流程。易用性的挑战突出体现在两个方面：首先，大数据时代的数据量大，分析更复杂，得到的结果形式更加多样化，其复杂程度已经远远超出传统的关系数据库的处理能力；其次，大数据已经广泛渗透到人们生活的各个方面，很多行业都开始有了大数据分析的需求，但是这些行业的绝大部分从业者都不是数据分析的专家，在复杂的大数据工具面前，他们只是初级的使用者，复杂的分析过程和难以理解的分析结果限制了他们从大数据中获取知识的能力。这两个原因导致易用性成为大数据时代软件工具设计的一个巨大挑战。

5．数据质量问题

数据质量影响着大数据的利用，低质量的数据不仅浪费了传输和存储资源，甚至无法被利用。制约数据质量的因素有很多，在生成、采集、传输和存储的过程中，都可能影响数据质量，数据质量具体表现在准确性、完整性、冗余性、一致性四方面。虽然有很多提升数据质量的措施，但是数据质量的问题是不可能完全根除的。因此，可以对数据质量进行自动检测，并可以自行修复部分出现质量问题的数据的技术是必需的。

6．大数据的安全问题

大数据在数据规模和数据种类方面给数据加密带来了挑战。以前针对中小规模的加密方法在性能上无法满足大数据的要求，需要研究高效的大数据密码学。针对不同结构的结构化、半结构化和非结构化数据，需要研究如何有效地进行安全管理、访问控制和安全通信。此外，在多租户的模式下，需要在保证效率的前提下，实现租户数据的隔离性、保密性、完整性、可用性、可控性和可追踪性。

7．大数据风险防范措施

（1）数据确权

目前，国家层面的数据交易法律法规和行业标准尚未推出，在政府层面尚未有专门的监管职能部门对其进行监管。这让大数据归属问题无从谈起。但商业数据交易涉及数据确权、资产评估、资产定价、数据安全等问题。资产确权涉及数据归谁所有、数据上有哪些权利、交换交易的是数据何种权利；资产评估和资产定价涉及资产的价值评估；数据安全涉及如何采用技术手段对数据脱敏、采取哪些措施保障数据安全等。因此，国家需要尽快明确大数据所有权归属问题，制定相关法律法规，明确大数据合法与违规边界。这是解决大数据隐私问题的重要之举。

（2）数据专业化处理要加强

一方面要在硬件和软件上，提高与大数据契合的标准；另一方面要在各行各业培养大数据人才，熟悉大数据操作流程及相关硬件、软件。

（3）建立安全防护系统

在对大数据建立法律边界的基础上，要维护大数据安全，需要构建多维度的安全防护系统，既能够立足信息安全等级保护，又能够对大数据实现纵深防御机制，做到整体防御、分区隔离、积极防护、内外兼防、自身防御、主动免疫、技管并重的功能。

7.2.2 云计算风险与防范

1．用户身份认证层次问题

云计算支持海量用户认证与接入，对用户的身份认证和接入管理必须完全自动化，为提高认证接入管理的体验，需要简化用户的认证过程，实现用户随时随地都可以访问云计算资源。如果认证入口被入侵者攻破会带来严重损失。入侵者通常利用租用的虚拟机发起攻击，或者攻击虚拟化管理平台，利用操作系统或网页漏洞，非法截获用户数据，非法获取用户密码，非法获取敏感信息。因此，用户身份认证需要建立等级权限制度，只有拥有权限的用户才能拥有访问、修改等一系列权利。

2．数据安全问题

云计算要处理海量数据，很多数据计算是由处于各处的计算资源共同完成的（分布式计算），这样有大量的中间数据需要通过网络传递，这个过程存在极大的安全隐患。另外，用户的数据空间可以直接释放给其他用户使用，这些数据如果不及时清空，其他用户就可能获取到原来用户的私密信息，数据存在泄露的可能。还有，云计算缺乏对数据内容的辨识能力，拿到数据后往往直接计算，缺少检查和校验机制，这往往会使一些无效数据或者伪造数据混在其中，既影响计算的结果，又占用大量计算资源。

3．虚拟化技术问题

如果没有虚拟化技术，云计算就失去了存在的基础。然而，虚拟化技术放大了安全威胁，将系统暴露于外界。虚拟机动态地被创建、被迁移，虚拟机的安全措施必须相应地自动创建、自动迁移，可虚拟机本身就是可以在二层网络中任意迁移，安全防护很难针对虚拟机做防护，尤其在迁移的过程中。虚拟机在没有安全措施或安全措施没有自动创建时，容易导致接入和管理虚拟机的密钥被盗、相应的服务遭受攻击、弱密码或者无密码的账号被盗用。虚拟化增大了安全威胁，且没有很好的手段去防护。例如，Hypervisor 为虚拟化的核心技术，为指令访问硬件控制器和外设充当中介，协调所有 CPU 资源分配，运行在比操作系统特权还高的较高优先级上。一旦 Hypervisor 被攻击破解，在 Hypervisor 上的所有虚拟机将无任何安全保障，直接暴露在攻击之下，这将给系统带来极大隐患。

4. 网络安全问题

云计算本质就是利用网络将处于不同位置的计算资源集中起来，通过协同软件，让所有的计算资源一起工作完成某些计算功能。因此，首要考虑的就是网络安全问题，云计算必须基于随时可以接入的网络，便于用户通过网络接入，方便地使用云计算资源，这使得云计算资源需要分布式部署路由、域名配置复杂，更容易遭受网络攻击。对于 IaaS、DDoS 攻击不仅来自外部网络，也容易来自内部网络。包括隔离措施不当造成的用户数据泄漏，用户遭受相同物理环境下其他恶意用户攻击等，传统网络面临的攻击，在云计算环境中都存在，并将威胁放大，所以需要针对云计算所在的网络环境制定安全防护方案。目前提出的量子通信，就是为了解决网络数据传输过程中的安全问题，若能在云计算计算过程中，以及数据传递的过程中，对数据进行量子加密，将极大提升安全防护能力，降低安全威胁。

5. 云计算安全防范建议

（1）多重防护数据安全

在云计算环境中访问数据时，用户必须将数据分类（如分成一般数据、高度安全层级或极高度安全层级数据等），分析其安全需求，在某些特定数据上采用比较复杂的权限设计；存储的数据以不同算法（如先进加密标准 AES）及密钥长度（如 256 位大小）做加密，加密等级必须实时地进行测试与改进，才能确保数据安全的需要；经由 SSH、互联网安全协议（IPSec）、安全传输层级/安全套接层协议（1LS/SSL）、虚拟专用网等通信管道传输数据；处理数据时，特别重要的是监控与记录所有的数据存取和其他相关活动，因此需要监控存储服务及云应用程序的执行过程，以识别是否遭到攻击。另外，云计算服务商应尽可能支持不同的标准，如开放性虚拟化格式（OVF）、vCloudAPI，开放云计算接口（OCCI），以便确保跨平台间的互操作性。

（2）优化虚拟化技术安全防护

首先，在硬件配置上，物理主机应达到高配置、设备稳定性良好的需求。所使用的处理器要能够支持虚拟技术，并且可以保证 CPU 之间的物理隔离，进而降低安全隐患。软件方面，由于虚拟化服务器软件层位于裸机上，因此需要提供能够建立、运作、销毁虚拟化服务器的各种能力。其次，在防止黑客攻击上，云计算服务器提供商应该建立完善的安全保护控制措施，限制相关的虚拟化层次的物理与逻辑访问控制。另外，所有的虚拟机都是经过系统管理员进行安全防护的，因此，管理员需要控制所有资源区域的访问，从而保证只有被信任的访客才能进行访问、获取信息。

7.2.3 人工智能风险与防范

1. 数据泄露风险

人工智能技术在大数据的支持下快速发展，由于技术发展速度和水平的不一致，对于数据管理和使用的各个环节都可能存在漏洞。

① 在数据采集环节，不同的数据采集程序对数据采集的标准和精度各异，会导致不符合标准与精度的数据泄露，如采集收入状况的程序会把负债数据剔除，从而造成负债数据的泄露。目前不少人工智能技术对使用者的信息存在过度采集的情况。如 VR 技术会对使用者的面部物理特征进行采集，从而造成使用者隐私泄露。

② 在数据分析环节，不同的算法对相同的数据有着不同的分析程序，从而将算法认为

不重要的数据内容不予分析甚至剔除，从而造成数据泄露。如 2017 年美国五角大楼架在亚马逊 S3 云存储的数据库，由于人工智能服务器的数据“可公开下载”，其中包括了约 18 亿条关于美国主要社交论坛的个人发言记录和登录地址，一旦这些信息被不法分子滥用，将会给发言者个人、论坛和社会带来巨大风险。

③ 在数据管理环节，数据的使用者对于数据的管理不当或者恶意泄露会造成数据在管理环节的泄露。另一方面，人工智能技术对于数据的使用者权限设置并不完善，无法区分数据的使用性质，从而会造成数据的泄露。

为了避免数据泄露，一是要给予数据采集者“知情同意”的权利，使用户可以知道自己的个人信息如何处理；二是人工智能设计者对用户的数据安全负有责任。在数据获取和存储阶段准确区分数据类型，包含核心数据安全，如个人隐私数据、商业研发数据等通过数据加密技术等措施对核心数据进行重点保护；三是在数据应用层面进行安全保护，通过在线网络保护数据，如通过匿名化数据发布、隐私保护数据挖掘发布方式、差异化隐私保护、数据访问限制、数据水印技术、数据溯源技术、数据加密和访问控制等技术对用户的信息和数据安全进行保护，同时对于威胁信息和数据安全的技术漏洞进行防范；四是从监管方面入手建立健全保护数据安全的法律法规。有关政府部门和组织应落实监管责任，加快信息安全的法制建设，对于信息安全可能产生的纠纷做好调解工作，严格实施立法保护和执法追责，对于私自窃取机密信息的个人和企业依法追究责任；五是构建算法治理的约束机制，加强算法监管，要求对于涉及公众利益的程序开源算法，保障公众信息安全；六是确保数据登录与使用安全，在程序设定上进行优化，通过指纹等生物信息技术区分不同的操作者；设立删除程序，确实保障隐私安全。

2．威胁人的主体地位

人工智能技术给人类社会带来巨大变革的同时，人工智能系统需要和人类的尊严、自由等价值观一致，同时人工智能技术需要服务于公共利益。因此，人工智能技术应该保证人的主体地位，以人为核心来发展技术，而不是以技术为核心来限制人。应明确人工智能研究的边界和红线，不能以伤害人类为目的，人工智能发展应以不损害人类整体利益为边界，保障人类在人工智能技术使用中的能动性，使人类能够体验到人工智能给人类带来的便捷而不是苦恼。保障人类的主体地位，源于人工智能体现人类价值，提升人类的价值。2019 年 4 月，欧盟出台了《可信赖人工智能伦理准则》，提出在人类基本原则得到保障的基础上，实现可信赖的人工智能，其中包括算法可解释、程序透明等内容。

3．新的社会伦理风险

人工智能技术给社会带来的风险主要分布在政治、经济、文化、社会等各个领域。在政治领域，人工智能通过高效的技术优势，可以对选举进行操控和干预；在社会公平领域，拥有人工智能技术的国家和地区会对没有该技术的国家和地区带来数字鸿沟，拉大贫富差距；在经济领域，人工智能技术的使用会造成不正当竞争，干扰或者破坏正常的经济秩序，拉大物质财富差距；在文化领域，人工智能疏远了人与人之间的距离，使人们沉迷于人工智能技术成果，造成上瘾、迷失自我等问题，如互动性电子游戏；在社会领域，人工智能技术的运用会造成大批劳动者的失业；在安全领域，人工智能技术会导致人类伤亡，如军用无人机的使用。

美国职业工程师协会（NSPE）、美国电气和电子工程师协会（IEEE）、美国机械工程师协会（ASME）和美国伍斯特理工学院（WPI）等相继出台了人工智能伦理准则，关注安全、人类福利等与人类利益密切相关的内容，要求将人类的伦理准则通过形式化的模式嵌入到人工智能技术当中，成为人工智能技术发展要遵守的重要原则之一。人工智能的运用应促进社会公平正义的落实。避免人工智能设计的不公平、使用的不公平、算法歧视等社会问题，避免人工智能对于社会各个领域所带来的冲击，做好应对准备。

4. 设计者主观因素风险

不同设计人员有着不同的成长经历和教育背景，从而形成了每个人相对独立和稳定的价值观，也形成了根深蒂固的偏见和习惯看法，不同的设计人员对于同一件事的观点和看法可能大不相同，所以对于人工智能技术的风险认识会良莠不齐，导致设计出来的人工智能也会相应缺乏对于风险的准确把控。设计者的设计意图也会导致风险，因为设计意图与利益驱使、企业目标等相关，设计者为了自身利益最大化，企业为了盈利最大化，人工智能技术的使用者亦为了自身利益得到保障，忽视其他重要因素带来的如破坏社会公平、污染环境等不良后果，而去追求最高的收益。在各方利益的驱使下，人工智能技术的设计者刻意忽视的社会公平、环境保护等方面的因素会给不使用人工智能技术的人带来巨大风险和挑战。

5. 算法引发风险

人工智能的核心是算法，而算法具有不透明性和运行的自主性，是造成人工智能具有风险的客观原因之一。算法的不透明性即所谓的“算法黑箱”，也就是算法程序的可解释性困难，即“展示自己或其他主题做出的决定所依赖的原因”。由于算法内部的运行机制缺乏足够的可解释性，所以不难理解为什么会产生各种各样的“算法歧视”。算法的不透明性直接挑战了人类的知情权和主体地位。另一方面，当缺乏可解释性的算法一旦运行起来，那么这种智能程序将获得相当程度的自主性，意味着在一定时间和范围内可以根据既定算法自主决策。如依靠人脸识别系统自主识别犯罪在逃人员，当一个和在逃人员长相相似的人出现的时候，算法既不透明，又自主运行，很可能将这个人认定为逃犯，从而给这个人带来困扰和麻烦。算法的不透明性和自主性是人工智能技术存在和发展难以逾越的技术障碍。

6. 设计目的和结果脱离产生的风险

人工智能技术设计的初衷与实际的运用结果可能大相径庭。人工智能的设计离不开设计者的努力，所设计出来的人工智能凝聚着设计团队的心血和智慧，但是并不是所有的设计者都是“完人”，由于设计者或者设计团队的偏见、错误的认知、思考的局限性等人为因素的影响以及编制算法存在缺陷等技术漏洞，所设计出来的人工智能也会存在一定程度的缺陷。

7. 人工智能风险防范

① 坚持发展与安全并举的治理思路。一是推进人工智能数据资源建设，在发展中解决安全问题；二是提升人工智能数据安全治理能力，以安全促进发展，加大人工智能应用场景下数据安全防护技术研究，促进人工智能技术在数据安全治理与网络攻防对抗等领域中的应用，实现人工智能数据安全风险的提前感知和预防，规避训练数据污染、数据智能窃取等数据安全风险，促进人工智能安全发展。

② 引导社会遵循人工智能伦理规范。一是加强人工智能伦理原则的社会宣传，针对我国人工智能治理机构、行业和企业发布的人工智能伦理原则，加强社会宣传教育，引导社会共识，降低人工智能发展过程中存在的安全伦理风险；二是积极参与国际人工智能伦理规范制定。积极开展国际对话与合作，推动形成具有广泛共识的国际人工智能安全伦理规范。

③ 加强人工智能数据安全管理。一方面健全人工智能数据安全法律法规，如设立人工智能数据安全问责制和救济制度，对数据过度采集、偏见歧视、资源滥用、深度伪造等突出问题进行规制；另一方面完善人工智能数据安全监管措施，如构建人工智能数据安全检测评估平台，制定人工智能产品、应用和服务的数据安全检测评估方法和指标体系；还应建立人工智能数据安全标准体系，重点加快推进人工智能数据安全评估、人工智能平台数据安全保护、用户隐私保护等急需重点标准研制工作。

④ 创新人工智能数据安全技术手段。建设完善我国自主可控的人工智能开源学习框架，提供保障数据安全的人工智能基础研发平台。鼓励企业建设完善人工智能开源学习框架，增强框架内置数据安全设计和技术措施，并且通过我国市场优势，加快培育我国人工智能开源平台生态圈和产业链。

⑤ 培养人工智能专业人才。一是完善学校人工智能数据安全教育，组建和壮大人工智能专业师资队伍；二是加大企业人工智能数据安全领域的人才培养；三是加强国外人工智能专家的引进。

7.2.4 区块链风险与防范

区块链风险可包括区块链技术本身所带来的风险、区块链技术外在风险以及区块链技术政治风险。

1．区块链技术本身的风险

① 点对点网络的安全稳定性风险。区块链技术采用点对点网络结构、消息广播机制，节点可自由加入或退出网络，易遭受路由欺骗，地址欺骗攻击，导致节点共识算法结果的波动。

② 共识机制的交易回滚风险。由于采用分散化存储模式，同一区块可能在不同时间到达不同节点，不同节点的共识算法版本难以保持一致，在达成交易共识过程中易发生区块链分叉，导致交易回滚风险。

③ 交易数据的信息安全风险。区块链技术未采用硬件加密措施，允许节点在区块中附加自定义信息，且区块链中历史信息不可更改。若自定义信息中包含病毒或木马，将会自动传播到全网进行恶意攻击。

④ 信用的技术背书风险。区块链技术高度依赖于加解密算法、共识机制等技术，一旦密码技术被破解或密钥被盗用，交易数据将变得不可信。

⑤ 扩展应用的安全漏洞风险。区块链技术具有可编程扩展性，若加载于区块链上的扩展应用存在安全漏洞，将会对交易安全构成较大隐患。

对于上述风险，应设置节点准入机制，采用身份认证措施保证节点安全可信，防范恶意节点通过构造虚假网络、频繁加入或退出造成网络稳定性风险。采用专线连接、地址绑定等控制措施，防范节点路由欺骗、地址欺骗等风险。将扁平化的分布式网络结构进行改进，由不同节点分布承担交易的记录、验证等功能。

2．区块链技术的外在风险

该类型风险对区块链技术本身风险的发生产生直接或间接的作用，主要内容如下。

① 终端漏洞风险。这里的终端指的就是计算机、手机、平板电脑等这些可以接触到区块链的终端设备。区块链的使用都是从信息输入到计算机开始，到信息从计算机输出结束。在访问区块链的过程中，链上的数据是最脆弱的。隐私凭证在终端可能被暴露在安全漏洞之下。

② 公钥和私钥安全。没有正确的密钥，黑客就无法访问你的数据，这说明区块链很安全。但另一方面，黑客的目的就是想拿到正确的密钥来达成其不可告人的目的。获得密钥的最佳机会是攻击整个区块链系统中最脆弱的点——PC、手机等终端设备。Windows、安卓系统中的安全漏洞最容易成为区块链黑客的目标，因为区块链密钥在任何时候都可以在这些设备上输入、显示和存储。可以通过加强密钥管理、各种密钥分开放来保证密钥信息的安全性。

③ 供应商风险。在区块链平台整合、钱包、支付、科技金融、智能合约 5 个方面会有大量第三方的解决方案。第三方的供应商或许也没有意识到自己开发的系统的安全性有待提高，代码可能有瑕疵，甚至在员工的层面存在漏洞，这都可能使其客户的区块链凭证和数据暴露给未经授权的人员。如果第三方产品涉及智能合约，这种安全风险尤为严重。因为整个系统的所有行为均以智能合约的方式存储在区块链上，一个漏洞就可以造成灾难性的后果。经验和信誉是选择供应商的两个重要指标。

④ 缺乏标准和规定带来的风险。缺乏标准协议意味着区块链开发人员很难从其他人的错误中受益。此外，在某些情况下，可能需要整合链条，随着多种技术的融合，缺乏标准化可能意味着新的安全风险。标准和规定问题比技术问题要复杂得多。需要构建一个国际化区块链开发标准规范。

⑤ 缺少代码审计带来的风险。一个臭名昭著的例子就是 DAO 攻击。要解决这类风险，首先要相互监督，即在部署之前对代码进行严格的同行审计；其次，要专业的人干专业的事，智能合约测试由独立测试机构进行。

3．区块链技术风险防范

① 多途径找准着力点，加快区块链技术布局。首先，攻克区块链技术难题。加强底层技术基础研究，提高区块链原始创新能力，推进账本、密码学、数据结构、共识算法等核心技术突破，积极克服技术缺陷和弥补技术疏漏，为区块链应用发展提供安全可控的技术支撑；其次，推进区块链产业创新进程，以技术融合、功能拓展和产业细分为契机，优化区块链产业布局，夯实区块链产业生态，推进区块链产业创新进程；最后，加强区块链人才队伍建设，建立完善的人才培养体系，打造多层次的人才培养平台，培育高水平创新人才与团队。

② 多层面完善整体架构，强化区块链顶层制度设计。首先，适时推进立法，弥合现有法律体系鸿沟。其次，针对区块链技术的非法应用问题，建议以“负面清单”形式专门出台法律法规，制定区块链法律治理最低标准；建立法律条款与区块链代码融合机制，即利用区块链技术将法律条款以代码形式写入链中，实现“以链治链”，杜绝法律滞后性的监管真空；对区块链的法律边界、法律关系以及司法链智能合约的法律效力等问题加以明确，减少法律争议；增强对区块链核心技术的知识保护力度。最后，应制定区块链统一的行业标准和技术准则，降低市场技术标准壁垒。

7.3 网络金融监管原则与政策

7.3.1 网络金融监管原则

1．依法监管

依法监管，就是监管机关运行、监督、管理等行为必须依据法律的规定并遵循相应程序，一切监管行为都要接受监督，违法监管应承担法定责任。

（1）完善网络金融监管方面的制度

网络金融监管，特别是有关互联网金融监管方面的法律法规作为监管机构进行网络金融监管的依据和前提，目前尚存在规定不全面，甚至有些领域尚无相关规定的问题，还需各个部门加强立法工作，尽快完善网络金融监管政策。

（2）树立依法监管的观念

网络金融的快速发展，促进金融行业的发展和繁荣，但由于这一领域创新速度太快，也带来一些问题。因此整个行业迫切需要整合出一种健康有序的治理状态，需要政府及监管部门加大依法监管的力度，维护网络金融经营企业和众多消费者的合法权益。

（3）强化监管队伍建设

依法监管，就是要造就一支政治合格、业务精通、法纪严明、吃苦耐劳的监管队伍，必须加强监管人员的素质教育，提高依法行政能力。由于网络金融是一个相对全新的领域，监管人员要不断跟进网络金融的发展，在目前法律相对不完善的情况下，多与其他有关机构人员进行交流、合作，以确保监管措施适当有效。

2．适度监管

适度监管，即对网络金融经营者的监管与执法不是也不应该是管制，而应适当放权，将部分权利返还给市场本身。监管行为不能干涉市场主体的自主权，只有当出现严重问题时，才对其采取特定强制措施。

（1）网络金融监管与市场自律管理并重

监管机构不应主动介入网络金融经营者的正常经营行为，只在法律的授权范围内行使自己的职权，才能有效防止职权滥用，也才能对其具体监管行为进行更为理性、科学的决策，确保监管程序和实体均合法合规。

（2）充分发挥行业自律自制监督职能

中国人民银行会同有关部门，组建了中国互联网金融协会。协会按业务类型制定了经营管理规则和行业标准，推动了机构之间的业务交流和信息共享。协会明确自律惩戒机制，提高了行业规则和标准的约束力。强化守法、诚信、自律意识，树立从业机构服务经济社会发展的正面形象，营造了诚信规范发展的良好氛围。

（3）监管和市场约束有机结合

单靠监管机构监管成本较高，且可能引发道德风险，也跟不上创新的步伐，单靠市场约束又存在市场失灵的可能。两者可在分工上相互补充，如监管机构应侧重于预防性的风险监管，重点应放在市场准入制度上，而市场约束应充分发挥市场力量对价格机制的决定作用和市场的优胜劣汰等功能。

3．分类监管

分类监管是指监管部门在对监管对象进行评价分类的基础上，针对不同类型的监管对象，采取差异化的监管措施。以互联网为基础，网络金融系统既包含将互联网当作渠道的传统金融线上化，又包含将互联网当作创新模式的互联网金融，不同类型之间存在一定的交叉、演进关系，分类监管有助于提高监管效果。

（1）设立科学化、标准化的监管评价指标

分类监管的首要条件是要设置科学化、标准化的评价指标，对网络金融经营主体进行合理、恰当的分类。评价指标的参数选择应遵循科学性、实用性和标准化的原则，提高差异化监管的科学性、公正性及可操作性，确保评价结果客观合理。

（2）分类监管应立足于规范运作

规范性是判断网络金融经营主体诚信度和透明度的标准，因此，在对网络金融经营主体进行分类时，通过其日常信息披露、诚信、独立性等规范运作情况综合评定。

（3）分类监管标准应可动态调整

分类监管是一个动态过程，需要定期对监管对象的各种风险事项进行分析评价，依据监管对象风险状况的变化，调整分类等级，并采取相应的措施。动态的分类监管能够对监管风险做到实时监管和及时处置，把风险解决在萌芽状态，防范一些重大风险和突发事件出现，以达到预防和风险防范的目的。

（4）分类监管应突出监管措施的差异性

监管措施的差异性，主要体现在以市场化监管为基础，对优质经营者创造宽松的监管环境予以支持，强化正向激励的导向作用；对运作不规范、风险隐患大、评价级别低的经营者，应防控结合、综合治理，并要求相关中介机构切实承担加强持续督导和外部监管的职责，及时防范和化解风险。

4. 协同监管

网络金融产品呈现出混业经营趋势，特别是对跨领域的新兴金融产品容易产生监管界限不清、监管责任不明确等问题，监管机构之间缺乏相互配合，极易出现监管真空和重复监管等问题。因此，在现行体制下加强协同监管成为我国网络金融发展的内在需求。

（1）完善协同监管的法律依据

首先，要提高立法层次和操作性；其次，法律的修改要与时俱进，注意与国际规则接轨；再次，对一些新兴的互联网金融创新要严格规范，在创新的同时要谨防缺陷，对其严加监管、审视。

（2）完善协同监管参与主体

从广义的网络金融监管的角度来看，如果仅仅依靠专业监管机构的力量去实施协同监管是远远不够的，还需要其他相关行政机关、行业自律组织和社会中介组织等非专业性监管机构的参与。目前《关于促进互联网金融健康发展的指导意见》确定的协同监管主体主要有中国人民银行、工业和信息化部、公安部、财政部、工商总局、法制办、证监会、银保监会、国家互联网信息办公室。

（3）完善协同监管行为的策略

① 构建信息共享平台。建立集信息采集、加工、传输为一体的涵盖现场和非现场检查与分析的信息系统，动态观察与分析被监管机构经营活动的合规性和风险状况。利用现代信息技术，保证信息及时流通，并区分信息层次和流向，在不同层次上进行不同的监管安排。

② 多种检查方式相结合。协同监管需要建立日常监管的协同，以提高监管协同程度。在日常监管中，应实现现场联合稽核和非现场检查相结合、委托检查与联合检查相结合，并加快监管方式和手段的电子化步伐，利用计算机网络和共享监管信息平台联合进行非现场监管，提高预警能力，防范和化解金融风险。

③ 监管机构与网络金融机构协同。监管机构一方面要对网络金融机构进行监管宣传，实现事前防范，另一方面，监管机构需要加强对网络金融产品的研究，监控消费者对金融产

品的满意程度，切实维护消费者的利益。网络金融企业则应发挥自己的人才、专业知识和技术手段优势，侧重于规范运作，完善服务内容和服务方式。

5．创新监管

创新监管，主要是通过建立更加科学、有效的监管体制，使监管方式适应网络金融领域新的变化，并进一步规范网络金融市场秩序，发挥行业自律作用。

（1）监管手段的创新

针对不同形式内容的网络金融产品及创新，实施协调性、差异化的创新监管手段，推动创新能力强的监管机构先行先试。各监管机构不断加强相互之间在业务产品创新问题上的联络沟通，促进网络金融创新协调发展，同时对创新活动实施差异化监管，鼓励优秀的经营者在业务产品创新上先行先试。

（2）加强风险管理，规范监管创新

在信用评价体系的基础上不断完善创新的风险防控，提高创新的规范程度。一是把创新风险管理纳入全面风险管理体系，在新产品、新业务开发过程中，各管理部门逐项评估相关风险，并做出独立评估；二是做好新产品、新业务的客户服务和投诉处理工作；三是完善网络金融创新的绩效评价体系，加强考核，引导经营者开展例行创新和长效创新；四是坚持稳健创新的风险立场，注重对创新产品的风险与收益的匹配。

（3）完善金融创新监管流程

监管机构应充分鼓励和大力支持网络金融经营主体在审慎经营的基础上开展各种创新活动，如资本充足率、公司治理结构、企业内控制度、风险监管核心指标等均须符合监管机构的审慎要求。

（4）加强国际交流与合作

加强国家交流与合作，加强信息在国际的流通，开拓监管机构的创新思路和广阔视野，有利于共建国际互联网金融市场监管协作，也对我国网络金融发展与监管提供新的思路。

7.3.2 网络金融监管政策

随着互联网企业跨界金融，金融业态不断复杂化和多元化，我国的网络金融监管政策也在不断适应变化并不断完善。

1．传统金融机构的网络金融监管

传统金融机构的网络金融监管分为两个阶段，第一个阶段是传统金融机构的网络金融业务主要基于金融专业内网展开，互联网仅仅起到渠道扩展的作用，业务模式并未发生本质改变。在该阶段，传统金融机构的网络金融监管政策与以往监管内容并无太大不同。第二个阶段是传统金融机构网络金融业务主要依赖于互联网进行业务创新，业务模式发生部分或全新改变。在此阶段，国家各类金融监管机构针对传统金融机构的特殊性，制定适合传统金融机构开展互联网金融、金融科技等的一系列监管措施和政策。

（1）证券投资咨询自媒体的监管

传统的线下模式，投资咨询业务的监管界限和运行模式是十分清晰的，只有证券公司、证券投资咨询机构中具有证券投资咨询执业资格、并在证券业协会注册的从业人员才能够从事。但互联网进入自媒体时代后，对投资咨询性质的内容监管变得困难起来。当前我国对公开发布证券期货相关内容的规范性文件主要有 1997 年《关于加强证券期货信息传播管理的若干规定》、2006 年《关于规范证券投资咨询机构和广播电视证券节目的通知》、2010 年《关于协同做好广播电视证券节目规范工作的通知》与 2011 年《关于加强报刊传播证券期货信息管理工作的若干规定》，均缺乏对互联网内容的约束，对互联网自媒体证券投资咨询性质的业务存在监管真空。互联网上涌现出了大量绕过传统监管渠道、通过自媒体提供证券投资咨询服务的个体与机构。微博、微信公众号中的大量“炒股高手”即是典型。

（2）证券机构参与股权众筹监管

从中央政府已下发的文件中的表述来看，对众筹业务的态度一直是较为正面、偏向鼓励的。在“十三五”规划中，第七章第二节明确了“全面推进众创众包众扶众筹”“规范发展实物众筹、股权众筹和网络借贷”的表述。当前，中小企业、创新企业、新兴项目、部分国家重点领域的股权融资一直面临困难，可以预计，随着相关法律及相应监管细则的出台，股权众筹将成为传统证券业务及新三板方式融资渠道的重要补充。

（3）电子银行监管

我国电子银行业务的发展比互联网的高速发展更早出现，许多银行 21 世纪初即开设了网上银行，2001 年中国人民银行发布《网上银行业务管理暂行办法》（已失效）是最早的对电子银行业务进行规范管理的部门规章。关于电子银行业务的规章文件还有《电子银行业务管理办法》（2006 年）、《关于做好网上银行风险管理和服务的通知》（2007 年）、《关于进一步加强网上银行风险防控工作的通知》（2011 年）、《关于规范金融机构资产管理业务的指导意见》（2018 年）。

（4）征信业务监管

征信业务的未来趋势是，传统央行征信与新兴互联网征信的合作，通过整合数据，最终逐步建立全社会信用信息由各机构收集产生、由大数据人工智能等技术处理、由央行统一监管、有偿供全社会使用的征信平台。征信业务同个人征信业务一样，最终各家数据均被整合至受央行统一监管指导的单一平台上。

（5）理财业务监管

银行理财业务可分为保本理财与非保本理财两种。其中，非保本理财受《关于规范金融机构资产管理业务的指导意见》的约束，作为公募类资产管理产品受到监管；而保本理财本质上则属于结构性存款。互联网的发展对理财业务产生的影响比较有限，主要体现在互联网销售上。当前，多数银行已将本行理财产品的发行、营销功能整合进了自己的网上银行、手机 APP 中，用户可以轻松使用互联网进行理财产品的购买。同时，2016 年财政部、银监会批准中央国债登记结算有限公司设立银行业理财登记托管中心，实现了全部银行理财产品的强制网上登记。理财产品对于客户来说当前的“痛点”在于缺乏统一的交易转让平台，未来银行业理财登记托管中心可能会开始试点上线理财产品的流通转让功能，在增强服务投资者流动性需求的同时，也使得相关业务能够更便捷地纳入监管。

2．互联网企业类网络金融监管

互联网企业是互联网金融发展的首要推动者和引领者，由于互联网企业的非金融机构属性，对其金融监管政策的制定与实施应是前所未有的重大改革和创举，以下将按照互联网企业开展网络金融的历史脉络对其金融监管政策进行梳理和总结。

（1）2014 年，互联网金融井喷阶段的监管政策

2013 年到 2015 年，由于互联网金融有着低于传统金融机构的门槛，所以大量企业涌入互联网金融领域。第三方电子支付发展逐渐成熟、P2P 网贷平台爆发式增长、众筹平台逐渐

被运用到不同的领域中，首家互联网保险、首家互联网银行相继获批成立；同时，信托、券商、基金等金融机构也开始布局互联网金融，为客户提供更便捷的一站式金融服务。2014年，互联网金融首次登上了政府工作报告，报告中提到“促进互联网金融健康发展，完善金融监管协调机制”。2014年也是众筹的发展元年，在11月主持召开的国务院常务会议上，首次提出“要建立资本市场小额再融资快速机制，开展股权众筹融资试点”，为众筹行业的发展提供了政策内生支持。2014年的监管政策如表7-1所示。

表7-1　2014年互联网金融监管政策

日期	文件名称	主要内容
2014.01	《关于加强影子银行监管有关问题的通知》（国办107号文）	将互联网金融企业纳入影子银行行列：其中包括新型网络金融公司、第三方理财机构等
2014.03	《关于规范银行业金融机构开立个人人民币电子账户的通知》（讨论稿）	鼓励银行业的互联网金融创新，认可民生等的直销银行模式，但强调要加强银行账户实名制的管理
2014.03	《支付机构网络支付业务管理办法（征求意见稿）》	规定支付机构不得为客户办理或变相办理支付账户透支和现金存取，以及融资、担保业务
2014.03	《中国人民银行支付结算司关于暂停支付宝公司线下条码（二维码）支付等业务意见的函》	暂停支付宝、腾讯的虚拟信用卡产品
2014.04	《关于规范人身保险公司经营互联网保险有关问题的通知（征求意见稿）》	首个针对互联网金融的监管制度正式就人身险公司经营互联网保险的条件、风险监管等问题向业内征求意见
2014.07	《互联网保险业务监管暂行办法（征求意见稿）》	将适度放开互联网保险产品的经营区域限制，加强对参与互联网保险业务的第三方网络平台的监管，明确了互联网保险产品信息披露制度，建立保险机构及第三方平台退出管理
2014.12	《互联网保险业务监管暂行办法》	保险机构应保证互联网保险消费者享有不低于其他业务渠道的投保和理赔等保险服务，保障保险交易信息和消费者信息安全
2014.12	《私募股权众筹融资管理办法（试行）（征求意见稿）》	股权众筹平台为通过互联网平台为股权众筹投融资双方提供信息发布、需求对接、协助资金划转等相关服务的中介机构

（2）2015年，互联网金融风险与创新并存

2015年政府工作报告提出“大众创业、万众创新”，加快驱动着互联网金融创新的步伐。2015年1月，央行印发《关于做好个人征信业务准备工作的通知》，互联网巨头纷纷抢滩个人征信市场，芝麻信用、腾讯征信、前海征信、鹏元征信、拉卡拉信用等八家民营征信机构首批获准开展个人征信业务。但在互联网金融快速发展的同时，风险也不断聚集，以网贷平台为例，2015年6月，网贷问题平台的数量首超新增平台，风险开始暴露。相对于业务的发展而言，政府对互联网金融的监管滞后。2015年下半年互联网金融主要风险事件如表7-2所示。

表7-2　2015年下半年互联网金融主要风险事件

日期	互金公司	风险事件
2015.07	昆明泛亚	稀有金属交易所“泛亚”推出的“日金宝”活期理财产品出现兑付危机，该产品“保本保息，资金随进随出”，2万名投资人，400多亿元资金陷入“庞氏骗局”
2015.12	e租宝	深圳经侦突查钰诚集团旗下e租宝，40余人被警方带走调查。经查实涉嫌集资诈骗罪、非法吸收公众存款罪等，集资未兑付资金涉及380亿余元
2015.12	大大集团	大大集团公司资金兑付困难，已确认因涉嫌非法集资被立案侦查。累计吸收社会公众存款138.76亿元，到期兑付本金74.03亿元，未兑付64.73亿元
2016.4	上海快鹿	上海快鹿投资集团被曝出资金链断裂，截至2015年2月，仅快鹿旗下东虹桥小贷共发放贷款万余笔，累计金额近160亿元；金鹿财行在2015年累计从28540名投资者处募集投资159亿元
2016.4	“中晋系”	涉嫌非法吸收存款和集资诈骗遭立案，“中晋系”多家公司累计向2.5万名投资者非法吸收存款近399亿元

2015 年也是互联网金融发展中的“政策年”，互联网金融监管进入密集期，整个互联网金融行业大洗牌即将开始。7 月 18 日，央行等十个有关部委联合印发了《关于促进互联网金融健康发展的指导意见》，官方首次定义了互联网金融的概念，确立了互联网支付、网络借贷、股权众筹融资、互联网基金销售、互联网保险、互联网信托和互联网消费金融等主要业态的监管职责分工，落实了监管责任，明确了业务边界。并正式将互联网金融纳入监管框架，明确了互联网金融要遵守“依法监管、适度监管、分类监管、协同监管、创新监管”的原则，互联网金融逐渐进入规范期。

2015 年 7 月 12 日，证监会发布《关于清理整顿违法从事证券业务活动的意见》，主要整治场外配资业务，包括互联网配资，于是这一业务相继关停。7 月 22 日，中国保监会印发《互联网保险业务监管暂行办法》，首次对互联网保险进行了定义。同年 12 月 28 日，央行发布了《非银行支付机构网络支付业务管理办法》，对账户进行分类监管。同时，银监会联合工业和信息化部、公安部、国家互联网信息办公室等部门研究起草了《网络借贷信息中介机构业务活动管理暂行办法（征求意见稿）》，明确网贷监管体制机制及各相关主体责任，提出不得吸收公众存款、不得归集资金设立资金池、不得自身为出借人提供任何形式的担保等 12 项禁止行为。这几份重磅文件的出台旨在终结互联网金融的野蛮生长状态。其他监管政策如表 7-3 所示。

表 7-3　2015 年互联网金融监管政策

日期	文件名称	主要内容
2015.01	《关于推动移动金融技术创新健康发展的指导意见》	明确了移动金融技术创新健康发展的四个方向性原则、秉承便民利民理念、坚持继承式创新发展、注意服务融合发展
2015.07	《关于积极推进“互联网+”行动的指导意见》	将“互联网+”普惠金融列为 11 项重点行动之一，指明了互联网金融的三大发展方向
2015.07	《非银行支付机构网络支付业务管理办法》征求意见稿	支付机构为客户开立支付账户的，应当对客户实行实名制管理，要求综合支付账户余额付款交易年累计不超过 20 万元，消费类支付账户这一数字不超过 10 万元
2015.08	《关于对通过互联网开展股权融资活动的机构进行专项检查的通知》	规范通过互联网开展股权融资活动，同时部署对通过互联网开展股融资中介活动的机构平台进行专项检查

（3）2016 年，互联网金融专项整治开始

2016 年 4 月，教育部办公厅和中国银监会办公厅联手发布《关于加强校园不良网络借贷风险防范和教育引导工作的通知》，要求加强不良网络借贷监管，加强学生消费观教育，加强金融、网络安全知识普及，加强学生资助信贷服务。

2016 年 7 月，国家工商总局审议通过《互联网广告管理暂行办法》，是首部全面规范互联网广告行为的部门规章，具有重大意义。8 月，《网络借贷信息中介机构业务活动暂行办法》的下发，以及存管指引等配套政策的实施，象征着互联网金融行业的监管框架基本已定，互联网金融被定位于小额分散的普惠金融。其主要规定和内容如下。

① 借款金额上限。提出借贷金额小额分散为基本原则，并将借贷金额限定在 20 万元（个人）或 100 万元（法人或其他机构）。

② 网贷平台自动投标。办法中称“为未经投资者授权，网贷机构不得代投资者作投资决策”，这意味着经投资者授权的自动投标事实上是允许的。

③ 债权转让。对特定债权转让作了禁止性规定，被禁止的债权转让主要是类 ABS 或转

让债权包的行为。

④ 禁止线下融资、推介宣传。依据穿透式监管方针，网贷机构不可能换个名称、形式，就可以逃避监管。

⑤ 担保或类担保问题。禁止平台自身担保，平台引入第三方担保、保险公司，在许可之列。

2016 年 10 月是互联网金融监管文件出台最密集的月份，中国人民银行、银监会、证监会、保监会联合其他部门各自印发互联网金融的监管整治方案。10 月 13 日，国务院办公厅印发《互联网金融风险专项整治工作实施方案》，对网贷、股权众筹、互联网保险、第三方电子支付、互联网资产管理及跨界从事金融业务等领域进行大范围排查，旨在促使互联网金融行业快速出清，淘汰不规范的平台，保障互联网金融行业长期稳定、健康和可持续发展。同日，银监会等五部委联合发布了《P2P 网络借贷风险专项整治工作实施方案》，专项整治工作于 2017 年 1 月底前完成。同日，中国人民银行等 17 个部门联合印发了《通过互联网开展资产管理及跨界从事金融业务风险专项整治工作实施方案》，结合从业机构的持牌状况和主营业务特征，明确了整治工作职责分工。同年 11 月，银监会等相关部门又相继印发《关于进一步加强校园网贷整治工作的通知》《网络借贷信息中介备案登记管理指引》，监管政策全面落地推进，互联网金融监管整治工作正式进入规范化。

（4）2017 年，互联网金融监管趋紧

2017 年年初，《网络借贷资金存管业务指引》，标志着国家对互联网金融行业“从严监管、重拳治市”的监管开始，这是继备案登记之后网贷落地的又一合规细则。指引对网络借贷资金存管业务的各方职责义务、业务操作规则等做出了明确的规定，主要内容如下。

① 明确了银行存管业务只能且一家平台只能选择一家存管银行。

② 明确银行存管责任边界，降低银行风险责任，禁止网贷平台过度宣传夸大银行资金本身的安全性。

③ 首次明确网贷平台在地方金融监管部门备案登记和获得相应的增值电信业务经营许可等，这是平台开展银行存管的前置条件。

④ 明确资金存管账户体系，出借人、借款人及其他网贷业务参与方等在资金存管专用账户下开立子账户。

⑤ 明确官方自律管理机构为“中国互联网金融协会”，其职责是制订经营管理规则和行业标准，申请加入协会要接受严格考察和审核。

2017 年 3 月，银监会连续发布 7 份文件，涉及资金嵌套、空转及衍生出的高杠杆问题，监管趋严逐渐明朗。4 月，监管层先后发文要求持续推进网络借贷平台（P2P）风险专项整治，专项清理整顿“校园贷”“现金贷”等业务及相关金融机构。9 月初，七部门联合发布公告，叫停各类代币发行融资活动，杜绝了比特币在国内的交易市场。紧接着 11 月下发的资管新规正式向社会公开征求意见，使整个资管行业生存业态发生了翻天覆地的变化。

（5）2018 年，互联网金融严管时代到来

2018 年，监管层的力度丝毫未减弱，延续 2017 年的监管思路，持续进行“补短板”的操作。

其中，《互联网金融风险专项整治工作实施方案》中要求重点整治的 P2P 网贷、股权众

筹、互联网资产管理、第三方电子支付等领域，原定于 2017 年 3 月完成的互联网金融风险专项整治工作，将延期一年左右，新整改大限为 2018 年 6 月，届时若平台还没整改完就将被取缔。2018 年 3 月，互联网金融风险专项整治工作领导小组办公室重磅下发的《关于加大通过互联网开展资产管理业务整治力度及开展验收工作的通知》（29 号文）对互联网资产管理业务的验收标准、验收流程及分类处置做了具体说明，这一监管“阵痛”对互联网资管进行了前所未有的大洗牌。另有 2018 年 4 月资管新规正式落地，在非标准化债权类资产投资、产品净值化管理、消除多层嵌套、统一杠杆水平、合理设置过渡期等方面进行了规定和完善。

从最近出台的资管新规、互联网资管业务的监管政策来看，可以明确对于互联网金融采取“穿透性”监管，贯彻“行为监管”“功能监管”原则，并对资质、牌照、经营和风控进行了严格要求。2018 年的互联网金融监管政策如表 7-4 所示。

表 7-4　2018 年互联网金融监管政策

日期	文件名称	主要内容
2018.01.17	《关于开展为非法虚拟货币交易提供支付服务自查整改工作的通知》	各单位立即在本单位及分支机构开展自查整改工作，严禁为非法虚拟货币交易提供服务，并采取有效措施防止支付通道用于虚拟货币交易
2018.03.28	《关于加大通过互联网开展资产管理业务整治力度及开展验收工作的通知》	未经许可，不得依托互联网公开发行、销售资产管理产品，以该方式公开募集资金的行为应当明确为非法金融活动，具体可构成非法集资、非法吸收公众存款、非法发行证券等
2018.04.27	《关于规范金融机构资产管理业务的指导意见》	明确标准化债权类资产的核心要素，提出期限匹配、限额管理等监管措施，引导商业银行有序压缩非标存量规模。将过渡期延长至 2020 年底

2014 年到 2018 年，互联网金融连续五年被写入政府工作报告，从 2014 年首次提到“促进互联网金融发展”到 2016 年的“规范发展”，再到 2017 年的“高度警惕互联网金融风险”，直到 2018 年的“健全互联网金融监管”，从措辞上可以看出政府对行业发展的态度，也反映了互联网金融行业五年来经历的从高速发展到规范整治的历程。

（6）2019 年，监管政策全面落地

2019 年是互联网金融监管政策全面落地的一年，也是新概念、新形态逐渐形成的一年。2019 年 2 月，中央机构编制委员会办公室发布的《中国人民银行职能配置、内设机构和人员编制规定》，牵头负责重要金融基础设施建设规划并统筹实施监管，统筹互联网金融监管工作等被纳入央行的职责范围内。各地方金融监督管理局的 2019 年度工作规划中明确了其在 2019 年度的重点工作，多数以围绕防范化解金融风险攻坚战为主基调，同时兼顾加强地方金融监管治理。2019 年 8 月，央行正式出台《金融科技（FinTech）发展规划（2019-2021 年）》，明确建立金融科技监管基本规则体系。2019 年 11 月，多地金融科技应用试点项目获批并启动，中国版“监管沙箱”也随之全速推进。

监管的意图在于行业出清，为中国经济发展建立起一道安全的防火墙。对于互联网金融行业来说，不能让跑路或资金断裂等负面消息掩盖了其积极意义（弥补传统金融设施短板等）。风雨过后，在健康的竞争环境和发展空间下才能平稳前行。大浪淘沙之后，行业内真正优秀的企业方能顺势起航。

问答题

1．网络金融风险类型都有哪些？如何进行风险管理？

2．网络金融风险防范技术都有哪些？不同的技术解决的核心问题有何不同？

3．金融科技核心技术风险都有哪些？如何有效防范？

4．网络金融监管政策的相关内容都有哪些？国家对互联网金融发展的政策监管趋向是什么？

上机操作

通过多个途径收集身边用户消费类金融产品数据，数据类型和范围不受限制，并用分类模型将用户信用进行有效分类和信用评价，以判断高价值用户和高风险用户特征偏好。

小组作业

以 PPT 形式展示对大数据安全和预防的思考与建议。

参 考 文 献

[1] 张劲松. 网络金融[M]. 2 版. 北京：机械工业出版社，2012.

[2] 岳意定，吴庆田，李明清. 网络金融[M]. 2 版. 南京：东南大学出版社，2013.

[3] 瞿彭志. 网络金融与电子支付[M]. 北京：化学工业出版社，2014.

[4] 杨青，霍炜. 电子货币——互联网金融下的货币变革[M]. 北京：中国金融出版社，2015.

[5] 蒋勇，文延，嘉文. 白话区块链[M]. 北京：机械工业出版社，2018.

[6] 苏珊娜·奇斯蒂，亚诺什·巴伯斯. Fintech：全球金融科技权威指南[M]. 邹敏，李敏艳，译. 北京：中国人民大学出版社，2017.

[7] 刘飞宇. 互联网金融法律风险防范与监管[M]. 北京：中国人民大学出版社，2016.

[8] 罗明雄，唐颖，刘勇. 互联网金融[M]. 北京：中国财政经济出版社，2013.

[9] 姚文平. 互联网金融——即将到来的新金融时代[M]. 北京：中信出版社，2014.

[10] 温晓岳. 智慧金融[M]. 北京：清华大学出版社，2012.

[11] 苏新宁，杨建林. 数据仓库和数据挖掘[M]. 北京：清华大学出版社，2007.

[12] 张健. 区块链：定义未来金融与经济新格局[M]. 北京：机械工业出版社，2016.

[13] 管同伟. 金融科技概论[M]. 北京：中国金融出版社，2020.

[14] 狄卫平. 网络金融研究[J]. 金融研究，2000（11）：27-33.

[15] 陈智勇，董寿昆. 金融业的新时代：网络金融时代[J]. 财经理论与实践，2000，21（106）：34-36.

[16] 王新民，冯静生，马飞，等. 商业银行网络金融创新探析[J]. 金融教学与研究，2014（1）：19-22.

[17] 周华. 互联网金融对传统金融业的影响[J]. 南方金融，2013（11）：96-98.

[18] 尹应凯，侯蕤. 数字普惠金融的发展逻辑、国际经验与中国贡献[J]. 学术探索，2017（3）：104-111.

[19] 曹协和，吴道义，刘春梅. 厘清电子货币概念[J]. 金融电子化，2008（12）：38-39.

[20] 李琪，李佩. 虚拟货币特征及其相关理论探析[J]. 湖北社会科学，2015（9）：86-91.

[21] 狄刚. 数字货币探析[J]. 中国金融，2018（17）：52-54.

[22] 程剑鸣. 论电子货币的理论释义[J]. 当代财经，2002（9）：43-45.

[23] 肖小波，许康. 电子货币与传统货币的职能比较分析——基于马克思主义的经济哲学、技术哲学发展观的考察[J]. 湖南大学学报（社会科学版），2002，16（3）：177-178.

[24] 禹钟华. 对货币职能及本质的再探讨[J]. 经济评论，2003（6）：86-89.

[25] 曾繁荣. 央行发行法定数字货币的动机及影响研究[J]. 金融发展评论，2018（5）：26-39.

[26] 李文婷. 法定数字货币的发行与影响[J]. 青海金融，2017（10）：48-51.

[27] 张程. 辨析数字、电子、虚拟和加密货币[J]. 中国外汇，2016（7）：84-85.

[28] 覃凌燕. 发行法定数字货币的几点思考[J]. 青海金融，2018（10）：34-38.

[29] 兰婷，张晓艳. 我国网络银行发展情况研究[J]. 经济师，2013（11）：206-208.

[30] 李东卫. 加快发展我国移动银行业务的思考[J]. 青海金融，2011（5）：35-37.

[31] 白志潮. 浅议网络证券交易中存在的主要问题及法律解决原则[J]. 山西高等学校社会科学学报，2012（9）：61-64.

[32] 李琼. 关于我国网络保险发展若干问题的思考[J]. 武汉金融，2013（6）：25-27.

[33] 徐静. 我国网络保险发展现状及建议[J]. 证券保险，2011（4）：70-72.

[34] 李智. 关于“互联网金融”的几个关键概念辨析[J]. 金融视线，2014（9）：109-110.
[35] 陆岷峰. 关于互联网金融必须澄清的几个理论问题[J]. 桂海论丛，2014（6）.
[36] 王念. 互联网金融的概念、基础与模式之辩[J]. 南方金融，2014（4）：4-11.
[37] 陈一稀. 互联网金融的概念、现状与发展建议[J]. 金融发展评论，2013（12）：126-131.
[38] 田光宁. 互联网金融发展的理论框架与规制约束[J]. 宏观经济研究，2014（12）：42-48.
[39] 戴东红. 互联网金融与金融互联网的比较分析[J]. 时代金融，2014（2）：31-37.
[40] 李雪静. 互联网金融是颠覆性的，与金融互联网的流程是两个不同方向[J]. 上海金融学院学报，2014（3）：47-55.
[41] 王达. 美国互联网金融的发展及中美互联网金融的比较——基于网络经济学视角的研究与思考[J]. 环球金融，2014（12）：47-57.
[42] 刘英，罗明雄. 互联网金融模式及风险监管思考[J]. 中国市场，2013（43）：29-36.
[43] 陶娅娜. 互联网金融发展研究[J]. 金融发展评论，2013（11）：58-73.
[44] 温信祥. 互联网金融创新动力、发展方向及其约束[J]. 福建金融，2014（11）：13-16.
[45] 温信祥. 互联网金融创新与现代金融变革趋势[J]. New Finance，2014（11）：4-9.
[46] 王曙光，张春霞. 互联网金融发展的中国模式与金融创新[J]. 长白学刊，2014（1）：80-87.
[47] 张莉. 面向互联网金融挑战的商业银行发展战略研究[J]. 山东行政学院学报，2014（10）：54-58.
[48] 陈健. 论互联网金融创新——基于第三方支付支付宝视角[J]. 电子商务，2014（1）：63-65.
[49] 何文虎. 我国互联网金融风险监管研究[J]. 南方金融，2014（10）：45-49.
[50] 沈丽. 互联网金融风险管理文献综述[J]. 山东财经大学学报，2014（5）：15-20.
[51] 孟韬，张黎明，董大海. 众筹的发展及其商业模式研究[J]. 管理现代化，2014（2）：50-53.
[52] 邢佳騩，贺前程. P2P 网贷平台运营模式在我国的适应性研究[J]. 中国市场，2017（25）：150-151.
[53] 秦亮杰，赵大欣. 金融互联网化的国际经验与启示[J]. 农村金融研究，2014（8）：34-37.
[54] 金萍. 论网络银行的现状、困境与发展策略[J]. 市场周刊，2010（9）：66-68.
[55] 陆岷峰. 金融互联网背景下商业银行业务流程再造研究[J]. 成都行政学院学报，2014（5）：16-20.
[56] 陆岷峰，虞鹏飞. 互联网金融：商业银行转型战略的创新驱动力[J]. 南都学坛（人文科学学报），2015，35（3）：103-108.
[57] 李宏畅. 互联网金融背景下农村商业银行服务“三农”的创新策略研究[J]. 农场经济管理，2016（6）：37-39.
[58] 巴曙松，湛鹏. 互动与融合：互联网金融时代的竞争新格局[J]. 中国农村金融，2012（24）：15-17.
[59] 刘曦子，王彦博，陈进. 互联网金融生态圈发展评价研究——以蚂蚁金服和京东金融为例[J]. 经济与管理评论，2017（3）：133-139.
[60] 王民业. 青岛农商银行打造互联网金融生态圈[J]. 走向世界，2017（45）：86-87.
[61] 孙庆蓉. 中英美三国 P2P 网贷行业现状对比与启示[J]. 中国经贸导刊，2019（7）：45-47.
[62] 隋菱歌，陈佳音. 基于物联网和云计算技术发展智慧金融[J]. 长春金融高等专科学校学报，2013（3）：61-64.
[63] 闫坤如，马少卿. 人工智能技术风险规避风险[J]. 长沙理工大学学报（人文社科版），2019，34（4）：7-12.
[64] 周睿敏，张文秀. 金融科技创新风险及控制探析——基于大数据、人工智能、区块链的研究[J]. 中国管理现代化，2017，20（19）；33-36.

[65] 易宪容. 金融科技的内涵、实质及未来发展——基于金融理论的一般性分析[J]. 江海学刊，2017（2）：13-20.
[66] 乔海曙，杨彦宁. 金融科技驱动下的金融智能化发展研究[J]. 求索，2017（9）：53-59.
[67] 叶秀敏. 智慧金融的概念、流程和特点[J]. 中国信息界，2012（10）：13-16.
[68] 韩志雄，冯学奋，赵权. 智慧金融的产生、发展与前景探析[J]. 海南金融，2018（8）：19-27.
[69] 李广子. 金融与科技的融合：含义、动因与风险[J]. 国际经济评论，2020（3）：91-105.
[70] 候东军. 金融科技创新助力智慧金融发展[J]. 甘肃金融，2020（5）：4-7.
[71] 元如林. 智慧金融与金融云计算[J]. 上海金融学院学报，2012（1）：9-15.
[72] 石光. 金融科技发展对金融业的影响[J]. 中国金融，2020（6）：82-83.
[73] 隋菱歌，陈佳音. 基于物联网和云计算技术发展智慧金融[J]. 长春金融高等专科学校学报，2013（3）：61-64.
[74] 孟小峰，慈祥. 大数据管理：概念、技术与挑战[J]. 计算机研究与发展，2012，50（1）：146-169.
[75] 侯建林. 对金融云计算在金融行业应用前瞻性的探析[J]. 内蒙古金融研究，2012（12）：67-68.
[76] 田颖. 我国商业银行金融产品创新的现状、问题及对策研究[D]. 开封：河南大学，2014.
[77] 凌清. 比特币的技术原理与经济学分析[D]. 上海：复旦大学，2014.
[78] 赵海华. 电子货币对货币政策的影响研究[D]. 武汉：武汉大学，2005.
[79] 苏昱冰. 电子货币的发展及对中央银行监管的影响研究[D]. 成都：西南财经大学，2011.
[80] 张爱龙. 电子货币对货币政策与 CPI 的影响研究[D]. 重庆：重庆大学，2012.
[81] 王焱. 电子货币监管法律制度研究[D]. 重庆：重庆大学，2009.
[82] 陈名良. 中国电子货币的当代应用及发展研究[D]. 福州：福建师范大学，2013.
[83] 张若竹. 比特币法律问题研究[D]. 沈阳：沈阳师范大学，2014.
[84] 刘兴虎. 互联网金融视角下商业银行发展战略研究[D]. 合肥：安徽大学，2016.
[85] 刘丹. 互联网背景下消费金融模式案例分析与发展对策研究[D]. 北京：首都经济贸易大学，2017.
[86] 赵颖. 第三方支付的模式分析及问题探索[D]. 北京：对外经济贸易大学，2006.
[87] 雷敬敬. 第三方支付模式研究[D]. 武汉：武汉理工大学，2008.
[88] 李婧华. 第三方支付与商业银行竞合关系研究[D]. 成都：西南财经大学，2012.
[89] 任倩. 移动支付现状及发展研究[D]. 成都：西南财经大学，2007.
[90] 韩刚. 移动支付产业链研究[D]. 北京：北京邮电大学，2007.
[91] 向思遇. 互联网金融业态现状及发展趋势研究[D]. 武汉：华中师范大学，2014.
[92] 张意麦. 基于电商平台的网络金融创新——以阿里金融为例[D]. 北京：对外经济贸易大学，2014.
[93] 黄倩. 基于网页浏览行为的用户兴趣模型研究[D]. 上海：东华大学，2016.
[94] 赫鹏东. P2P 网贷借款人的信用评价研究[D]. 广东：五邑大学，2015.
[95] 钱婧. 微众银行：腾讯牵头发起，金融机构与互联网平台的连接者[EB/OL]. [2017-9-15]. https://www.weiyangx.com/261098.html.
[96] 任泽平，甘源，林睿. 互联网+金融：金融机构的变革与机遇（上）[EB/OL]. [2018-3-28]. https://baijiahao.baidu.com/s?id=1596171984512636639&wfr=spider&for=pc.
[97] 傅耀威，孟宪佳. 移动互联网技术发展现状与趋势[EB/OL]. [2017-12-15]. http://www.casted.org.cn/channel/newsinfo/6434.
[98] 股海伏笔. 移动金融：移动互联网浪潮下，互联网金融的 6 种创新模式[EB/OL]. [2017-9-28]. http://www.

sohu.com/a/195186437_373990.
[99] 杜宁. 第三次信息技术浪潮：物联网金融时代到来[EB/OL]. [2018-1-16]. https://www.iyiou.com/p/63871.html.
[100] 吴晓灵. 推动普惠金融发展促进社会和谐进步[EB/OL]. [2018-9-28]. http://finance.sina.com.cn/roll/2018-09-28/doc-ifxeuwwr8974582.shtml.
[101] 徐阳洋. 从互联网视角谈如何推进普惠金融发展[EB/OL]. [2017-12-5]. https://www.wdzj.com/zhuanlan/guancha/17-6127-1.html.
[102] 亿欧，隗樊. 数字普惠金融走向“三化”：平台化、场景化、综合化[EB/OL]. [2018-9-15]. https://www.iyiou.com/p/81376.html.
[103] 金融百科. 国外互联网金融现状[EB/OL]. [2017-5-5]. http://toutiao.manqian.cn/wz_1rHOlJmKJb.html.
[104] 李加宁，李丰也. 世界主要国家互联网金融发展情况与监管现状[EB/OL]. [2015-5-14]. http://www.csrc.gov.cn/pub/newsite/yjzx/sjdjt/cxywyj/201505/t20150514_276926.html.
[105] 京北金融. 京北智库·国外互联网金融发展现状与中外对比报告[EB/OL]. [2014-5-12]. https://doc.mbalib.com/view/2dd297ae9f909a11e2df22b22c3949a4.html.
[106] 投资研究部，招银前海金融. 中国互联网简史&银行资管行业发展趋势[EB/OL]. [2018-8-8]. http://www.sohu.com/ a/234555751_660924.
[107] 中本聪.比特币白皮书：一种点对点的电子现金系统[EB/OL]. [2019-8-29].巴比特译. https://www.8btc.com/wiki/bitcoin-a-peer-to-peer-electronic-cash-system/.
[108] 杨彪. 第三方支付分类标准[EB/OL]. [2016-4-13]. http://www.360doc.com/content/16/0413/07/31689921_550173520.shtml.
[109] 互链脉搏. 一文分清虚拟货币、数字货币、加密货币和代币[EB/OL]. [2018-5-10]. https://baijiahao.baidu.com/s?id=1600045536609549534&wfr=spider&for=pc.
[110] 四九八网络.云收单：全面解析聚合支付[EB/OL]. [2018-3-16]. http://www.498.net/gsxw/article-749.html.
[111] 派盟. 中国聚合支付行业发展报告（2018 年）[EB/OL]. [2019-8-29]. http://www.doc88.com/p-7394863300617.html.
[112] 艾瑞咨询. 2018 年中国第三方支付行业研究报告[EB/OL]. [2019-2-25]. http://www.199it.com/archives/836383.html.
[113] 智研咨询. 移动支付产业链发展分析[EB/OL]. [2016-7-29]. http://www.chyxx.com/industry/201607/434223.html.
[114] 四九八网络. 移动支付的实现原理[EB/OL]. [2017-8-21]. http://www.498.net/gsxw/article-484.html.
[115] 易观. 2017 商业银行互联网化专题分析[EB/OL]. [2017-8-21]. http://www.199it.com/archives/625066.html.
[116] 券业星球& 光量科技. 时代的焦虑：2018 中国互联网证券年度报告[EB/OL]. [2018-1-30]. http://www.sohu.com/a/219934539_168424.
[117] 苏洁. 保险科技时代下，互联网保险创新的四种模式[EB/OL]. [2017-9-29]. https://www.iyiou.com/p/56232.html.
[118] 艾瑞咨询. 2019 年中国互联网保险行业研究报告[EB/OL]. [2019-7-15]. https://www.sohu.com/a/326946454_800248.
[119] 科技解析. 从调研结论看众筹未来三大趋势[EB/OL]. [2018-9-25]. https://baijiahao.baidu.com/s?id=1612584494643426345&wfr=spider&for=pc.

[20] 未来智库. 中国金融科技和数字普惠金融发展报告（2019）[EB/OL]. [2019-12-19]. https:// www.vzkoo.com.
[21] 清华金融评论. 金融科技的发展历程与核心技术应用场景探索[EB/OL]. [2017-4-26]. https://www.weiyangx.com/240221.html.
[22] 陈云峰. 区块链技术在金融领域的应用和思考[EB/OL]. [2019-6-10]. http://www.jrj.com.cn/.
[23] 程序猿终结者.区块链安全[EB/OL]. [2018-8-20]. https://www.cnblogs.com/space007/p/9505123.html.